Petra Kohse

Marianne Hoppe

Petra Kohse

Marianne Hoppe

Eine Biografie

ULLSTEIN
BERLIN

Der Ullstein Berlin Verlag ist ein Unternehmen der
Econ Ullstein List Verlag GmbH & Co. KG

Lektorat: Manuela Runge

Umschlaggestaltung: Jorge Schmidt, München

Umschlagabbildung Titel: Tita Binz
Rückseite: Krems

Satz und Lithos:
Mitterweger & Partner Kommunikationsgesellschaft mbH, Plankstadt
Gesetzt aus der Minion Regular

Druck und Bindung: Clausen & Bosse, Leck

ISBN 3-89834-028-7

Inhalt

Anhang

Vorwort

Als Marianne Hoppe 1980 einen Monolog von Thomas Bernhard vorbereitete, der ihr sehr am Herzen lag, flog sie nach London zu Elisabeth Bergner. Die Einundsiebzigjährige, die schon ein halbes Jahrhundert Bühnenerfahrung hatte, fragte die Dreiundachtzigjährige um Rat. Lernen, lernen, lernen, und zwar mit den Besten – das ist es, was Marianne Hoppes künstlerische Arbeit siebzig Jahre lang vorangetrieben und auf der Höhe der Zeit gehalten hat.

Man kennt die 1909 in Rostock geborene Gutsbesitzerstochter als emanzipierte Blonde in den Filmen der dreißiger und vierziger Jahre, als Frau mit Haltung im Theater der Nachkriegszeit, als charaktervolle Alte im Fernsehen und als vollendete Sprecherin. Man weiß, dass sie als Filmstar und Staatsschauspielerin das Nazisystem stützte und dessen Privilegien genoss, ohne der Ideologie anheim zu fallen. Sie ist bekannt für ihre Freundschaft mit Künstlern und Intellektuellen, mit Ödön von Horváth, Carl Dreyfuss oder Thomas Bernhard, und mit Gustaf Gründgens war sie zehn Jahre lang verheiratet. Sie blieb dabei immer die Frau, die auf eigenen Füßen steht, immer die Frau, der die Arbeit wichtiger war als das Private. In einem filmischen Porträt von Werner Schroeter konnte man sie jüngst als so charmante wie ungnädige »Königin« erleben.

Dies ist das erste Buch über Marianne Hoppe. Wenn man bedenkt, in welchem Maße diese Schauspielerin der Theater-, und Filmarbeit des zwanzigsten Jahrhunderts angehört und wie stark sie bis vor kurzem in Rundfunk, Fernsehen und Lesungen präsent war, ist das schwer zu glauben. Auch sie selbst wunderte sich, als ich an die Arbeit ging, dass es noch niemand unternommen hatte, in größerem Umfang ihre Lebensstationen zu skizzieren, Kritiken zu sammeln oder wenigstens ihre Rollen aufzulisten. »Das muss doch jemand aufgeschrieben haben!«, meinte sie mehrfach. Nein, zuvor nicht. Auch sie nicht. Sie wollte es, hatte verschiedentlich schon darüber gesprochen, doch letztlich blieben die Memoiren mit dem Titel »Achtung Steinschlag!« ein schöner Plan.

Was es aus ihrer Feder gibt, sind zwei Texte über ihre Kindheit und Jugend sowie zwei autobiografische Momentaufnahmen. Und auch sonst hat Marianne Hoppes Leben schriftliche Spuren hinterlassen. Neben Hunderten von Kritiken sind im Laufe ihrer siebzigjährigen Tätigkeit etliche Porträts und Interviews erschienen, zuletzt auch ausführliche Erinnerungsgespräche im Fernsehen. Sehr viele Texte erzählen allerdings davon, wie schwer es ist, mit Marianne Hoppe einen Termin zu vereinbaren und wie viel schwerer noch, Antworten auf Fragen zu bekommen, die sie persönlich betreffen. Schon in Artikeln aus den dreißiger Jahren wird betont, wie nett es sich mit ihr plaudern lasse, doch wie wenig sie dabei von sich spreche. So wurde das, was sie überhaupt erzählte, in Varianten manchmal so lange weitergetragen, bis es nicht mehr stimmte.

Alle diese Zeugnisse zusammen bilden das Fundament dieses Buches. Zur Überprüfung, geschichtlichen Einordnung und atmosphärischen Ausgestaltung wurden – von historischen Adressenverzeichnissen bis zum Pferderennkalender – Nachschlagewerke jeglicher Kategorie herangezogen, wurden Zeitungen und Zeitschriften durchforstet und Personen befragt, die Marianne Hoppe nahe stehen. So ist ein Buch entstanden, das sich auf ihre künstlerische Entwicklung konzentriert, diese im Spiegel der Berichte und Kritiken nachvollzieht und in die Zeit- und Kulturgeschichte einbettet. Aufgrund der Fülle des Stoffes konnte ihre Arbeit nach 1945 nur in thematischen Schwerpunkten behandelt werden. Die unbekannteren Jahre davor werden jedoch detailreich geschildert. Darüber hinaus habe ich versucht, Marianne Hoppes Persönlichkeit und ihr privates Leben auch anhand der wechselnden Bilder zu beschreiben, die in den Medien von ihr existieren. Es ist Umkreisung und Interpretation, ist Rezeptionsanalyse und Ikonografie. Als Leitfaden und Korrektiv dienten ihre eigenen Erzählungen, oft sehr persönliche Akzente setzen die eingefügten Originaltonbeiträge von ihrem Sohn, Freunden und Kollegen.

Mein Dank gilt allen Journalisten, deren Beiträge ich verwendet habe, meinen vielen Gesprächspartnern, die im Quellenverzeichnis namentlich genannt sind, und ganz besonders Benedikt Hoppe, auch für zahlreiche Materialien, Informationen und Anregungen.

Berlin, Januar 2001

Erster Teil

1909 – 1933

»Ich bin ein Kind meiner Zeit«

Es sollte eine zwanglose Feier mit Publikum werden: »Marianne Hoppe hat Geburtstag« und Kollegen gratulieren. Doch dann geriet der Abend zum Medienereignis, denn am 26. April 1999 wurde die Schauspielerin nicht achtundachtzig Jahre alt, wie erwartet, sondern schon neunzig. Fast beiläufig hatte sie diesen »Fehler im Pass« zwei Tage vorher in einem Interview[1] enthüllt. Es war nicht unbekannt gewesen, dass ihr Geburtsjahr auch 1909 sein könnte.[2] Trotzdem hatte sich die Öffentlichkeit bisher zu allen Jubeltagen an das Datum gehalten, das auch in ihrem Ausweis stand. Entsprechend schnell mussten die Würdigungsartikel verfasst werden, und zur Geburtstagsfeier im Berliner Ensemble erschienen die Journalisten und Fernsehteams gleich im Dutzend, um wenigstens hinterher groß berichten zu können.

Marianne Hoppe jedoch schenkte der Betriebsamkeit keine Beachtung. Ohne große Geste stand sie auf der Bühne, sportlich-schlicht in dunkelblauer Hose und Jacke, ein sympathischer Gast auf ihrer eigenen Party. Bitte machen Sie sich keine Umstände, schien ihr herzliches Lächeln zu sagen, ich bin gleich wieder weg. Zunächst aber las sie. Nach einem über Lautsprecher eingespielten Gruß des Regisseurs Robert Wilson, der die gemeinsame Arbeit neun Jahre zuvor in Frankfurt am Main in Erinnerung rief – »Hap, Hap ... Happy Birthday, dear Lear« –, las sie einen eigenen Text. Bevor Kollegen und Fachleute gratulierten, Jutta Lampe, Volker Schlöndorff oder Günther Rühle, las sie vor, was ihr das Wesentliche ist, wenn es um sie persönlich gehen soll: die Erinnerung an ihre Kindheit.

Marianne Hoppe wuchs auf einem Gut in Brandenburg auf, »mit einem weiten Blick über die Felder«. »Die Landschaft, der Himmel über dem Land, das war mein Zuhause. Da war ich glücklich, und das wusste ich schon als Kind. Ich konnte mir gar nichts anderes vorstellen, als dort zu leben. Mir war, als hätte ich unter tausend Möglichkeiten, von denen ich freilich nichts ahnte, diese hier ausgesucht oder gefunden oder auf einer großen Landkarte genau den Finger darauf gelegt.«[3] Die Erzählung von ihrer Herkunft hätte vielleicht das erste Kapitel der Autobiografie werden können, die zu schreiben Marianne Hoppe lange vorhatte. »Einen Sohn haben, ein Haus bauen, einen Baum pflanzen, ein Buch schreiben«[4] – es ist der traditionelle Lebensplan der Männer, den sie sich vornahm. Und tatsächlich saust Marianne, genannt Janni, durch den Bericht ihrer Kindheit durchaus betont nach Bubenart: zwar mit Kleid und Haarschleife, aber immer im Stall (»mein Reich«), im Wald und auf den Feldern unterwegs. Auch die Eltern hatten offenbar mit einem Sohn gerechnet, denn als ihre jüngste Tochter geboren wurde, war kein Name für sie da. Trotzdem eilte der Vater umgehend ins Standesamt, um »ein kleines Mädchen« registrieren zu lassen. Nach drei Tagen war es dann entschieden: Rosemarie sollte sie heißen. Gustav Hoppe machte sich erneut auf den Weg zum Rathaus, da »stürzte Urgroßmutter ihm nach und rief: ›Gustav! Um Gottes willen, das nicht!‹ Ein damals sehr beliebter, viel gesungener Schlager hieß nämlich: ›Röschen hatte einen Piepmatz‹. Nein, dieser Name sollte dem Kind nun doch nicht mit auf den Weg gegeben werden. Es wurde Marianne daraus.«[5] Marianne Stephanie Paula Henni Gertrud.

Der Geburtsort war nicht das brandenburgische Felsenhagen, sondern Rostock. Sich später durchaus mit den preußischen Tugenden identifizierend (»Pünktlichkeit, Pflichterfüllung, aber auch dieses Groteske, dieses Über-den-Schatten-springen-Können, dieses Unvermutete, das die haben, und diesen komischen Witz«)[6], war Marianne Hoppe immer stolz darauf, Mecklenburgerin zu sein – weil es eine Familientradition war.[7]

Von beiden Seiten stammt ihre Familie von dort. Die Eltern ihres Vaters (Ernst Heinrich Georg Hoppe und Henriette, geborene Köppen) kamen aus soliden landwirtschaftlichen Verhältnissen in Karow und Buchholz, die der Mutter (Wilhelm Küchenmeister und Marie, geborene Nahmacher) aus wohlhabend-kaufmännischen in Schwaan und Güstrow. Im Winter 1864/65 war Ernst Heinrich Georg ins Brandenburgische gegangen, um Land zu pachten. Nahe Pritzwalk übernahm er das Flotowsche Gut Felsenhagen mit dem Rittergut Triglitz, die zusammen etwa 1.400 Morgen umfassten. Gleich im ersten Jahr hatten er und seine Frau mit der größten Dürre des Jahrhunderts zu kämpfen, im nächsten drohte Hagel die Ernte zu vernichten. Immerhin war die Versicherung bereit, für den vermutlichen Totalschaden aufzukommen und hatte auch schon gezahlt, als das Korn wie durch ein Wunder doch noch aufging und der Grundstock für die Bewirtschaftung der Güter gelegt war. 1882 konnten die Hoppes Felsenhagen in ihren eigenen Besitz nehmen, knapp 700 Morgen. Gustav Hoppe, Mariannes Vater, war damals sechzehn Jahre alt.

Mariannes Mutter, Margarethe Küchenmeister, genannt Grete, verbrachte ihre ersten Jahre in Güstrow und wuchs danach in Berlin-Charlottenburg auf. Wilhelm Küchenmeister war Tuchhändler, gebildet und anders als sein späterer Gegenschwieger auch neuen politischen Ideen aufgeschlossen. Während sich Ernst Heinrich Georg mit Schaudern an die 1848er Revolution erinnerte, die er als Schüler des Parchimer Gymnasiums erlebte, war Großvater Wilhelm ein Sympathisant der Frankfurter Nationalversammlung und Kenner der Schriften von Ludwig Börne und Heinrich Heine.

Auch sein Bruder Heinrich Küchenmeister lebte in Berlin, als Vertreter der mechanischen Weberei zu Linden (Lindener Samt!) gleichfalls in Sachen Tuch unterwegs und verheiratet mit Emma, geborene Nahmacher, der Schwester von Marie.[8] Die Hoppes waren mit beiden Familien Küchenmeister befreundet, und so lernte Gustav bei einem seiner Berlinbesuche im Hause von Heinrich dessen Nichte Grete kennen.[9] Sie war fünfzehn Jahre jünger als er, und als sie am

Pfingstsonntag des Jahres 1901 mit Eltern und Schwester ihrerseits nach Felsenhagen kam, becircte er sie mit Schiller. Sie verlobten sich knapp zwei Monate später, am 9. August, ihrem zwanzigsten Geburtstag, und heirateten im nächsten Frühjahr. Nach den Flitterwochen in Italien brachte Gustav Hoppe seine junge und stadtgewohnte Frau auf das Gut Felsenhagen, das er seit 1898 als selbständiger Pächter vom Vater übernommen hatte. »Sie war schön: dunkles Haar, blaue Augen, hoch gewachsen, mädchenhaft. Sie hatte auch eine wunderhübsche Stimme. Sie sang Schubert-Lieder, Löwe-Balladen, Lieder von Hugo Wolff, von Richard Strauss – aber das reichte natürlich nicht für das Leben auf dem Lande«,[10] schrieb Marianne Hoppe mehr als achtzig Jahre später. Ein Foto zeigt ihre Eltern als Brautpaar: Grete kaum kleiner als Gustav, das Haar eng am Kopf liegend und nach hinten gesteckt, mit ruhigem, klarem Ausdruck an der Kamera vorbei schauend. Gustav dagegen blickt mitten hinein; mit gescheiteltem Haar, aufwärts gedrehtem Schnauzbart und Vatermörder auf stille Repräsentation bedacht.

Heimat, Herkunft und Familie bedeuten Marianne Hoppe viel. Im Prominenten-Fragebogen der *Frankfurter Allgemeinen Zeitung* antwortete sie 1984 auf die Frage »Wo möchten Sie am liebsten leben?«: »Zu Hause.« Auf die nach dem größten Unglück: »Les Adieux«, die Abschiede. Ausgerechnet aus dieser Antwort machte ein Druckfehler »Les Aïeux«, die Vorfahren.[11] Das ärgerte die in Pressedingen sonst gelassene Künstlerin so sehr, dass sie in der Redaktion anrief, um sich zu beschweren. Es ist nicht ohne symbolischen Wert, dass ausgerechnet bei diesem Thema die französisierende Weltläufigkeit ins Stolpern kam und zeigte, worin ihr Preis besteht. Denn schließlich hat Marianne Hoppe mit der Schauspielerei einen Beruf gewählt, der – so wie sie ihn versteht – ein Familienleben im herkömmlichen Sinne ausschließt. »Dieser Beruf mordet Beziehungen«, sagt sie.[12] »Während der Ausübung ist man unansprechbar, und übt man ihn einmal nicht aus, verlangt einen nach Isolation.«[13] In der Tat lebte sie außer in den zehn Jahren ihrer Ehe mit Gustaf Gründgens nie mit jemandem zusammen, und auch während dieser Zeit behielt sie ihre eigene Wohnung. Es gab Freundschaften, auch Liebesbeziehungen, aber ein gemeinsamer Haushalt wurde nicht geführt. Sogar von ihrem 1946 geborenen Sohn Benedikt trennte sie sich wegen Engagements immer wieder. Doch sie kaufte ein Haus in Oberbayern, wo bis zu seinem zehnten Lebensjahr auch Schafe gehalten wurden, um ihm ein Gefühl von Heimat zu vermitteln: von Landleben und von Zuhausesein. »Da kennt man dann als Kind wirklich jeden Stein, und das find' ich einen schönen Kompass.«[14]

Dieses Kennenwollen ist es, das Marianne Hoppes Heimatbegriff prägt. Nicht das Platzrecht, sondern die Teilhabe, die Vertrautheit, die auch über lange Phasen der Abwesenheit hinweg Bestand hat. Im Jahr 1987 danach gefragt, ob sie immer noch Mecklenburg oder nicht doch inzwischen Bayern als ihre Heimat begreife, antwortete sie erdverbunden und undogmatisch zugleich: »Ach Gott, darüber zerbreche ich mir nicht den Kopf. Wenn man da ist, die Feldwege sieht und die Lerchen, die da wie immer hochsteigen, und man von Kindheit an davon weiß, fühlt man sich der Sache schon sehr nahe. Aber ich bin in Bayern so gut aufgenommen worden und lebe hier so viele Jahre, dass ich mich davon auch nicht mehr trennen möchte.«In jenem Jahr hatte sie ihr Elternhaus erstmals seit 1945 wieder besucht. Vom Hof war das meiste abgerissen worden, auch vom Pferdestall stand nur noch eine Seite, aber das war ihr egal, sie empfand die Landschaft sogar als noch schöner als in ihrer Erinnerung: »Weil die Gräben und Kuhlen so von Bäumen umstanden waren, weil die Bäume überhaupt größer geworden sind, und auch auf unserm Hof, der gar nicht mehr unser Hof ist, weil alles weggerissen ist, steht diese eine Kastanie und hat sich wunderschön ausgebreitet.«[15]

In Werner Schroeters Dokumentarfilm über Marianne Hoppe, »Die Königin«, sieht man sie mehr als ein Jahrzehnt später, im Sommer 1999, noch einmal unter den Bäumen von Felsenhagen stehen. Zuvor hatte sie mit ihrem Sohn und dem ehemaligen Landarbeiter Günter Essmann, der heute auf dem Gelände des ehemaligen Gutes wohnt, auf der Bank gesessen und sich Fotos von früher angesehen. Eine eigenartige Begegnung. Die Gutsbesitzerstochter als alte Dame und der Arbeiter ohne Gebiss, der sich daran erinnert, wie es »zu Hoppes Zeiten«, zu denen er noch Kind oder allenfalls Jugendlicher war, einmal Freibier gab, weil über dem Pferdestall der Getreidespeicher eingeweiht wurde. Auch Marianne Hoppe erinnert sich daran. Und plötzlich beginnt sie, mit dem Mann Platt zu sprechen, obwohl er selbst nicht Platt spricht, sondern eine eher berlinische Klangfarbe hat. »Du bist Rentner. Das is gescheit. N'bettn umkiek'n. Jo. Du hast din Leb'n long georbeet, nu kannst du och Rentner sin. So is das doch.«

Ihn duzend, ihm in scheinbar vertrauter Sprache beipflichtend zu etwas, das für sie selbst nie in Frage gekommen wäre, manifestiert sie beides: das Gewesene und den Verlust. Die patriarchale Haltung ist sofort da, doch das Forcierte daran entlarvt die gute Absicht als Rolle. Nichts stimmt mehr. Weder das Klassenverhältnis nach vierzig Jahren DDR noch die Heimattümelei, nachdem Marianne Hoppe seit siebzig Jahren nicht mehr in Felsenhagen lebt. Auch war der Mann an der Zerschlagung des Gutes beteiligt gewesen. »Das wurde ja bestimmt von den Russen: der Gutscharakter müsste verschwinden. Das war der Befehl 209 von der Sowjetischen Militärregierung.«

Er schenkt Marianne Hoppe eine Fotografie von ihrem Vater an seinem siebzigsten Geburtstag in Uniform. »Hauptmann Hoppe«, nennt er ihn. »Er sieht so entschlossen aus«, sagt sie. »War er gar nicht.« Doch der Arbeiter erzählt eine Begebenheit aus der Zeit, als die Russen das Gut besetzt hatten, im April 1945: »Man hat den Hauptmann im Park an der Gruft, wo seine Eltern begraben waren, gefragt, wo denn sein Gold vergraben sei. Und da hat er sich hingestellt an die Mauer und gesagt: ›Hier sind meine Eltern begraben, hier liegt mein Gold.‹ Also, da hat er seine Eltern mit gemeint. Und da haben die Russen auf ihn geschossen und haben aber daneben geschossen, absichtlich.«

Gustav Hoppe selbst notierte die Situation anders. Er habe den Russen eine Stelle gezeigt, an der Wertsachen vergraben waren, sich aber dann geweigert, weitere Verstecke zu benennen. Es sei sein Sohn gewesen, der alles vergraben hat, habe er gesagt, und wenn sie ihm nicht glaubten, sollten sie ihn doch erschießen. Dabei stand er allerdings tatsächlich an der Gruft seiner Eltern, und einer der Russen hatte geschossen, zweimal sogar, und beide Male gezielt daneben.

Doch auch wenn die Metapher erst in der Legende entstanden ist – dass Ernst Heinrich Georg und Henriette Hoppe für ihren Sohn das Gold waren, das er später machte, ist ein schönes und zutreffendes Bild. Sie, die ins Gästehaus gezogen waren, als Gustav das Gut übernahm, hatten noch tausend Schafe gehalten und eigenhändig das Papier um die Butter geschlagen, die sie in Pritzwalk und Wittstock verkauften. Zur Zeit von Marianne Hoppes Kindheit war das Gut durch Zukäufe bereits auf rund 2.000 Morgen vergrößert worden und umfasste Felsenhagen, Triglitz und Steffenshagen. »Die Schafe waren abgeschafft, die Weiden zu Äckern kultiviert, das Vorwerk Steffenshagen dazugekommen, die Wege gepflastert mit Feldsteinen, die Rinderherde im Herdbuch eingetragen. Mit der Zuckerfabrik Lübs, mit der Stärkefabrik Kyritz musste abgerechnet werden. Vierzig Pferde, im Herbst der Dampfpflug, eine intensive Landwirtschaft also.«

Der stattliche Besitz forderte einen stattlichen Haushalt. Im Frühjahr und im Herbst wurden die Nachbarfamilien zur Besichtigung der Felder eingeladen und opulent bewirtet. Zwischen dem Frühstück mit geräuchertem Schinken und Aal und dem abendlichen Fasan oder Hecht, selbst gemachtem Vanilleeis und anschließender Hausmusik wurde in weißen Zwirnhandschuhen der Sekt gereicht, konnten Kristallteller mit Makronen zu Boden fallen, rollte man zum

Tanzen den Perserteppich zur Seite und fuhren die Kinder der Gäste mit Marianne im Ponywagen durch die Gegend. Zum stilvollen Abschluss des Tages war im Kinderschlafzimmer dann »das Knirschen auf dem Kies« zu hören, »wenn die Wagen zur Heimfahrt vorfuhren. Das Aufrufen der Kutscher: Streckentin, Wilmersdorf, Laaske, Klenzenhof, die Namen der Güter. Unverzüglich wurde eingestiegen: ›Pferde lässt man nicht warten.‹«[16]

Es war eine wohlhabende und wohlmeinende Welt, in die Marianne Hoppe hineinwuchs, eine Welt mit Stubenmädchen, Kutscher und Kinderfrau, und zu Weihnachten wurden die Kinder der Arbeiter ins Gutshaus eingeladen, sagten Gedichte auf und bekamen Bonbons geschenkt. Eine geordnete Welt, mit Regeln, die einem Kind einsichtig waren, weil die Verhältnisse sie diktierten: die Jahreszeiten, die Bedürfnisse der Tiere und der Landwirtschaft. Eine als frei empfundene Welt auch, in der man barfuß laufen, sich auf Kornböden verstecken und auf dem eigenen Pony, Blanca, neben dem Vater ausreiten durfte. Bald aber auch eine arbeitsame Welt, in der die Kinder begannen, die Pferde zu pflegen, anzuschirren und – nicht ohne Entgelt! – auf dem Feld mitzuhelfen, als der Erste Weltkrieg ausbrach. Marianne Hoppe wirft auf all das einen Blick zurück im Glück. Ein Glück, das sie glaubt, schon als Kind empfunden zu haben. Und aus dem ein gerüttelt Maß an Selbstsicherheit resultierte, genug, um es als Erwachsene – »Die Selbstsicherheit wird ja sukzessive etwas weniger im Leben« –[17] Stück für Stück aufzubrauchen und am Ende doch nicht ohne dazustehen.

Marianne Hoppes Lieblingsgeschichte aus ihrer Kindheit ist die: Eines Tages, sie mochte vier oder fünf Jahre alt gewesen sein, war Onkel Heinrich (vermutlich Küchenmeister) zu Besuch gekommen. Ihre Mutter schickte sie ins Zimmer, um guten Tag zu sagen. Dort aber waren die Männer so ins Gespräch vertieft, dass sie das hereinkommende Kind nicht bemerkten. Da stand sie nun, mit ihrer Trägerschürze und Zöpfen rechts und links, die Hände auf dem Rücken, und wartete darauf, beachtet zu werden. Und plötzlich sagte das kleine Mädchen laut und mit der ganzen Würde ihrer wenigen Jahre: »Marianne Hoppe heißt dies Kind.« – »Diese komische Geteiltheit von ›dies Kind‹ und ›Marianne Hoppe‹ war mir als Kind natürlich nicht bewusst«, kommentiert sie ein Leben später, »aber da liegt, glaube ich, etwas begraben, das sehr typisch für mich ist.«[18]

Darüber hinaus wird es Janni Hoppe einfach nicht gewohnt gewesen sein, so spät beachtet zu werden. Schließlich war sie das zärtlich geliebte jüngste und bald auch einzige Kind im Haus: Ihr Bruder war sechs Jahre älter, die Schwester Gerda fünf. Ernst-Günther verließ Felsenhagen schon 1914, um nach Wittstock ins Gymnasium zu gehen, weil der Hauslehrer zum Kriegsdienst eingezogen wurde. Später wechselte er ins Kloster Rossleben, bevor er in Freiburg im Breisgau Jura studierte. Gerda blieb bis 1920 zu Hause. Dann verbrachte sie vier Jahre in der Königin-Luise-Stiftung in Berlin und lernte anschließend Krankenschwester in Rostock. Die Geschwister kamen als Spielkameraden für Janni entsprechend nur bedingt in Frage. Blieben die Dorfkinder, Kinder von benachbarten Gütern und die jüngere Schwester der Hauslehrerin Fräulein Lemm, die zur Miterziehung aufgenommen worden war. Lesen, Schreiben, Rechnen und Heimatkunde standen auf dem Stundenplan, Religion und Musikunterricht mit Laute. Einmal hatte das Fräulein wohl etwas verlangt, das Marianne empörte, denn die damals Sechsjährige stellte sich auf die Zehenspitzen und gab ihr eine Ohrfeige. »Als sie meinem Vater ganz entsetzt davon berichtete, fragte der: ›Haben Sie ihr gleich eine zurückgegeben?‹ Sie verneinte, und er meinte: ›Dann kann ich auch nichts mehr tun. Dafür ist es jetzt zu spät.‹«[19]

In ihrem Zimmer im ersten Stock (»schlicht eingerichtet und mit Blick auf den Hof«)[20] saß Marianne nicht oft. Meist ritt sie sofort nach dem Unterricht aus und fuhr danach noch mit dem Ponywagen ins Dorf, um die Post abzuholen, denn auch der Postbote war eingezogen worden.

Der Ausbruch des Ersten Weltkriegs hat sich als eine Art nächtliches Traumbild in ihr Gedächtnis eingegraben. »Meine Mutter mit offenem Haar in dem roten, weiten Tuchcape, Krönungsmantel genannt und auf Überlandfahrten getragen, mein Vater in Reitstiefeln, grauer Reitjacke und einer Mütze auf dem Kopf – es wird eine Uniformmütze gewesen sein ... Umarmung, ich wurde hochgehoben, dann ging die Tür.«[21]

Gustav Hoppe zog am Nachmittag des 2. August 1914 in den Krieg, vom Bahnhof Falkenhagen aus. Einen Tag später, am zweiten Mobilmachungstag, meldete er sich als Landwehrhauptmann zur Stelle. Er war achtundvierzig Jahre alt. In seiner Jugend war er mit Begeisterung Einjähriger bei der Reitenden Artillerie in Hannover gewesen und hatte sich durch anschließende Unteroffiziersübungen als Reserveoffizier für den Ernstfall bereitgehalten. Der war jetzt gekommen. Zwei Tage lang suchte Gustav Hoppe in Glöwen Pferde zusammen und übernahm danach in Perleberg die Ersatzbatterie. Von dort aus konnte er noch mehrere Male nach Felsenhagen fahren, um das Wichtigste für die Zeit seiner vorerst unbefristeten Abwesenheit zu regeln. Mitte August sollte es zur Front gehen. Obwohl alles Tun auf den Marschbefehl ausgerichtet war, kam er dann doch überraschend: an einem Wochenende, das vielen noch als Urlaub genehmigt worden war. Auch Gustav Hoppe lag in seinem Bett in Felsenhagen, als ihn telefonisch der Befehl ereilte – vielleicht stammt Mariannes nächtliches Bild von diesem Aufbruch.

Um den Betrieb weiterzuführen, blieben die Großeltern Küchenmeister, die Anfang August gerade zu Besuch in Felsenhagen gewesen waren, bis auf weiteres da. Als Statthalter des Gutsherrn fungierte zudem ein Herr Baumann, der von Gustav Hoppe bei seinen anfänglichen Felsenhagen-Besuchen eingewiesen wurde. Wilhelm Küchenmeister war mit seiner Frau Marie und der zweiten Tochter Dorothee schon 1902 von Berlin zurück nach Mecklenburg gezogen, nach Rostock. Dorthin nahm die Großmutter Marianne in der ersten Kriegszeit einmal mit: »Da sah ich zum ersten Mal Soldaten. Mit Musik, das Sträußchen an der Mütze, das Gewehr geschultert, zogen sie zum Bahnhof. Ich stand am Rinnstein, sah die vielen Hände, die Stiefel im Gleichschritt, die Gesichter aus meiner Froschperspektive ungenau. Ich streckte die Hand aus und berührte das raue Uniformtuch. Plötzlich schrie eine Frauenstimme hinter mir ganz laut ›Willem!‹. – Bis dahin war alles so lustig gewesen, mit Winken und Lachen.«

Der Krieg, das spürte sie jetzt, hatte auch mit Angst zu tun. Und Janni, das Landmädchen, vielleicht fünf oder sechs Jahre alt und für die Stadt extra mit Muff und Boa ausgestattet, rannte in die St.-Georg-Straße 21 zurück, ins Haus ihrer Großeltern, das auch ihr Geburtshaus war. Ein schönes Haus mit geblümten Milchglasfenstern zwischen dem Treppenhaus und den Etagen, mit dunkelgrünen Plüschmöbeln, einem Ahornbaum vor dem Fenster, dem Abenteuer verheißenden Dachboden und dem meist ungenutzten Zimmer von Tante Dorothee, genannt Döschen. Döschen arbeitete den größten Teil des Jahres als Lehrerin in Halle. Nur die Ferien verbrachte sie in Rostock und manchmal auch in Felsenhagen.

Dort hatte sich das Leben nach Kriegsausbruch zwar schnell verändert, blieb jedoch vergleichsweise komfortabel. Statt der kriegswichtigen Ackerpferde kamen Ochsen ins Gespann, und für die eingezogenen Arbeiter des Gutes wurden nach und nach fünfzehn französische Gefangene gesandt. Als einer der ersten übernahm ein Monsieur Perlot die Stellmacherei. Er fragte Marianne nach ihrem Namen, und als er hörte, dass sie heißt wie die Symbolfigur der Französischen Republik, lächelte er natürlich und sagte: »Bons camerades« – auf gute Kameradschaft. Daran erinnert sich Marianne Hoppe gern. Dennoch: Trotz aller Milde, mit der die Auswirkungen des Krieges das so genannte Hinterland mehr verschonten als erreichten, schlug die Stimmung bald um. Ohne die bekannten Arbeiter, ohne Vater und Bruder wurde es still auf dem Gut, manchmal schrie die Mutter nachts im

Schlaf – »ich spürte, es war nicht mehr so, wie es gewesen war, wie es sein sollte«.

Der Vater war erst kurz in Frankreich stationiert, in Nancy, dann in Belgien, bis im Juli 1915 sein Regiment aufgelöst wurde. Er kehrte zurück nach Perleberg und konnte in Felsenhagen bei der Ernte helfen. Im November erhielt er die erneute Einberufung nach Litauen, ließ sich im Februar 1916 wegen rheumatischer Beschwerden jedoch krankschreiben, wurde im April nach Perleberg zurückversetzt und war wieder zur Erntezeit zu Hause. Weil ihn die Arbeit in der Ersatzbatterie keineswegs zufriedenstellte und er sich auf seinem Gut viel stärker gebraucht sah, beantragte Gustav Hoppe im August 1917 schließlich seine Entlassung. Als Soldat enttäuscht, als Familienvater und Landmann jedoch von Pflichtbewusstsein erfüllt, kehrte er ganz auf den Hof zurück. Es galt, die Familie zusammen- und die Versorgung des Hinterlandes aufrechtzuerhalten.

Auch in der Ost-Prignitz ging im Laufe des Krieges irgendwann der Zucker aus, und die Erträge wurden streng kontrolliert. Dennoch blieb immer noch genug zu essen, um die Verwandten aus Berlin mit durchzufüttern: Heinrich und Emma Küchenmeister, beider Söhne Hans und Karl-Erich, sofern sie Fronturlaub hatten, und Lotte, die Tochter. Waren alle zusammen, wurde politisiert: »Mein Vater war konservativ, anfangs von gedämpftem Optimismus, der eine Vetter ein engagierter Kavallerist, sein Bruder Stabsarzt, von Natur und Beruf schon kein Kriegsfreund, jetzt zu nah an den Realitäten und daher entgegengesetzter Meinung, mein Großvater durch seine Vergangenheit äußerst skeptisch. Die Frauen – eher liberal – gingen alle nicht auf die Barrikaden. Das Wort Vaterland jedoch wurde noch unbefangen ausgesprochen und auch so gemeint. Man redete sich die Köpfe heiß – der Kaiser, Hindenburg, Ludendorff, Admiral Tirpitz, Bethmann Hollweg, diese Namen wurden auch mir ein Begriff; den Kronprinzen hatte ich am liebsten mit seiner Pelzmütze und dem Totenkopf darauf. Aber so sehr man sich auch ereifern mochte – Toleranz und Wohlwollen wurden großgeschrieben in unserm Haus.«

Als am 9. November 1918 in Berlin die Republik ausgerufen wurde und Wilhelm II. nach Holland floh, war Marianne Hoppe neuneinhalb Jahre alt. »Dass der Kaiser abgedankt hatte, erschütterte Vater und Mutter, überhaupt alle wie ein Erdbeben, denn das Bild eines aufrecht stehenden, mit seinem Schiff untergehenden Kapitäns – das war doch wohl die Vorstellung, die mit einem Monarchen untrennbar verbunden war.« Was resultierte aus dieser Erschütterung? Galten Wohlwollen und Toleranz auch der neuen Republik? Dem sozialdemokratischen Reichskanzler Friedrich Ebert? Wurde im Haus des Gutsbesitzers Hoppe über den Versailler Vertrag gesprochen? War die Last der Reparationszahlungen am eigenen Leib zu spüren?

Flüchtlinge aus dem Baltikum wurden in Felsenhagen einquartiert, und aus Ostpreußen kamen neue Arbeiter. Sie hießen Falkowski oder Gruschka und brachten Kinder mit, »die erst nach und nach Kameraden wurden«.Gefallen war von den Leuten aus Felsenhagen keiner, »wie durch ein Wunder« waren die Hoppes »vom Schlimmsten« verschont worden. »Ich weiß noch, dass wir zu einer dörflichen Gedenkfeier für die Gefallenen gingen und Pastor Heimbach der Toten gedachte und dass mein Vater – er war gläubiger Protestant und hatte das Patronat der Kirche – Gott dankte, dass er uns vor dem Schlimmsten bewahrt und dass wir auf unserm Grund und Boden unser Zuhause behalten hatten.«

Nach dem Krieg war auch Marianne Hoppes Kindheit fast vorbei. Außenwelt war eingebrochen in die Idylle, der Umstand, davongekommen zu sein, und des Vaters Dankbarkeit darüber machten klar, dass es auch anders hätte kommen können. Gleichwohl freute sie sich auch am ersten Weihnachtsfest im Frieden noch über Spielzeug und Lebkuchen, lief sie im kommenden Frühjahr als Zehnjährige noch in Holzpantinen über den Hof, ließ sich von der Großmutter, die im Nebenhaus wohnte, vorlesen, unternahm in den folgenden Jahren mit der benachbarten Jugend Ausfahrten in die Umgebung, ging zu privaten Tanzveranstaltungen, verbrachte viel Zeit mit Reiten und himmelte den Nachbarssohn Wolfgang zu Putlitz an (und er sie auch). Zu den Eltern hatte sie ein gutes Verhältnis. Die Mutter konnte sie um den kleinen Finger wickeln, betrachtete sie aber gleichzeitig mit Distanz. »Sie blieb, solange sie lebte, ein junges Mädchen.« Und: »Sie kam aus Berlin, und so war es schwer für sie, sich bei uns auf dem Lande einzuleben. Es hat Jahre gebraucht, bis sie ihren Platz dort gefunden hat.« Bei *uns* auf dem Lande! Marianne war das Landkind, die Mutter kam zeitlebens aus der Stadt. Auch dass ihre Mutter als Mädchen in Berlin begeistert ins Theater gegangen war, bringt sie nicht mit sich selbst in Verbindung. Sie sieht sich vor allem als Tochter ihres Vaters: »Vom Naturell waren wir uns ähnlich.«

Gustav Hoppe war ein konservativer und gläubiger Mann, aber nicht wirklich streng. Er war pflichtbewusst und arbeitsam, vergaß aber über seinen Aufgaben und Prinzipien nicht die Menschen um sich herum. Er war gebildet und las viel, vor allem Shakespeare, Goethe und Schiller. Als Vater überaus zärtlich, gab er seiner jüngsten Tochter dreierlei mit auf den Weg: das Interesse für klassische Literatur, die Überzeugung, dass man sich alles, was man im Leben erreichen will, zu erarbeiten hat, und die Sicherheit, dass hinter ihr eine Familie steht, die sie liebt und die sie stützt.

Marianne Hoppe las als junges Mädchen wenig, allenfalls Märchen von Gustav Schwab, und im Alter von zwölf oder dreizehn Jahren dann Dostojewskis »Schuld und Sühne«, ein Buch, das ihr ein junger Pfarrer gegeben hatte. »Richtig lesen«[22] lernte sie nach eigener Ansicht erst 1930, als sie mit dem Soziologen Carl Dreyfuss zusammentraf. Da war sie bereits Schauspielerin und in Frankfurt am Main engagiert.

Von den typischen Initiationserlebnissen einer zukünftigen Bühnenkünstlerin ist aus Marianne Hoppes Kindheit wenig überliefert. Kein liebevoll gebasteltes Puppentheater, keine exzessiven Verkleidungsspiele auf dem Dachboden, nichts Selbstgeschriebenes in Akten. Rezitiert aber hat Marianne Hoppe schon immer gerne. Gedichte. Zu feierlichen Gelegenheiten wie der Hochzeit eines Nachbarn, lernte sie etwa einige Zeilen von Bismarck. Auch wirkte sie – wie die ganze Familie – gelegentlich bei den Darbietungen von Tante Döschen mit, die es während ihrer Ferien in Felsenhagen liebte, die Verwandten mit Aufführungen von selbst verfassten Kurzdramen zu erfreuen. Und da waren des Vaters Shakespearebegeisterung (die er allerdings nicht laut deklamierend auslebte, sondern mehr für sich) und ein erster Theaterbesuch mit ihm, 1922 in Berlin. Im Großen Schauspielhaus wurde Shakespeares »Kaufmann von Venedig« unter der Regie von Max Reinhardt gezeigt. Rudolf Schildkraut hätte den Shylock, Helene Thimig die Portia gespielt, glaubt sich Marianne Hoppe mit Begeisterung zu erinnern.[23] Doch da täuscht sie sich. Ohnehin waren es Werner Krauß und Agnes Straub, mit denen die Inszenierung am 12. März 1921 herauskam. Doch als Marianne Hoppe und ihr Vater anreisten, waren diese beiden längst nicht mehr zu sehen. Zum System der Reinhardtbühnen gehörte ja, dass die Stars ihre Rollen jeweils nur einige Vorstellungen lang spielten und dann zu neuen Inszenierungen eilten. Das Repertoire hielten Folgebesetzungen aufrecht. So waren es Robert Müller als fünfter Shylock und Mady Christians als dritte Portia, die die Dreizehnjährige beeindruckten. Marianne Hoppes erste Theatererinnerung ist eher als Verbeugung vor der Theatergeschichte zu verstehen. Könnte sie sich wirklich bildhaft an diesen Besuch erinnern, wäre wohl auch der Theaterbau selbst der Rede wert gewesen. Das Ende 1919 eröffnete Große Schauspielhaus nämlich war ein imposantes Gebäude. Max Reinhardt hatte den zwischen Schiffbauerdamm und Friedrichstraße angesiedelten Zirkus Schumann von Hans Poelzig zu einem Arenatheater umbauen lassen, in dem bis zu 3.200 Zuschauer unter einer sensationellen Hängekuppel saßen: »Ein Tropfsteingebilde aus Beton, ein Spiel von Stein und Licht, eine Welt hängender Gotik.«[24]

Sollte dies auf die Dreizehnjährige keinen Eindruck gemacht haben? Vielleicht nicht. Oder nicht nachhaltig. Wobei es ohnehin nicht Marianne Hoppes Art ist, in Erinnerungen zu schwelgen. Sie benennt Sachverhalte, erzählt mal eine Anekdote, hält sich ansonsten aber zurück. Auch bleibt sie meist bei den gefundenen Sprachregelungen für das jeweilige Ereignis. Nur einmal fügte sie der Erwähnung ihres ersten Theaterbesuchs hinzu, dass sie das Stück über den Juden Shylock, der seinem Feind gegen die Sicherheit eines Pfundes von dessen Fleisch Geld leiht, damals gar nicht verstanden habe. Sie habe gedacht: »Das stimmt ja alles nicht. Was es ja auch nicht tut. Weil, wenn ich ein Herz rausschneide, kommt Blut.«[25]

Dieser Theaterbesuch blieb in Marianne Hoppes Mädchenzeit der einzige. Von Felsenhagen aus gesehen, lag die Welt der Bühne doch recht fern – und vieles andere, wenn man erst einmal anfing darüber nachzudenken, auch. Janni war jetzt kein Kind mehr, und dass sie immer zurückbleiben musste, wenn ihre Geschwister nach den Ferien wieder abreisten, machte sie allmählich unzufrieden. So schön es auf dem Gut war, so sehr sie es liebte – sie wollte nicht auch noch ihre ganze Jugend in Holzpantinen verbringen. Im Frühjahr des Jahres 1924 war es soweit. Marianne Hoppe wurde nach Berlin geschickt, in die Königin-Luise-Stiftung, aus der die Schwester Gerda gerade entlassen worden war: »Winkend auf der Terrasse standen Eltern, Freunde, Verwandte, und fort ging es den Berg hinunter, über die kleine, von zwei weiß gestrichenen Holzbalken flankierte Brücke, den gepflasterten Weg, die Feldscheune links liegen lassend, weiter bis zur Chaussee ...«.[26]

Die Beschreibung des Weges fort von Felsenhagen ist einer der letzten Abschnitte von Marianne Hoppes autobiografischem Text über ihre Kindheit. Und als sie ihre Lesung beendet hatte an ihrem achtundachtzigsten Geburtstag, der ihr neunzigster war, da ging ein Applaus los, wie er im Berliner Ensemble damals lange nicht mehr gehört worden war. Zum Dank warf Marianne Hoppe Kusshände ins Publikum, und dieses erhob sich von seinen Plätzen, seinerseits frenetisch dankend – für die Lesung, für Marianne Hoppes letzte Rollen am Berliner Ensemble, für alle davor und die Filme dazu, für ihr schieres Hiersein und mehr noch das Immerdagewesensein. Dafür, dass sie ausgehalten hat auf der Bühne, siebzig Jahre hindurch und über den Zusammenbruch dreier politischer Regime hinweg. Dafür, dass aus dem Mädchen vom Lande eine Schauspielerin geworden ist.

Im Frühjahr 1924 zeichnete sich das allerdings noch nicht ab. Im Gegenteil war die Königin-Luise-Stiftung in Berlin-Dahlem bestrebt, alles Unterhaltsam-Kulturelle von den Schutzbefohlenen fern zu halten. Die 1811 gegründete Mädchenschule beherbergte in den zwanziger Jahren nur interne Schülerinnen, die meist von Landgütern im Osten kamen. Der Unterricht begann in der Quarta, der siebten Klasse, Marianne Hoppe wird in die zehnte Klasse gekommen sein, die Untersekunda. Strenge, Häuslichkeit und Einfachheit sollten den Stiftmädchen vermittelt werden, und Marianne blieb nichts davon erspart: nicht das Knicksen, nicht das Rückwärts-aus-dem-Zimmer-Gehen. Die Eltern vermuteten, dass ihre Frischluft gewohnte Tochter den neuen Ton nicht aushalten würde, und einer Beschreibung des damaligen Stiftungsalltags nach zu urteilen, kann man die Bedenken verstehen. In der Festschrift zum 175-jährigen Bestehen der Königin-Luise-Stiftung gibt eine Lehrerin die Eindrücke ihrer 1902 geborenen Mutter wieder, einer ehemaligen Stifterin:

»Wie es bei den Kindern von Gutsbesitzern in der Lausitz und an der Oder üblich war, wurde Ilse nach Berlin gebracht, als sie die ›höhere Töchterschule‹ besuchen sollte, und, wildwüchsig vom Lande kommend, in der Königin-Luise-Stiftung der Frau Oberin vorgestellt. Missbilligend fasste diese Ilses freihängende Locken zusammen: ›Das werden wir erst einmal ordnen.‹ Und auch die Haarschleife, Symbol von Eitelkeit, musste verschwinden. Die Internatstracht war: hochgeschlossene Bluse, oben mit der Silbernadel der Stiftung verschlossen, langer, dunkelblauer Rock, schwarze Strümpfe und Schuhe. Mit streng hoch gestecktem Haar und in dieser Kleidung wurden die jungen Damen bei gelegentlichen Spaziergängen, paarweise gehend und im Entenmarsch, von Erzieherinnen durch die Straßen geführt, wobei unziemliches Kichern und allzu muntere Blicke zu unterbleiben hatten. Nicht nur dieses Benehmen zu lernen fiel einem Gutskind schwer, das mit Pferden und bäuerlichen Freunden aufgewachsen war. Einige Mitschülerinnen, fast alle übrigens von Adel, waren im Schulwissen schon fortgeschrittener als Ilse, so dass diese es schwer hatte, zumal es wechselweise englische und französische Sprachwochen gab. Dass die Fremdsprache wirklich benutzt wurde, auch im Privatbereich, dafür sorgten die fast ständig anwesenden Erzieherinnen. So erinnerte sich meine Mutter an den Duschraum, in dem mehrere Mädchen sich wuschen, jedes aber getrennt vom anderen durch halbhohe Wände. Hinter einem Vorhang, der längs durch den Raum ging, saß die Erzieherin: ›Ilse von Osten, en français s'il vous plaît!‹, woraufhin sie erschreckt schwieg (mangels Vokabeln!).«[27]

Die Sprachen, immerhin. Obwohl Marianne Hoppe insgesamt der Ansicht ist, man habe in der Königin-Luise-Stiftung nichts gelernt, gab sie doch einmal zu: »Die Englischlehrerin und der Geschichtslehrer waren gut.«[28] Sie hat fremden Sprachen nie gescheut. Als die Russen in Berlin einmarschierten, lernte sie russische Vokabeln. Als sie eine Gastspielreise durch die USA plante, wiederholte sie englische Grammatik. Als sie sich ein Haus in Griechenland kaufte, ließ sie sich in Griechisch unterrichten. Dieses Haus übrigens geht gleichfalls auf die Königin-Luise-Stiftung zurück. Dort nämlich gab es nicht nur Straffheit, Schlichtheit und Gebote, sondern auch Mädchen in Mariannes Alter. Talitha von Heyden zum Beispiel, mit der sie auch später sporadisch, aber herzlich in Kontakt blieb. Sie war es, die sich in den siebziger Jahren zuerst ein Haus auf dem Peleponnes kaufte. Marianne Hoppe besuchte sie dort und tat es ihr gleich.

1926, nach zwei Schuljahren in Berlin, sollte Marianne Hoppes Erziehung in einem Pensionat in Weimar vervollständigt werden. Die Klassikerstadt hatte der Vater für seine Jüngste auch um seinetwillen ausgesucht, und er nutzte sogleich die Gelegenheit, sie im Auto persönlich hinzubringen und mit Grete und ihr noch einige Ausflüge und Besichtigungen zu machen. Auf dem Weg nach Schloss Tiefurt verfuhren sie sich zunächst. »Und ich weiß noch, wie meine Mutter sagte: ›Du warst doch im Krieg, hast dort eine Generalstabskarte studiert, und jetzt findest du nicht einmal Tiefurt!‹«[29]

Die Stiftungszucht hatte Marianne Hoppe mit Anstand hingenommen. Für das Weimarer Pensionat aber reichte ihre Geduld nicht. Sie fand keinen Kontakt zu den anderen Mädchen, lehnte die Pensionsschwestern als Erzieherinnen ab, fühlte sich einsam und unverstanden, und schrieb nach nicht einmal zwei Wochen einen Hilferuf nach Hause. Weinend lief sie der Mutter, die daraufhin sofort anreiste, schon aus dem Haus heraus entgegen und wurde dann auch schnell vom Pensionatsleben erlöst. Weimar selbst gefiel ihr aber gar nicht schlecht, und weil sie schon einmal da war, wollte sie bleiben und etwas lernen, das ihr Selbständigkeit ermöglichen würde. Sie entschied sich für die staatliche Handelsschule in der Schröterstraße (heute Washingtonstraße). Die Eltern waren einverstanden, dass sich die Gutsherrentochter die Möglichkeit erschloss, Angestellte zu werden – den Hof würde ja Ernst-Günther übernehmen, das stand fest. Die Mutter mietete Marianne eine Mansarde in einem Privathaushalt, kaufte ihr ein Fahrrad und reiste wieder ab. Und Marianne Hoppe lernte tagsüber Stenografie, Schreibmaschine und Buchführung, und machte abends, was sie wollte: Sie ging ins Theater, Stehplatz, vierter Rang. Das Pensionat hatte für die Schülerinnen mehrere Plätze abonniert gehabt, und trotz des Widerwillens, den sie gegen die Einrichtung gehabt hatte, begann Marianne Hoppe mit dem regelmäßigen Theaterbesuch dort etwas, das für ihr Leben bestimmend war.

Das Deutsche Nationaltheater Weimar, erbaut von Max Littmann, war 1908 eröffnet worden. Es handelte sich um das dritte Theater auf genau diesem Platz. Im ersten war Goethe noch selbst Intendant gewesen, zum zweiten Bau kam es nach einem Theaterbrand, zum dritten wegen dringenden Modernisierungs- und Runderneuerungsbedarfes. Eröffnet wurde der Littmann-Bau als Hoftheater, nach Ende des Ersten Weltkriegs hieß er Landestheater und seit der Tagung der verfassungsgebenden Nationalversammlung in diesem Gebäude im Jahr 1919 Deutsches Nationaltheater. Das direkt davor stehende Goethe-Schiller-Denkmal von Ernst Rietschel macht den repräsentativen Eindruck komplett.

Zu Marianne Hoppes Weimarer Zeit hatte das am Ende des Zweiten Weltkrieges durch Bombenangriffe schwer beschädigte Theater über tausend Sitzplätze für nicht einmal fünfzigtausend Einwohner. Intendant war Franz Ulbrich. Gezeigt wurden in den Jahren 1926 und 1927 neben Goethe, Schiller und Lessing auch Bertolt Brechts »Mann ist Mann«, George Bernard Shaws »Heilige Johanna«, »Eine Frau ohne Bedeutung« von Oscar Wilde und »Zweimal Oliver« von - Georg Kaiser. Dazwischen Titel wie »Das Postamt« oder »Das glühende Einmaleins«. Etwa zehn Neuinszenierungen kamen pro Spielzeit heraus. Zu dem fünfundzwanzigköpfigen Ensemble zählte auch Emmy Sonnemann, die spätere Frau des Nazifunktionärs Hermann Göring, mit der Marianne Hoppe in den dreißiger und vierziger Jahren zu tun hatte. 1926 jedoch konnte sie es sich leisten, Emmy Sonnemann nicht zu beachten. Stattdessen wurde eine andere Darstellerin für sie wichtig: Erika Kristen, die in der »Braut von Messina« von Schiller die Mutter spielte, Donna Isabella. Tief beeindruckt von deren Darbietung, setzte sie sich hin und lernte die dreieinhalb Textseiten ihrer Rolle: »Denn es geziemt der Witwe, die den Gatten/ Verloren, ihres Lebens Licht und Ruhm,/ Die schwarz umflorte Nachtgestalt dem Aug/ Der Welt in stillen Mauern zu verbergen ...« Eine Mitschülerin, die jemanden vom Nationaltheater kannte, riet ihr, an Frau Kristen zu schreiben und bat ihren Bekannten gleichzeitig, die Schauspielerin auf den Brief eines Mädchens von der Handelsschule vorzubereiten. So wurde Marianne Hoppe tatsächlich empfangen und sprach eines Nachmittags, zwischen zwei Stühlen positioniert, die Donna Isabella vor. »Ja – aus dir könnte man schon etwas machen«,[30] sagte Erika Kristen und willigte ein, ihr für einsfünfzig pro Stunde Unterricht zu geben.

Auch jenseits klassischer Texte begann Marianne Hoppe bald, ihre neu entdeckte Liebe zum Rollenspiel auszuleben. Ein Foto vom Frühjahr 1927 zeigt sie mit einer Freundin auf einem Balkongeländer sitzend, beide tragen großkarierte Pluderhosen, Pioniertücher am Kragen und Kappen auf dem Kopf. Eine späte Faschingsverkleidung und sichtbar ein großer Spaß. Auf einem anderen Bild aus der Zeit sitzt sie im Fotostudio vor einem Waldprospekt mit gewitterdräuendem Himmel. Die Gutsbesitzerstochter aus der Prignitz posiert in einem bayerischen Trachtenanzug mit Edelweiß auf den Hosenträgern und einem enormen, gefiederten Hut.

Gleichwohl blieb Janni Hoppe auf der Schule, bereitete sich auf das Examen als Handelsassistentin vor und betrat das Theater weiterhin durch den Vordereingang. Und sei es vor oder nach der Begegnung mit Erika Kristen gewesen – »da saß einmal in der ersten Reihe eine sehr schöne Dame vor mir, die immer zusammen mit einer Cousine ins Theater ging. Wir lernten uns kennen – sie hatte etwas verloren, und ich hatte es ihr aufgehoben. Sie lud mich ein, und da kam ich zum ersten Mal in ein wirklich großes Haus. Sie hieß Frau von Below und wohnte um die Ecke von meiner Pension, etwas außerhalb in einem sehr schönen Haus. Und die hat mich unter ihre Fittiche genommen und mir gezeigt, was

Gesellschaft ist. Was ich von zu Hause auf ländliche Weise natürlich schon kannte, aber das war sehr lehrreich für mich. Und die Cousine befasste sich mit Philosophie und hat mich ein wenig unterwiesen. Das war eine sehr angeregte Atmosphäre da im Haus. Sie hatte einen Sohn und zwei Töchter, Annemarie und Stephanie. Der Sohn, Manfred, verunglückte an einem Weihnachten, schrecklich.«

Ein Porträt in der Zeitschrift *Transatlantik* von 1982 zitiert Marianne Hoppe mit einer anderen Facette dieser Begegnung: »Also, wir gehen ins Theater, und vor mir sitzt eine wunderschöne Frau, die mich so fasziniert, dass ich sie wiedersehen muss. Sie ist Halbjüdin, herrlich, schwarz. Mir erscheint sie wie eine Heilige. Sie ist meine große Liebe mit 15, 16, wie eine Erscheinung aus irgendwelchen Sphären.«[31]

In den Weimarer Adressbüchern taucht eine Eva von Below ab 1920 auf. Zwischen 1924 und 1931 wohnte sie in der Elisabethstraße 15 (heute Helmholtzstraße). Ebenfalls dort gemeldet waren die Rittmeisterswitwe Hampe und Fräulein Dr. phil. Hampe – wohl eine Tante und die Cousine. 1932 erschien kein Adressbuch, und ab 1933 ist Eva von Below nicht mehr erwähnt. Sie besuchte Marianne Hoppe einmal in Berlin, das kann zwischen 1927 und 1930 gewesen sein. Danach verlor sich der Kontakt. Die Tochter Stephanie allerdings traf Marianne Hoppe ab Anfang der vierziger Jahre immer wieder. Damals zog sie als Dramaturgin nach Berlin, später passte sie in Bayern sogar einmal einige Monate als Kindermädchen auf Benedikt Hoppe auf.

Weimar stand 1926 trotz seiner symbolischen Bedeutung sicher nicht im Zentrum des politischen Geschehens. Aber es war auch kein ruhiges Provinzstädtchen. Im Frühjahr kam es zu einem Volksbegehren zum Gesetz über die Enteignung der Fürstenvermögen. Im Juli hielten die Nationalsozialisten ihren zweiten Parteitag dort ab und benannten ihre bestehende Jugendorganisation in »Hitlerjugend« um. Zwei Tage nach Abschluss des Parteitages gab es eine Protestdemonstration der KPD. Im Oktober 1926 und März 1927 fanden von der KPD einberufene Landeskonferenzen der thüringischen Arbeitslosen statt.[32] Nach der Felsenhagener Abgeschiedenheit und dem Leben im Internat erfuhr Marianne Hoppe in Weimar auch in dieser Hinsicht zum ersten Mal, was Gesellschaft ist. Und selbst wenn es ihr damals nicht bewusst gewesen sein mag: Im Salon der Frau von Below mag ihr das kulturelle Leben auch deswegen so erhaben erschienen sein, weil es von der Straße her schon akut bedroht war.

Wirklich wahrgenommen hat Marianne Hoppe die politische und soziale Zuspitzung dann in Berlin ab dem Herbst 1927. Wobei ihr das Reflektieren von Wirklichkeit nicht liegt. Sie empfindet sich zu sehr als Teil davon. So protestierte sie als Gast der ZDF-Porträtreihe »Zeugen des Jahrhunderts« 1987 im Gespräch mit Hajo Schedlich: »Ich bin kein Zeuge des Jahrhunderts. Ich bin ein Kind meiner Zeit, wie meine Nachbarin: gebeutelt, durch den Fleischwolf gedreht und auch mit glücklichen Momenten. Aber als Zeuge stelle ich mir einen Professional vor, Hannah Arendt oder Russell.«

Darauf Hajo Schedlich: »Ich glaube, dass es, was die Theatergeschichte betrifft, keinen berufeneren Zeugen gibt als Sie. Sie haben eben die Zeit angesprochen. Von der Zeit wollen wir ja reden. Vielleicht können wir, wie es beim Gericht üblich ist ...«

Marianne Hoppe: »Als Zeuge wird man vorgeladen und steht da, um zu belasten oder entlasten soweit man mit einem Fall vertraut ist. Also ist der Zeuge einer, der außerhalb der Handlung steht.«

Hajo Schedlich: »Nein, in unserem Fall steht das Jahrhundert für Opfer und Täter, und Sie sollen weder anklagen, das tut der Staatsanwalt, Sie sollen weder verteidigen, das tut der Verteidiger, Sie sollen auch kein Urteil fällen, das tut der Richter, aber Sie sollen sagen, wie es war. Sie waren dabei, und das ist eine Zeugenschaft.«

Marianne Hoppe: »›Sagen was ist‹, sagte Herr Lassalle[33]: sehr schwer. Lassen wir es dabei. Ich sitze ja nun auch hier.«[34]

Autos

Benedikt Hoppe:
Mutter war absolut autobegeistert. Mit siebzehn Jahren machte sie in Brandenburg den Führerschein. Es war eine ganze Gruppe, die da angelernt wurde, und sie war die einzige Frau. Wie sie mir einmal erzählt hat, musste man damals auch den Vergaser ein- und ausbauen können und die Räder wechseln. Ihr erster Wagen war ein Opel 1,2 Liter, ein ganz kleiner Opel. Und dann hatte sie den Adler, das Trumpf junior Sportcabriolet. Es gibt ein Foto, wie Mutter damit in Felsenhagen vorfährt. Das Cabriolet war elfenbeinfarben mit orangefarbenen Sitzen. Danach kam ein BMW 326, auch ein Sportcabriolet. Als sie den kaufte, war sie schon mit Gründgens verheiratet, der war ja auch ein großer Autofan. Der 326 war im April 1937 ein In-Auto.

Um sich etwas Schickes, Neues leisten zu können, hatte Mutter damals einen Film gemacht, und mit der Gage, genau 7.500 Reichsmark, kaufte sie sich den BMW. Mitternachtsblau sei er gewesen, sagt sie immer. Eingefahren hatte sie ihn auf der Avus, gemächlich und langsam. Man durfte diese Motoren zu Anfang nur wenig belasten. Das Gleiche tat damals Heinz Rühmann, der sich den 326 auch im April 1937 gekauft hatte. Und da fuhren also beide auf der Avus ihre Autos ein. Rühmanns Wagen hatte allerdings Probleme und blieb immer wieder stehen. Und da fuhr Mutter so an ihm vorbei, winkte fröhlich und rief: »Er geht wunderbar«, und der arme Rühmann stand schon wieder mit offener Motorhaube am Straßenrand!

Später bevorzugte sie kompakte und flotte, auch flott aussehende Autos. Sie wollte ein sportliches Feeling, aber es sollte praktisch sein und keinesfalls etwas behäbig Deutsches. Dann hätte sie ja einen Mercedes nehmen müssen, und das hat sie immer abgelehnt. Mercedes hatte für sie immer noch einen

Nazi-Touch gehabt, wegen Hitlers Staatskarossen. Einen Mercedes hat sie sich also nie angeschafft, obwohl die Vertreter ihr die Türen eingerannt haben in Siegsdorf. Der Traunsteiner Vertreter war auch noch der Sohn von Jakob Werlin, der einer der engsten Freunde von Hitler gewesen war und sein kraftfahrzeugtechnischer Berater, und der hatte die größte Mercedesvertretung in Berlin damals. Nach dem Krieg wollte in Berlin natürlich keiner mehr mit Werlin zu tun haben. Da ist er nach Oberbayern gegangen, und der Sohn, der beruflich in seine Fußstapfen getreten war, wollte ausgerechnet Mutter überzeugen.

Stattdessen ging es bei ihr nach dem Krieg mit einem gebrauchten Ford Eifel los, der den Krieg irgendwie überdauert hatte. Sie hatte gerade auf dem Bavariagelände in München einen Film gemacht und die Gage schon in der neuen D-Mark ausgezahlt bekommen. Und da reichte es für den Ford Eifel, der ein paar hundert Mark kostete. In den siebziger Jahren hatte Mutter auch einmal eine BMW 2500-Limousine, ein ziemlich großes, weißes Auto mit dunkelblauen Velourspolstern, ein Sechszylinder. Später fuhr sie kleinere BMWs. Mutter war eben immer sehr sportlich, sehr begeistert beim Autofahren.

»Das war ja alles wie Zuckerguss«

Autofahren war in den zwanziger Jahren ein wichtiger Bestandteil des modernen Lebensgefühls. »Autos vermitteln einem, was jeder liebt, der Kaufmann wie der Angestellte, auch der Schriftsteller, das Vergnügen, vom Fleck zu kommen«, schrieb Bernard von Brentano in einem Berlin-Feuilleton für die *Frankfurter Zeitung*.[1] Wer nicht zurückbleiben wollte, der fuhr, und für Frauen wurde das Autofahren zu einem Symbol der Gleichberechtigung und Unabhängigkeit. Auch Erika Mann galt als leidenschaftliche Fahrerin und verstand etwas von Automechanik.

Doch wo einige besser und schneller vorankamen, blieben andere desto nachhaltiger zurück. »Die Zeit fährt Auto« heißt ein im Frühjahr 1928 erschienenes Gedicht von Erich Kästner. »Die Städte wachsen. Und die Kurse steigen./ Wenn jemand Geld hat, hat er auch Kredit./ Die Konten reden. Die Bilanzen schweigen./ Die Menschen sperren aus. Die Menschen streiken./ Der Globus dreht sich./ Und wir drehn uns mit.«[2] In jenem Jahr hatte die Produktionskraft der deutschen Wirtschaft wieder den Vorkriegsstand von 1913 erreicht. Nach den USA war Deutschland der zweitwichtigste Güterproduzent der Welt. Allerdings hielten Konzerne den Großteil des Aktienkapitals in der Hand, und 1929 standen über zwei Millionen Arbeitslose auf der Straße. Noch im Vorjahr hatten viele von ihnen bei den Reichstagswahlen links gewählt. Das politische Gleichgewicht konnte dadurch gerade noch gehalten werden, und eine Große Koalition von SPD, DDP, DVP, Zentrum und Bayerischer Volkspartei war die Folge gewesen. Kanzler wurde der SPD-Mann Hermann Müller. Auch die ökonomische Situation schien sich stabilisiert zu haben, doch das täuschte. Zu abhängig war die deutsche Wirtschaft von den USA, die sie nach der Finanzkrise von 1923 mit 100-Millionen-Dollar-Anleihen wieder in

Schwung gebracht hatten. Der New Yorker Börsenkrach vom 24. Oktober 1929 betraf Deutschland entsprechend mit am stärksten.[3] Die Not wuchs, und die internationalistisch ausgerichteten Parteien verloren bei der Bevölkerung ihren politischen Kredit. Auch strebte das verarmende Kleinbürgertum mehr und mehr danach, sich zumindest sozial von der Arbeiterschicht abzuheben. Die Bereitschaft, das zu wählen, was man für einen nationalen Sozialismus hielt, nahm sprunghaft zu. »Die Zeit fährt Auto./ Doch kein Mensch kann lenken./ Das Leben fliegt wie ein Gehöft vorbei./ Minister sprechen oft vom Steuersenken./ Wer weiß, ob sie im Ernst daran denken?/ Der Globus dreht sich und geht nicht entzwei.«[4]

»Es war wunderbar, damals in Berlin zu leben«, erinnert sich Marianne Hoppe. »Die Kehrseite der Medaille hat man allerdings auch mitbekommen, wenn man über den Alexanderplatz ging.«[5] Ihr erster Weg in Berlin führte sie aber zum Deutschen Theater. Und zwar direkt. Vom Bahnhof Friedrichstraße die Albrechtstraße hoch in die Schumannstraße 12 und 13a – »mein buchstäblicher Werdegang«. Das war Mitte September 1927. Offiziell war sie gekommen, um sich bei einer Bank um eine Anstellung als Fremdsprachenkorrespondentin zu bewerben, bei Gildemeister & Co. in der Lennéstraße am Tiergarten. Dieser Plan war aber vor allem ein Vorwand, um ungehindert in der Schauspielschule des Deutschen Theaters vorsprechen zu können. Denn nachdem Marianne Hoppe aus Weimar nach Felsenhagen zurückgekehrt war, hatte sich ihre Lust am Rollenspiel zu dem Wunsch verfestigt, Schauspielerin zu werden. Bevor sie ihre Eltern davon in Kenntnis setzte, wollte sie sich ihr Talent aber von professioneller Seite bestätigen lassen. Sie hatte also ihre mit Erika Kristen studierten Rollen wiederholt und als einzige weitere Vorbereitung an jenem Tag, an dem sie nach Berlin fuhr, nur Bananen gegessen, um das Gelingen ihres Vorhabens nicht durch einen vollen Magen zu gefährden. Vom Bahnhof ging sie ins Deutsche Theater, fragte sich durch bis zum Büro, klopfte an, sagte einer »reizenden, grauhaarigen Sekretärin«[6], sie wolle vorsprechen und erfuhr, dass sie zu spät kam. Nach den Prüfungen im August hatte das Schuljahr am 1. September gerade begonnen, der nächste Bewerbungstermin war in einem halben Jahr. Später schilderte Marianne Hoppe den Fortgang meist so, dass sie nach dieser Auskunft ganz ruhig stehen geblieben wäre und zu sich selbst gesagt hätte, unter diesen Umständen wohl einen anderen Beruf ergreifen zu müssen. Dadurch wäre die Sekretärin so angerührt gewesen, dass sie ihr für den nächsten Tag doch einen Vorsprechtermin beim Direktor verschafft hätte.

In Wirklichkeit tat sie, was jede andere an ihrer Stelle auch getan hätte: Sie dankte, drehte sich um und ging. Ein paar Tage später kam sie aber noch einmal in die Schumannstraße und bat erneut darum, vorsprechen zu dürfen. Es ginge ihr zunächst um ein grundsätzliches Urteil, erklärte sie der Sekretärin, sie wolle wissen, ob sie Chancen habe, im Frühjahr aufgenommen zu werden, oder ob sie einen anderen Beruf ergreifen müsse. Das fand die Dame einleuchtend, und sie machte für Marianne einen Termin mit dem »Direktor« aus, womit nicht Max Reinhardt, sondern Berthold Held gemeint war, der Leiter der Schauspielschule. Reinhardt, der so oft in Wien oder Salzburg war, hielt sich im Herbst 1927 zwar gerade in Berlin auf, um eine Gastspielreise mit acht Inszenierungen des Deutschen Theaters ab Mitte November in New York vorzubereiten, aber er war natürlich nicht derjenige, der zu spät gekommene Schauspielanwärterinnen auf ihre grundsätzliche Eignung hin prüfte.

Wenige Tage später trug Marianne Hoppe Herrn Held die Viola aus »Was ihr wollt« von Shakespeare vor. Da an Shakespearedarbietungen am Deutschen Theater nun wirklich kein Mangel war, winkte er jedoch gleich ab, woraufhin sie den Knaben Wagenlenker aus dem »Faust« nachlegte: »Bin der Poet, der sich vollendet,/ Wenn er sein eigenst Gut verschwendet ...« Held war davon sehr angetan und versicherte ihr, sie im nächsten Semester direkt in die zweite

Klasse aufzunehmen, die erste könne sie überspringen. Marianne Hoppe erbat sich das Urteil schriftlich und fuhr glücklich zurück nach Felsenhagen.

Dort angekommen, musste sie jedoch erfahren, dass die Eltern sie in der Zwischenzeit in der Landwirtschaftlichen Frauenschule in Malchow angemeldet hatten. Wahrscheinlich hatte sie ihnen von Berlin aus schon mitgeteilt, dass es mit einer Stellung bei Gildemeister nichts werden würde, und Gustav und Grete Hoppe waren übereingekommen, dass auch die Jüngste im Falle eines Falles den Haushalt eines Gutes führen können sollte. Sogar die notwendige Kleidung war bereits besorgt worden und befand sich, reisefertig verpackt, in Mariannes Zimmer. Die nun war dermaßen schockiert, dass sie zunächst gar nichts dazu sagen konnte. »Nach einigen Tagen aber klopfte ich während der Abendtafel an mein Glas und hielt eine kleine Rede in eigener Sache: ›Ihr könnt mit mir machen, was ihr wollt – ich aber werde mir einen Zettel an mein Bett hängen mit der Mahnung: Vergiss nicht, dass du Schauspielerin werden willst.‹«[7] So viel höfliche Entschlossenheit rührte das Herz der Eltern natürlich. Der Brief der Schauspielschule sowie die Fürsprache eines Freundes der Familie taten ein Übriges, und bald darauf fuhr Gustav Hoppe mit seiner Tochter nach Berlin, sprach selbst mit Held und vereinbarte, dass dieser Marianne Privatstunden geben würde, bis das nächste Semester begann. Als dann schon im Dezember in der zweiten Klasse ein Platz frei wurde, weil die entsprechende Schülerin den Ansprüchen nicht genügte, bot man ihr an, mitten ins Semester einzusteigen. Das aber lehnte sie ab. Sie war zu abergläubisch, um einen Studienplatz einzunehmen, der einer anderen kein Glück gebracht hatte.

Man muss sich die achtzehnjährige Marianne Hoppe als eine junge Frau vorstellen, die weiß, was sie will. Die unverkrampft und spielerisch, aber doch sorgsam, überlegt und zielgerichtet vorgeht. Sie war nicht besessen von dem Wunsch, Schauspielerin zu werden. Aber sie wollte es, prüfte die Möglichkeiten und wurde es. In späteren Jahren indessen legte sie Wert darauf, ihren ersten Gang ins Deutsche Theater als etwas fast beiläufig Zugefallenes darzustellen: »Da steigt man aus, da geht man hin, da kommt man an, dann sagt man einen Satz, den man gesagt hat, und der ist dann wahrscheinlich gerade im richtigen Moment ausgesprochen worden, so dass es diese Wirkung hat. Deswegen kann man auch so furchtbar schlecht sagen: Ja, da habe ich mich entschlossen, das und das zu machen.«[8]

Max Reinhardt gründete die Schauspielschule des Deutschen Theaters im Jahr 1905. In seiner Eröffnungsrede weihte er sie all jenen, »deren beflügelter Pulsschlag die Zeit verrückt, die alle Schrecken des Daseins in drei Abendstunden bannen können, die mit dem ersten Klingelzeichen zu leben beginnen und sterben, wenn der Vorhang fällt. Die so tief getroffen werden vom Worte des Dichters, dass ihr eigenes Leben erstarrt, während ein fremdes Leben in ihnen zittert und jubelt, jauchzt und schreit (nach des Schöpfers Geheiß).«[9] Theater als zweite Wirklichkeit. Als erste, die der Mensch sich selbst erschafft. Und die wird umso reicher, je mehr der Einzelne von sich hineinlegen kann. Insofern war Reinhardt, wie er in einer Rede über den Schauspielerberuf zehn Jahre später sagte, »nicht darauf bedacht, die Technik der Ausdrucksmittel gründlich zu lehren, sondern vor allem das Persönliche, Einzigartige in dem jungen Nachwuchs aufzuspüren und zu entfalten«, und wollte sich hüten, »es durch noch so glänzende Vorbilder zu unterdrücken«.[10] Befragt, ob sie jemals Vorbilder gehabt hätte, sagte Marianne Hoppe später immer ein wenig verwundert: »Nein. Ich wollte versuchen, es selber zu machen, glaube ich.«[11]

Max Reinhardt leitete die Schauspielschule des Deutschen Theaters nicht selbst, war aber Mitglied des Kuratoriums. Zu den Lehrern zählten neben Berthold Held Gertrud Eysoldt, Heinz Hilpert, Friedrich Kayßler und Lothar Müthel. Marianne Hoppe war begeistert. Auch wenn sie nicht den regulären Unterricht besuchte, nahm sie doch atmosphärisch an allem teil und fühlte mit den Schauspielschülern erstmals eine Gemeinschaft um sich. Eine Gruppe von Leuten, die alle das Gleiche wollten. Mit denen sie im Theaterlokal in der Schumannstraße saß, ins Kino ging und natürlich in die Aufführungen des Deutschen Theaters und der Kammerspiele. Denn auch wenn es darum ging, das Eigene zu finden – »Man lernt, indem man großen Leuten zuschaut, wie sie es machen.«[12]

Das Deutsche Theater beschäftigte in der Spielzeit 1927/28 siebenundfünfzig Darsteller. Lili Darvas, Blandine Ebinger und Gertrud Eysoldt waren dabei, Grete Mosheim und Helene Thimig, Paul Hörbiger, Oskar Homolka und Friedrich Kayßler, Werner Krauß, Albert Steinrück, Eduard von Winterstein. Das Ensemble bespielte auch die benachbarten Kammerspiele, die 1924 eröffnete Komödie und ab 1928 das daneben liegende Theater am Kurfürstendamm. Doch auch die Theater wurden damals nicht von Max Reinhardt persönlich geleitet. Er war, wenn er nicht ohnehin in Österreich war, oft auf Gastspielreisen und kam nur zu Regiearbeiten nach Berlin. Die Theaterführung überließ er 1920 Friedrich Hollaender, dann Karl Rosen und ab 1926 Robert Klein. Gleichwohl hießen die Reinhardt-Bühnen weiterhin Reinhardt-Bühnen und waren ab 1927 die einzigen von der Stadt als gemeinnützig anerkannten Privattheater, was auch bedeutete, von der existenzbedrohenden Vergnügungssteuer befreit zu sein.

Neben den Reinhardt-Bühnen gab es Ende der zwanziger Jahre über dreißig weitere Schauspielbühnen mit eigenem Ensemble und entsprechend einen harten Kampf um das Publikum. »Trust, Serien- und Startheater«, wie es der Kritiker Herbert Jhering nannte,[13] bedrohten das Ensemble- und Repertoiretheater. Die privaten Theaterleiter mussten immer wieder Allianzen eingehen, um sich Schauspieler und Publikum zu teilen und so versuchsweise ein Niveau zu halten, das sie sich aus eigener Kraft nicht mehr leisten konnten. Auch Max Reinhardt – beziehungsweise sein Bruder Edmund, der bis zu seinem Tod im Juli 1929 die Geschäfte aller Reinhardt-Theater führte – war dazu gezwungen. Er gründete im März 1926 mit zwei Kollegen die wohl umfänglichste Arbeitsgemeinschaft dieser Art: die Reibaro. Reinhardt und seine bisherigen Konkurrenten Victor Barnowsky und Eugen Robert schlossen mit gemeinsamen Schauspielerengagements und einer Publikumsorganisation fünf ihrer sechs Theater zusammen: Das Deutsche Theater und die Kammerspiele von Reinhardt, von Barnowsky das Theater in der Königgrätzer Straße (das heutige Hebbel Theater in der Stresemannstraße) und das Komödienhaus am Schiffbauerdamm sowie die Tribüne in der Berliner Straße von Robert. Das Berliner Theater in der Charlottenstraße und das Deutsche Künstlertheater in der Nürnberger Straße wurden 1928 vom Reinhardt-Konzern übernommen und wieder abgestoßen, traten dann aber unter der Direktion von Robert Klein der Reibaro bei.

Einen Konzern für sich bildeten – um die Schauspiellandschaft des Jahres 1928 weiter zu skizzieren – die Bühnen von Heinz Saltenburg. Der war, wie der Theaterleiter Ernst Josef Aufricht in seinen Erinnerungen schrieb, der »Prototyp des ungebildeten Geschäftsmannes«, brachte aber dennoch »weltstädtische Aufführungen«[14] zustande, vermutlich mit Hilfe seines Stellvertreters, des Regisseurs Karl Heinz Martin. Zum Saltenburg-Konzern gehörten das Lessing-Theater am Spree-Ufer gegenüber dem Reichstag, das Deutsche Künstlertheater in der Nürnberger Straße und das Lustspielhaus in der Friedrichstraße. Die staatlichen Schauspielbühnen, die Leopold Jeßner leitete, waren das Schauspielhaus am Gendarmenmarkt und das Schiller Theater in der Grolmannstraße. Die Volksbühne (unter Fritz Holl) bespielte neben dem Stammhaus am Bülowplatz (heute Rosa-Luxemburg-Platz) auch das Theater am Schiffbauerdamm, das bald darauf Aufricht übernahm und im August 1928 mit der »Dreigroschenoper« von Brecht/Hauptmann/Weill eröffnete. Im Theater am Nollendorfplatz schließlich hatte Erwin

Piscator 1927 die erste Piscator-Bühne gegründet, die 1928 wirtschaftlich zusammenbrach, 1929 am gleichen Ort wieder auferstand und 1930 erneut zusammenbrach. Danach versuchte er sein kommunistisch ausgerichtetes politisches Theater unter anderem im Wallner Theater in der Wallnertheaterstraße (heute Wallnerstraße) umzusetzen, das 1928 noch von der nationalsozialistischen Großdeutschen Theatergemeinschaft angemietet war. So schnell und drastisch konnten sich damals die Verhältnisse ändern.

Neben den genannten fütterten noch weitere theatergeschichtlich weniger auffällig gewordene Bühnen die theatergesättigte Stadt Berlin mit ihrem Programm. Das Theater in der Klosterstraße etwa, in dem Franz Sondinger Ibsen spielen ließ, oder das Thalia Theater in der Dresdner Straße, in dem Aufricht Stellvertreter des künstlerischen Leiters Hans Felix war, bevor er das Theater am Schiffbauerdamm übernahm. Die Vielzahl der Geschäftstheater in Berlin, die um ein Publikum buhlten, das gleichwohl immer stärker von der Theatralisierung des politischen Lebens in Bann gezogen wurde, bedrohte akut die künstlerische Entwicklung in der Hauptstadt. Nicht nur die Beschäftigung von Publikumslieblingen wie Elisabeth Bergner oder Käthe Dorsch an gleich mehreren Bühnen, deren Ensembles sich dann stromlinienförmig um den Star zu gruppieren hatten, hinderte die inhaltlich-ästhetische Entwicklung, sondern auch die Angst vor der Gegenwartsdramatik, die man lieber zuerst in der so genannten Provinz erprobt sehen wollte.

Im *Berliner Börsen-Courier* schrieb Herbert Jhering am 13. Februar 1928: »Soll es so weitergehen? Die Theater laufen sich die Hacken ab nach jedem schwachen Stück von Galsworthy,[15] und deutsche Autoren werden im Reich uraufgeführt. In diesem Winter – schlecht gerechnet – drei Galsworthys in Berlin, und Kaiser, Wolfenstein, Gerhard Menzel, Marieluise Fleißer im Reich. Barnowsky hat Georg Kaisers ›Präsident‹ und Arnolt Bronnens ›Reparationen‹ angenommen – und gibt Galsworthy ... An dem Versacken der deutschen Produktion ist das ganze Berliner Premierensystem schuldig, das nur glatte, reibungslose Erfolge duldet, sind die Direktoren schuldig, die Stars, die Regisseure und die Kritik. Lächerlich, sie auszunehmen. Wenn man weiß, dass Kaiser und Bronnen ohne weiteres der Feme Kerr verfallen würden, so wäre der Mut des Privatdirektors verwunderlich, der seine Einnahmen aufs Spiel setzte.«[16]

Fünf Monate später brachte Barnowsky Kaisers Komödie »Der Präsident« unter der Regie von Victor Schwannecke im Komödienhaus dann doch heraus. Mitten in der Sommerspielzeit, und gespielt wurde auch nur viermal.[17] Die Tochter der Titelfigur gab Marianne Hoppe. Im *Berliner Tageblatt*, der Zeitung, in der Herbert Jherings Lieblingsfeind Alfred Kerr seine Theaterkritiken veröffentlichte, wurde sie als »talentierte Anfängerin« hervorgehoben. Nicht von Kerr allerdings, sondern von einem Kollegen, der mit dem Kürzel Bur. zeichnete und Kaiser im Allgemeinen als »stärkste Erscheinung deutscher Dramenliteratur« würdigte. Im Speziellen, also in diesem Stück, sei der Eindruck indes etwas schwächer.[18]

»Der Präsident« war bereits die dritte Premiere der neunzehnjährigen Marianne Hoppe, die zu der Zeit erst zehn Monate in Berlin war und, letztlich ohne jemals die Schauspielschule besucht zu haben, einen Anfängerinnenvertrag mit dem Deutschen Theater geschlossen hatte. Nach fünf Monaten Privatstunden bei Held hatte sie nämlich die Gelegenheit bekommen, an Stelle der erkrankten Berti Hirschlaff in der ersten Matineeaufführung der Bühne der Jugend mitzuwirken, einer neu gegründeten Gruppe, die aus der Reinhardtschule hervorgegangen war. Am 4. März 1928 wurde im Deutschen Theater »Mörder für uns« von Willi Schäferdieck gezeigt, die Erstaufführung eines Erstlingsdramas. Fritz Eckert führte Regie, Paul Dahlke, Karl Balhaus, Hans Fiebrandt und Renée Köhler waren dabei, und Marianne Hoppe spielte die Lucie – »zehn, fünfzehn Sätze im ersten Akt«.[19]

»Das Stück handelte von einem Eisenbahnattentat in Leiferde«, erinnert sie sich. »Da wir damals links von der Mitte und ganz nah dran waren, haben wir das aufgegriffen. Das war ein Evenement damals.« Am Tag nach der Premiere seufzte Herbert Jhering jedoch: »Das Stück: Eine szenische Ballade in sechs Bildern von Willi Schäferdieck. Die Tragödie von Leiferde als schönrednerische Deklamationspièce: das Eisenbahnattentat als Anlass für Gartenlaubenromantik. ›Mörder für uns‹– die ganze Phraseologie der ›O Mensch‹-Dramen kehrt wieder. Bevor die Zeit selbst dargestellt wird, die eine Nachkriegsgeneration entwurzelte, wird über die Zeit gefaselt. Bevor der richtige Grund geschaffen wird, werden falsche Folgerungen gezogen. Nichts ist verankert. Alles hängt in der Luft. Dieses weichliche Gebibber, diese sprachliche Ohnmacht, diese Leichtfertigkeit des Herzens – nein.« Da auch die Bühne der Jugend als Studioidee – ein Novum in Berlin – zwar überaus begrüßenswert sei, sich aber noch kein gemeinsamer Stil zeige, blieb Jhering nur übrig, von einzelnen Begabungen zu sprechen. Und da heißt es: »Marianne Hoppe scheint eine Begabung von innerlicher Spannkraft zu sein.«

Als sie am Nachmittag nach der Premiere ihre Kollegen traf, fragten die sie ganz aufgeregt: »Hast du's schon gelesen? Jhering hat über dich geschrieben!« Sie hatte bis dahin erst die in diesen Fällen obligatorische Erwähnung im *12-Uhr-Blatt* gesehen und sich schon darüber sehr gefreut. Namentlich genannt zu werden in einem Artikel, war in der damaligen Zeit im von Schauspielern schier überbordenden Berlin ja so viel wie ein Adelstitel. Aber jetzt auch noch gelobt von einem bekannten Kritiker! Die Seligkeit kann man sich vorstellen. Sofort gab Marianne Hoppe ihren Plan auf, sich den Künstlernamen Todd zuzulegen, wie sie es vielleicht mit Rücksicht auf ihre Eltern vorgehabt hatte. Lobend erwähnt von Herbert Jhering! Sogleich meldete sich Barnowsky, ließ sich vorsprechen und machte ihr das Angebot, für hundertfünfzig Mark Monatsgage in Wedekinds »Frühlings Erwachen« im Theater in der Königgrätzer Straße mitzuwirken. Als sie Berthold Held davon erzählte, fand im Deutschen Theater gerade das Schluss-Vorsprechen der Schüler der zweiten Klasse statt, und er hieß sie ganz ruhig, sich zu setzen und mitzumachen. »Ich wollte mir erst keine Mühe geben, weil mir das Engagement im Kopf spukte, aber wie ich sprach, da kam doch automatisch die Konzentration, und ich war ganz bei der Sache.«[20] Als einziges Mädchen wurde sie zur nächsten Spielzeit ans Deutsche Theater übernommen. Die Gage war die gleiche wie bei Barnowsky.

Hundertfünfzig Mark im ersten, zweihundertfünfzig Mark im zweiten Jahr – das war auch für 1928 wenig Geld. Die Reinhardt-Bühnen waren dafür bekannt, den größten Teil des Ensembles schlecht zu bezahlen. Selbst Schauspieler der ersten Garde wie Helene Thimig oder Werner Krauß verdienten nur einen Bruchteil dessen, was damals im Theater möglich war. Für Elisabeth Bergner galt eine Gage von monatlich 24.000 Mark zu der Zeit als gering und eigentlich kaum zu akzeptieren. Herbert Jhering hielt diese Bergner-Gagen für die »letzte Inflationserscheinung des deutschen Theaters«.[21] Gleichwohl wurden sie bezahlt. Und Marianne Hoppe kam mit hundertfünfzig Mark aus. Oder kam nicht damit aus. Hundert Mark gab es von den Eltern im ersten Jahr dazu, fünfundsiebzig im zweiten.

In der ersten Zeit wohnte Marianne Hoppe bei ihrer Großtante Emma Küchenmeister – die gut mecklenburgisch Emming genannte wurde –, der Großonkel Heinrich war 1916 gestorben. Die Tante hatte daraufhin eine Wohnung am Schulenburgring in Berlin-Tempelhof gemietet, zunächst im Haus Nummer 53, später in der Nummer 128. Dort wohnte sie mit ihrer Tochter Lotte, die Lehrerin am Lettehaus war. »Sie machte dort die Hüte, und ich bekam dann auch einmal einen, einen schwarzen. Er war nicht umwerfend, aber ich habe ihn getragen, wir waren ja ohnehin nicht überelegant damals, sondern haben uns, soweit es unsere Kassen erlaubten, vielleicht ganz niedlich gekleidet.« Lotte Küchenmeister war nicht die Einzige, die zur Lösung möglicher Kleiderprobleme beim jüngsten der Felsenhagen-Kinder beizutragen versuchte. Ihr Bruder Hans hatte die Stelle seines Vaters als Berliner Vertreter der mechanischen Weberei zu Linden übernommen und beschenkte die Nichte bald nach ihrer Ankunft mit einem Stück manchestergestreiften roten Lindener Samt, aus dem ein Kleid genäht werden musste – »Schrecklich!« Natürlich kam die Tante ins Theater, um Marianne zu sehen, und sagte nach dem ersten Mal – unklar, ob in anerkennender oder diplomatischer Absicht –: »Man hat dich sehr genau verstanden.« Das sind so Eindrücke.

Ausgehen sieht sich Marianne Hoppe in dieser ersten Berliner Zeit noch nicht. Höchstens mal ins Kino, in den Gloria-Palast am Kürfürstendamm oder eben mit den anderen Schauspielstudenten ins Theaterlokal. Dort kostete das Mittagessen im Abonnement eine Mark, ohne Nachtisch achtzig Pfennig. Eine Straßenbahnfahrt kostete zwanzig, die Zeitungen zehn oder zwanzig Pfennig. Einen Damenmantel bekam man bei Wertheim damals für zwanzig Mark, Schuhe im Angebot für zehn Mark, ein möbliertes Zimmer für vierzig. Mit Antritt des Engagements am Deutschen Theater im Herbst 1928 zog Marianne Hoppe bei ihrer Tante aus und mietete sich bei einer Frau Bonnwitt[22] in der Eisenacher Straße 22 in Berlin-Schöneberg ein. Nicht lange darauf, wahrscheinlich Anfang 1930,[23] zog sie noch einmal um: in ein Zimmer im Sigmundshof am Tiergarten, in einem »großzügigen, klassizistischen Gebäude«.

Marianne Hoppe war also eine Begabung von »innerlicher Spannkraft«, und Max Reinhardt besetzte sie noch vor Beginn ihres Engagements in »Artisten«, einem Erfolgsstück von Gloryl Watters und Arthur Hopkins über das Varietéleben. Reinhardt war während seines Gastspiels in den USA auf das Stück gekommen und brachte es am 9. Juni 1928 im Deutschen Theater als glamouröse Revue heraus. Dass er die Neunzehnjährige bewusst besetzt hätte, ist natürlich zu viel gesagt. Er ließ sie mitprobieren, gemeinsam mit

Wladimir Sokoloff, Grete Mosheim, Karin Evans, Paul Hörbiger, Hans Moser und etlichen weiteren Darstellern, darunter auch amerikanische Artisten. Zunächst. Die Pfingstfeiertage Ende Mai jedoch verbrachte sie in Felsenhagen, und als sie wieder zurückkam, war ihr bisschen Rolle, eine Tänzerin, die gar keinen Namen hatte, gestrichen worden. Man hatte ihr das nicht gesagt, sondern sie merkte es erst, als sie in der ersten Probe nach Pfingsten auftrittsbereit hinter der Bühne stand und die anderen Darsteller einfach weiterspielten, obwohl ihr Stichwort gefallen war. »Da war ich furchtbar traurig und zog mir den Mantel an. Und da kam Reinhardt und fragte: ›Was haben Sie denn, warum weinen Sie denn so?‹ Ich sagte: ›Man hat mir meine ganze Rolle gestrichen.‹ Das waren vielleicht sechs Sätze. Und da hat er gelacht und gesagt, ich könnte sie wiederhaben.« Und bald darauf »saß ich da in einem goldenen Kleid und habe mit Sokoloff, dem Hauptdarsteller, kokettiert. Jeder Moment, den man da hatte, war einem selber wichtig, um sich zu zeigen – um zu arbeiten.«

Zu einer herausgehobenen Erwähnung in den Kritiken reichten sechs Sätze bei solch einer repräsentativen Inszenierung natürlich nicht. »Reinhardt gab an einem einzigen Abend fast alles her, was der Umkreis des Broadway in ihm aufgespeichert hatte«, schrieb Emil Faktor, Jherings Redakteur und Vorgesetzter im *Börsen-Courier*. »Es wurde ein Schaufest der Üppigkeit, eine Glanzpremiere der Szenerie, der Schauspielkunst, des humoristischen, sentimentalen, orgiastischen Theaters, die sich kreuzende, gegeneinander wogende Doppelströmung von Spielbühne und Varieté, von Tanzrevue und Schauspiel, von Akrobatenkunst und Ensembleherrlichkeit.«[24] Fritz Engel im *Berliner Tageblatt* hingegen tat bei gleichzeitiger Wertschätzung dessen, was zu sehen war, auch sein Unbehagen an der Amerikanisierung des Theaters kund, für die ihm »Artisten« symptomatisch zu sein schien und die den »unausbleiblichen Vorwurf der kommenden Geschlechter« nach sich ziehen werde, »dass unsere höchst zeitgemäße Zeit trotz all ihren Stars und technischen Kniffen, vor allem in Berlin die dramatische Kunst zerquetscht und entweiht hat«.[25]

Gut vier Wochen später hatte Marianne Hoppe in Kaisers »Präsident« ihr eigentliches Debüt. Nicht als Krankheitsvertretung und nicht aus gerührtem Wohlwollen besetzt, sondern um ihrer selbst willen. Den theatralischen Anlass allerdings empfand nicht nur Bur. im *Tageblatt* als eher minder. Auch die Kritiker des *Berliner Börsen-Couriers* und der *Vossischen Zeitung*[26] bedauerten, dass Barnowsky diese durchaus nicht komische Komödie aus Georg Kaisers Frühzeit auf den Spielplan gesetzt hatte, seine besseren Stücke aber ignorierte. »Der Präsident« ist ein Vierpersonenstück und handelt von einem Pariser Anwalt, der, um eben Präsident zu werden, einen Kongress gegen den Mädchenhandel gründet, zu Hause aber seine eigene Tochter verschachern will. Neben Julius Falkenstein als Anwalt Blanchonnet und Marianne Hoppe als seine Tochter, die Klosterschülerin Elmire, spielten Hedwig Wangel und Oskar Sima ein Diebespaar, das Elmire den in ihrer Obhut belassenen Koffer mit dem Geld für den Kongress abjagt.

Etwas ausführlicher als Bur. lobten die anderen gleichfalls die Leistung der talentierten Anfängerin. »Für die Siebzehnjährige setzte man Marianne Hoppe, ein neues Talent, ein«, schrieb Emil Faktor. »Die Darstellerin kam mit der Verpflichtung zu tragischen Tönen um die Klippe des Komischen glücklich herum. Ihre Jugend hat Geschmack.« Und Monty Jacobs unter dem Kürzel M.J. in der *Vossischen Zeitung*: »Endlich die Tochter mit der idealen Forderung: ein neues Gesicht, Marianne Hoppe. Schlanke Jugend und ein Blick aus dem tiefen Brunnen kindlicher Illusionen heraus. Dieses unbekannte Fräulein weiß ihren Körper noch nicht zu halten. Aber sie scheint zu den Berufenen zu gehören, die gefördert werden müssen.« Ihren speziellen Blick hatte sie offenbar schon damals: diesen träumend in die Ferne gerichteten Marianne-Hoppe-Blick.

Die Ende der zwanziger Jahre auflagenstärkste Berliner Tageszeitung, die *Berliner Morgenpost*,[27] veröffentlichte schon am Premierentag von »Der Präsident« als Ankündigung eine Szenenzeichnung. Zwei Tage später widmete Max Osborn der Nachwuchsschauspielerin eine richtige kleine Rollenstudie: »Wir zitterten um Elmire, weil eine junge Anfängerin, Marianne Hoppe, unsere Herzen in schnellem Lauf gewann. Hier steckt ursprüngliche Begabung. Wie der erschreckten Siebzehnjährigen langsam die Augen aufgehen, wie sie sich dann wieder leichtgläubig betölpeln lässt, wie sie ängstlich nach einem Halt sucht, um ihn völlig ungeleitet nur im Gebet und in einem durchaus verkehrten Entschluss zu finden, das wurde überraschend natürlich dargestellt.«[28]

Ihre erste Rolle als richtiges Ensemblemitglied des Deutschen Theaters war der Page des Paris in Shakespeares »Romeo und Julia«. Regie führte abermals Reinhardt, die Premiere war am 25. Oktober 1928 im Berliner Theater. Franz Lederer war Romeo, Elisabeth Bergner die Julia. »Da habe ich die Interpunktion bei Reinhard gelernt«, erzählte Marianne Hoppe. »Er rief immer ›Komma‹ herauf. Denn bei dem Komma vergaß ich anfangs immer, einen kleinen Unterbruch zu machen.« Herbert Jhering indessen kommentierte am Tag nach der Premiere im *Börsen-Courier*: »Reinhardts Stärke war nie die Sprachbehandlung, seine Schwäche war immer der Vers. Jetzt ist sein Ohr der Sprache ganz entfremdet. Die einfachsten Stellen werden verwischt oder überakzentuiert.« Auch hätte Reinhardt die jungen Talente, die ihm zur Verfügung standen, fast unkenntlich gemacht, die Bergner mit ihrer Lustspielbegabung sei als Julia eine »Katastrophe«, die Inszenierung im Ganzen »barbarisch«.[29] Ganz anders urteilte der konservative Arthur Eloesser in der *Vossischen Zeitung*. Er hatte zwar auch dies oder das einzuwenden, war im Ganzen jedoch zufrieden und sah Elisabeth Bergner zur Julia gar »bestimmt«.

Das Lob dieser Shakespeare-Inszenierung geriet Eloesser wohl nicht zuletzt deswegen so innig, weil er die Jugendtragödie mehrfach gegen gewisse andere »Krankheiten der Jugend«[30] abgrenzen konnte, die ihm deutlich weniger behagten. Die Anspielung auf Homosexualität und Prostitution in Ferdinand Bruckners spektakulärem Stück »Krankheit der Jugend« (1926) hatte einen aktuellen Anlass. Zwei Tage zuvor war am Deutschen Theater Bruckners »Verbrecher« uraufgeführt worden, eine Inszenierung des Oberspielleiters Heinz Hilpert, die in der Presse zwiespältig besprochen wurde, deren Ereigniswert die Shakespeare-Produktion aber deutlich übertraf. Mit der Behauptung, die Justiz sei unzulänglich und versage angesichts sozialer und menschlicher Not, war das Thema abermals brisant und die Identität des Autors noch immer ein viel diskutiertes Rätsel. Dass sich hinter dem Namen Ferdinand Bruckner der österreichische Schriftsteller und Leiter des Berliner Renaissancetheaters Theodor Tagger verbarg, wurde zuweilen gemutmaßt, galt aber keineswegs als sicher.

Die selbst in negativen Kritiken noch geheimnisvoll glitzernde Inszenierung rückte auch einen Darsteller ins Licht (besser: Zwielicht), dessen Name bislang vor allem in Hamburg bekannt gewesen war: Gustaf Gründgens. Der damals Achtundzwanzigjährige spielte einen aus Angst vor gesellschaftlicher Ächtung meineidig werdenden Homosexuellen so überzeugend, dass er, so sein Biograf Curt Riess, fürchtete, »künftighin nicht als Schauspieler, sondern als Typ eingesetzt zu werden. Er sagte: ›Ich habe ein Gesicht bekommen ... Aber ich habe nicht mein Gesicht.‹«[31] Marianne Hoppe war der ältere Kollege, der in der gleichen Spielzeit wie sie ins Ensemble aufgenommen worden war, damals gleich aufgefallen. »Wir sind sozusagen zusammen ans Deutsche Theater gekommen. Er war natürlich schon arriviert, hat es aber trotzdem sehr schwer gehabt. Er kam ja von Mirjam Horwitz und Ziegel aus Hamburg,[32] und hatte da herrliche Sachen inszeniert und gespielt, ganz groß. Also, da waren wir schon zusammen engagiert und haben uns schon mal auf dem Hof zugewinkt. Und dann haben wir in den ›Lustigen Weibern von Windsor‹ zusammen gespielt. Ich die Anne Page mit Wieman zusammen, das junge Paar, und er spielte da jemand von diesen Shakespeare-komischen-Leuten. Das Bühnenbild war so in Bilder aufgeteilt, kleine Räume auf zwei Etagen. Und Gustaf musste unten bügeln.«[33]

Es war die Rolle des Pistol, die Gründgens unter der Regie von Hilpert und in der Ausstattung von Rochus Gliese ab dem 15. Februar 1929 spielte, mit Werner Krauß als Falstaff und Lucie Höflich als Frau Page. Davor lag aber noch die Premiere von »Soeben erschienen«, einer im Literaturbetrieb angesiedelten Komödie von Edouard Bourdet. Regie führte Robert Forster-Larrinaga (»ein sehr eleganter Mann, er kam aus München«), die Premiere war am 17. Januar in den Kammerspielen. Marianne Hoppe spielte erst die Rolle der Noemie, später die der Sekretärin.

Nach den »Lustigen Weibern«, die bis Mitte April auf dem Spielplan standen, hatte sie lange nichts zu tun am Deutschen Theater. Erst im November wurde sie wieder besetzt: bei Max Reinhardt in Knut Hamsuns »Vom Teufel geholt«. In dieser als »Orkan der Schauspielkunst«[34] gerühmten Inszenierung mit Lucie Höflich, Grete Mosheim, Eugen Klöpfer und Wladimir Sokoloff, spielte sie ein Stubenmädchen. Drei Monate wurde diese Produktion gezeigt, dann hatte Marianne Hoppe wieder zwei Monate frei. Schon für Elisabeth Bergner war die geringe Beschäftigung als Ensemblemitglied des Deutschen Theaters 1922 ein Grund gewesen, sich lieber an verschiedenen Berliner Bühnen produktionsweise engagieren zu lassen.[35] Und Helene Weigel urteilte über die Berliner Renommierbühne, an der sie 1925 engagiert war: »Das Deutsche Theater schnappte alle Talente auf, hatte dann aber nicht genügend Aufgaben für alle.«[36]

Was machte Marianne Hoppe in den Jahren 1929 und 1930, wenn sie nicht spielte? Den Sommer verbrachte sie wahrscheinlich in Felsenhagen, und in Berlin war sie auch dann oft im Theater, wenn sie nicht selbst auftrat.»Ich verbringe meine ganzen Tage im Theater. Dann habe ich meine

Stunden.[37] Und die Filmkomparserie. Das ist herrlich. Da sitzen sie alle, Großfürsten und Huren, alles Statisten. Und mir gegenüber ist eine Lilageschminkte. Ich sage: Was machen Sie denn, Sie sind ja ganz lila. Ach, sagt die, Asta Nielsen ist doch auch so geschminkt ... Das ist Alice. Da haben wir Feste gefeiert, gekocht, die sind natürlich ... ich meine, da geht es drunter und drüber. Und ich laufe dazwischen ganz ruhig rum ... Ich bin lustig und vergnügt. Aber ich habe mich mit keinem Mann abgegeben. Ich bin nicht so fürs Rummachen. Die Alice hat schon ein Kind. Herrgott noch mal, jetzt will das Kind rudern gehen. Auf dem Neuen See. Mami, sagt das Kind, wann gehen wir wieder Geld kaufen. Und dann wird Alices Trauring versetzt. Für fünf Mark. Und wir gehen rudern. Das glauben Sie gar nicht, wie schön das war ... Das war ja alles wie Zuckerguss!«[38]

Es gibt ein Foto aus dieser Zeit: Marianne und Alice beim Kostümfest. Marianne mit stark geschminkten Lippen und einem langen, verschwenderisch gemusterten Schal, der ihre Haare bedeckt wie eine Kappe, und Alice, vielleicht wieder lila geschminkt, jedenfalls mit dunklem Teint, beide in Hosen aus schimmerndem Material, verführerisch aneinander gelehnt. Alice hieß mit Nachnamen Kühn und wohnte mit ihrer Tochter und ihrem Mann, einem Arzt, in der Konstanzer Straße. Später heiratete sie ein zweites Mal, ebenfalls einen Arzt, einen Dr. Zickgraf, und übersiedelte nach Mönchsroth bei Dinkelsbühl. Alice war eine der wenigen Freundinnen, die Marianne Hoppe hatte. Ansonsten sagt sie über sich: »Freundschaften waren nicht meine Natur.«

Sie hatte am Deutschen Theater aber junge Kolleginnen, die wie sie beseelt waren von dem Wunsch zu »lernen, lernen, lernen«[39], und die sie mochte. Marlene Dietrich beispielsweise, die im Mai 1928 in der Revue »Es liegt in der Luft« von Marcellus Schiffer und Mischa Spoliansky schon eine größere Rolle hatte: Unter anderem sang sie mit Margo Lion ganz in Schwarz gekleidet und mit einem Veilchenstrauß an der Schulter das Lied »Meine beste Freundin«. Im Jahr darauf drehte sie mit Josef von Sternheim den »Blauen Engel«. Oder die gleichaltrige Sybille Schmitz, mit der Marianne Hoppe 1934 – wenige Jahre, aber ein ganzes Zeitalter später – in »Oberwachtmeister Schwenke« von Carl Froelich gemeinsam vor der Kamera stand. Mit beiden war Marianne Hoppe besser bekannt, und es konnte vorkommen, dass man sie auf der Friedrichstraße mit einer von ihnen Arm in Arm laufen sah, was ihre männlichen Kollegen unmöglich fanden. Denn Dietrich und Schmitz entsprachen dem Bild der neuen, selbstbewussten, androgynen, auch Frauen liebenden Frau. Desgleichen aber Marianne Hoppe, die sich mittlerweile einen Herrenschnitt hatte machen lassen und im weißen Naturwissenschaftlerkittel mit Männerfliege vor der Kamera posierte. Sie war mit der lesbischen Bildhauerin Renée Sintenis bekannt, tanzte gerne Charleston und zog abends durch die Bars und Cafés. Die Ullstein-Zeitung *Tempo* veröffentlichte im Herbst 1929 als eigenständiges Bildelement und ohne weiteren Anlass eine Profilaufnahme von ihr mit der Unterzeile: »Das Gesicht der kommenden Generation. Marianne Hoppe von den Reinhardt-Bühnen.«[40]

Und es gab Ernst Busch. Marianne Hoppe hatte den Schauspieler und Sänger in der Kantine des Berliner Theaters kennen gelernt, bei den Proben zu »Romeo und Julia«, wo er den Simson spielte. »Wir hatten ein gutes und auch etwas aufregendes Verhältnis.« Dass sie in ihn verliebt gewesen sei, will Marianne Hoppe heute nicht mehr so sagen. »Verliebt – was ist denn das? Ich glaube, dieses Wort bezeichnet nichts, was zu meinem Empfindungsschatz gehört.« Dennoch hätten sie und Ernst Busch damals in einer Laune beschlossen, später einmal zu heiraten. Aber dazu kam es nicht.

Der im Jahr 1900 in Kiel geborene Friedrich Wilhelm Ernst Busch wuchs in einer sozialdemokratischen Arbeiterfamilie auf. Schon als Kind ließen ihn seine Eltern nicht im Kirchenchor singen, sondern nutzten seine Stimme im Maurerchor. Danach kam die Arbeiterjugend, und bevor er

1921 ans Theater geriet, war er sieben Jahre lang Metallarbeiter auf der Kieler Werft gewesen. Er volontierte als Schauspieler, und als Gustaf Gründgens, der damals in Kiel engagiert war, im April 1922 seinen ersten Mephisto spielte, war Busch einer der Erzengel. Über Frankfurt/Oder kam er 1927, wenige Wochen vor Marianne Hoppe, nach Berlin. Er wurde an der Piscator-Bühne engagiert, die im Theater am Nollendorfplatz am 3. September mit Ernst Tollers Revue »Hoppla – wir leben!« eröffnete. Nach Piscators erstem Konkurs im Mai 1928 spielte Busch am Schiffbauerdamm in der »Dreigroschenoper«, danach ging er für »Romeo und Julia« ans Berliner Theater.

Entscheidender als diese zunächst kleinen Rollen im Schauspiel war für Busch seine politische Arbeit als Sänger. Als die SPD im Wahlkampf des Herbstes 1928 Seifestückchen mit Wahlwerbung verteilen ließ, trat er, der Kommunist ohne Parteibuch war, mit dem Seifenlied von Julian Arendt auf: »Wir haben unsre Brüder/ mit Wahlkampfseife bedacht./ Das tun wir das nächste Mal wieder,/ es hat sich bezahlt gemacht./ Wir schlagen Schaum./ Wir seifen ein./ Wir waschen unsre Hände/ wieder rein.// Wir haben ihn gebilligt,/ den großen, heiligen Krieg./ Wir haben Kredite bewilligt,/ weil unser Gewissen schwieg./ ... // Dann fiel'n wir auf die Beine/ Und wurden schwarz-rot-gold./ Die Revolution kam alleine,/ wir haben sie nicht gewollt./ Wir schlagen Schaum./ Wir seifen ein./ ...«[41]

Das Seifenlied sang Busch im Winter 1928/29 mit großem Erfolg auch im Kabarett Larifari. Diese junge und aggressive Bühne wurde von Rosa Valetti geführt, Buschs Kollegin bei Piscator, und befand sich in der Schöneberger Lutherstraße (heute Martin-Luther-Straße). Das war ganz in der Nähe von Marianne Hoppes damaligem Zimmer in der Eisenacher Straße, und bestimmt ging sie hin. Sie, die sich politisch links stehend in Erinnerung hat, sagte 1991: »Und wenn ich von meiner Jugend in Berlin sprechen soll: Wir wussten genau unsere Linie, und die wurde gemacht, und da gingen wir hin, und da haben wir uns geschult. Das war die sozialistische Jugend. Heutzutage wagt man ja nicht, es auszusprechen, wenn man es ist, aber wir waren jung, das war damals die Devise.« Und: »Da gab's viele Kommunisten, und ich habe auch viele gekannt. Da wurde aber nicht mit dem Finger drauf gezeigt, sondern die waren so. Das war deren Meinung, die haben an etwas geglaubt, und wenn ich sagen darf: an etwas sehr Großes geglaubt.«[42]

Marianne Hoppe – eine Sozialistin, gar Kommunistin? Sie will damals daran gedacht haben, in die Kommunistische Partei einzutreten. Tatsächlich Mitglied geworden ist sie aber nicht. Sicher war es zu der Zeit unter den Schauspielern Berlins schick, sich links von der Mitte anzusiedeln. Sicher war Ernst Busch eine beeindruckende Erscheinung, so blond und energiegeladen, wie er war, sicher war überhaupt der ganze Revolutionärshabitus auch à la Brecht mit Ledermantel und Schiebermütze etwas anderes als des Kronprinzen »Pelzmütze mit dem Totenkopf darauf«, sicher war der politische Internationalismus der Linken so aufregend wie ihre Ästhetik mitreißend. Und 1929 war Marianne Hoppe zwanzig Jahre alt. Sie wird irgendwie dabei gewesen sein im Umfeld von Piscator-Bühne, Larifari und den anderen Kabaretts, in denen Busch mit Texten von Brecht und Tucholsky auch auftrat, dem Kabarett der Komiker und der Katakombe, die Werner Finck und Hans Deppe im Herbst 1929 gründeten. Sie wollte damals sogar selbst Gesangsunterricht nehmen, bei Kate Kühl, die wie Busch in »Hoppla – wir leben« und in der »Dreigroschenoper« gespielt und gesungen hatte, und bedauerte später immer wieder, dass es dazu nicht gekommen war. Drei Jahre darauf, in Frankfurt am Main, machte Marianne Hoppe dann selbst nachts beim Kabarett mit und sang auch ohne Unterricht. Zum Geldverdienen und zum Vergnügen. Das Politische fand Marianne Hoppe damals interessant, aber sie interessierte sich nicht wirklich dafür.

Im Deutschen Theater gab es für Marianne Hoppe wenig zu tun. Und da ihre bisherige Ausbildung recht kurz gewesen war, beschloss sie, bei Lucie Höflich Schauspielstunden zu nehmen. Die 1882 geborene Reinhardt-Schauspielerin, die damals an der Staatlichen Schauspielschule Berlins lehrte und 1933 für ein Jahr auch deren Direktorin wurde, führte nebenher gemeinsam mit ihrer Lebensgefährtin Ilka Grüning ein eigenes Studio. Genauer gesagt führten die beiden zwei Studios in ihren zusammengelegten Wohnungen im Vorder- und im Hinterhaus am Charlottenburger Kaiserdamm 100. Ilka Grüning, die sich aus dem aktiven Schauspielerleben etwas zurückgezogen hatte, lehrte in Klassen, Lucie Höflich, die bei Reinhardt noch als erste Charakterdarstellerin spielte, gab ausgewählten Einzelunterricht. Inge Meysel, die 1927 eine dreijährige Schauspielausbildung im Grüning-Höflich-Studio begann, erinnert sich – leider ohne Details –, in ihren Stunden bei Lucie Höflich auch Marianne Hoppe erlebt zu haben.[43]

Lucie Höflich galt als Meisterin der realistischen Schauspielkunst damaliger Prägung. In »Vom Teufel geholt«, einer »Tragikomödie der alternden, von Liebhaber zu Liebhaber sinkenden Frau«,spielt sie die weibliche Hauptrolle, Juliane Gihle. Herbert Jhering jubelte: »Lucie Höflich spielt die Königsjuliane. Sie gibt dreißig Jahre rauchiges Tingeltangel, dreißig Jahre Männerverbrauch, dreißig Jahre Glanz und Elend. Sie trippelt in einem geziert jugendlichen Gang, der zu ihrem Alter und ihrem Leibesumfang nicht mehr passt. Sie mault und plärrt. Der Mund hängt schief, die Augen plieren. Dann zuckt ein flüchtiger Glanz auf, dann leuchtet das Antlitz, dann wird der Ton heller. Dann wird derselbe Ausdruck schon im nächsten Moment zur schaurigen Karikatur. Was eben noch echt war, wird absichtlich, ängstlich festgehalten, affektiert. Eine Figur, durch alle Höllenstationen der Angst und der Hoffnung, der Verzweiflung und der Komik, des Ernstes und der Parodie hindurchgejagt. Immer auf der Grenze zwischen Wahrheit und Maske, oft nicht wissend, was Antlitz, was Larve ist – eine geniale Gestaltung des Unbewussten, eine geniale Fixierung des Chaos. Eine

Schöpfung ebenso des Instinkts wie des Bewusstseins. Alles ist visionär erfasst und mit technischer Genauigkeit festgelegt.«[44]

Die spätere Brecht-Schauspielerin Angelika Hurwicz, die ebenfalls eine Schülerin von Lucie Höflich war, beschreibt deren Arbeit als stark verinnerlicht. Für sie selbst, die als Jüdin nicht Mitglied der Reichstheaterkammer sein durfte, und fern von den Kontrollinstanzen am äußersten Rand des Reiches auf dem Dorf Theater spielte, war das kaum das richtige Rüstzeug: »Ich versuchte jedoch weiterhin, in meine Rolle, die eine lustige, oberflächliche Person verkörperte, menschliche Tiefe einzubringen. Dies war mir als Zweck und Ziel schauspielerischen Strebens durch meine Lehrerin eingeprägt worden. Niemals war ich mit der Aufgabe, allein komische Wirkungen zu entdecken oder aus dem Text zu pressen, in Berührung gekommen.«[45]

Lucie Höflich war es auch gewesen, die Marianne Hoppe geraten hatte, in die Provinz zu gehen. Bevor die Anfängerin Berlin verließ, bekam sie Ende März, Anfang April 1930 in den Kammerspielen des Deutschen Theaters aber noch eine schöne Aufgabe. In Gustaf Gründgens' Inszenierung »Die liebe Feindin« durfte sie etwa drei Wochen nach der Premiere die Rolle von dessen geschiedener Frau Erika Mann[46] übernehmen.

In diesem Boulevardstück von A. P. Antoine unterhalten sich drei Männer auf einem Friedhof über die Frau, wegen der sie jeweils ums Leben kamen. Es ist in allen drei Fällen dieselbe. Richard Romanowsky, Mathias Wieman und Hans Albers spielten die Verstorbenen, Lili Darvas die Frau und die damals fünfundzwanzigjährige Erika Mann deren Tochter. Die Premiere am 11. März wurde ein Riesenerfolg, und es war abzusehen, dass die Produktion wesentlich länger gespielt werden würde, als ursprünglich geplant. Dazu aber hatte Erika Mann keine Lust. Mit ihrem Bruder Klaus wollte sie eine Autoreise durch Afrika machen und spätestens Mitte April aufbrechen. So teilte sie Gründgens wenige Tage nach der Premiere mit, dass sie nur noch zwei Wochen auftreten würde. Er war entsetzt. »Von diesem Moment an wusste ich, dass Erika niemals ernsthaft eine Schauspielerin werden würde«, sagte er später. Denn eine richtige Schauspielerin würde nicht aus einer gut laufenden Inszenierung aussteigen. Sie würde überhaupt nicht mitten in der Spielzeit verreisen. Erika Mann tat es dennoch, und Gründgens wurde von der »Direktion« – vermutlich von Heinz Herald, der als künstlerischer Direktor firmierte, seit Max Reinhardt 1929 die Leitung der Berliner Reinhardt-Theater wieder selbst übernommen hatte – gebeten, Übernahmeproben mit Marianne Hoppe abzuhalten, wozu er sich »mit Widerstreben« bereit erklärte.[47]

Dieses Widerstreben mochte daher rühren, dass Marianne Hoppe von Anfang an für die Rolle vorgesehen gewesen war, Gründgens aber gegen den Vorschlag der Direktion Erika Mann durchgesetzt hatte. Einige Kollegen hatten Marianne Hoppe ihre geplante Besetzung schon angedeutet, bevor es dann doch anders gekommen war. Zehn Tage nach der Premiere aber bekam sie nun einen Anruf, dass sie die Rolle übernehmen könnte. Ihre Umbesetzungsprobe hielt nicht Gründgens, sondern Hans Deppe, damals der Regieassistent, ab. Erst gegen Ende der Probe kam Gründgens, setzte sich einen Moment und sagte, bevor er wieder verschwand: »Danke! Ist gut, was Sie da machen.« Marianne Hoppe hatte bei der Probe selbst ein positives Gefühl gehabt, und ging, da sie offenbar eine Glückssträhne hatte, kurz darauf zum Pferderennen. »Ich bin zur Trabrennbahn gegangen und habe tatsächlich zwanzig Mark auf ein Pferd gesetzt, Staroste oder so hieß das, und habe dreihundertachtzig oder vierhundert Mark ausgezahlt bekommen! Und für die habe ich mir ein paar Krokodilschuhe gekauft, in Braun, weil ich dieses Stück da spielen sollte. Man musste ja die Sachen damals selbst ... ach, das ist dumm.«[48]

Ausgerechnet auf Staroste kann Marianne Hoppe erst einige Wochen später gesetzt haben, und auch nicht auf der Trabrennbahn in Berlin-Mariendorf, sondern in Berlin

Karlshorst, denn es war ein Pferd, das Hindernisrennen lief, und zwar nur zur Hauptsaison.[49] Vielleicht hatte sie vor ihrer Rollenübernahme auf ein anderes Pferd gewettet, vielleicht das Geld für die Schuhe vorher schon ausgegeben und später für diesen Zweck innerlich verbucht, jedenfalls scheint dieses ganze Frühjahr 1930 unter einem guten Stern gestanden zu haben. Zur Krönung kommentierte *Tempo* die Rollenübernahme im Rahmen eines kurzen Überblicks über mehrere Zweitbesetzungen an Berliner Bühnen geradezu andächtig: »In den Kammerspielen (›Die liebe Feindin‹) verkörpert nunmehr Marianne Hoppe im Schlussakt das modernste Mädchentum: sie anzusehen ist ein Vergnügen, das ern[st] stimmt. Anmutig – und so sicher: die neue Sachlichkeit auf dem Kulminationspunkt.«[50] Tatsächlich kommen mit der Rolle der Tochter Jetztzeit und Wirklichkeitssinn auf die Bühne: Die Erinnerungen der Toten werden beiseite gewischt, und eine Lebende fordert ihr Recht.

»Die liebe Feindin«, die bis 26. Mai auf dem Programm stand, war zunächst die letzte Berliner Inszenierung, in der Marianne Hoppe spielte. Sie hatte sich schon vor der Rollenübernahme nach einem auswärtigen Engagement umgesehen, um mehr Bühnenpraxis zu bekommen und bereitete jetzt ihren Weggang vor. Was damals weit über das übliche Maß hinaus empfehlenswert war. In Berlin nämlich, wo so viele von ihnen zu arbeiten versuchten, war die Luft für Schauspieler dünn geworden. »Das Theater ist wirklich in Not«, bekannte Max Reinhardt, als er im Mai 1930 zum Ehrenmitglied des Deutschen Bühnenvereins ernannt wurde: »Die wirtschaftliche Depression im Allgemeinen und der immer mehr anschwellende Etat, die abnehmende Kaufkraft des Publikums und der ausgesprochene Mangel an wirklich zeitgemäßer Dichtung, vor allem der Film umzingeln uns von allen Seiten. Er nimmt uns vorn an der Kasse das Publikum weg und rückwärts hinter den Kulissen die Schauspieler. Er kann den Käufern billigere Preise und den Schauspielern höhere Gagen bieten.«[51]

Nicht alle Theater waren indes in gleicher Weise bedroht. Auf dem reinen Unterhaltungssektor hatten Privatbühnen durchaus noch eine Chance, wie es Ernst Josef Aufricht schildert: »Die Zeit mit ihren Börsenkrachs und geschlossenen Bankschaltern kroch den Menschen in ihre Wohnungen und ging mit ihnen als Alpdruck ins Bett. Der Schatten des Pleitegeiers vom schwarzen Freitag des November 1929 war vom Himmel nicht mehr wegzuscheuchen. Die kleine Oberschicht der Millionenstadt, ich schätze, es waren 50.000, die sich für das literarische Theater interessierten, wollten sich zerstreuen. Die Einnahmen der künstlerisch ernst zu nehmenden Bühnen bröckelten ab. Ein früherer Tänzer, Eric Charell, füllte mit seinen Darbietungen allabendlich 3.000 Plätze in Reinhardts Großem Schauspielhaus.«

Dennoch war die Berliner Theaterwelt 1930 noch vergleichsweise in Ordnung. Schlimm kam es erst in den folgenden Jahren, als die Arbeitslosenzahl weiter stieg, und es nicht mehr die Frage war, wofür die Leute ihr Geld ausgaben, sondern ob sie überhaupt noch etwas zum Ausgeben hatten. Bei Aufricht heißt es weiter:

»Zwischen 1931 und 1932 begann in Berlin das Sterben der Theater. Was niemand für möglich hielt: Max Reinhardt gab seine fünf Theater auf und ging nach Wien. Die Brüder Rotter, Pächter mehrerer Häuser, flohen vor ihren Schulden nach Liechtenstein. Alteingesessene Direktionen verschwanden. Zu einem früheren Zeitpunkt hatten schon Piscator am Nollendorfplatz und Charell im Großen Schauspielhaus aufgegeben. Direktor Heinrich Neft von der Volksbühne, stolz darauf, nie eine Subvention erhalten zu haben, musste die Stadt Berlin für das Theater am Bülowplatz um eine jährliche Hilfe von 300.000 Mark bitten. Gelegenheitsdirektionen, von denen manche nur vier Wochen dauerten, bespielten die leer stehenden Theater. … Die Einnahmen der Theater waren gedrittelt, die Gagen der Bühnenschauspieler durch den Tonfilm in die Höhe getrieben. Nur Saisonerfolge und drei Stars: die Bergner, Richard Tauber und Hans Albers konnten ein Theater füllen. Die Wirtschaftskrise verstärkte sich. Die Arbeitslosenziffer war auf vier Millionen gestiegen. Die Deutsche Bank schloss ihre Schalter. Um eine Panik zu vermeiden, begrenzten die Sparkassen und die Banken die Summe, die ein Kontoinhaber abheben durfte, eine Zeit lang auf 200 Mark.«[52]

1932 war Marianne Hoppe schon auf dem Sprung zu ihrer zweiten Station. Die Not der hauptstädtischen Theater lernte sie in diesem Ausmaß nicht kennen. Sie ging in die Provinz.

Erinnerung

Hajo Schedlich[1]

Ich habe Marianne Hoppe in Berlin in der Akademie der Künste kennen gelernt. Ich bat sie, in der Sendereihe »Zeugen des Jahrhunderts« meine Gesprächspartnerin zu sein, und wir hatten gleich einen sehr guten Kontakt. Das hatte zunächst wahrscheinlich damit zu tun, dass ich Berliner bin und sie eine Vorliebe für Berliner hat. Zudem hatte mein Vater in den zwanziger Jahren einige Theater in Berlin,[2] *und ich wurde mitten in die Theaterwelt der Goldenen Zwanziger hineingeboren. Käthe Dorsch war meine Patentante. Ein dritter verbindender Punkt war, dass Gustaf Gründgens meine Mutter verehrt hatte, Emma Debener. Da gibt es eine schöne Geschichte. Sie trat an einem der Theater meines Vaters auf, war keine bedeutende Schauspielerin, aber bildschön. Sie galt als schönste Frau Berlins und Potsdams. Und eine Zeit lang saß immer ein Herr in einer Loge und schickte ihr jeden Abend eine Rose in die Garderobe – das war Gründgens. Mein Vater war natürlich sehr eifersüchtig. Marianne Hoppe fand die Geschichte herrlich. Damit war schon einmal eine vertrauensvolle Basis für unser Gespräch gegeben.*

Nach diesem einen Treffen haben wir ohne weitere Absprachen in ihrem Haus in Bayern die Aufzeichnung für die Sendung gemacht. Sie wollte keine Fragen sehen, und ich wollte von ihr vorher nur wissen, ob ich sie nach der Nazizeit fragen durfte, was sie bejahte. Wir haben dann drei Stunden gesprochen, von denen zwei gesendet wurden. Drei Stunden am Stück – vielleicht mit einer kurzen Pause, aber im Prinzip

---

1 Hajo Schedlich war Redaktionsleiter des Kleinen Fernsehspiels im ZDF und der ZDF-Matinee

2 Hans Schedlich leitete zuletzt ab 1927 bis zu seinem Tode 1928 das Kleine Theater Unter den Linden.

durchgesprochen. Das wollte ich, um den Spannungsbogen zu erhalten, und Marianne Hoppe war mit allem einverstanden. Nur wo sie sitzen wollte, wie das Licht zu sein hatte und wie sie aufgenommen werden sollte, wusste sie ganz genau und gab sie vor. Da ist sie ein absoluter Profi.

Dass sich Marianne Hoppe zu diesem Gespräch zur Verfügung gestellt hat, heißt meiner Ansicht nach aber nicht, dass es für sie ein Bedürfnis wäre, sich zu erinnern – zumal öffentlich. Sie hat in unserem Gespräch auch gesagt: »Ich will nicht in Erinnerungen ertrinken.« Sie erinnert sich, weil sie nun einmal gefragt wird. Es ist eine Aufgabe, die an sie herangetragen wird und sie nimmt sie an. Dabei gibt es Dinge, an die sie sich durchaus gerne erinnerte, einzelne Rollen etwa. Die Fragen zum Dritten Reich aber fielen ihr eher schwer, und vielleicht hat sie da auch auf frühere Schilderungen zurückgegriffen. Ich habe vor unserem Gespräch keine Interviews mit ihr gelesen, wusste also nicht, welche Geschichten sie üblicherweise erzählt. Aber bei einigen Antworten hatte ich doch das Gefühl, dass sie im Gedächtnis sehr gut vorformuliert waren und quasi als Bausteine in das Gespräch hineingenommen wurden. In anderen Passagen antwortete sie dafür sehr spontan. Etwa ab der Hälfte der zweiten Stunde hatte ich das Gefühl einer sehr großen Offenheit. Ich selbst fühlte mich ohnehin die ganze Zeit über frei, alles zu fragen, es gab keine Tabus. Am Ende antwortete sie sogar auf so intime Fragen wie die nach ihrer Einstellung zum Tod oder ob sie an ein Leben nach dem Tod glaubt. Die Kameras waren da fast vergessen.

Dass sich Marianne Hoppe schon vor der Aufzeichnung und auch im Gespräch selbst sehr dagegen gewehrt hat, den Titel der Sendung auf sich zu beziehen, verstehe ich aus ihrer großen Bescheidenheit heraus. Zeugin des Jahrhunderts – der Begriff war ihr zu groß, zu pathetisch. Sie hat eine instinktive Abneigung gegen Pathos. Auch wenn ich in Fragen zu große Worte gemacht habe, hat sie sie immer sehr schnell auf den Boden der Realität geholt.

»Die Grenzen kommen später«

»Und ich setzte mich auf die Bahn, Holzklasse, dritte Güte. Es ging nach Dessau, nach Leipzig, wo Detlef Sierck Intendant war, und ich sprach in Berlin, im Hotel Esplanade, Arthur Hellmer vor, dem Direktor des Neuen Theaters in Frankfurt am Main. Ausgerechnet das Rautendelein aus ›Die versunkene Glocke‹ von Gerhart Hauptmann, nicht ganz mein Fall, und die Franziska aus ›Minna von Barnhelm‹, das ging etwas besser. Mutlos, ohne eine Aussicht auf Erfolg, ging ich durch die Hotelhalle, aus der Bar klang Musik, Barnabas von Gezy spielte zum Tanz auf – dann die Bellevuestraße hinauf zum Potsdamer Platz und setzte mich ins Café Josty. Der Polizist im Verkehrsturm, damals der Inbegriff der Großstadt Berlin, regelte hoch oben über dem Gewimmel mit Handzeichen in seinem Glaskasten den Verkehr. Ich löffelte mit trüben Gedanken mein Vanille-Eis und ging zurück ins möblierte Zimmer in der Eisenacher Straße. Frau Bonwitt,[1] eine Mathematiklehrerin, sah mich an und schenkte mir einen Cognac ein. Drei Tage später dann das Telegramm: ›Engagiere Sie Zweijahresvertrag Brief folgt Arthur Hellmer.‹ Ich stürzte die Treppe hinunter zum Kaufmann, und mit einem Piccolo stieß ich nun mit meiner Zimmerwirtin an! Es war unglaublich. Der Brief kam: im ersten Jahr 350 Mark, im zweiten 450 Gage monatlich, nicht zu fassen.«[2]

Die Vorsprechtermine, von denen Marianne Hoppe hier in einer 1988 erschienenen Sammlung von Texten über »Mein erstes Engagement« berichtet, fanden im Frühjahr 1930 statt. Nach nur drei Versuchen bereits ein Engagement zu haben, war in jener Zeit ein guter Grund zum Feiern. Daran gemessen mutet das Piccolotrinken mit der Vermieterin recht bescheiden an. Diese Nachricht hätte es doch verdient, mit Alice Kühn, Ernst Busch, Sybille Schmitz oder sonstigen

Kollegen begossen zu werden. Doch wenn es um andere Menschen geht, ist Marianne Hoppe meist schweigsam.

Im Sommer 1930 war sie einundzwanzig Jahre alt und mit ihrem Bubikopf sowie der sportlich-natürlichen Ausstrahlung ein Typ, der in Frankfurt aus dem Rahmen fiel. Im dortigen *Theater-Almanach* zeigen sich die Schauspielerinnen des Ensembles mit Pelzkragen oder nicht minder koketter Krawatte und schräg gelegten Köpfen von ihren bezauberndsten Seiten. Marianne Hoppe indessen trägt einen schlichten weißen Rundkragen und sieht einen selbstbewusst und freundlich, wenn auch ohne Lächeln an.[3] In der Nachbarschaft von Wera Liessem, Hedy von Antburg, Hella Gantzert oder Else Monnard wirkt die sachliche Ruhe, die in ihrem Blick liegt, noch viel stärker als auf den Porträtaufnahmen der Zeit. Die älteren Kolleginnen erscheinen neben ihr wie aufgeregt tuschelnde Schulmädchen. »Wie sind Sie mit Ihrer fast unbeschreiblichen Schönheit fertig geworden?«, wurde Marianne Hoppe von Hajo Schedlich gefragt. Und sie antwortete: »So. Jetzt sage ich Ihnen, dass sie mir nie so ganz aufgefallen ist. Und das ist wahr.«[4]

Das Neue Theater war von Arthur Hellmer und Max Reimann 1911 eröffnet worden.[5] Es befand sich an der Mainzer Landstraße im Frankfurter Westend und war neben der Oper und dem Schauspielhaus das dritte Theater in der Stadt. Während des Ersten Weltkriegs und in der Zeit danach profilierte sich das Haus durch die Orientierung auf expressionistische Dramatik. Die im Vergleich mit Berlin moderate Theaterzensur in Frankfurt erlaubte es, Stücke wie Georg Kaisers »Bürger von Calais«[6] herauszubringen, die in der Hauptstadt erst viel später gezeigt werden konnten. 1920 kam als viertes Theater in Frankfurt das Künstlertheater hinzu, das als zeitweise Wanderbühne aber keine wirkliche Konkurrenz darstellte. Im gleichen Jahr konnten die Kammerspiele des Neuen Theaters eröffnet werden. Max Reimann schied als Mitdirektor damals allerdings aus, und Hellmer führte das Theater nun alleine.

Arthur Hellmer war gebürtiger Österreicher und ein richtiges Theatertier. Als Regisseur eher ein »geschmackvoller Zuschauer« und keineswegs stilbildend, hatte er ein gutes Gespür für Schauspieler und Stücke. Er verbrachte viel Zeit damit, für Frankfurt Talente zu rekrutieren und verstand es »mit sicherem Gespür, Engagements abzuschließen, wenn schauspielerisches Talent eben erst erkennbar wurde«[7]. Helene Weigel etwa kam neunzehnjährig zu Hellmer und blieb von 1919 bis 1921. Das andere Standbein des etwa fünfundzwanzig Personen zählenden Ensembles des privaten Neuen Theaters, das neben dem größeren und staatlich besoldeten Schauspielhaus unter Alwin Kronacher zu bestehen hatte, waren die Gast-Stars, die meist aus Berlin für einzelne Produktionen engagiert wurden. Der Spielplan selbst war nach dem anfänglichen Expressionismus-Schwerpunkt dramaturgisch wie ästhetisch eher eine Sammlung von Einzelstücken. Gezeigt wurde, was mit den vorhandenen Kräften gut funktionieren und sein Publikum finden würde. Willy Chmelnitzky, ehemals Dramaturg am Neuen Theater, urteilte: »Hellmer verbindet praktischen Sinn, der für einen Theatermann ebenso wichtig ist wie künstlerische Pläne, mit feinem Gefühl für das künstlerisch Aktuelle. Wenn er auch sein Publikum unterhält, so beugt er sich doch nicht vor ihm, er hat sein Ziel, das er verfolgt, ein Wollen, das er stärkt, eine Richtung, von der er nicht lässt. Oberflächliche Betrachtung stempelt sein Theater zum Geschäftstheater. Dies Signum bezeichnet den Inhalt seines Wesens nicht. Er bringt Leichtes, aber er bringt nie Geschmackloses. Er hat die seltene Gabe des sicheren Griffs, Verständnis für das Wirksame, den Blick für den Erfolg.«[8]

1925 versuchte Arthur Hellmer seinen Wirkungskreis auch auf Berlin auszudehnen und pachtete dort gleich drei Bühnen: das Lessing-Theater, das Kleine und das Trianon-Theater. Aber das Experiment misslang. Dem Frankfurter Theatermann »fehlte«, wie Herbert Jhering schrieb, »der Blick für Berlin«. »Er hatte Ehrgeiz, der nicht durch die Art seiner Begabung legitimiert wurde, und Geschäftssinn, der auf die Möglichkeiten Frankfurts eingestellt war. An dieser unorganischen, beziehungslosen Betriebsamkeit ist er, wie viele Direktoren, in Berlin gescheitert.«[9] Hellmer selbst kommentierte die Exkursion nach Berlin später in einer Kurzvita, die unter seinem Porträt im *Frankfurter Theater Almanach* abgedruckt wurde: »Durch finanziellen Misserfolg geheilt. Jetzt glücklich und zufrieden.«[10]

Ab 1926 konzentrierte sich der Direktor wieder ganz auf Frankfurt und engagierte bald darauf den damals vierundzwanzigjährigen Max Ophüls vom Wiener Burgtheater als Oberspielleiter. Überregionale Beachtung fand aber erst die Inszenierung der »Dreigroschenoper«, die am 20. Oktober 1928, nur zwei Monate nach der Berliner Uraufführung, Premiere hatte. Regie führte Renato Mordo, Theo Lingen spielte Maceath, Brechts Ex-Ehefrau und Lingens damalige Frau Marianne Zoff die Lucy Brown. Bis Mai 1932 stand diese Inszenierung auf dem Spielplan. Im Laufe der Zeit übernahm Tatjana Sais – anfangs eine der Huren – die Rolle der Spelunkenjenny von Alice Lach und Carola Neher die Polly Peachum von Elsa Tiedemann, die selbst schon die zweite Polly war. Was die Praxis der Zweit-und Drittbesetzungen anging, hatte Max Reinhardts Deutsches Theater Schule gemacht. Hellmer diente es auch in anderen Hinsichten als Rollenmodell. Es fanden Gastspiele des Reinhardt-Ensembles statt, und jeweils bald nach dem Deutschen Theater brachte das Neue Theater Ferdinand Bruckners »Verbrecher«[11], »Soeben erschienen« von Edouard Bourdet[12] und Vicki Baums »Menschen im Hotel«[13] heraus. Sogar »Artisten«[14] wurde nachgespielt. Aber auch darin ähnelte das Neue Theater dem Deutschen Theater, dass es anders als die meisten künstlerisch anspruchsvolleren Privattheater keinen eigenen Stil hatte.[15]

Entsprechend war es ein weicher Übergang für Marianne Hoppe: vom Deutschen zum Neuen Theater. Und sie, die es mehrfach schwarz auf weiß hatte, dass sie jung war und reichlich Talent hatte, konnte endlich spielen. Und zwar viel. Dreißig Rollen in zwei Jahren. Literarische Figuren wie die Wendla Bergmann in Wedekinds »Frühlings Erwachen« oder die Franziska in Lessings »Minna von Barnhelm«. Aber auch in Revuen, Boulevard-und Zeitstücken. »Pariser Platz 13« von Vicky Baum, »Alles Schwindel« von Schiffer/Spoliansky und Christa Winsloes »Mädchen in Uniform«. Geprobt wurde längstens drei Wochen, manchmal waren Schauspieler in zwei Probenprozessen gleichzeitig, abends war Vorstellung, und danach gingen manche noch ins Kabarett und machten da weiter. Weil das Geld sonst nicht reichte. Weil es Spaß machte. Oder weil sie sonst nichts vorhatten und das ständige Arbeiten auch einen Sog erzeugte.

Dieses Kabarett war das erste literarische Nachtkabarett der Stadt, hieß Porza und ist heute nur noch flüchtig bekannt. Es befand sich in der Nähe des Römers im Steinernen Haus in der Braubachstraße 35 und hatte, als es von den Nazis 1933 geschlossen wurde, wahrscheinlich nicht einmal zwei Jahre existiert. Gegründet wurde es unter anderen von dem Schauspieler Karl Luzius, der am Neuen Theater nicht engagiert war, aber dort gelegentlich kleine Rollen spielte und später zu Gustaf Gründgens ans Staatstheater nach Berlin ging.[16] Der Kritiker Siegfried Melchinger erinnerte sich 1965:

»Es gab damals, es war noch vor Hitler, in einem roten, pseudo-gotischen Künstlerhaus nächst dem Römerberg ein Kabarett. Aus Gründen, die ich vergessen habe, nannte es sich ›Porza‹. Werner Finck hat auch einmal dort gastiert, ich höre ihn noch, wie er, während vor dem Römer zur Freilichtaufführung des ›Götz von Berlichingen‹ die Massenszenen probiert wurden, improvisierte: ›Die Römer brüllen.‹ Es waren Nachtvorstellungen. So konnten die Schauspieler, die am Abend auf der Bühne gestanden hatten, nach der Vorstellung noch mitmachen. Diese Mitwirkung der Schauspieler vom Schauspielhaus und vom Neuen Theater war die Attraktion. Es waren schlechte Zeiten. SA marschierte, die Arbeitslosen lungerten herum, die Tische in dem kleinen Saal waren mit Papier gedeckt. Aber wir waren oft dort abends und hatten unsern Spaß.«[17]

Auch Marianne Hoppe trat dort auf.[18] Und sie, die Melchinger auf der Bühne des Neuen Theaters für ihre Kühle und Strenge bewundert hatte, wie er sich zu erinnern meint, zeigte sich ihm nächtens im Kabarett von einer ganz anderen Seite: »Sie sang Chansons. Es war, als ritte sie der Teufel. Nie hatten wir sie so ausgelassen gesehen. Sie war frech und scharf, sie fegte den letzten Rest von Zimperlichkeit aus dem Saal. Sie zeigte ein Temperament, das unsere Meinung von ihr Lügen strafte. Wo war da noch Kühle? Was ist überhaupt Kühle, wenn sie sich um Mitternacht derart anheizen lässt? Ein stilles Wasser, diese Hoppe? Aber keine Spur: sie war nichts anderes als sie selbst. Sie hatte uns auf der Bühne Rollen gezeigt, in denen sie kühl sein wollte. Die Rolle, die sie nach Mitternacht spielte, war sie selbst mit Feuer. Das Gesicht verlor seine Klarheit nicht, nur seine Strenge. Offenheit und Helle waren nicht eine Spur verbogen. Sie verhöhnte das Schwüle, die Prüderie und den Spießbürger mit blitzenden Augen und strahlendem Lachen. Sie war ganz wunderbar.«[19]

Als Marianne Hoppe diese Sätze später bei einem Fernsehgespräch vorgelesen wurden, sagte sie: »Das finde ich wunderbar, dass er das gesehen hat. Ich habe ja so viel gespielt in Frankfurt, aber nach den Vorstellungen rasten wir dahin, in den Hinterhof, und haben zwanzig oder fünfundzwanzig Mark bekommen, das schlug damals natürlich zu Buche. Und dann habe ich gesungen. Kurt Reiss hieß der Regisseur, glaube ich, und der machte gleichzeitig auch Texte: ›Mein Trikot ist ein Wolltrikot, ein Wolltrikot, ein Wolltrikot ...‹. Wie ich da so durch die Tische ... wahnsinnig! Aber wir haben es sehr genossen.«[20]

Kurt Reiss war ab Sommer 1931 bis Frühjahr 1932 Regisseur am Neuen Theater. Vielleicht inszenierte er nebenbei Programme für das Kabarett Porza, vielleicht täuscht Marianne Hoppe ihre Erinnerung hier aber auch. Ganz sicher indes täuschte sich Melchinger, als er mit Bezug auf ihre Frankfurter Zeit von unvergesslichen »Mädchen von Shaw« schrieb, die sie dort nie gespielt hat. Auch die Betonung ihrer kühlen Ausstrahlung auf der Bühne deckt sich nicht mit den Eindrücken in zeitgenössischen Kritiken. Abgesehen davon liefert er aber ein schönes Gesellschaftsbild mit einer recht undamenhaften Dame:

»Sie hatte die offenen Augen, die wir damals an jungen Mädchen vor allem mochten: es war die Zeit der Berlinerinnen ..., an denen man Witz, Schlagfertigkeit, auch ein wenig Kaltschnäuzigkeit bewunderte. Vergessen wir nicht, es war auch die Zeit, in der das Gerede von der Neuen Sachlichkeit noch in frischer Erinnerung war ... Da kam uns die Hoppe gerade recht. Sie hatte nicht nur das helle Lachen, sondern einen hellen Kopf. Sie war intelligent und mogelte nicht Gefühle, die sie nicht hatte. Sie trug das Herz, sofern sie überhaupt zugab, dass sie eines hatte, (à la Erich Kästner), auf Taille.[21] Aber sie überfuhr gerade damit, was sich ihr in den Weg stellte. Sie wirkte durchschlagend und hatte unsere ganze Sympathie.«[22]

Das Unverschwiemelte, Direkte, Intelligente an Marianne Hoppes Spiel wird gegen Ende ihres Engagements am Neuen Theater auch in zeitgenössischen Kritiken betont. Anfangs dominiert statt Kühle im Gegenteil sogar ein Eindruck von Kleinmädchenhaftigkeit. »Die Prinzessin Roxy wird von der hübschen Marianne Hoppe mit einer etwas zu lauten und überspielten Naivität vorgeführt«, urteilte Bernhard Diebold nach ihrer ersten Frankfurter Premiere.[23] Die fand noch mitten im Sommer statt, am 2. August, und war offenbar kurzfristig anberaumt worden, denn die neue Kollegin wurde für die Proben vorzeitig aus ihrem Urlaub im südfranzösischen Cagnes-sur-Mer zurückgerufen. Dieses Stück war ein rechter Schmachtfetzen, trug den Titel »Die Prinzessin und der Eintänzer« und stammte von Alexander Engel und Leo Keller. Die adlige Hauptfigur Roxy sehnt sich nach lasterhaftem Leben und erhört den ihr von den Autoren zugedachten

Lord erst, als er sich ihr in der Verkleidung eines Eintänzers nähert. Trotz allem erweist sich die junge Dame dabei natürlich als so tugendhaft, dass sie am Ende ohne Beanstandung der Gesellschaft geehelicht werden kann.

Marianne Hoppe schrieb: »Mein Partner, Heinz Klubertanz,[24] ein Bonvivant, etwas zu klein geraten, daran lag es wohl auch, dass der letzte Schritt auf der Bonvivantleiter nicht ganz geglückt war, aber immer wie aus dem Ei gepellt war er – untadelig gebügelte Hemden und Hosenfalten. ›Ich muss mich restaurieren‹, sagte er häufig und wusch sich die Hände. Von dem Stück erinnere ich nur eine Szene im Flugzeug, in der Kabine eines Sportflugzeugs, Klubertanz wird der Pilot gewesen sein. Wir kamen in Turbulenzen, es schwankte fürchterlich, die Bühnenarbeiter manipulierten[25] auf Kugellagern von der Unterbühne [aus] keuchend den Sturm. An einen Tanz erinnere ich mich auch noch in einer Hotelbar, eng umschlungen mit meinem Bonvivant und an einen Ruf von mir, hinter der Bühne: ›Ich komme!‹«

Die Premierenfeier fand bei Jonny statt, der Hotelbar des Hessischen Hofs in der Nähe des Theaters. »Ich bemerkte sofort in einem Sessel eine männliche Gestalt. Der Mann richtete seine Augen auf mich, schöne, blaue, kluge Augen, die freundlichsten, die mir bis dahin begegnet waren. Ich ging auf ihn zu: ›Sind Sie nicht Kurt Hirschfeld?‹ Der war damals Dramaturg am Schauspielhaus (Jahre später begegnete ich ihm in Zürich als Direktor des Schauspielhauses). ›Nein‹, war die Antwort, ›ich heiße Dreyfuss.‹ Gesagt, gelächelt, und ich blieb am Tisch, trank den ersten ›Sidecar‹ meines Lebens und hatte meinen ersten Freund, meinen Beschützer.«[26]

Der Soziologe Carl Ludwig Dreyfuss machte Marianne Hoppe mit den Protagonisten des Frankfurter Kreises bekannt, mit Max Horkheimer, Theodor W. Adorno und Kurt Sontheimer, und sie erhielt nach eigener Einschätzung das, was sie ihren Frankfurter Stempel nennt. Ohne allerdings genauer auszuführen, welcher Art diese Prägung war. »Ich habe dabeigesessen, und sie mochten mich« – detaillierter äußerte sich Marianne Hoppe zu diesen Begegnungen nie. Wiederholt betonte sie nur ganz allgemein, dass sie sowohl durch ihr konservatives Elternhaus als auch durch diesen Kontakt davor bewahrt worden sei, sich geistig mit den Nazis einzulassen: »Ich bin imprägniert von der Seite. Das hat mir dann nachher sehr geholfen.«[27]

Gleichzeitig schilderte Marianne Hoppe, wie »weit entfernt von der realen Situation der politischen Verhältnisse gewisse Kreise« damals gewesen seien. Gerade die Gefährdeten hätten die Situation nicht ernst genommen. Zum Fasching 1932 sei beispielsweise Kurt Riezler, Rektor der Frankfurter Universität und mit der Tochter Max Liebermanns verheiratet, als SA-Mann erschienen. Nicht in der Uniform, die gab es damals noch nicht, aber mit Windjacke und entsprechender Armbinde – »und alle fanden das sehr lustig«[28], auch Horkheimer und Adorno.

Die Beziehung zu dem elf Jahre älteren Dreyfuss erscheint in Marianne Hoppes eigener Schilderung als intellektuell aufregende Liaison mit pygmalionhaften Zügen: »Er war Soziologe, Jude, Erbe einer Lackfabrik[29], ein richtiger *homme à femme*, sehr erfahren. Er hat so seine Fabrik geleitet und war eine Art Privatgelehrter, schrieb auch Prosa. Er hatte einen großen Reiz, das lässt sich nicht leugnen. ... In Berlin, da bin ich doch mehr oder weniger herumgefallen. Ich hatte da nie den Drang, in Vorträge zu gehen oder zu lesen ... richtig lesen habe ich von Dreyfuss gelernt. Da ist mir so ein bissel was aufgegangen. Dreyfuss hat mir das beigebracht, das von Kunst und von Büchern und überhaupt mit Menschen so zusammen zu sein. Im Grunde verdanke ich dem auch meinen Schutz für die ganze nächste Zeit. Obwohl, Nazi wäre ich sicher nie geworden, weil das bei uns zu Hause gar nicht denkbar war.«[30]

Carl Dreyfuss, der sich nach dem Zweiten Weltkrieg mit nur einem »s« schrieb, arbeitete in den zwanziger Jahren an einem Angestelltenroman, den er aber nicht fertig stellte. Seit

1930 war er gelegentlicher Mitarbeiter des Instituts für Sozialforschung und veröffentlichte 1933 die Studie »Beruf und Ideologie der Angestellten«. Gemeinsam mit Adorno schrieb er unter dem Pseudonym Castor Zwieback auch Prosa,[31] die so genannten »Lesestücke«. Dabei handelt es sich um kürzeste, neusachlich schlichte Darstellung von Situationen des Straßen-, Arbeits- und Familienlebens. »Inkognito« zum Beispiel:

»Eine Tante Anna klagte: Seit ich siebzig Jahre alt geworden bin, habe ich es schwer. Um dem Ansturm der Ehrungen zu entgehen, bin ich mit meiner besten Freundin am Geburtstage nach Wiesbaden gefahren. Nun muss ich schon seit vierzehn Tagen zu Hause bleiben, um die Glückwünsche entgegenzunehmen. Ich kann den Gratulanten, die von meiner Abwesenheit wussten, nicht zumuten, vergebens zu kommen. Immer noch erwarte ich Besuch.«[32]

Scheinbar aus der Position eines Chronisten geschrieben und nicht minder scheinbar ganz hinter das Material zurücktretend, erinnern die Texte an die sehr viel später entstandenen, stilistisch ausgefeilteren und infamer pointierten Kurzerzählungen von Thomas Bernhard. Auch Karl Riha, der Herausgeber der vollständigen Ausgabe der Lesestücke, versteht die Texte der beiden Soziologen keineswegs nur als »verdeckte Soziologie«. Vor allem die »seltsamen Aussparungen der Pointe« wecken bei ihm »Assoziationen zur allerjüngsten ›Cut-up‹-Prosa Helmut Heißenbüttels oder Ror Wolfs«.[33]

Carl Dreyfuss, der »homme à femme«, wirkte wohl insbesondere auf Frauen in den schönen Künsten. Bis 1926 war er mit der Schauspielerin Ellen Dreyfuss-Herz verheiratet, danach mit der Tänzerin Ilona Karolevna liiert,[34] und bei Jonny saß er nach der Sommerpremiere des Jahres 1930 auch nicht von ungefähr. Er, der wahrscheinlich jede Frankfurter Premiere besuchte, wenn er nicht gerade zu Aufführungen nach Wien oder Berlin fuhr, war vom ersten Ton Marianne Hoppes hingerissen gewesen. Ihr Ruf »Ich komme«, noch hinter der Bühne zu Gehör gebracht, hatte ihn »getroffen«.[35]

Ihre ganze Frankfurter Zeit über war Marianne Hoppe mit Carl Dreyfuss zusammen und blieb auch mit ihm befreundet, als sie sich 1932 nicht nur für die Münchner Kammerspiele, sondern auch für ihren Beruf und gegen eine feste Beziehung entschied. In München verhandelte er noch über ihren Vertrag und suchte ihr eine Wohnung, und als er unter den Nazis nicht mehr ihr Beschützer sein konnte, sondern stattdessen selbst des Schutzes bedurfte und in Berlin bei ihr wohnte, blieb er ihr Berater. Zu einer Zeit, als er vielleicht schon ahnte, dass er nicht mehr lange in Deutschland bleiben würde, suchte er gemeinsam mit Marianne Hoppe ein Grundstück am Grunewald aus, auf dem sie sich ein Haus bauen ließ. Bis 1935 oder 1936 blieb Dreyfuss in Berlin. Dass er dann nach Frankfurt zurückkehrte, ist nicht anzunehmen. Wahrscheinlich floh er direkt nach London, von wo aus er 1938 nach Argentinien emigrierte.[36] Gemeinsam mit einer Ehefrau, Tilly, kehrte er im Winter 1962/63 nach Deutschland zurück und bezog 1963 eine Wohnung in München. Als Soziologe konnte er nicht mehr Fuß fassen. Carl Dreyfuss starb 1969.

Im Frankfurt der frühen dreißiger Jahre war Marianne Hoppes Leben in erster Linie eine Westend-Angelegenheit. Das Neue Theater befand sich in der Mainzer Landstraße 55-57, sie selbst wohnte zunächst in der Guiolettstraße 27, dann, um die Ecke, in der Feuerbachstraße 45. Bei dem Arbeitspensum waren kurze Wege wichtig. Dreißig Rollen in zwei Spielzeiten. Und oft große Rollen. »Ich bin meinem Schicksal dankbar, kann ich fast sagen, dass ich dies wirklich durchexerziert habe. Das ist alles, was junge Schauspieler sich wünschen und was heutzutage gar nicht mehr so drin ist: dass man nämlich wirklich einfach nur eingesetzt wird. Hellmer brauchte jemanden, der das irgendwie verkraftet, und ich war Gott sei Dank in der Lage, es einigermaßen zu können. Und da konnte ich auch schon in sehr frühen Jahren die Art meiner Begabung ausprobieren. Das klingt jetzt sehr unbescheiden, aber das muss ich loswerden. Denn dieses

Gefühl von Grenzen habe ich da überhaupt nicht gehabt – musste ich nicht haben, weil es so aussah, dass ich mich nach jeder Ecke entwickeln konnte. Und da denkt man nicht an die Grenzen, die kommen später.«[37]

In »Mein erstes Engagement« schreibt Marianne Hoppe, sie hätte, nachdem das Sommerstück abgespielt gewesen sei, noch vier Wochen bei ihren Eltern in Felsenhagen verbringen können. Begonnen hätte die Saison dann mit »Minna von Barnhelm«: mit Käthe Dorsch als Berliner Gast in der Rolle der Minna und ihr selbst als Franziska.[38] Ganz so entspannt und mondän war ihr Frankfurter Anfang aber nicht. Diese »Minna«-Inszenierung gab es zwar, aber erst am Ende der Spielzeit 1930/31. Zu Beginn spielte Marianne Hoppe ohne Erholungspause bereits ab 16. August 1930 in dem Stück »Das Konto X« von Rudolf Bernauer und Rudolf Oesterreicher. »Knallender Beifall auf offener Szene und mildes Vergessen der Handlung«, schrieb Rudolf Geck, der lokale Theaterkritiker und auch Leiter des Feuilletons der *Frankfurter Zeitung*, in plastischer Kürze. »Frl. Hoppe liebt angenehm, recht nach der Kunst.«[39]

Das angenehm liebende Fräulein, die Naive letztlich, ist zu Beginn von Marianne Hoppes Frankfurter Zeit ihre Paraderolle. In »Der Fratz« von Barry Connors spielte sie unter der Regie von Lydia Busch ab 1. November 1930 sogar erneut eine Roxy. Dem oder der Kritisierenden der *Frankfurter Zeitung* mit dem Kürzel yma. gefiel das Stück mit dieser Hauptdarstellerin durchaus. »Vor allem bot es eine sehr dankbare Rolle für Aschenbrödel = Roxy = Marianne Hoppe. Sie hatte Gelegenheit, in der nettesten Weise eine Menge dummes Zeug zu reden, Perlen aus einer Aphorismensammlung, die sie bei den unpassendsten Gelegenheiten mit starrem Ernst von sich gibt. Sehr hübsch, wie sie allmählich lernt zu kokettieren, wie sie auf die primitiven Mittel des Liebesbriefstellers verzichtet und die natürlichen des Weibchens in Anwendung bringt. Der ausdauernde Beifall bezeugte ihren vollen Erfolg.«[40]

Auch in den nächsten Produktionen ist Marianne Hoppe mal eine »nette Spitzbübin«[41], dann ein Mädchen, das »erfolgreich liebt«[42]. Schon im April 1931 gibt sie sich aber als Gusti im »Spiel der Sommerlüfte« von Arthur Schnitzler unter Hellmers eigener Regie »naturhaft und doch nicht ohne Raffinement«[43]. Aus der echten Naivität entwickelte sich das Spiel mit scheinbarer Naivität, und das Markenzeichen von Marianne Hoppe wurde der kalkulierte, und zwar erkennbar kalkulierte Einsatz so genannter weiblicher Mittel. »Der klugen, technisch und artistisch enorm befähigten Marianne Hoppe kann man die kesse Hill eher als eine treue Erna glauben«, schrieb Bernhard Diebold über die doppelte Identität ihrer Rolle in »Alles Schwindel« von Marcellus Schiffer und Mischa Spoliansky in ihrer zweiten Frankfurter Spielzeit.[44] »Herz auf Taille« hatte das Siegfried Melchinger mit Kästner genannt, man könnte auch sagen: eine Frau mit Verstand.

Diese künstlerische Entwicklung sei die Folge einer privaten Initiation vom Mädchen zur Frau gewesen, erinnert sich Marianne Hoppe. »Ich hatte damals meinen ersten Freund, ich ›lernte Bildung‹ und begann über Zusammenhänge nachzudenken.« Einen vergleichbaren Entwicklungsschritt habe sie weder privat noch künstlerisch später noch einmal gemacht. Carl Dreyfuss habe sie zu sich selbst gebracht.

Das körperbetonte Spiel lag Marianne Hoppe weniger. Ihr Puck in Shakespeares »Sommernachtstraum« wurde verrissen. »Ihre Beweglichkeit, ihr Überallsein war manchmal zu gehetzt. Der maßlose Schalk dieses Geistergehilfen, der sein Aphrodisiakum mit größtem Vergnügen an die Falschen verabreicht, käme zu einer viel stärkeren Wirkung mit Stille und Ruhe in der Bewegung, als wenn das Springen und Laufen so bewusst vorgetäuscht wird.«[45] Das ungebrochen Naturhafte war Marianne Hoppe nicht gegeben, und sie konnte es auch nicht herstellen, ohne die Scharniere sichtbar werden zu lassen. Auch über ihre Inken Peters in Hauptmanns »Vor Sonnenuntergang« hieß es einschränkend, sie sei »vielleicht für diese Rolle des instinktiv entschiedenen Mädchens zu hübsch und zu staunlich«.[46]

Die künstlerischen Höhepunkte von Marianne Hoppes Frankfurter Zeit lagen jeweils am Ende der Saison. Im Juni 1931 hatte sie innerhalb einer Woche mit zwei großen Rollen Premiere. Zum einen als Titelfigur Lu in Ferenc Molnars Stück »Die Fee«, zum anderen als Franziska in der »Minna von Barnhelm« mit Käthe Dorsch. Rudolf Geck schrieb über das Molnar-Stück. »Frl. Hoppe hat als Fee einen großen Treffer. Sobald sie aufgelockert ist, zuerst hatte sie noch nicht die volle Freiheit, tollt sie mit reizender Munterkeit in ihrem Elemente, ist grundnaiv und grundgerissen, spielt Fangball mit dem Augenblick, kann so und kann auch ganz anders, tut sehr spitzbübisch und tut sehr ehrlich, hat alle im Sack, nicht zuletzt das von diesem Sprühteufelchen durchglitzerte Publikum.«[47]

Und f.t.g. über die Minna und ihre Franziska: »Käthe Dorsch hielt durch ihre hohe Kunst das übrige Ensemble des Neuen Theaters sicher im Bann. Ihre Anmut hatte die Kraft, Anmut und Herzlichkeit zu wecken. Marianne Hoppe als Zofe, keck, zurückhaltend, und doch, wie es Zofen zukommt, vorlaut, spielt mit einem Übermut, der in schönster Weise in Schranken gesetzt wurde durch die Würde ihrer Herrin. Sie spielte grazil und fügte sich wie die zweite Stimme der klingenden Melodie ein.«[48]

Es ging Marianne Hoppe sehr gut zu dieser Zeit. Sie hatte Schwung, sie hatte Kraft, und fast alles, was sie anpackte, geriet so wie es sollte. Im Januar 1932 war Gustaf Gründgens auf der Durchreise und sah sich eine Vorstellung von »Alles Schwindel« an. Eigentlich wollte er damit nur einer ehemaligen Kollegin von ihm, Anny Reiter, einen Besuch abstatten, aber als er sah, dass Marianne Hoppe mitspielte, klopfte er hinterher auch an ihrer Garderobentür und sagte: »›Es gefällt mir, was Sie da machen‹. ... Ich hatte mir an dem Abend sehr rasch und möglichst elegant lange Handschuhe auszuziehen, man trug sie zum Abendkleid, die Garderobe musste selbst gestellt werden. Mit dem Ausziehen der Handschuhe begann mein großes Chanson. Es gelang mir an diesem Abend besonders gut. Ein Glück, dass Gustaf Gründgens gerade in dieser Vorstellung war, denn wie oft ist es umgekehrt, und man sagt zu Freunden: ›Ausgerechnet heute warst du drin, da klappte doch gar nichts!‹«[49]

Auch privat konnte Marianne Hoppe die Jahre in Frankfurt genießen. Sie fuhr mit Dreyfuss nach St. Moritz (einmal sommers zum Wandern, einmal winters zum Ski- und Schlittschuhlaufen) und konnte sich sogar ein erstes eigenes Auto kaufen: einen Opel 1,2 Liter, den sie »Puck« nannte, weil sie ihn sich angeschafft hatte, als sie im »Sommernachtstraum« spielte,[50] das war im Winter 1930/31. Und sie erwarb erstmals ein Kunstwerk, eine 1922 entstandene Impression eines Dorfes in der Manche von Maurice Utrillo. Das Bild kostete achthundert Mark, mehrere Monatsgagen also, und sie zahlte es hundertmarkweise ab. Das fiel ihr nicht leicht, aber es war möglich, sie konnte sich das leisten. Andere nicht. Die Zeiten waren nicht rosig, und auch das Publikum, das Marianne Hoppe als »hochinteressiert, lebhaft, schick«[51] bezeichnete, musste vom Theater heftig umworben werden, damit es seine immer schmaleren Einkünfte weiterhin auch in Eintrittskarten investierte, das war in Frankfurt damals nicht anders als in Berlin.

Schon im *Frankfurter Theater Almanach* der Spielzeit 1930/31 unkte Hans Theodor Wüst, dass die Schauspieler wohl bald als Werbeträger in eigener Sache vor den Vorstellungen an die Rampe treten müssten, um das Publikum gleich für die nächste Inszenierung persönlich wieder in die Pflicht zu nehmen. Aber würde das etwas nutzen? Denn bei den Zuschauern klimperte es schließlich »hohl in der Tasche«, die Vergnügungssteuer, die private Theater zu entrichten hätten, sei fast so hoch wie die Einnahmen, die durch den Verkauf der durch etliche Verbilligungsmaßnahmen gewohnheitsmäßig preisreduzierten Karten erzielt werden könnten, und mit Film, Radio und Sport sei der Bühne eine erdrückende Konkurrenz erwachsen.[52] In der *Almanach*-Ausgabe der nächsten Spielzeit wurde der 1930 noch spielerisch formulierte Notruf schon drängender. Die Parlamentarier, schrieb der gleiche Autor, »kämpfen gegen die deutsche Kultur und nennen Sparsamkeit, was schlimmster Frevel an der deutschen Volksseele ist.«[53] Abermals ein Jahr später ergriff Arthur Hellmer selbst das Wort, um die erschütternde »Situation einer nicht subventionierten Bühne«[54] darzulegen und die so genannte Theaterkrise als Wirtschaftskrise deutlich zu machen.

Auch an der Frankfurter Theaterkritik ging nicht spurlos vorbei, dass die Notverordnungen der Regierung zur Stabilisierung der deutschen Wirtschaft immer mehr als ›verordnete Not‹ Raum griffen, wie es unter den Betroffenen hieß[55]. Mehr als eine Spur hinterließ die Wirklichkeit in den Texten Rudolf Gecks aber auch wieder nicht. »Nicht sehr erregend, da wir zur Zeit andere Sorgen haben«, hieß es über »Pariser Platz 13« von Vicki Baum in der *Frankfurter Zeitung* vom 22. September 1931, und einige Wochen später: »Wir sind zu geschüttelt von der Zeit, um die Machtgier des Danieli, die Legitimitätssorgen des Prinzen Viktor, den Kampf um den dunkelhäutigen ›Bastard‹ so benehmend und tragisch zu empfinden« über »Haus Danieli« von Alfred Neumann.[56]

Gleichwohl war im Feuilleton der *Frankfurter Zeitung* von den Zuständen auf der Straße immer wieder sehr genau die Rede. Das eher konservative Verständnis von Kunst und Kultur als gesellschaftliche Rückzugsorte, wie es neben Geck auch der Theaterkritiker Bernhard Diebold pflegte, wurde kontrastiert von den soziologisch analysierenden Beiträgen jüngerer und politisch weiter links stehender Redakteure und Mitarbeiter wie Siegfried Kracauer. Dessen melancholisch-poetische und dabei sehr genaue Bestandsaufnahmen aus Berlin waren nicht selten direkt neben den Theaterberichten platziert. Am 1. Januar des Jahres 1932 erschien ein Bericht von ihm mit dem Titel »Er ist ein guter Junge«:

»Das Stadtbild Berlins hat sich allmählich verändert, man merkt jetzt an allen Ecken und Enden die Krise. Auch Fremde, die es noch vor einem halben Jahr nicht wahrhaben wollten, dass das Berliner Oberflächenleben von dem Elend stark in Mitleidenschaft gezogen worden sei, spüren heute auf den ersten Blick seine Verwandlung. Nicht nur die Großwohnungen sind geräumt, auch die Lokale füllen sich an den Werktagen nicht mehr recht. Das ehemalige Café Bauer Unter den Linden ist seit einiger Zeit geschlossen. Die Straßen sind mit Bettlern übersät, ein ganzer Wald von Bettlern, der nur schwer passierbar ist, dringt in die Stadt ein und bedeckt den Asphalt. Studenten und besser gekleidete ältere Herren klingeln an den Haustüren, verkaufen Schnürsenkel und Streichhölzer oder bitten auch nur um eine Gabe. Und abends herrscht in Straßenzügen, die früher bis in die Nacht hinein belebt waren, eine merkwürdige, aufreizende Ruhe. Die Menschen verlaufen sich rasch, sie bleiben zu Hause oder stecken sonstwo. Es ist, als verkröchen sie sich wie Tiere, um allein zu sein mit der Not. ...«

Ihren größten Erfolg des Jahres 1932 hatte Marianne Hoppe in »Mädchen in Uniform« von Christa Winsloe. Hellmers Inszenierung hatte am 7. Mai Premiere, und Marianne Hoppe verkörperte die vierzehnjährige Hauptfigur Manuela von Meinhardis »instinktsicher und ganz ohne falsche Töne«.[57] Bereits im Vorjahr war der Romanstoff unter der Regie Leontine Sagans verfilmt worden, heute noch bekannt ist das Remake von Geza von Radvanji aus dem Jahr 1958 mit Romy Schneider und Lili Palmer. »Mädchen in Uniform« spielt um 1910 in Potsdam, in einem Stift für adlige Mädchen, sehr ähnlich der Königin-Luise-Stiftung. Bei Winsloe geht es um preußische Erziehungsmethoden, um jugendliche, jungmädchenhafte Liebe, um erotische Projektionen von Frau zu Frau und um Gewissensnöte. Ein Buch über das Erwachsenwerden in einem restriktiven System, aber auch ein Buch über Homosexualität. Dieser Aspekt wird in den Kritiken der Zeit indes weniger thematisiert als die sentimentale Konfrontation von hartem Anstaltsalltags und zarten Gefühlen. Auf Gabor Hirschs Fotografien der Frankfurter Inszenierung sieht man die Mädchen in ihren Kittelschürzen in einem verließähnlichen Ambiente strammstehen oder vor dem Zubettgehen am Fußende ihrer weiß lackierten Eisenbettstellen knien (immerhin: noch auf dem Bett und nicht davor). Nach einem Gastspiel des Neuen Theaters im Mannheimer Landestheater bebte der örtliche Kritiker vor Ergriffenheit:

»Marianne Hoppe ist eine Künstlerin, die vom ersten Augenblick an aufhorchen lässt. Das fein geschnittene Gesicht, in dem sich so viel Sehnsucht ausdrückt, unterwirft sich einer ungewöhnlich ausdrucksreichen Mimik. Die Stimme als wesentliches Mittel der Gestaltung tritt mit einer ganzen Skala feinster Abstufungen hinzu. Mit zartesten Pastelltönen wird hier ein Bild geformt, das sich nicht eindringlicher geben lässt. Es genügt nicht, dass die Hauptrolle auf den poetisch klingenden Namen Manuela eingetauft ist, die innere Melodie dieses Namens muss klingen, und bei Marianne Hoppe erscheint sie als wundersame Appassionata. Da war unendlich viel Beziehungsreiches, Geheimnisvolles mitgegeben, was nur zwischen den Zeilen stand. Ganz leise vernahm man die Stimmen, die Manuelas Lebenswerk begleiteten. Die Sehnsucht nach der Mutter klang mit, und aus den Fenstern, diesen großen träumenden Augen, sah man, wie die Seele ins Weite schaute, die Mauern des Stiftes durchdrang. M.H. löste durch ihr Spiel die gesamte Schuld ein, und der besonders herzliche Dank der zahlreichen Besucher galt insbesondere ihr. Er wird ihr und der Theaterleitung hoffentlich bedeutet haben, dass man solche strahlende Begabungen stets gern auf Gastreise auf unserem Theater sieht.«[58]

Die strahlende Begabung hätte man gerne auch noch ganz woanders gesehen. Aus Berlin reiste der Besetzungschef der Ufa zu einer Vorstellung von »Mädchen in Uniform« an und wollte Marianne Hoppe ausgerechnet in der Pause vor ihrem schweren Schlussakt sprechen. Sie habe ihn, wie sie verschiedentlich erzählte, aber nicht nur aus diesem Grund gleich wieder weggeschickt, sondern Filmen sei für sie damals noch überhaupt nicht in Frage gekommen: »Das lief unter dem Motto Flausen, wenn sich ein junger Mensch zu früh mit dieser Sache abgab.«[59] In einer Ausgabe der Zeitschrift *Filmwelt* vom Juni 1934 heißt es indessen, Erich Pommer, damals Produktionsleiter der Ufa, sei auf Marianne Hoppe aufmerksam geworden und habe sogar Probeaufnahmen gemacht, doch die Verhandlungen hätten sich zerschlagen.[60] Das Ergebnis bleibt das gleiche: Gefilmt hat Marianne Hoppe 1932 noch nicht.

Trotzdem kam es zu keinem weiteren Gastspiel in Mannheim, denn Marianne Hoppe wechselte zu Otto Falckenberg an die Münchner Kammerspiele. Sie verbrachte mit Dreyfuss noch einen Sommerurlaub in Frankreich und bereitete sich danach vor, Frankfurt zu verlassen. Frankfurt und Carl Dreyfuss. »Und als er dann in Frankfurt am Bahnsteig stand und mein Zug anrollte, da wusste ich: So ist das also mit unserem Beruf. So sieht das aus. Trennung! Nicht, dass man sagt, ich bleib‹ in Frankfurt. Nein, man sagt, ich geh‹ zu Falckenberg nach München. Es ist schwer, es ist hart, es bricht einem das Herz dabei. Aber wenn man nicht anders kann und nicht will, dann ist es eben so.«[61]

Zärtlichkeit

Klaus Köhn:[1]
Ich habe Marianne Hoppe vor etwa zehn Jahren über einen Freund von mir kennen gelernt, über Gert Reinholm, den Ballettstar, den Jean Cocteau einmal den »danseur noble« genannt hat. Marianne Hoppe spielte damals gerade in Frankfurt den »Lear«. Reinholm kannte sie schon aus der letzten Kriegszeit, aus dem Keller, und über Gründgens. Er wohnte jetzt ganz bei ihr in der Nähe, und wir trafen uns manchmal in einem Lokal am oberen Kurfürstendamm schräg gegenüber von ihr. Und eines Tages fragte er mich: »Was würden Sie machen, wenn jetzt plötzlich die Hoppe an den Tisch käme?« Er wusste ja, wie sehr ich sie verehre und hatte schon einmal erlebt, dass ein Bekannter von ihm mit der Situation nicht fertig wurde, unvorbereitet dieser großen Schauspielerin zu begegnen. Der konnte sich ihrer Ausstrahlung, ihrer Autorität nicht anpassen. Ich sagte: »Ich würde aufstehen, meinen Namen nennen und dann werden wir schon sehen.« Und genau so war es dann auch. Sie kam eines Tages über die Straße, legte Reinholm von hinten die Hände über die Augen, und damit war sie da.

Wir hatten dann in diesem Lokal so eine Art Stammtisch. Manchmal trafen wir uns dort dreimal die Woche. Oft kam sie direkt vom Flughafen – vor zehn Jahren war sie ja noch dauernd unterwegs und hatte einen Schritt am Leibe, dem man kaum folgen konnte. Auch als ich Marianne Hoppe noch nicht kannte, wusste ich aber, dass sie eine Frau ist, die sehr zärtlich sein kann. Sie hat so eine Art, einem ins Innerste zu

[1] Klaus Köhn ist ein Freund von Marianne Hoppe. Er war Schauspieler und Nachrichtensprecher und lebt in Berlin.

schauen. Sie sagt dann nichts, zwinkert vielleicht oder nickt mit dem Kopf. Und versteht sehr genau. Einmal saß der Sohn der Wirtin im Lokal und musste für die Schule einen Aufsatz schreiben: »Was ist das Wichtigste in meinem Leben?« Da schlug der Reinholm vor: »Die Liebe vielleicht«, aber die Hoppe sagte wie aus der Pistole geschossen: »Die Zärtlichkeit.«

»Ich habe meinen Kram gemacht«

Die Münchner Kammerspiele hatten ein Vorleben als Münchner Lustspielhaus: ein Varieté mit Bierausschank, das 1906 gegründet worden war. Als 1911 der Regisseur Eugen Robert die Leitung übernahm und eine Bühne mit literarisch anspruchsvollem Programm daraus machte, änderte sich bald auch der Name. Mit Stücken von Tschechow, Strindberg und Wedekind wurde das Theater in der Augustenstraße 89 ab 1912 zu den Münchner Kammerspielen. Schon im Jahr darauf schied Robert als Leiter aus, ihm folgten Erich Ziegel, der spätere Gründer der Hamburger Kammerspiele, dann der Theaterkritiker Hermann Sinsheimer und ab 1917 schließlich Otto Falckenberg, der schon unter Ziegel als Regisseur und Dramaturg an diesem Theater gearbeitet hatte. Er blieb bis 1945.

Die Geschichte der Münchner Kammerspiele[1] ist nicht nur die Geschichte eines literarisch progressiven Privattheaters, es ist auch die eines jahrzehntelangen Kampfes um das finanzielle Überleben. Nach einem Bankrott der Kammerspiel GmbH in der Augustenstraße zog Falckenberg 1926 in das Schauspielhaus in der Maximilianstraße. Kammerspiele im Schauspielhaus hieß das Theater jetzt und war vom intellektuell-bohemienhaften Stadtteil Schwabing mitten in die Münchner Repräsentationszone geraten. Weiterhin standen Shakespeare, Ibsen, Hauptmann und Wedekind auf den Spielplänen, und auch Inszenierungen von Stücken jüngerer Autoren ließ Falckenberg sich nicht nehmen. Doch es gab, um dem Unterhaltungsbedürfnis des bürgerlichen Publikums Rechnung zu tragen, in der Maximilianstraße auch eine leichte Schiene.

Abgesehen von dem Wagnis, mit Stücken von Bruno Frank, Alexander Lernet-Holenia und Richard Billinger Zeitgenössisches zu bieten, unterschied sich Falckenbergs

Spielplan in der Saison bevor Marianne Hoppe nach München kam, nicht allzu sehr von dem Arthur Hellmers in Frankfurt. Das »Konto X« von Bernauer und Oesterreicher und »Kampf um Kitsch« von Adolf Stemmle wurden hier wie in der Spielzeit davor auch dort gezeigt. Es gab Labiche, Nestroy und gleich zweimal Molnár, und fünf Wochen nachdem Marianne Hoppe in Frankfurt als Manuela von Meinhardis Premiere hatte, kam Winsloes Stück unter dem Titel »Gestern und heute«[2] auch an den Münchner Kammerspielen heraus.

Marianne Hoppe war zur Spielzeit 1932/33 als Ersatz für Käthe Gold engagiert worden, die sich für die erste Hälfte der Saison ans Burgtheater verpflichtet hatte. Insgesamt sechsundvierzig Darsteller umfasste das Ensemble der Kammerspiele in dieser Spielzeit[3] darunter Will Dohm, Therese Giehse, Kurt Horwitz und O.E. Hasse. Marianne Hoppes erste Premiere dort fand am 24. September 1932 statt: »Die Schule der Frauen« von Molière unter der Regie von Richard Révy. Im Anschluss wurde am gleichen Abend, als deutsche Erstaufführung und von Erika Mann moderiert, das karikierende Salongespräch »Die Kritik der Schule der Frauen« gezeigt. Im Stück geht es um Arnolph, der die bäuerliche Agnes heiratet, weil er fürchtet, von einer Gesellschaft gewohnten Dame allzu bald betrogen zu werden. Natürlich eilt er diesem Schicksal gerade durch den Versuch, ihm zu entkommen, nur umso zielgerichteter entgegen.

Karl Kyser spielte den Arnolph, Marianne Hoppe die Agnes. Wie es der Dramaturg Wolfgang Petzet zusammenfasste, rühmten die Kritiken »ihren mädchenhaft witzigen Charme (das Pendant in Dur zum Moll der Käthe Gold)«.[4] Tatsächlich finden sich in Marianne Hoppes eigener Kritikensammlung begeisterte Reaktionen auf ihr Münchner Debüt. Ohne Daten allerdings und teilweise auch ohne Angabe der Zeitungen. So urteilte Erich Noether: »Sehr lebendig, voller Witz, mit überzeugender Mimik und Gestik, für Molière etwas zu norddeutsch. Aber man darf sich viel von dieser Darstellerin erhoffen.« Ein Herr Wolf schrieb: »Naiv und kokett in einem, ein charmantes Geschöpf«, Friedrich Möhl attestierte in der *Bayrischen Nachtzeitung* »Routine und auch echten, theaterblütigen Witz«, und Horst Wolfram Geißler notierte in der von Petzet als »deutschnational«[5] eingeschätzten *München-Augsburger Abendzeitung* ganz studienrätlich: »Die große Szene II,5 bewies mit ihrer Durcharbeitung und schrittweisen Entfaltung sofort, dass Falckenberg hier wieder einen seiner wichtigen Griffe getan hat, neben dem Darstellerischen fiel vor allem die gute Sprechtechnik auf.« Etwas weniger enthusiastisch äußerte sich Hermann Eßwein in der *Münchner Post.* Er kann sich zwar vorstellen, dass Marianne Hoppe »nach Erscheinung und Mitteln wohl eine angenehme Ergänzung des Spielkörpers werden wird«, ihre Agnes indessen scheint ihm unangemessen verfeinert und sei »in jeder Geste und in jedem Sprachklang eben ein viel bewussterer Mensch als das völlig triebhafte Landmädchen«.[6] Ganz ähnlich Tim Klein in den *Münchner Neuesten Nachrichten.*[7]

Die politische Entwicklung dieser Zeitung schilderte Petzet als beispielhaft für den Rechtsruck der Münchner Gesellschaft insgesamt. Mit der Übernahme durch die Rheinische Schwerindustrie (Haniel Gutehoffnungshütte) seien die ehemals liberalen *Münchner Neuesten Nachrichten* bereits 1923 ins rechte Lager gewechselt und »das Sammelbecken jener merkwürdigen nationalistisch-partikularistischen Literaten geworden, die sich anschickten, die geistige Atmosphäre Münchens zu vernebeln. Ihr Charakteristikum ist, dass sie alle einmal gemäßigt bis liberal gewesen, dann guten Glaubens in den Krieg gezogen, die Schattenseiten des Wilhelminischen Deutschlands nicht mehr sehen wollten und von der Niederlage wie von einem Trauma ihrer ganzen Persönlichkeit betroffen waren. Nach 1918 kann man in ihrem Verhalten nur noch eine psychopathische Reaktion sehen. Statt sich an das Weimarische der Weimarer Republik zu halten, an die doch auch deutschen Traditionen von 1848, was durchaus möglich gewesen wäre und was einige, wenn auch viel zu wenige Intellektuelle taten, verfolgten sie Demokratie, und Sozialismus gar, mit einem (bisweilen infernalischen) Hass. Dabei vermengte sich die allgemeine nationalistische Tollwut in München – auch dies völlig widersinnig – noch mit den alten, eingeborenen, partikularistischen und antipreußischen Affekten. Alle völkischen Richtungen dagegen bis hin zu den ›nur leider etwas ungebärdigen‹ Nationalsozialisten konnten sich dagegen verständnisvollen Wohlwollens erfreuen. 1934 war dann das Erstaunen groß, dass man sich selbst ans Messer geliefert hatte.«

Zum geistigen Klima in den Spalten der *Neuesten Nachrichten* brachte die Münchner Presselandschaft außer der sozialdemokratischen *Münchner Post* offenbar kein Gegengewicht auf: Petzet konstatiert flächendeckenden Nationalismus gegen Ende der Weimarer Republik und »stürmischsten Antisemitismus« bereits Jahre vor der Machtübernahme.[8] So erinnert sich ein Zeitgenosse. Ein weiterer Zeitgenosse, und nicht der unkritischste, wenngleich selbst kein Münchner, dokumentierte in der *Frankfurter Zeitung* einen anderen Eindruck. »Ein Tag in München« heißt das Feuilleton von Alfred Döblin, das in zwei Folgen am 14. August und am 25. September 1932 abgedruckt wurde. Aus dem nervösen Berlin kommend, wirkte die bayerische Metropole geruhsam auf ihn, mit einem Stich ins Dumpfe vielleicht, doch keineswegs als akut entflammt. Gleichwohl tobte zum Zeitpunkt seines Besuches der Kampf um eine der zahlreichen Wahlen.

»Spät abends kam ich in München an, und als ich am Vormittag in die Stadt ging, schrien alle Anschlagsäulen, dass wir (beziehungsweise sie) im Wahlkampf stehen. Ein Plakat, die halbe Säule einnehmend, hatte die Überschrift ›Leichenschänder‹, ein anderes ›Bis zum Weißbluten‹. Eines behauptete, ›Gewalt ist eines Volkes unwürdig, Gewaltlosigkeit ist eine stärkere Macht als rohe Gewalt‹, was gerade in der heutigen Zeit eine ehrenwerte, aber tollkühne Behauptung ist. Ein Plakat behauptete, die Revolte neunzehnhundertachtzehn, genannt deutsche Revolution, sei im Auftrag Frankreichs gemacht und durch hundert Millionen Mark unklarer Herkunft finanziert. In Bayern wurde eine Verteilerliste von über hundert Millionen Mark zur Verbreitung der Revolution gefunden, deren Spender in Deutschland unauffindbar waren. Ja, diese Franzosen oder Deutschen, jedenfalls die anderen. Ein Plakat schrieb: ›Durch den Krieg hat Fritz Ebert zwei Söhne verloren. Was hat Hitler verloren, Goebbels?‹ Gleich daneben erklärte ein Aufruf, das Volk werde mit den Betrügern abrechnen. Lassen wir im Dunkeln, mit welchen. Das war also ein höchst erregtes Volk, ich meine von Plakatsäulen. Aber wenn man die Leute selbst auf den Straßen sah, waren sie sehr friedlich, wenigstens hier in München, und eigentlich einer wie der andere. So recht habe ich ihnen die Plakate nicht geglaubt. Hier im Lande waren die kaum hergestellt. Friedlich saß das in den geräumigen, offenen Lokalen bei seinem Bier.«

Im Herbst 1932 in München ankommend, konnte man die politischen Wirrnisse offenbar auch erst einmal ignorieren. Man fiel nicht kopfüber hinein, wenn man nicht gerade mit Reporterblick die Straßen nach Stimmungselementen abtastete. Stärker als die Tatsache, aus der Provinz in ein politisches Zentrum gekommen zu sein, bewegte die junge Schauspielerin Marianne Hoppe wohl ohnehin, nun ein Engagement an einem maßgeblichen Theater zu haben, das auch in überregionalen Zeitungen regelmäßig Beachtung fand und ihr helfen konnte, »weiterzukommen, weiterzulernen, andere und höhere Maßstäbe zu erfahren«.[9] Dafür nahm sie die Trennung von Carl Dreyfuss in Kauf. Ein Trost war die außerordentlich hübsche Wohnung in der Kaulbachstraße, eine Maisonette unterm Dach, deren Küche sie sich »schwedisch« strich: blau-gelb. Mobiliar brachte sie nicht viel mit. Einen Tisch, einen gotischen Stuhl, einen Reiseplattenspieler, den Utrillo und Bücher.

Knapp fünf Wochen nach der »Schule der Frauen« fand Marianne Hoppes zweite Münchner Premiere statt. In »Der große Bariton« stand sie neben Else und Albert Bassermann auf der Bühne. Das Gastspiel des berühmten Schauspielerehepaares – das damit schon seit Jahren unterwegs war – schloss an Albert Bassermanns Münchner Engagement für »Der General und das Gold« an, eine Uraufführung von Bruno Frank.[10] Der Anblick des fünfundsechzigjährigen Bassermann, der noch unter Otto Brahm am Deutschen Theater in Berlin gespielt hatte, seit 1911 Träger des Iffland-Ringes war und damit als bester Schauspieler deutscher Sprache galt, brachte die dreiundzwanzigjährige Marianne Hoppe während der Premiere völlig aus der Fassung. »Da habe ich den nur angestarrt – und kein Text mehr, nichts mehr. Bis er mir dann, wir mussten uns zur Begrüßung umarmen, den ersten Satz zuflüsterte, den ich zu sagen hatte.«

Die Premiere von »Der große Bariton« war noch in anderer Hinsicht erschütternd: Drei Tage zuvor, am 26. Oktober 1932, hatten die Münchner Kammerspiele Konkurs angemeldet. Der Verwaltungsdirektor Adolf Kaufmann hatte zunächst versucht, durch die Abstoßung des Volkstheaters finanziell wieder auf die Beine zu kommen, nachdem sich eine Fusion mit dieser Bühne in der Herzogspitalstraße nicht als rentabel erwiesen hatte. Das aber beschleunigte den Krisenverlauf nur, denn ein neuer Direktor war zwar schnell gefunden, der aber dachte nicht daran, das für die Spielzeit 1932/33 bereits engagierte Ensemble zu übernehmen. Jetzt hatten die Kammerspiele, die seit einem Jahr keine regelmäßigen Gagen mehr bezahlen konnten und die unregelmäßigen Zahlungen mit Beginn der Spielzeit noch um dreißig Prozent gekürzt hatten, ein Schattenensemble zu versorgen. Das ging nicht, Kaufmann meldete Konkurs an, das Defizit betrug etwa eine halbe Million Mark.

Durch die Einschaltung einer Treuhandgesellschaft und die Ausschaltung des Verwaltungsdirektors konnte der Betrieb letztlich gerettet werden. In der Folge spielten die Schauspieler »auf Teilung«, was bedeutete, dass verteilt wurde, was in die Kasse kam. Doch auch bei erfolgreichen

Vorstellungen reichte das nicht zum Leben, und so arbeitete Marianne Hoppe nebenher wieder als Komparsin und wartete auf das neuerliche Angebot einer richtigen Filmrolle. Die Frage, ob dies ihre Theaterarbeit künstlerisch behindern würde, stellte sie sich nicht mehr. Zu einer Zeit, als es in Deutschland sechs Millionen Arbeitslose gab, war jeder, der eine Möglichkeit hatte, sein Budget aufzubessern, einfach nur dankbar. Als das Filmangebot dann aber fünf Monate später tatsächlich kam, waren die Nationalsozialisten an der Macht, und die Arbeitslosigkeit war nicht mehr das drängendste Problem.

Im November 1932 spielte Marianne Hoppe in einem Stück mit dem Titel »Heimkehr des Olympiasiegers«. Der Autor nannte sich schlicht Sindbad, wieder führte Richard Révy Regie. Zwei Wochen später kam diese »Heimkehr« auch am Neuen Theater in Frankfurt heraus und wurde von Rudolf Geck in der *Frankfurter Zeitung* umstandslos als »Satire auf den Sport«[11] begriffen. Ein nämlich mit Geist kaum ähnlich wie mit Muskeln beschlagener Olympiasieger wird hier nach seiner Heimkunft aus Reklamegründen zum Direktor eines Konzerns gemacht und ist eitel genug, Dokumente dubioser Transaktionen zu unterschreiben, für die er später vor Gericht kommt. Eine Posse, die aber in der ideologisierten Atmosphäre Münchens ganz ernsthaft zum Anlass genommen wurde, den Frontverlauf zu bestimmen. So stürzte sich ein gewisser R. Prévot in den *Münchner Neuesten Nachrichten,* ohne sich mit der Handlung im Ganzen aufzuhalten, auf das Zusammentreffen zweier Welten im Stück. Die »moderne Menschheit« werde in »zwei kategorische Lager« geteilt: »die sportliche Jugend mit ihrem gesunden Ehrlichkeitssinn und die ›feine‹ Gesellschaft des schieberischen Volksbetrugs und der raffinierten Hysterie, einer verträumten Pädagogik und verrannten Justiz ... Das ist alles wohl ziemlich grob gesehen und hingehauen. Aber ohne parteipolitische Hintergedanken, mit entschiedenem Sinn für das Volkstümliche und kräftigem Appell an die letzten gesunden Instinkte ...«.[12]

Die Schauspieler mussten sich von diesem Kanonenbeschuss nicht unbedingt getroffen fühlen, denn sie selbst wurden mit den gewohnten Wendungen des theaterkritischen Tagesgeschäfts bedient: »Will Dohm sahen wir niemals besser: so köstlich naturhaft und herzenswahr. Vortrefflich den Gegensatz der feindlichen Welten verkörpernd die beiden Rivalinnen: das frische, liebe deutsche Volkskind Ferdinande Betkes und Marianne Hoppes raffinierte Salondirne. Typ an Typ standen hier die moralischen Leichtgewichtler der ›feinen Gesellschaft‹: voran Kurt Horwitz als aalglatter Großschieber ...«.

Manche aber waren aber doch irritiert. Der unsachlich eifernde Tonfall eines Kritikers Prévot war ja nicht alles, was in den Kunstraum vordrang. »Im Parkett der Kammerspiele saßen inmitten vieler Gleichgesinnter und Freunde immer auch die nationalsozialistischen Feinde«, erinnerte sich Therese Giehse, »oft Hitler persönlich. Mancher Dame des Ensembles schickte er, selten zur Freude der Betroffenen, in Verehrung Blumen. Aber er hatte auch Freunde und war deswegen über alle an den Kammerspielen Beschäftigten bestens informiert.«[13] Gerade die Giehse, Jüdin und Freundin von Erika Mann, wurde als Volksschauspielerin und Darstellerin kräftiger Frauengestalten auch von den Nationalsozialisten geliebt.[14] Davon ungerührt, eröffnete sie am Neujahrstag des Jahres 1933 mit Erika und Klaus Mann sowie dem Musiker Magnus Henning in der Münchner Bonbonnière am Hofbräuhaus das literarisch-linkspolitische Kabarett Die Pfeffermühle. Am 13. März 1933, am Tag, als Paul Joseph Goebbels von der neuen, nationalsozialistisch dominierten Regierung zum Reichsminister für Propaganda ernannt wurde, emigrierte sie in die Schweiz – »Einer hatte denunziert, ein anderer hatte gewarnt.«[15]

Marianne Hoppe liebte und verehrte Therese Giehse als Schauspielerin wie als Mensch. Nach dem Krieg freundeten sie sich an, und als Therese Giehse 1975 starb, übernahm Marianne Hoppe aus dem Nachlass einige Möbelstücke, darunter ihr Bett, in ihr Haus nach Oberbayern. Am Nikolaustag des Jahres 1932 standen sie erstmals gemeinsam vor Publikum auf der Bühne. In den »Ratten« von Gerhart Hauptmann. Unter großen wirtschaftlichen Schwierigkeiten war diese Arbeit von Otto Falckenberg zum 70. Geburtstag des Dichters zustande gekommen – »im brennenden Hause«,[16] schrieb Tim Klein, der von der Inszenierung rundweg entzückt, begeistert, entrückt war. Kaum fand er Worte, alle Leistungen zu preisen. »Was soll man aber von der Frau John Therese Giehses sagen? Das ist kein Wort des Lobes zu hoch.« Über Marianne Hoppe heißt es: »Leidenschaftlich, wild bewegt war die Piperkarcka (Marianne Hoppe), die um ihr eigenes Kind rasend kämpfende Polin. Dieses gehetzte Weib gehörte zu den bedeutendsten Erscheinungen des Abends.« Und Hanns Braun in der *Münchner Zeitung* nach einer gleichfalls tiefen Verbeugung vor Therese Giehse: »[Die Piperkarcka] ... wurde von Marianne Hoppe mit einer düsteräugigen Heftigkeit verkörpert, die ebenfalls höchsten Lobes würdig war.«[17]

Leidenschaftlich, gehetzt, heftig – nicht nur »ganz gegen ihr späteres, vom Film diktiertes Rollenfach«[18] war Marianne Hoppe hier besetzt, inszeniert und gefordert, sondern auch anders als in ihren bisherigen Rollen, die von der Naiven bis zur Raffinierten bisher eher die Salonvariante von Weiblichkeit ausgelotet hatte. Erst in ihrer dritten Theaterkarriere, mit den psychologisch gebrochenen Rollen in der Nachkriegszeit, knüpfte Marianne Hoppe konsequent an das nervlich Grenzgängerische einer Piperkarcka an und arbeitete es ins Charakterfach hin aus. Für die dreißiger Jahre blieb es ein Ausflug. Aber einer mit Folgen, denn während der Arbeit an dieser Rolle verlor Marianne Hoppe sozusagen ihre schauspielerische Unschuld. Zuvor war sie »oben auf der Suppe geschwommen«[19], wie sie sagt. Manches war ihr schwerer gefallen, anderes leichter, aber nie hatte es einen elementaren Zweifel an dem gegeben, was sie machte. Das Zweifeln, die Angst vor dem eigenen Ungenügen, das Alles-hinschmeißen-Wollen, dann aber doch Weitermachen-Müssen, das sie in ihrer Arbeit seither nie wieder verlassen hat, begann mit der Piperkarcka.

»Die Ratten« war Marianne Hoppes erste Inszenierung mit Otto Falckenberg. »Ganz leise und zagvoll«, habe er Regie geführt. »Nicht zaghaft, sondern zagvoll. Distanziert, sich eher unmerklich einmischend, nicht dazwischenrufend. Aber er war ein großartiger Regisseur. Sehr anspruchsvoll. Ohne äußeren Druck wurde man gefordert. Seine Gegenwart war schon alleine inspirierend. Ich wohnte damals in der Kaulbachstraße, und er muss auch in der Gegend gewohnt haben, denn wir gingen öfter zusammen von der Probe nach Hause. Er ließ sich immer erst vorspielen, was man sich selber vorgestellt hatte, und fing dann an zu putzen. Na ja, das machen ja die meisten Regisseure. Sie unterscheiden sich in der Arbeitsweise und im Charakter vor allem darin, wie sie das Handwerk auf der Bühne ausführen, das Zustandekommen. Gründgens etwa war völlig anders als Falckenberg. Er war rasch, zupackend, schnell erkennend, aber trotzdem auch in Ruhe lassend, nicht eingreifend.«

Mit manchmal nur zwei Wochen Probenzeit hat Marianne Hoppe an den Münchner Kammerspielen »wahnsinnig viel gespielt«. Zu den Vorstellungen im Schauspielhaus kamen Gastspiele in Augsburg, Konstanz und Lindau. Probieren, auftreten, essen, schlafen, als Komparsin jobben, Gastspiele und alle vier Wochen eine Premiere – da blieb wenig Zeit für anderes: »Dieser Beruf hat mich immer so von allem anderen entfernt ...« Sie hatte nicht die Muße, zu lesen oder ins Kino gehen, das politische Tagesgeschehen mehr als flüchtig wahrzunehmen oder Freundschaften außerhalb des Theaters zu pflegen. Und auch mit den Kollegen saß sie allenfalls nach den Vorstellungen im Gläsernen Eck, einer Kneipe gleich beim Hinterausgang des Theaters.

Am 31. Januar 1933 hatte »Das schwedische Zündholz« von Ludwig Hirschfeld Premiere. Darin geht es um den Lustspieldichter Albert Wendel, der vom plötzlichen Auftauchen seiner früheren Frau samt eines Sohnes erst um die Fassung und dann um die Verlobung mit dem schwedischen Fräulein Birgitt gebracht wird. Therese Giehse spielte das Hausmädchen Johanna, die heimlich die Fäden zieht, Richard Révy den Wendel, Marianne Hoppe die Birgitt. Erinnert sich Marianne Hoppe an die Generalprobe oder die Stimmung bei der Premiere? Lief in den Garderoben das Radio? Wann und in welcher Situation erfuhr das Ensemble von Hitlers Machtübernahme am Tag zuvor? Wusste man überhaupt, was dieser Mann wollte? »Nun heraus mit den Aufbau-Rezepten!« titelte die *Münchner Post* einen Tag nach der Wahl. »Hitler Kanzler der Schwerindustrie und der Großagrarier«. »Ja«, sagte Marianne Hoppe 1999. »Was Hitler wollte, hat man gewusst. Und man hat sich sehr disziplinieren müssen, um diese Zeitläufte, die da begannen, zu ertragen. Das war gruselig. Nach der Premiere des ›Schwedischen Zündholz‹ haben wir von den Kammerspielen im Gläsernen Eck gesessen. Wahrscheinlich haben wir darüber geredet. Es gibt sicher Leute, die politisch ... Ich meine, ich habe meine politische Stellung schon gewusst, aber gehandelt habe ich leider nicht. Ich hatte viel zu tun und habe meinen Kram gemacht, und das, was ich eben nicht machen wollte, was mir da dubios erschien, habe ich nicht gemacht.«

Die Premierenkritik von Tim Klein erschien am 2. Februar. Therese Giehse als Hausmädchen fand er umwerfend, und auch Marianne Hoppe wurde mit freundlichen Worten bedacht: »Marianne Hoppes Birgitt war recht natürlich, frisch und selbstsicher.« Auf der selben Seite der *Münchner Neuesten Nachrichten* wurde an diesem Tag vermeldet, wie sich Deutschland rüstete, eine Diktatur zu werden: »Neue Ausschreitungen in Berlin. Razzia in der Wallstraße«, »Zusammenstöße im übrigen Reich«, »Zeitungsverbote«, »Verbot kommunistischer Versammlungen im Freien«. Zwei Tage später erließ die neue Regierung die Notverordnungen »Zum Schutz des deutschen Volkes«, die unter anderem das Verbot kommunistischer und sozialdemokratischer Zeitungen legitimieren sollten. Die *Münchner Post*, die sich – »Mord und Terror kennzeichnen den neuen Kurs«[20] – nicht scheute, die Dinge beim Namen zu nennen, erschien immerhin noch bis 26. Februar 1933. Am 28. Februar folgte die Verordnung »Zum Schutz von Volk und Staat«, die das Recht auf freie Meinungsäußerung überhaupt aufhob. Am Vortag hatte der Reichstag gebrannt, und in den Münchner Kammerspielen war die »ganze Theaterwelt« zu Gast gewesen, »in Kostüm und Maske«,[21] denn es war Fasching, und der wurde gefeiert. Marianne Hoppe tanzte mit Ödön von Horváth, als die Meldung vom Reichtagsbrand kam. »Und als Horváth das hörte, da sagte er: Raus, nichts wie raus!«[22]

Andere Theaterleute maßen dem Ereignis nicht so viel Bedeutung bei. Bernhard Minetti etwa, der damals am Berliner Staatstheater am Gendarmenmarkt engagiert war, sah auf dem Weg zur Vorstellung – er spielte den Wagner im »Faust« – von der S-Bahn aus sogar den Rauch, setzte seinen Weg aber fort: »Es machte mir nicht viel Eindruck«, heißt es in seinen Erinnerungen. »Als die Nazis die Kommunisten beschuldigten, dachte ich nur: Wenn's die Kommunisten waren, warum nicht? Ich fühlte keine Verpflichtung für das Repräsentationsgebäude des Reichstages, die Propaganda nachher fand ich typisch nazihaft. Ich muss heute bekennen, ich war all dem gegenüber gleichgültig, vielleicht auch einfältig. Die Vorgänge hatten mit meinem deutschen Empfinden nichts zu tun, sie waren für mich die Folge der besonderen politischen Verhältnisse, und diese konnte ich immer von mir fernhalten.«[23] Auch andere haben berichtet, dass sie an jenem Abend zu sehr mit eigenen Dingen beschäftigt waren (den Kritiken zu einer Gastspielpremiere, einem neuen Stoff für ein Drama ...), um die Flammen am Reichstag sofort als Fallstrick der Nationalsozialisten zu begreifen.[24]

In der Tat emigrierte auch der ungarische Diplomatensohn und Autor sozialkritischer Volksstücke Ödön von Horváth nicht stehenden Fußes, wie Marianne Hoppe es in Erinnerung hat, sondern fuhr erst knapp zwei Wochen später nach Salzburg und von dort aus im April nach Wien. Schon im Herbst 1933 jedoch hielt er sich wieder in Deutschland auf, erlebte möglicherweise am 10. Mai die Bücherverbrennung in Berlin, zog im März 1934 überhaupt für ein Jahr nach Berlin, wo er auch einen Antrag auf Aufnahme in die Reichsschrifttumskammer stellte und versuchte, sich unter Pseudonym als Drehbuchschreiber durchzuschlagen. Erst im Herbst 1936 wurde er, bereits wieder seit einem Jahr in Österreich lebend, bei einem Besuch in Bayern des Landes verwiesen.[25]

Kennen gelernt hatte Marianne Hoppe den acht Jahre Älteren Mitte Februar. Horváth, der von sich selbst gesagt hat, in einem geeigneten Anzug sähe er aus wie »ein rausgefressener Konfirmand in einer Riesenfamilie«,[26] galt den einen als begabter Tolpatsch mit Kindergemüt, den anderen als schönäugiger Melancholiker und Frauentyp. Als Theaterautor war er bereits etabliert. Seine Stücke »Italienische Nacht«, »Geschichten aus dem Wiener Wald« und »Kasimir und Karoline« waren in Berlin gezeigt worden, der Ullstein Verlag hatte sein gesamtes, auch zukünftiges Schaffen unter Vertrag und zahlte ihm einen monatlichen Vorschuss. Trotz häufiger Aufenthalte in München und gelegentlicher in Berlin war Horváths Wohnsitz die Landvilla seiner Eltern im oberbayerischen Murnau, wo er sich wenige Tage vor seinem Zusammentreffen mit Marianne Hoppe überaus unbeliebt gemacht hatte. In der hellen Dorfkneipenöffentlichkeit hatte er am 10. Februar Hitlers Sportpalastrede despektierlich kommentiert, was die anwesenden Bauern gar nicht lustig fanden. Fünf Tage später ließ er durch einen Anwalt die Äußerungen im *Staffelsee-Boten* dementieren, während er selbst bereits in München weilte, und sich am übernächsten Tag die zweite Vorstellung von »Komödie der Irrungen« ansah.

Die Inszenierung von Otto Falckenberg basierte auf der radikal eingestrichenen Übersetzung von Hans Rothe. Tim Klein geißelte diese Verkürzung aufs Schärfste, ihre Umsetzung auf der Bühne aber konnte er als »sich überschlagenden, stellenweise gewaltsam übertriebenen, aber jedenfalls theaterwirksamen Faschingsulk«[27] nicht ganz abtun. Hermann Eßwein war wie gewohnt milder und verzichtete auch nicht auf die Schauspielerkritik. »Ganz groß«, heißt es in der *Münchner Post* vom 17. Februar, »wie aus einer anderen routinefremden, dem Schauspiel noch kultisch zugetanen Zeit waren Hugo Schraders Dromio und Marianne Hoppes Adriana«.

Am gleichen Tag, an dem diese Kritik erschien, ging nun Marianne Hoppe nach der Vorstellung in die Kantine und sah Ödön von Horváth an der Bar stehen – »Und da sagte ich: ›So. Wenn ich einen Sohn bekomme, dann nenne ich ihn Ödön.‹ Daraufhin drehte er sich um.« Doch es sollte fast ein Vierteljahrhundert dauern, bis ihr erster und einziger Sohn geboren wurde, und sie nannte ihn Johann Percy Benedikt. Das Kind indessen, das sie im Sommer 1933 dann tatsächlich von Horváth erwartete, bekam sie nicht: »... die Außenaufnahmen in Tirol, ich musste ja Geld verdienen, und die schwere Zeit ... alles war so durcheinander. Und wir beide waren ja auch schon wieder auseinander ...«.

Die Beziehung, die Marianne Hoppe zu Horváth hatte, ist nicht leicht zu skizzieren. Fest steht, dass sie heftig in ihn verliebt war. Mit schwärmerischem Nachdruck spricht sie von ihm, und wenn in Gesprächen über ihr Leben nicht ohnehin die Rede auf ihn kommt, hilft sie, die Diskrete, schon einmal nach. »Horváth war hinreißend. Ganz ruhig, aber äußerst anziehend. Mit einem untrüglichen Blick. Er schaute sich um und registrierte.« Oder: »Ich habe seine Melancholie wohl am meisten geliebt.«[28] Und er, hat er die junge Schauspielerin auch geliebt? Einerseits machte er sich Sorgen um Marianne Hoppe und schickte nach dem Reichstagsbrand seinen Bruder zu ihr, um gefährdende Bücher aus ihrem Regal nehmen zu lassen, anscheinend befürchtend, ihr stünde eine Wohnungsdurchsuchung bevor. Andererseits plante er, mit seiner langjährigen Freundin Hertha Pauli Ende Februar in die Skiferien zu fahren,[29] was er dann aber nicht tat. Stattdessen bereitete er seine Abreise vor.

Am 9. März, als Horváth München verließ, befand sich Marianne Hoppe schon wieder in den Proben: Am 24. März hatte »Fanny« von Marcel Pagnol Premiere. »Marianne Hoppe gab das verschüchterte Marseiller Mädchen und die aufblühende Frau Panisse mit großer Innigkeit,«[30] hieß es in der Kritik – und das fanden auch drei Herren von der Berliner Firma Lothar Stark-Film, die auf der Suche nach einer innigkeitsbegabten Darstellerin für einen Andreas-Hofer-Film waren. Marianne Hoppe nahm das Angebot an. Mehrfach erwähnte sie, dass Horváth an dieser Produktion beteiligt gewesen sei, was sich jedoch nicht nachweisen lässt. Er war im Juni zwar am Drehort im Tiroler Zillertal, aber obwohl die beiden sich – nach einigen Treffen in Salzburg und Wien – zu diesem Zeitpunkt schon voneinander getrennt hatten, kann sein Besuch dort rein private Gründe gehabt haben. Zum einen wollte er ohnehin in dieser Gegend zur Kur fahren. Zum anderen muss es zu dieser Zeit gewesen sein, dass Marianne Hoppe ihre Schwangerschaft bemerkte.

So einschneidend diese Beziehung im Ganzen für sie gewesen sein mag, so spurenlos blieb sie äußerlich. In der Horváth-Literatur spielt Marianne Hoppe keine Rolle. Auch die »Geschichten aus dem Wiener Wald«, deren Hauptfigur Marianne heißt, waren früher geschrieben worden. Und die im Herbst 1933 entstandene »Unbekannte aus der Seine«, die – wie sie einmal meinte[31] und wie in der Folge unermüdlich kolportiert wurde – ihr gewidmet gewesen sein soll, war es nicht. Horváth hatte den Plan zu diesem Stück schon gefasst, bevor er sie kannte, und er schrieb es eher noch mit Blick auf die Schauspielerin Luise Ullrich. In der Uraufführungsinszenierung von »Kasimir und Karoline«[32] hatte sie in Leipzig und Berlin die Karoline gespielt, und zwar als sei sie für die »halb-naive und halb verlogene« Rolle »geradezu geboren«[33]. Als »Die Unbekannte aus der Seine« fertig war, standen Horváth allerdings weder Luise Ullrich noch Marianne Hoppe zur Verfügung. Erst 1947 wurde das Stück in Linz uraufgeführt. Marianne Hoppe hat nie eine Horváth-Rolle gespielt.

Vielleicht ist das, was sie an Horváth ihr Leben lang nicht losließ, nicht in der Beziehung zu ihm selbst zu finden. Nicht in seinen melancholischen Augen, nicht in einer romantischen Affäre zu zerstörerischen Zeiten, nicht in der Spannung zwischen Dramatiker und Schauspielerin, am Ende nicht einmal darin, dass er der Vater ihres ersten Kindes hätte werden können. Über all das spricht sie gar nicht – oder nur wenig und zögerlich. Was sie indessen sofort erwähnt, wenn die Rede auf Horváth kommt, ist seine spontane Reaktion auf den Reichstagsbrand (»raus!«), seine Emigration sowie die Möglichkeit, dass sie ihn hätte begleiten können: »Als er rausging, hätte ich mitgehen sollen.«

In der Erzählung ihres Lebens tritt Ödön von Horváth als weißer Ritter auf, der kam, um sie zu holen, dem sie aber nicht gefolgt ist. Sein Name steht für das Uneingelöste, für das nicht gesagte ›Nein‹. Immer wieder wird Marianne Hoppe, nach Kriegsende auf die Nazizeit angesprochen, ungefragt zugeben, dass es besser gewesen wäre zu emigrieren. Womit sich detaillierte Fragen nach ihrem Gebliebensein erübrigen: »Verwerflich ist, dass man geblieben ist. Aber ob man da nun mit am Tisch gesessen hat – also damit hat man den Lauf der Geschichte nicht aufhalten können.« Sie führte verschiedene Gründe an, warum sie nach der Machtübernahme der Nazis in Deutschland geblieben ist. Die Bindung an die Sprache, an ihre Familie; auch dass man, wäre man freiwillig emigriert, im Ausland denjenigen den Arbeitsplatz weggenommen hätte, die emigrieren mussten; dass man sich »ins Elend gestürzt« hätte. Und natürlich: dass man den Beruf verraten hätte. »Ich war auch kurz davor wegzugehen. Und Falckenberg kam zu mir und sagte: ›Bleibe hier und sprich den Prolog, wenn wir wieder anfangen. Der Vorhang muss hochgehen.‹ Und da ist man eben Schauspieler.«[34]

Tatsächlich passen weder Horváths zunächst bloß temporärer Rückzug aus Deutschland noch sein späterer Versuch, unter den Nazis Fuß zu fassen, ins Bild eines entschiedenen Oppositionellen der ersten Stunde. Auch hatte Marianne Hoppe mit ihm in den Jahren 1934/35, als beide in Berlin lebten, erstaunlich wenig zu tun. Sie trafen sich dort nur einmal, und das aus Zufall. Über die Romanze hinaus waren sie nicht befreundet. Aber es ist nicht nur so, dass er nicht der passende Mann war, mit dem sie hätte emigrieren können, sondern sie war auch nicht die passende Frau. Letzteres weiß Marianne Hoppe trotz aller das Gegenteil andeutenden Bemerkungen auch selbst. Es war nicht ihr Weg, Deutschland 1933 zu verlassen. 1991 sagte sie: »Ich bin nicht rausgegangen. Ich kann nichts anderes sagen. Ich habe eigentlich mit dem Gedanken auch gar nicht gespielt. Ich habe gedacht: Es sind schon genug draußen. Das kann man nicht wegbügeln. ... Ich habe Horváth draußen gehabt, der sicher gerne ... ich habe nicht einmal daran gedacht. Wie das möglich ist, weiß ich nicht, aber hier ist es ausgesprochen.«[35] Es sei wohl ihr »Schicksal« gewesen, »in dieser Zeit eine Art Karriere machen zu müssen«, betonte sie im gleichen Zusammenhang, eine Bemerkung zitierend, die kurz zuvor über sie gemacht wurde.[36] Darin kann sie sich wiederfinden: Sie hat es nicht beschlossen, es ist einfach passiert.

Für die Münchner Kammerspiele sei der »Beginn der ›neuen Zeit‹« ein »Schock« gewesen, schrieb Wolfgang Petzet, der dort 1935 als Dramaturg angestellt wurde. »Eigentlich hatte man im Schauspielhaus nie mit dem Sieg jenes Unmaßes von Dummheit und Gemeinheit, das sich ›Deutschlands Erwachen‹ nannte, gerechnet«, und schon gar nicht damit, dass dieser Sieg von Dauer sein könne. Darum wären viele Mitarbeiter geblieben, »um die Kontinuität im Lande zu wahren, und wenn es schon nicht mehr offen möglich war, doch jeder an seiner Stelle etwas zum baldigen Untergang des Scheinzustandes beizutragen. Und wenn zu Beginn des Dritten Reiches nur so viel Indolenz und Renitenz gegenüber den neuen Herren allgemein geherrscht hätten wie an den Münchner Kammerspielen, die Nazis hätten sich gar nicht erst etablieren können. Dass freilich die Konzessionen später mitunter bis an die Grenze des noch zu Verantwortenden gehen mussten, dass Verwicklungen in ein System sich einstellten, das ja darauf abzielte, lauter Komplizen zu schaffen, konnte natürlich auch die innere Haltung korrumpieren, und es war immer aufs Neue nötig, genau die Konzessionen abzuwägen.«

Die erste Konzession war, das patriotische Drama »Preußengeist« von Paul Ernst auf den Spielplan zu setzen. Die Premiere war am 8. April. Einige Ensemblemitglieder waren bereits emigriert oder mussten, weil sie denunziert worden waren, entlassen werden: Außer Therese Giehse und Erika Mann fehlten Karl Kyser, Sybille Schloß und Ilva Günten, Kurt Horwitz ging bald darauf. Otto Falckenberg selbst hatte einige Tage im Gefängnis verbracht. Irrtümlich. Ein ehemaliger Mitarbeiter der Dramaturgie, der jetzt in Moskau lebte, hatte ihm einen Neujahrsgruß gesandt, der von einem Spitzel im Ensemble als »hochverräterische Korrespondenz mit Moskau« gemeldet worden war. Am 16. März 1933 wurde Falckenberg abgeholt. Drei Tage später war die Sache aufgeklärt, aber der Theaterdirektor fühlte sich gewarnt.

Als »Geste des guten Willens« entsann er sich nun des neoklassizistischen Dichters Paul Ernst (eigentlich: Ernst Dahn), der ein Freund von ihm gewesen war, bevor er begonnen hatte, faschistische Ansichten zu propagieren und – so 1927 in der Münchner Universität – die angeblich natürliche Teilung der Menschheit in eine dienende und eine herrschende Klasse zu lehren. Schon sein 1915 geschriebenes Drama »Preußengeist« ist aber unverbrämte Kriegspropaganda. Ein historisch verbürgter Fluchtversuch des Kronprinzen Friedrich (der spätere Friedrich der Große) aus dem strengen Haus seines Vaters im Jahr 1730 ist der Anlass, Todessehnsucht aus romantischem Egoismus (Friedrich will lieber sterben, als die Schuld auszuhalten, dass sein Freund, Leutnant Katte, für ihn hingerichtet wird) mit einem Weiterleben aus Staatsräson zu kontrastieren. Der Vaterfigur Friedrich Wilhelms I., zu dessen Zufriedenheit sich der Kronprinz am Ende entwickelt, kommt dabei die Rolle des soldatischen Verführers zu, wenn er im ersten Aufzug seiner Gattin den Grund für die Härte in der Erziehung des Sohnes erklärt:

»Steigt zu des Schlosses Zinne, schaut Euch um:/ Von Ost und West droh'n raubgier'ge Nachbarn,/ Belügen uns ehrlos mit Friedensworten,/ Und trau'n wir ihnen ohne Arg, so stürzen/ Sie hinterlistig sich mit Mord auf uns,/ An unsern Frauen ihre viehische Lust,/ An unsern Kindern ihre Machtgier büßend,/ Zerstampfte Saaten und verbrannte Städte/ Im Rücken lassend, wenn sie lachend ziehn,/ Zu Hause ihre Beute zu verzehren./ Wir aber, Väter, Söhne, Enkel müssen/ In schwerer Fron von neuem Häuser baun,/ Das wild gewordne Land von neuem roden,/ Bis sich ein Raubzug wieder ihnen lohnt./ Drum haben unsre Ahnen ausgedacht,/ Dass jeder Mann, der seine Arbeit tut,/ Ein Schwert an seiner Linken tragen soll,/ ... Und eins hab ich gelernt: ich bin ein Deutscher,/ Und Deutscher sein heißt: seine Pflicht erfüllen.«

Diesem heroisch gemeinten Thesendrama in eigener Inszenierung stellte Falckenberg als Gegenstück am gleichen Abend den Lessing-Einakter »Philotas« (1759) unter der Regie von Révy voran. Hier kommt ein sich im Krieg befindlicher König zu der Einsicht, dass es einen Punkt gibt, an dem Ehrgefühl in Dummheit umschlägt. Für seinen gefangen genommenen Sohn will er jeden gewünschten Preis bezahlen und danach auf den Thron verzichten: »Glaubt ihr Menschen, dass man es nicht satt wird?« Vor beidem ließ Falckenberg den Schlusschor aus Goethes teils allegorischem Schauspiel »Des Epimenides Erwachen« (1815) als Prolog sprechen. Es handelt sich um eine jubelnde Erlösungssequenz, die in ein Endzeitszenarium hereinbricht. Der Weise Epimenides ist nach einem vierzigjährigen Zauberschlaf in einer verwüsteten und geknechteten Gesellschaft wieder aufgewacht, die ihn ängstigt. In größter Not wird er plötzlich Zeuge, wie sich unter der Führung des »Jugendfürsten« der

Widerstand des Volkes formiert, den der Chor am Ende mit folgenden Worten begrüßt: »So rissen wir uns ringsherum/ Von fremden Banden los./ Nun sind wir Deutsche wiederum/ Nun sind wir wieder groß./ So waren wir und sind es auch/ Das edelste Geschlecht,/ Von biederm Sinn und reinem Hauch/ Und in der Thaten Recht. ...« Zweifellos ein nationaler Abend in den Kammerspielen im Schauspielhaus, auch wenn mit Lessing wohl ein humanistischer Akzent gesetzt werden sollte.

Der Goethesche Schlusschor war jener Prolog, wegen dem Falckenberg Marianne Hoppe gebeten hatte zu bleiben. Sie sprach ihn – »Das soll ich gelesen haben? Das ist mir ganz entglitten.« – nur dreimal, denn was Petzet als Kalkül schildert, ging auf: Keiner wollte diese Vorstellung sehen. Das Stammpublikum habe ihn als »Taktik« empfunden, die Nazis als »zu unterkühlt« beziehungsweise »intellektuell«.[37] Die Kritik in den *Münchner Neuesten Nachrichten* gleichwohl war positiv. Das Lessing-Stück fand Josef Magnus Wehner dabei »etwas blasser«, das von Paul Ernst indessen »prachtvoll-kühn«. Marianne Hoppe, die außer dem Prolog auch noch in »Preußengeist« das Fräulein von Winterstein gab, die Hofdame und geheime Braut des Leutnant Katte, schnitt nicht so gut ab: »... Marianne Hoppe, das Fräulein von Winterstein, das aus Liebe die Flucht verrät, geriet hin und wieder in zu heftige Emotion, die der strengen Struktur des Ganzen nicht angemessen war.« Insgesamt jedoch habe Otto Falckenberg das Stück zu »voller, grandioser Wirkung« gebracht, »die sich in rauschendem Beifall entlud«.[38]

Diese Inszenierung war die letzte der Münchner Kammerspiele, in der Marianne Hoppe in jenen Jahren mitwirkte. Käthe Gold kam vom Burgtheater zurück, und sie selbst begann im Juni zu drehen. Franz Ostens Film um den Tiroler Freiheitskampf gegen Napoleon basierte auf dem viel gespielten Historienstück »Der Judas von Tirol« von Karl Schönherr (Drehbuch: Hans Curjel). Zunächst sollte der Film »Der ewige Verrat« heißen, doch am Ende setzte sich der Titel der Vorlage durch. Andreas Hofer tritt in dieser Geschichte gar nicht in Erscheinung. Er hält sich bei einem Bauern versteckt und dient als Katalysator der eigentlichen Handlung: Der Knecht Raffl will Bauer werden, um beim Passionsspiel den Christus spielen zu können. Auch könnte er dann Josefa (Marianne Hoppe) heiraten, die zwar eine Magd ist, aber keine bleiben will. Als sein Dienstherr ihm Vertrauen schenkt und ihn mit einer Nachricht zu Hofer schickt, verrät Raffl den Helden in der Hoffnung auf Belohnung an die Franzosen – aus Liebe zu Jesus und Josefa wird er zum Judas. Josefas Patriotismus aber ist größer als ihr Ehrgeiz. Sie will Hofer warnen und verunglückt auf dem Weg zu seinem Versteck.

In dem beliebten Zigarettenbilder-Sammelband »Vom Werden deutscher Filmkunst« heißt es, der »Judas von Tirol« sei ein »gewaltiges Thema, das alle Gebiete des sozialen, nationalen und religiösen Lebens in sich trägt«. Und: »In diesem Film debütiert die junge Schauspielerin Marianne Hoppe. Die erst Zweiundzwanzigjährige hat sich an der deutschen Bühne bereits einen großen Namen gemacht; sie zählt zu den markantesten Persönlichkeiten der jungen Schauspielergeneration. Ihr edles klares Gesicht als Magd Josefa spiegelt den seelischen Aufruhr und die begeisterte Hingabe an die Idee der Befreiung des Vaterlandes.«[39] Dicht auf diese Arbeit folgten im August und September in der Lüneburger Heide und Hamburg die Aufnahmen für die Ufa-Produktion »Heideschulmeister Uwe Karsten«. Überhaupt wandte sich Marianne Hoppe nun eine Zeit lang ganz dem Film zu. Im Oktober schloss sich der »Schimmelreiter« nach der Novelle von Theodor Storm an, eine Produktion der Firma R. Fritsch, die wie die meisten Filmfirmen in Berlin ansässig war. Auch Marianne Hoppe zog es wieder dorthin. Die Jahre an der Peripherie waren schön und lehrreich gewesen, aber jetzt war es an der Zeit, ins Zentrum zurückzukehren. Sie ging nach Berlin: »Das war ein anderes Pflaster.«

Sprache

Gerhard Ahrens:[1]
Wie Marianne Hoppe arbeitet, ist unvergleichlich. Es ist eine Engführung. Sie umkreist es und umkreist es - Sie müssen sich ihre Textbücher von Lesungen zeigen lassen, das sind Kunstwerke. Sie ist die perfekteste Streicherin. Ich nenne sie immer »mein liebstes Streichquartett«. Sie hat einen unglaublichen Instinkt, Striche zu machen. Das ist eine ganz große Kunst. Sie schreckt auch vor nichts zurück und geht selbst in Verse rein. Sie versucht etwas zu fokussieren, weiß aber am Anfang noch nicht was. Sie fängt einfach an zu lesen, aber das ist kein Lesen, sondern ein Buchstabieren. Sie hat die Begabung, bei null anzufangen. Wort für Wort, Halbsatz für Halbsatz erschließt sie sich die Bögen und ihren Sinnzusammenhang.

Das Nächste sind dann die Akzente. Das betrifft nun weniger die Rollen, die meistens vom Regisseur und dem Dramaturgen zusammengestrichen werden – aber da geht sie dann auch noch ran, macht einen Strich wieder auf oder streicht noch Dinge, die sie nicht erheblich findet oder die ihr einen Rhythmus kaputtmachen. Es ist eine Einverleibung. Sie bringt am Ende nur die Dinge heraus, die ihre Diktion haben. Aber bei alledem ist es nicht so, dass sie sagt: Ich bin die Hoppe, und alles andere muss weg. Es geht andersherum. Es ist ein magischer Vorgang. Sie schöpft dabei aus ihrer Lebenserfahrung. Sie ist eine der ganz wenigen Schauspielerinnen, die nicht abheben, die sich nicht in einer Manier bewegen, obwohl ihre Diktion schon eine Manier sein könnte.

---

[1] Gerhard Ahrens ist ein Freund Marianne Hoppes. Früher Kurator für Moderne Kunst bei der Kestner-Gesellschaft in Hannover, arbeitet er seit Mitte der achtziger Jahre am Theater, zuletzt in der Direktion der Berliner Schaubühne. Er brachte Marianne Hoppe mit dem Regisseur Robert Wilson zusammen, unter dessen Regie sie 1990 in Frankfurt am Main „König Lear" spielte.

Das beste Beispiel ist Goethe – wenn sie Lyrik gelesen hat. Sie kann einem Verse mit einer Diktion oder einer Handbewegung bildhaft vor Augen stellen. Man hat sie in diesem Moment begriffen. Erkannt. Das größte Ereignis war ihr »Märchen« von Goethe. Das konnte sie auswendig. Zwei Stunden. In dem Augenblick, in dem sie es zu Gehör bringt, hat man alles verstanden. Und dazu kommt sie, weil sie eben nicht mit ihrer Manier, mit dem oder dem Ton, etwas hinstellt, sondern alles ist geerdet, und es schimmert. Man weiß: Hier wird es ausgesprochen und durch ein Leben beglaubigt. Die Erfahrung ist unmittelbar und wird einem nicht nur als Reflexion mitgegeben, sondern erscheint. Ist erlöst. Es ist ein magischer Vorgang.

Natürlich hält Marianne Hoppe einen Probenprozess auch auf. Und dann nehmen Regisseure sie beiseite und versuchen, ihr zu erklären, was sie tun oder besser lassen und dass sie nun einmal erkennbar mit der Arbeit beginnen sollte. Aber das ist eine Verkennung des Prozesses, der in ihr abläuft. Sie arbeitet nämlich längst.

Im Grunde ist es ihr gesunder Menschenverstand, der sie vor der abstrakten Kunst bewahrt. Auch wenn man lange mit ihr arbeitet, wird sie zwischendrin immer wieder behaupten: Das kann ich nicht, das schaffe ich nie. Und das ist bei ihr keine Koketterie. Bei ihr ist ganz exemplarisch zu betrachten und zu würdigen, dass sich jemand bemüht, alles buchstäblich zu nehmen und nicht die eigene Kunstvorstellung, sondern das eigene Leben zu reproduzieren. Und wenn das glückt, ist es sehr aufregend und hinterlässt bei den Menschen diese wahnsinnigen Eindrücke. Es ist eine Form von Realismus, dann aber ist sie wieder die größte Formalistin. Nichts ist so skandiert wie ein Abend mit Marianne Hoppe.

Im »Lear« konnte man das sehr gut sehen: diese großen Formalisierungen bei gleichzeitigem Schöpfen aus der Lebenserfahrung. Und zwar war Robert Wilson klug genug, ihr einen Raum aus Sprache zu geben, einen rhetorischen Raum. Das war die Folie dafür, dass sie das sprechen konnte. Ihre Darstellung hat alles übertroffen, was zuvor zu sehen war, selbst

Minetti mit Grüber an der Schaubühne, weil die sprachliche Durchdringung alles war. Es war ein Fest. Die Sprache ist ihre Welt, ihr Zuhause, da wohnt sie. Sie muss nur ein Buch aufschlagen, und schon ist sie zu Hause. Das hält sie auch fest. Jüngere Darstellerinnen können das gar nicht einholen. Niemand, der das Dritte Reich und die Weimarer Republik nicht erlebt hat, kann einen solchen Begriff von Sprache als Zufluchtsstätte haben. Als Halt. Als Pochen darauf, dass die Welt irgendwo noch in Ordnung ist. Als Exil.

Zweiter Teil

1933 – 1945

»Ich muss imprägniert gewesen sein«

»Ich bin als Anfängerin nach Berlin gekommen, um zu arbeiten. Ich bin von Berlin wieder weggegangen, um zu arbeiten. Und ich bin nach Berlin zurückgekehrt, weil ich herausgefunden hatte, dass es sich in Berlin am besten arbeiten lässt. Ich habe Berlin gern, weil ich gern arbeite. Wer nicht in die Arbeit verliebt ist, sollte lieber nicht nach Berlin kommen.«[1]

Mit diesen Worten wurde Marianne Hoppe 1938 in dem NS-Magazin *Illustrierter Beobachter* zitiert. Der repräsentative Gehalt dieses Hauptstadtbekenntnisses ist zweideutig. Es ist in fast unhöflicher Weise pragmatisch, passt aber gleichzeitig in das Aufbaudenken der Zeit. Vor allem aber ist es ehrlich. Zeitlebens ist für Marianne Hoppe die Arbeit das schwerste Pfund auf der Waage ihrer Entscheidungen, ist Ziel und Motor, Mittel und Zweck. »Und da ist man eben Schauspieler«,[2] sagte sie, um zu erklären, warum sie Deutschland nach der Machtergreifung der Nazis nicht verlassen hatte: weil es jeden Abend für sie etwas zu spielen gab.

Schon vor 1933 war Marianne Hoppes Begabung sofort und überall aufgefallen. Sie hatte in vier Jahren über vierzig Rollen gespielt und mehr Kritiken bekommen als andere Schauspielerinnen in ihrem ganzen Leben. Die wirkliche, die große Karriere aber begann erst beim Film und unter den Nazis. Kino war plötzlich nicht mehr unseriös, sondern Haupt- und Staatskunst geworden. Und es expandierte, so dass es einfach immer etwas zu tun gab. Anfang August 1933 hatte Marianne Hoppe weder vorgehabt, nach Berlin zu gehen, noch – und sei es auf Zeit – eine reine Filmschauspielerin zu werden. Der »Judas von Tirol« war beendet, und sie sah den Dreharbeiten zu ihrem zweiten Film entgegen, »Heideschulmeister Uwe Karsten«. »Ich will aber keinesfalls der Bühne endgültig den Rücken kehren«, beantwortete sie die Anfrage einer Zeitung nach ihren Plänen. »Im Spätherbst werde ich in Wien gastieren, im Winter einige schöne Rollen im Münchner Schauspielhaus bekommen, und ich möchte, wenn es sich einrichten lässt, nicht nur filmen, sondern immer auch einige Monate im Jahre Theater spielen.«[3] Dann aber folgte dem »Heideschulmeister« im Oktober und November 1933 der »Schimmelreiter«, und wenig später trugen Marianne Hoppes Briefe im Kopf die Adresse Caspar-Theyß-Straße 14, Berlin-Grunewald.

»Draußen vor den Toren Berlins, in einer stillen Seitenstraße des Villenvororts Grunewald, hat sich Marianne Hoppe in einem von Kiefern umrauschten Hause ihr behagliches Künstlerheim eingerichtet«, heißt es in einem Porträt vom August 1934. »Ein Heim, dem der Stempel einer stark persönlichen künstlerischen Eigenart aufgeprägt ist – ein großer, sehr warmer Wohnraum, mit prachtvollen, alten Möbeln, unendlich vielen Bücherregalen, einem Zeichentisch und riesengroßen Schreibtisch und einer lustigen kleinen Wendeltreppe, die zu den anderen Räumen führt.«[4] Ein acht Wochen zuvor erschienener Bericht in der *Filmwelt* war noch stärker ins Detail gegangen: »In dem behaglichen Wohnzimmer mit der hübschen Wendeltreppe zum Schlafzimmer stehen Bücherregale mit vielen Bänden. Ein italienischer Renaissance-Schrank leuchtet an der einen Wand, in der Nische steht ein altdeutscher Bauerntisch. Auf einem halbhohen, reich geschnitzten Schrank ein Madonnenbildnis eines alten holländischen Meisters.«[5] Die beiden nicht namentlich gekennzeichneten Artikel scheinen vom gleichen Autor zu stammen, nicht nur wegen der wiederholten »Behaglichkeit«, sondern auch, weil Marianne Hoppe gleichlautend beiden Berichten zufolge zeichnet, musiziert, Museen besucht und liest, daneben Ski läuft, schwimmt, reitet, Auto fährt, Tennis spielt, aber in der Hauptsache doch immer arbeitet. Der *Film-Kurier*-Artikel ist auf zwei Seiten ausgebreitet, und sechs große Bilder verbürgen sich für die in der Tat behagliche Eleganz, in der die Schauspielerin in hellem Rollkragenpullover und langem Rock formschön posiert.

Nach ihrer Ankunft in Berlin musste Marianne Hoppe zunächst die Formalitäten regeln. Mit Datum vom 18. November 1933 schrieb sie an die Reichsfachschaft Film: »Ich erfahre jetzt, dass ich Mitglied der Reichsfachschaft Film werden muss, und dass, entgegen der mir seinerzeit gemachten Mitteilung, die Mitgliedschaft beim Verband der Theaterangestellten nicht ausreicht, die Berechtigung zum Filmen zu haben. Also melde ich mich hiermit als Mitglied bei der Fachschaft an und bitte gleichzeitig, mich als Mitglied des Verbandes zu streichen. Heil Hitler! Marianne Hoppe.«[6] Die Reichsfachschaft Film war der Fachverband für Filmschaffende und damit eine Unterabteilung der Reichsfilmkammer, die wiederum eine von sieben Abteilungen der am 22. September 1933 gegründeten Reichskulturkammer war. Schrifttum, Bildende Kunst, Theater, Musik, Presse, Rundfunk waren die anderen. Diese Einrichtung stand unter der Präsidentschaft des Propagandaministers und war gegründet worden, um die gesamte öffentliche Kommunikation in Deutschland kontrollieren zu können. Die Mitgliedschaft in den stramm ständisch organisierten Fachkammern war die Voraussetzung für die Ausübung des jeweiligen Berufes und erforderte den Nachweis sowohl einer »arischen« Abstammung als auch einer bejahenden Einstellung zum Regime. Entsprechend konnten die Branchen innerhalb kürzester Zeit auf Kurs gebracht werden. Die Bildung der Reichsfilmkammer wurde innerhalb dieses Prozesses der Bestandsaufnahme, Reorganisation und Aussiebung besonders eifrig betrieben. Schon am 14. Juli 1933 war eine vorläufige Filmkammer ins Leben gerufen worden, um den aus propagandistischer Sicht wichtigsten Bereich möglichst schnell in den Griff zu bekommen.

Trotzdem musste sich Marianne Hoppe erst nach Abschluss der Dreharbeiten zu ihrem dritten Film registrieren lassen. Sie versicherte ihre »arische« Abstammung, gab persönliche Daten an und legte einen ausgefüllten Fragebogen bei. Hier übrigens wählte sie ein drittes Geburtsjahr: 1910.

In allen offiziellen Schriftwechseln wurde sie daraufhin mit dem gerundeten Datum geführt, obwohl sie sonst immer – schon damals! – 1911 angab und so auch in dem 1935 erschienenen biografischen Lexikon »Wer ist's« erschien. Zahlenspiele? »Sehen Sie das doch nicht so eng«, sagt sie heute. »Das hat immer geschwankt. Das hat man damals so gemacht.« Zwei Tage nach der Antragstellung, am 20. November 1933, wurde sie in die Reichsfachschaft aufgenommen.

Den umfangreichen Fragebogen hatte Marianne Hoppe nicht gerade als Herzensangelegenheit behandelt. »Gar keine« besonderen Kenntnisse und Fähigkeiten besitze sie, behauptete sie etwa lax, und die Fragen nach der Zugehörigkeit zu politischen Parteien oder Gruppierungen tat sie mit schnellen Strichen ab. In ihren Mitgliederpflichten gegenüber der Fachschaft zeigte sich Marianne Hoppe stets kooperativ und entbot auch den obligatorischen Gruß, doch diesem ersten Fragebogen sieht man an, wie amüsiert er ausgefüllt wurde. Geschadet hat ihr das nicht, und nach Kriegsende zahlte es sich sogar aus, denn Marianne Hoppe musste sich nicht entnazifizieren lassen:

»Ich durfte sofort wieder spielen, auch in Berlin. ... Wir bekamen die Karte, ob man belastet sei oder nicht, und ich also nicht. Und da ging ich zu dem Vogel in die Schlüterstraße[7] und fragte: ›Wie ist das möglich, das würde mich interessieren‹, weil der Karl Heinz Martin mich auch gleich angefragt hatte. Und da schob der mir einen Fragebogen zu, den ich 1934[8] ausgefüllt habe. Sind Sie bei der Partei?, wurde da gefragt. Wollen Sie eintreten? Sind Sie das und das – und ich sagte immer: ›Nein, nichts‹ und strich alles durch. Dreyfuss stand daneben und sagte noch: ›Du musst das ein bisschen ordentlicher machen, das ist ein richtiger Fragebogen‹, aber ich habe das so gelassen, meinen Namen druntergesetzt und weggeschickt. Diesen Zettel hat der mir zugeschoben! Das hat bei denen natürlich gelegen. Solche Sachen gibt's im Leben.«[9] Zumindest gab es solche Sachen in den ersten Wochen nach Ende des Zweiten Weltkriegs – aber nur unter den Russen und vor allem für Künstler. Denn während die Amerikaner, die Mitte Juli in Berlin einmarschierten, ihr Umerziehungskonzept über alles setzten, freuten sich die russischen Kulturoffiziere der ersten Stunde über jeden Künstler, den sie für die Aufbauarbeit einsetzen konnten.

Carl Dreyfuss war aus Frankfurt zu Marianne Hoppe nach Berlin geflohen und wohnte in der Caspar-Theyß-Straße im so genannten Atelier, einem hinteren Teil der Dreizimmerwohnung, der durch einen eigenen Eingang betreten werden konnte. Später suchte sie ihm eine Wohnung um die Ecke, in der Auguste-Viktoria-Straße. Als ein des Marxismus verdächtiger Jude konnte er gleich aus zwei Gründen nicht Mitglied der Reichsschrifttumskammer werden und daher auch nicht mehr veröffentlichen, schrieb aber weiter an einem soziologischen Buch. Dass sich durch die Notsituation des Zusammenlebens zwischen ihm und Marianne Hoppe auch die Liebesbeziehung fortsetzte, ist möglich, aber nicht wahrscheinlich: »Dreyfuss? Das war nie beendet. Das war eine Urfreundschaft mit ihm. Aber wie das so ist, wenn man weg ist – da verwandelt sich die eine Art von Beziehung in eine andere.«

Über Carl Dreyfuss kam auch Grete in die Caspar-Theyß-Straße. Ein Hausmädchen, das sich Marianne Hoppe nach dem Erfolg des »Schimmelreiter«-Films leisten konnte. Grete war bei jüdischen Bekannten im Dienst gewesen und »musste gehen, weil sie eine christliche Hausangestellte war. Die Frau war auch Christin. Das wusste ich, weil sie eine Pension hatte, in der ich einmal gewohnt hatte und die ich zufällig wiedertraf – da musste das Mädchen, weil sie noch nicht vierzig war, aus dem Hause, weil der Mann Jude war.«[10] Fast dreißig Jahre arbeitete Grete, die später mit Nachnamen Krumnow hieß, für Marianne Hoppe an ihren verschiedenen Berliner Wohnstätten: erst in der Caspar-Theyß-Straße, dann, ab 1936, als das Haus fertig gestellt war, in der Stallupöner Allee sowie im Gartenhaus des Schlosses Bellevue, das das Ehepaar Hoppe-Gründgens als Dienstwohnung bezog. Auch als Marianne Hoppe nach Kriegsende bereits in Bayern lebte und in den fünfziger Jahren nur gelegentlich in Berlin war, sah Grete in der Stallupöner Allee nach dem Rechten. Bis zum Mauerbau, dann konnte sie, die mit ihrem Mann in Johannisthal wohnte, nicht mehr in den Westen fahren.

Der »Schimmelreiter«-Film selbst scheint übrigens ebenfalls auf Carl Dreyfuss zurückzugehen. Unter dem Pseudonym Ludwig Carls hatte er sich schon einige Zeit dem Film zugewandt und 1933 die Idee entwickelt, die Storm-Novelle zu verfilmen. Noch im Spätsommer galt er als künstlerisch Verantwortlicher dieser Produktion, was einem Brief Adornos an Alban Berg vom 8. September 1933 zu entnehmen ist: »Sie deuten in Ihrer Karte an, daß es Ihnen materiell nicht gut geht. Ich möchte Sie deshalb etwas fragen: mein Freund Ludwig Carls macht einen (*sehr* ernsthaften und avantgardistischen) Film aus Storms Schimmelreiter. Er fragte mich nach der Möglichkeit, Musik dazu zu machen, und eingedenk Ihrer Karte habe ich, natürlich als eine Chance, mit der nur im äußersten Glücksfall zu rechnen wäre, Ihren Namen genannt. Er bezw. die R. Fritsch (*nicht* Willi Fritsch) Film G.m.b.H. wird in diesen Tagen an Sie schreiben.«[11]

Fünf Wochen später indessen begannen die Dreharbeiten in Nordfriesland nach dem Buch und unter der Regie von Curt Oertel und Hans Deppe, die Musik schrieb Winfried Zillig. Carl Dreyfuss war an der Ausführung des »Schimmelreiters« nicht mehr beteiligt. Er hielt sich vielmehr bereits in Berlin auf und sorgte dafür, dass Marianne Hoppes Wohnung eingerichtet war, bevor im November die Studioaufnahmen in der Hauptstadt begannen. Wichtiger, viel wichtiger noch als jede lebenspraktische Unterstützung, die er Marianne Hoppe gab, war jedoch der menschlich-moralische Einfluss, den er auf sie hatte. Wie er da im Hinterzimmer der jungen Erfolgsschauspielerin lebte, mit seiner marxistischen Schulung, seinem soziologischen Blick auf die

Welt und seinem Unerwünschtsein in Nazideutschland – das prägte Marianne Hoppes Haltung zu den nun einsetzenden Ehren und Avancen.

In Varianten hat sie immer wieder erzählt, wie eines Tages ganz unerwartet Joseph Goebbels auf ihrem Teppich stand, der Reichsminister für Volksaufklärung und Propaganda mit dem Faible für Film und speziell Filmschauspielerinnen. Es war an einem frühen Abend, irgendwann Anfang 1934, möglicherweise im Umfeld der Premiere des »Schimmelreiters«. Dreyfuss sortierte hinten Bücher, und am vorderen Eingang klingelte es. Ein SS-Mann stand salutierend davor, während Goebbels die Treppe heraufhinkte. Oder Goebbels stand gleich selbst davor, ohne Begleitung, das ist eigentlich wahrscheinlicher.[12] In jedem Fall war Marianne Hoppe perplex. »Mir blieb die Spucke weg. So was war ungewöhnlich, nicht. Und ich hatte nur diesen einen fürchterlichen krampfhaften Gedanken, der sich immer wiederholte: wie kriege ich den raus?« - »Und Sie sollen ihm dann ja ziemlich eindeutig ...«, führte Hajo Schedlich 1987 weiter, aber Marianne Hoppe erwiderte in diesem Gespräch: »Ja eindeutig, das ist nicht so ... Wissen Sie, ich kann diese Geschichte überhaupt nicht erzählen. Es gibt viele Menschen die sagen: Ja, da habe ich aber, und da ist mir das eingefallen ... So ist das nämlich nicht. Bei mir vor allen Dingen nicht. Und ich glaube, auch in den meisten Situationen nicht.«[13]

Vielleicht so: Goebbels setzte sich und rückte dann bald näher. Er bot ihr an mitzureisen, wenn er als Politiker außerhalb Berlins zu tun haben sollte, Reden halten im so genannten Reich. Sie könnte mit ihm im Privatflugzeug fliegen, würde im mit Blumen bestückten Hotelzimmer auf ihn warten und dann, ja dann. Das war wahrscheinlich das beste Angebot, das der Minister als Gatte und Familienvater seiner potentiellen Geliebten machen konnte, und neben allem anderen, was ihr durch den Kopf ging, wunderte sich Marianne Hoppe, wie unglaublich spießig es war. Sie kleidete ihre Ablehnung in den Hinweis, dass sie beide einen Ruf zu verlieren hätten. Als ihn das nicht überzeugte und er anfing, drohende Andeutungen zu machen, was seinen Einfluss beim Film anbelangte, fügte sie noch stolz hinzu, dass sie sich nie einem anderen Menschen ausliefern würde. Oder sagte sogar fast schon verächtlich: »Sie glauben doch nicht, dass ich mich einem Menschen, wie Sie es sind, ausliefern werde?«[14] Und Goebbels? Er verlor vor Schreck sein goldenes Parteiabzeichen, das dann auf dem Boden gesucht werden musste. Und als es wieder am Revers steckte, trat er vielleicht noch an ihr Bücherregal und deutete beziehungsreich auf die Marx-Bände. Und da sagte sie: »Sie haben Ihren Marx auch nicht schlecht gelesen.« Denn Goebbels hatte zur gleichen Zeit wie Dreyfuss in Heidelberg promoviert. Da ging er dann, nach zwei Stunden, wie es mehrfach heißt, was einem dafür eigentlich recht lang vorkommt.

Später wurde Marianne Hoppe zum Nachspiel ins Propagandaministerium gebeten. Sie zog selbstbewusst ihr hübschestes Kleid an und ging hin. Goebbels schob ihr einen Scheck über hunderttausend Reichsmark zu. Nicht, um sie mit diesem Geld zu bestechen, sondern wohl eher, um zu demonstrieren, welche Mittel ihm zur Verfügung standen. Die Vorgeladene nahm den Scheck in die Hand, sagte, dass sie so etwas noch nie gesehen habe, legte ihn zurück und ging.

Dass Marianne Hoppe diese Episode mehrfach öffentlich erzählt hat, ist ungewöhnlich für sie. Vielleicht war sie, weil sie Sie einmal erwähnt hatte, einfach immer wieder darauf angesprochen worden. Vielleicht wollte sie aber auch einen Einblick geben in die Banalität des Bösen und im gleichen Moment ihre Position klären: Ja, sie war dabei! Nein, sie hat nicht mitgemacht. Schließlich hatte sie tatsächlich etwas zu verlieren – nicht nur einen Ruf, sondern die Selbstachtung und mit Dreyfuss einen Freund. Der übrigens entging Goebbels‹ Auge nicht und blieb als Dorn drinstecken. Am 1. Oktober 1935 notierte er in seinem Tagebuch: »Marianne Hoppe: sie muss Farbe bekennen. Ihr Jude, sagte sie, ist längst abgemeldet. Ich halte ihr auch die Unmöglichkeit eines solchen Zustandes vor. Sie sieht das ein. Ganz (...). Große Pläne hat sie.«[15] Diese Notiz macht es unwahrscheinlich, dass Goebbels' Besuch erst 1936 gewesen sein soll, wie sie einmal sagt.[16] Es ist anzunehmen, dass Dreyfuss, wenn er damals überhaupt noch in Berlin war, nicht mehr in Marianne Hoppes Wohnung lebte.

Doch so oder so war das Ansinnen der Ministers abgelehnt worden, und fast ein halbes Jahrhundert später, versuchte der *Deutsche Anzeiger*, das Blatt der rechtsextremistischen DVU, diese Kränkung des Nazifunktionärs zu rächen. »Der erotische Widerstand der Marianne Hoppe«, höhnt die Überschrift eines Artikels über »Die Frau, die Dr. Goebbels ›einen Korb gab‹«.[17] Mit Bezug auf ein offenbar kurz zuvor erschienenes Interview, dessen Quelle so wenig genannt wird wie der Autor des Textes, werden Marianne Hoppes Männerbeziehungen aufgezählt, um ihre angebliche Prüderie zu widerlegen und ihr die Abweisung des Propagandachefs als eine Art Landesverrat auszulegen. In ihrem Haus in Bayern bewahrt Marianne Hoppe diesen Artikel mit souveränem Gleichmut zwischen all dem anderen auf, was vom Tage übrig blieb.

Es gab in der Folge wohl nicht viele Zusammentreffen mit Goebbels. Marianne Hoppe, die zur Spielzeit 1935/36 ins Ensemble des Preußischen Staatsschauspiels unter Gustaf Gründgens eintrat, unterstand damit dem Preußischen Ministerpräsidenten Hermann Göring und war auch als Filmschauspielerin nur bedingt vom Propagandaminister abhängig. Die Rivalität zwischen Göring und Goebbels ist legendär (»Der macht in blödestem Partikularismus nur aus persönlichem Machthunger«, klagte Goebbels am 17. Juni 1933 in seinem Tagebuch), und so erstreckte sich Goebbels' Herrschaft in Deutschland auf die Bereiche Verwaltung, Propaganda, Rundfunk, Presse, Film, Theater und Abwehr, mithin auf alles, was mit Kommunikation zu tun hat, doch die Preußischen Staatstheater in Berlin, Kassel, Wiesbaden und Hannover blieben ausgenommen. Denn Göring war kein Mann, der sich die Butter vom Brot kratzen ließ. Das Theater liebte er, und das nicht nur weil er in seiner Jugend mit Käthe Dorsch verlobt gewesen war und 1935 Emmy Sonnemann heiratete. Insgesamt war er für die große Inszenierung anfällig und wollte seine Rolle flexibel halten. Gerade gegenüber Theaterkünstlern gerierte er sich gerne als Landesvater und zeigte sich immer wieder von gönnerhafter Liberalität.

Goebbels indessen war kälter und strategischer. Auf ihn trafen »wohl alle jemals über ihn verbreiteten Charakteristika auch tatsächlich zu – ein zynischer, gerissener, brutaler, intellektueller, besessener, hasserfüllter und über alle Maßen eitler Mann« sei er gewesen, wie es der Filmwissenschaftler Felix Moeller ausdrückt. »Er war aber nicht nur der Erfinder des Führer-Mythos, das ›Reichslügenmaul‹ oder der Einpeitscher des totalen Krieges, sondern er trieb ganz persönlich den Massenmord voran, wo er nur konnte. Ob es um die Deportation von Juden, die Erschießung von Streikenden in den besetzten Gebieten oder die Hinrichtung von unvorsichtigen Ufa-Angestellten ging, stets hatte Goebbels für das denkbar brutalste Vorgehen plädiert, und zwar selbst dann, wenn andere hohe Nazis nicht so weit gehen wollten: ›Ich vertrete einen radikalen Standpunkt‹, formulierte er allgemeingültig auf einer Konferenz nach der Reichspogromnacht.«[18] In seinen Tagebuchaufzeichnungen wird Goebbels' Naturell gerade an beiläufigen Stellen erschreckend deutlich. Nach der Geburt seines Sohnes Hellmuth, heißt es am 3. Oktober 1935: »Ich könnte alles kaputtschlagen vor Freude.«

Marianne Hoppe war Anfang 1934 vierundzwanzig Jahre alt. Sie war blond, schlank und schön, sie hatte gerade die Premiere ihres dritten Filmes gefeiert, verteilte neuerdings Autogrammpostkarten, und alle Welt fragte nach ihr. Das war aufregend, das war schmeichelhaft und mit Dreyfuss im Hinterzimmer schien es ihr für ihr Seelenheil nicht allzu gefährlich. Sie hatte sozusagen ein As im Ärmel und konnte sich dieses Nazideutschland in aller Ruhe betrachten. Denn sie musste nicht dazugehören, um sozialen Halt zu finden, im Gegenteil. Die Sekretärinnen von Nazifunktionären riefen also an und luden Fräulein Hoppe zu Empfängen ein, und sie ging hin, wenn es sie reizte.

»Ich habe sie alle gesehen und bin in den ersten Jahren schon einfach aus Neugier hingegangen. Ich war damals noch sehr jung und wollte das wissen. Ich wollte wissen, von welchen Menschen man regiert wurde, denn man hatte 1933 noch keine Ahnung davon.«[19] Und an anderer Stelle: »Die Renate Müller war auch dabei. Und die Sybille Schmitz. Das wollten wir doch mal wissen. Und da haben wir uns Puppe gemacht. Und schon fuhr der Wagen vor. Damals wohnte der Hitler ja noch nicht in der Reichskanzlei, sondern in dem Eckhaus gegenüber dem Hotel Kaiserhof. Da fuhr man mit dem Fahrstuhl hoch. Und da wohnte der da oben. Man sitzt also am Tisch. Und isst. Und der redet. Der bemühte sich, künstlerisch zu reden. Über Architektur und so. Er hat nur Monologe geredet. Er fragt uns nichts. Er will nichts wissen, worüber wir nur froh sind. Einmal sage ich zu ihm: Ich interessiere mich, wie Sie leben. Da zeigt er mir seine Wohnung. Und plötzlich macht er eine Türe auf, und da stehe ich in seinem Schlafzimmer. Du lieber Gott, was macht man da bloß? Da ist eine Eisenbettstelle und eine Glühbirne und ein Stuhl. Sonst nichts. Ach, sage ich, das ist aber ungemütlich. Und gehe einfach raus.«[20]

Von drei bis vier solchen Abendessen berichtet Marianne Hoppe. »Viel später waren wir noch einmal eingeladen. Das ist allerdings eine Geschichte, die ein bisschen prekär ist. Da saß Goebbels, da saß seine Frau, da saßen die ganzen Potentaten, und ich saß in der zweiten Reihe, und da wurde ein Film vorgeführt, der hieß ›Der Rebell‹ mit Luis Trenker. Der spielte 1809 während der Tiroler Volkserhebung gegen die Franzosen. Da war eine Szene, da musste die französische Armee durch einen schmalen Engpass, und die Tiroler hatten oben Bretter festgemacht mit Steinen drauf. Als die Franzosen kamen, da machten sie die Stricke los, und dann fielen die ganzen Steine auf die Franzosen herab. Und da, glaube ich, kriegte Hitler eine Art von Erregung und hat so die Knie gerieben bei diesem Ereignis, wie da die Steine runterrollten auf die Franzosen drauf, und hat gestöhnt. Ich weiß nicht, ob er verrückt war, aber da kriegte er so eine Art von Orgasmus, sagen wir mal. Und da weiß ich noch, wie ich in der Dunkelheit aufgestanden bin, denn da war mir der Mann unheimlich. Und da ging ich raus und bin nie wieder hingegangen.«[21] Einmal holte Carl Dreyfuss sie von der Reichskanzlei auch ab. Er fragte, wie es war, und dann gingen die beiden in die Jockey-Bar, einen trinken: »So war das. Das war ja das Leben! Das vergessen die Leute! So ist das Leben!«[22]

Nach eigener Ansicht sympathisierte Marianne Hoppe in keiner Weise mit den Nationalsozialisten. Obwohl sie in diesem Staat Karriere gemacht und seine Funktionäre persönlich gekannt hat, hält sie sich für unkorrumpierbar: »Ich muss imprägniert gewesen sein«, sagte sie bei diesem Thema immer wieder. »Ich war imprägniert gegen diese Sache. Die konnte mir überhaupt nicht nahe kommen. Ich weiß, dass ich jetzt hier ein Holz raspele, was jeder Mensch sagt. Ich muss imprägniert gewesen sein. Ob das nun von zu Hause, von meinen Eltern kam, von Bekanntschaften, die ich vorher hatte – ich habe es mir immer nur betrachtet, bin also nie in die Gefahr gekommen, abzugleiten, ich muss imprägniert gewesen sein.«[23] Hajo Schedlich wollte es aber noch genauer wissen und fragte: »Es gab die fanatischen Nazis, die Nazis aus Karrieregründen, es gab die Mitläufer aus Existenzgründen, es gab die Indifferenten, es gab die inneren Emigranten und die Widerständler. Welcher Gruppe würden Sie sich zurechnen?« Sie antwortete: »Ich würde mich zwischen die beiden letzten stellen.«

Davor hatte sie angedeutet, dass sie gemeinsam mit Gründgens manchmal nachts durch Berlin gefahren war, um Leute, von deren Gefährdung sie erfahren hatten, zu warnen. Wann, wen, wie? »Ich bin es nicht gewohnt, darüber zu sprechen«,[24] heißt es zwei Jahre später in einem anderen Interview. »Sie haben etwas riskiert?«, fasste Gero von Boehm nach. »Ja, mmh. Wir sind nachts viel herumgefahren und haben gewarnt.« – »Wie war das möglich, dass ein berühmtes Schauspielerpaar herumfährt und warnt?« – »Nachts?! Da war keiner auf der Straße. Das ging sehr gut.« Und noch eine Szene. Marianne Hoppe mit dem Regisseur Einar Schleef in dem Film »Die Königin«. Unter Schleefs Regie hätte sie 1993 im Berliner Schiller Theater das Gretchen und die Baucis im »Faust« gespielt, wenn das Theater im selben Sommer nicht geschlossen worden wäre. Die Proben hatten bereits begonnen. Im Film also Schleef und Hoppe, sie deklamieren - Goethe, und zwar im Chor, wie es Schleefs Arbeitsweise entspricht. Nach einigen Versen unterbricht Marianne Hoppe und fragt: »Was soll das alles? Warum sitzen wir denn hier?« – »Wir können auch draußen spazieren gehen, das ist ja überhaupt kein Problem, Frau Hoppe«, antwortet Einar Schleef. – »Ich will aber nicht spazieren gehen, ich will lieber aufhören, was soll das alles? Weiter, weiter, weiter, es hat ja keinen Zweck.«

Weiter, weiter, weiter: Das ist ein Hauptwesenszug Marianne Hoppes, der sich hier sprachlich in der ganzen paradoxen Bandbreite zeigt, die auch ihr Leben hat. Die Situation hinterfragen, ablehnen, aber aushalten. Diskussion darüber »hat ja keinen Zweck«, was zu beweisen wäre. Doch Marianne Hoppe ist nun einmal dieser Ansicht: In den Lauf der Dinge einzugreifen mutet oder traut sie sich nicht zu, und anders als die meisten Menschen will sie dann auch nicht darüber sprechen. Nicht das, was möglich wäre, interessiert, sondern nur das, was ist. Über die Nazizeit sagte sie einmal: »In solchen Zeiten, in denen wir gelebt haben, da haben wir nicht geschwiegen, weil wir nicht gewusst hätten, was wir zu sagen hätten, sondern wir haben geschwiegen, weil, wenn man über etwas redet, schafft man es ja nicht aus der Welt.«[25] In der umgangssprachlichen Formulierung »weil, wenn ...« liegt beides: das resignative »denn nur weil man über etwas redet, schafft man es ja nicht aus der Welt« und das listige »denn indem man über etwas redet, schafft man es ja nicht aus der Welt«. Natürlich: Selbst wenn Marianne Hoppe während der NS-Zeit Bedrohten geholfen hat, wäre es unangemessen, sie insgesamt als Widerständlerin einzuschätzen. Sie hat in diesen Jahren Karriere gemacht, wurde von den höchsten Funktionären erst umworben, später geachtet, war als Schauspielerin ein Aushängeschild des Regimes und hat in vielen Hinsichten profitiert. Gleichzeitig war sie keine Nationalsozialistin. Die Vorteile abschöpfen, innerlich aber Widerstand empfinden, fühlt man sich denn da nicht beschmutzt oder entwickelt am Ende Selbstverachtung? »Weiter, weiter, weiter, es hat ja keinen Zweck.« Dazu passt auch, dass Marianne Hoppe ihren Lebenserinnerungen den Titel »Achtung Steinschlag« geben wollte. Weil sie das für die nutzloseste Warnung überhaupt hält. Kommt Steinschlag, kommt eben Steinschlag. Soll man deswegen nicht mehr aus dem Haus gehen? Nun, wer sicher gehen will, könnte umkehren, wenn er dieses Schild sieht. Genau das aber kommt in Marianne Hoppes Denken nicht vor. Sie tritt vielleicht einen Schritt zur Seite. Aber sie geht weiter voran.

Filmemachen war in Nazideutschland Chefsache. So konnte auch der ursprünglich eher bescheiden budgetierte »Schimmelreiter« mit einem Riesenwerberummel zum erfolgreichsten Film der Spielzeit werden und ein Fräulein Hoppe nach nur drei Filmen schon eine Berühmtheit sein. Film war wichtig, Film war eine Angelegenheit von nationaler Bedeutung, dem Film sollte es an nichts mangeln. Sowohl Goebbels als auch Hitler waren Begeisterte, die sich in ihren heimischen Privatkinos täglich Filme vorführen ließen. Der Filmschriftsteller Oskar Kalbus resümierte bereits 1935: »Keine Industrie steht seit dem 30. Januar 1933 so stark und so fortwährend in dem Scheinwerferlicht der Regierung und der Partei wie die Filmindustrie. Wir dürfen im Grunde stolz darauf sein. Der Führer selbst hat wiederholt in Gesprächen mit Filmschaffenden seine tiefe Vertrautheit mit der Materie

Film wie seine für künstlerische Dinge so hellsichtige, intuitive Natur bekundet. Dann vor allem Reichsminister Dr. Goebbels, der Schirmherr des Films in Deutschland, der als Treuhänder der deutschen Filmkunst im ersten Jahr des Dritten Reichs der siebenten Kunst eine ideelle Fundamentierung gegeben hat, wie sie bei jeder der früheren deutschen Regierungen als Utopie erschienen wäre und wie sie heute Gegenstand des Neides der ganzen Welt ist.«[26]

In Wirklichkeit war das Fundament, das Goebbels dem nationalsozialistischen Filmschaffen der Zukunft zu diesem Zeitpunkt gegeben hatte, gerade kein ideelles, sondern ein strukturelles: die Reichsfilmkammer, die nicht genehme Mitarbeitende ausschloss. Dafür, dass die genehmen Mitarbeiter dann auch entsprechende Arbeit leisteten, sorgte bald eine umfassende Zensur. Seine Position als – nach Hitler – zweiter Zensor im Staate baute sich Joseph Goebbels geradezu genüsslich aus. Neben der Vorzensur, mit der die neu eingerichtete Reichfilmdramaturgie betraut war, verfügte er im Lichtspielgesetz vom Februar 1934 auch die Nachzensur durch eine Filmprüfstelle, der er wiederum eine Oberprüfstelle vor die Nase setzte. Sich selbst gestattete er darüber hinaus eine »Geschmackszensur«. Das bedeutete, dass er Filme auch einfach deswegen verbieten konnte, weil sie ihm persönlich nicht gefielen. Im Juli 1935 schließlich wurden alle Filme, die vor 1933 entstanden waren, pauschal verboten, und ihre Wiederzulassung musste einzeln bei der Filmprüfstelle beantragt werden.

Theoretisch war der Film während der Nazizeit also eine nischenfreie Sparte. Praktisch hingegen gab es eine lange Zeit des Übergangs, in der auch vieles von dem gebraucht und verwendet wurde, was nicht in Gänze gefiel. Das lag zum Teil daran, dass der Film ein behäbiges Medium ist und eine neue Idee erst im Laufe vieler Monate umsetzt. Mehr aber noch lag es daran, dass es genau an dieser einen neuen Idee fehlte. Goebbels liebte den Film und war bestrebt, ihn nach Kräften zu fördern. Er wusste, dass auch die linientreuesten Filme nicht wirksam sein würden, wären sie schlecht gemacht. Es sollte im Kino – deutet man die Parolen seiner ersten Reden als Kriterien aus – also kräftig zugehen und wie aus dem Leben gegriffen, es sollte deutlich, deutsch und parteilich sein, und es sollte dabei Kunst sein. Was aber für Goebbels Filmkunst wäre, erfuhren die Filmschaffenden nicht. Mit Eisensteins »Panzerkreuzer Potemkin«, Fritz Langs »Nibelungen« und Luis Trenkers »Rebell« nannte der Minister zwar einige Filme, die er ästhetisch und dramaturgisch für vorbildlich hielt, allgemeine Schlüsse ließen sich daraus jedoch nicht ziehen. Und so kam es, dass es auch im Juli 1936, als die erste Ausgabe der Reichsfilmkammer-Zeitschrift *Der deutsche Film* herauskam, im Geleitwort des Filmkammerpräsidenten Oswald Lehnich vornehm hieß: »Der Film steht noch heute mitten im Ringen um seine Form, um seine künstlerischen und dramaturgischen Gesetze.«

Im selben Jahr, nach dem NS-Parteitag im September in Nürnberg, lichteten sich die Nebel indes und ließen klar zutage treten, wie tief der Himmel inzwischen hing. Im Einklang mit dem Vierjahresplan der Partei, der – wie nach den internationalistischen Heucheleien während der Olympischen Spiele im Sommer 1936 nun unverbrämt zugegeben werden konnte – eine »aggressive Phase nationalsozialistischer Kriegsvorbereitung«[27] vorsah, ließ Goebbels seine cineastischen Neigungen allmählich fahren. Stattdessen »steuerte« er stramm auf »den antibolschewistischen Film los«.[28] Auch vergröberte er sein Kunstverständnis in der Folge insgesamt in repräsentativer Richtung. Der künstlerische Aspekt des Films, der die filmpolitische Propaganda und entsprechend die Filmberichterstattung als Leerstelle fast vier Jahre lang beschäftigt hat, rückte zugunsten eines pragmatischeren Umgangs mit dem Medium etwas in den Hintergrund. Jetzt standen die allgemeine Verständlichkeit und propagandistische Wirksamkeit im Zentrum des Interesses. Da man aber gerade das Zweckmäßige im Nazistaat stets auch zum Idealen erhob, blieb es nicht aus, dass nun daraus wieder ein modellhafter Kunstbegriff gehäkelt wurde.

Im Juniheft 1938 von *Der deutsche Film* nahm Hans-Hubert Gensert im Leitartikel Abschied von der Vorstellung, Film müsse nach herkömmlichen Maßstäben Kunst sein.[29] Als ein Medium, das seine Botschaft als Einziges – Theater wurde hier kurzerhand den literarischen Formen zugeordnet – in Echtzeit überbringe und von einem Massenpublikum sofort verstanden werden müsse, eigne sich der Film weder für das Individuelle, noch für das Interpretationsbedürftige. »Man wird künftighin ›künstlerisch‹ nicht das nennen, wonach ›der Geschmack da ist‹, sondern das, was dem einen großen Ziele dient. Der Versuch, an das Volk – also eine beseelte Masse, bei der man keinerlei wissensmäßige Vorbildung voraussetzen darf – heranzukommen und es zu bilden, wird auch von allen Gebieten der Kunst gemacht.«

Ein wichtiger Schritt in Richtung der Darstellung von Kunst als kollektiver Erfahrung war das Verbot der Kunstkritik durch Joseph Goebbels. In seiner Rede zur Eröffnung der Reichskulturkammertagung im November 1936 erläuterte der Propagandaminister, sie sei fortan durch eine Kunstberichterstattung zu ersetzen, die nur von Personen ausgeübt werden dürfte, die älter wären als dreißig Jahre, ihren Text »mit der Lauterkeit des Herzens und der Gesinnung des Nationalsozialisten«[30] schrieben und mit vollem Namen kennzeichneten. Bereits ein halbes Jahr vorher hatte Goebbels die im Theaterressort häufig praktizierte Nachtkritik verboten, und mit Datum vom 26. Oktober 1936 notierte er im Tagebuch: »Beratungen über Kunstkritik mit den hiesigen Stellen. Ich werde sie ganz abschaffen. Keiner im öffentlichen Leben will mehr durch die Presse kritisiert werden.« Natürlich war der stilistische und argumentative Spielraum der angestellten Kunstkritiker auch vor diesem Verbot bereits eingeschränkt gewesen. Es hatte Hinweise gegeben, was wie beurteilt werden sollte, und die Schriftleiter genannten Redakteure konnten ihre Mitgliedschaft in der Reichsschrifttumskammer bei fehlendem Wohlverhalten jederzeit verlieren. In geringem Umfang hatten bislang jedoch auch Leute veröffentlichen dürfen, die nicht Mitglied der Kammer waren. Die waren jetzt ausgegrenzt, und insgesamt sollte, was bisher Meinung war, nun bloße Beschreibung werden.

Der daraus folgenden diskursiven Dürre der Berichterstattung entsprach, was den Film betraf, jedoch eine quantitative Fülle, die ohne Beispiel ist. Wobei die wenigsten der teilweise täglich erscheinenden Fachorgane neu gegründet wurden. Vielmehr stammten manche noch aus der wilhelminischen Zeit (so erschien die *Licht-Bild-Bühne* seit 1908), die meisten aber vom Anfang der zwanziger Jahre. Sie erhielten nach 1933 natürlich eine größere Aufmerksamkeit. Als das Filmkammerorgan *Der deutsche Film* auf den Markt kam, gab es an namhaften Zeitschriften außerdem die *Deutsche Filmzeitung*, den *Film-Kurier* mit dem Programmheft *Illustrierter Film-Kurier*, *Der Film*, den *Filmbeobachter*, die *Filmwelt*, die *Filmwoche*, und das *Reichsfilmblatt*. Auch die *Deutsche Radio-Illustrierte* und *Mein Funk* berichteten regelmäßig über Film. Nimmt man noch die Filmberichterstattung in der allgemeinen Tagespresse hinzu, ergibt sich eine flächendeckende Kulisse, vor der der deutsche Film und seine Protagonisten umfänglich und glamourös in Szene gesetzt werden konnten. Wer Augen hatte zu lesen während der Nazizeit, war geradezu naturgemäß über den deutschen Film informiert.

Durch den Aufwand, mit dem das Thema Film staatlicherseits in Frontstellung gebracht wurde, verloren Filmredakteure offenbar auch in anderen Bereichen leicht ihr Gefühl für Relationen. Dass beispielsweise die Rede von - Joseph Goebbels auf der Reichsfilmkammertagung vom März 1937 in der Aprilausgabe des *Deutschen Films* für bahnbrechend gehalten werden musste, versteht sich von selbst. Wie sich aber Hermann Gressieker – der bis 1936

Dramaturg bei Heinz Hilpert am Deutschen Theater gewesen war – als Autor dieser Aufgabe entledigte, hat mit bloßer Linientreue nichts mehr zu tun. Bei des Ministers Äußerungen, hieß es da, habe es sich nicht um »willkürliche Paragraphen und Direktiven« gehandelt, sondern um »absolute Wahrheiten. Sie brauchten an sich nicht die Staatsautorität. Sie sind durch sich selbst, als Wahrheiten ›zwingend‹. Sie sind aus sich selbst kategorisch. Um so besser, wenn sie auch die amtliche Autorität hinter sich haben, ja: von ihr selbst entdeckt und verkündet werden.«[31] Das war nicht parodistisch gemeint. So funktionierte das Dritte Reich.

Auf der gleichen Tagung sprach auch Mathias Wieman, Partner Marianne Hoppes nicht erst im »Schimmelreiter«, sondern schon während ihres Engagements am Deutschen Theater. Wieman, dem Felix Moeller »absolute Parteitreue«[32] bescheinigt, hatte im Berliner Olympiadesommer 1936 etwa bei der Uraufführung eines mustergültigen Thingspiels[33] Regie geführt, dem »Frankenburger Würfelspiel« von Eberhard Wolfgang Möller. Auf der Reichsfilmkammertagung war sein Thema der »Mensch im Film«. Dabei nannte er das Arbeiten ohne Kritik zwar »ungewöhnlich« und sprach mit einem Hauch von Ironie auch von »paradiesischen Zuständen« für die Schauspieler, stellte sich alles in allem jedoch hinter das Verbot, das er als »Verpflichtung« auffasste, die Selbstkritik zu schärfen.[34] Wiemans Rede »war das Manifest eines Mannes, der nicht nur durch seine hohe Qualität als Filmschauspieler berufen war, wichtige Forderungen auszusprechen, sondern auch durch seinen Rang als geistig-künstlerischer Charakter«, lobte Gressieker.

Marianne Hoppe war mit Wieman befreundet. Dass er politische Bekenntnisse abgegeben haben könnte, erstaunt sie heute sehr: »Das soll der gemacht haben? Das ist ja schrecklich.« Vielleicht hat er es auch nur nach außen getan oder immer mit doppelter Bedeutung getan oder war in anderen Situationen systemkritisch oder war, was sehr viel wichtiger war, im privaten Kontakt einfach ein wunderbarer

Mensch. Wahrscheinlich sind auch Kollegen wie Volker von Collande, Elisabeth Flickenschildt, Rudolf Fernau, Viktor de Kowa oder Hilde Krahl nur auf dem Papier NSDAP-Mitglieder gewesen (Elisabeth Flickenschildt schon seit 1932), und tatsächlich bedeutete der bürokratische Akt des Parteieintritts ja nicht wirklich, dass einer im Herzen und im Verhalten Nationalsozialist, dass er (oder sie) Faschist war. Doch wo ist die Grenze zu ziehen?

Ein bekanntes Foto zeigt Marianne Hoppe bei der Uraufführung des Filmes »Der Herrscher« im Berliner Ufa-Palast. Sie sitzt an der rechten Seite von Joseph Goebbels. Zu seiner Linken thront Emil Jannings, und eine Reihe dahinter steht Veit Harlan. Es war der Abend des 17. März 1937. Fünf Tage vorher hatte Goebbels in seinem Tagebuch notiert: »... eine wunderbare Leistung. Modern und nationalsozialistisch. So wie ich mir die Filme wünsche. Glänzend in Besetzung und Regie.« Und am 15. März 1937: »Abends zum Führer. Wir parlavern (!) lange. Sehen Janningsfilm ›Der Herrscher‹. Der Führer ist davon ganz ergriffen. Er macht den tiefsten Eindruck.« Nach der Premiere (»Ein unbeschreiblicher Erfolg. Das Publikum wird nicht müde zu klatschen. Alle meine Voraussagen haben sich bestätigt.«) wurde im Hotel Kaiserhof gefeiert: »Jannings schwimmt in Seligkeit. Marianne Hoppe ganz glücklich. Diese Künstler sind ein richtiges Kindervölkchen. Aber zum Liebhaben.«[35]

»Der Herrscher« war der erste Film, der Goebbels' volle Zustimmung fand und auch in der Presse und vom Publikum gefeiert wurde. Er erhielt das Prädikat »staatspolitisch und künstlerisch besonders wertvoll« und wurde mit dem Nationalen Filmpreis des Jahres 1937 ausgezeichnet. Ein Propagandafilm. Aber kein plumper. Ein Film, der Gemeinsinn predigt und das Führerprinzip verherrlicht, aber nur an zentralen Stellen explizit wird. Über die längsten Passagen hin ergibt sich die Tendenz eher als Mehrwert aus der Gesellschaftssatire, in der gezeigt wird, wie sich eine zukünftige Erbengemeinschaft selbst zerfleischt. Der Schauspieler und

Regisseur Veit Harlan setzte sich mit diesem Film an die Spitze der nationalsozialistischen Filmkünstler und galt fortan als zuverlässiger Erfolgsregisseur.

Basierend auf Gerhart Hauptmanns Stück »Vor Sonnenuntergang« von 1932 und einigen wenigen Motiven der Komödie »Der Herrscher« von Harald Bratt (Drehbuch: Thea von Harbou und Curt J. Braun), geht es um den Stahlmagnaten Clausen (Emil Jannings), der nach dem Tod seiner Frau die Bilanz seines Lebens zieht und sich sowohl in der Familie als auch im Direktorium seines Betriebs nur von ängstlichen, auf Besitzstandswahrung bedachten Schmarotzern umgeben sieht. Er aber will das Gute, Wahre, Neue, steckt einen großen Teil der Jahresausschüttung in die Forschung, kauft sich ein Segelboot, liiert sich mit seiner jungen Sekretärin Inken Peters (Marianne Hoppe) und reist mit ihr nach Griechenland. Die Familie will ihn daraufhin entmündigen lassen, doch Clausen übersteht auch das, enterbt seine Kinder und vermacht sein Werk der »Volksgemeinschaft«. Einsam steht er am Fenster, blickt auf sein fauchendes und schmauchendes Ruhrgebietsimperium und diktiert Inken Peters seinen letzten Willen, nach dem ein geeigneter Arbeiter aus dem Werk dereinst seinen Posten einnehmen soll: »Ich will ihn das Wenige lehren, das ein Scheidender den Kommenden zu lehren vermag; denn wer zum Führer geboren ist, braucht keinen Lehrer als sein eigenes Genie.«

Marianne Hoppe als Sekretärin und Geliebte hat hier eine ihrer wenigen pathetischen Szenen. Oder besser: spielt in einer solchen Szene mit. Denn Inken Peters selbst bleibt dabei ganz schlicht. Was typisch ist für Marianne Hoppes Figuren. Sie machen keine großen Worte oder Gesten. Sie tun, was sie glauben tun zu müssen, und sie tun es ganz für sich: unbeirrbar und ohne Aufhebens.

Idol

Margot Miedlich:[1]
Ich war fünfzehn, als der Krieg ausbrach. Unser hauptsächliches Vergnügen damals war das Kino. Wenn es Bombenalarm gab, musste man zwar raus aus dem Saal, aber hinterher ging es weiter. Den Kinobesuch haben wir uns immer gegönnt. Das kostete eine Mark. In manchen Kinos auch nur sechzig Pfennig und in anderen einszwanzig oder einsfünfzig, das waren dann tolle Plätze in den Uraufführungskinos am Zoo. Marianne Hoppe habe ich auch einige Male im Theater gesehen, in der »Jungfrau von Orleans« beispielsweise. Aber da schien sie mir nicht so herausgehoben. Begeistert hat mich erst der Effi-Briest-Film »Der Schritt vom Wege«. Das war für mich das Wichtigste. Und »Romanze in Moll«. Später habe ich mich gefragt, ob Marianne Hoppe eigentlich als Nationalsozialistin galt, und ich glaube nicht, dass das die gängige Meinung war. Bei Gustaf Gründgens ist das auch erst nach Kriegsbeginn aufgekommen, dass er sich in der Öffentlichkeit mit Göring zeigte und so. Ich selber komme aus einem Hause, das nicht nationalsozialistisch war, mein Vater war ein Gegner, so dass ich auch nicht sagen kann, dass man alles so hingenommen hätte. Aber man hat das wohl mehr vom künstlerischen Standpunkt aus gesehen. Es gab auch viel schlimmere Nazis als den Gründgens, wobei es nicht zu leugnen ist, dass Marianne Hoppe und er reich gelebt haben, während viele Menschen sterben mussten. Also, ich spreche natürlich nur über das, was an die Öffentlichkeit drang, man hat als Normalbürger nicht wirklich etwas erfahren. Die Zeitungen waren auch mehr oder weniger gleichgeschaltet. Das war zu der Zeit so, und das war zu Zeiten der DDR so.

---

1 Margot Miedlich wuchs im Berliner Arbeiterbezirk Wedding auf. Ab 1945 lebte sie in Ostberlin und arbeitete später im Verlag der Wissenschaften. Sie kennt Marianne Hoppe nicht persönlich, aber als Zuschauerin schon seit den dreißiger Jahren.

In der DDR übrigens gab es keine Vorbehalte gegen Marianne Hoppe. Wenn da Filme gezeigt wurden, dann hieß es immer, sie sei eine der bedeutenden Schauspielerinnen der dreißiger Jahre. Obwohl sie andererseits in den Schauspieleranthologien, die bei uns in der DDR erschienen sind, nie dabei war. Da fehlte ihr Name.

Als Mensch kannte man sie nicht. Sie schien auch nach 1945 nicht viel preiszugeben, selbst in Interviews nicht, denn soweit das möglich war, habe ich das in den Kultursendungen immer verfolgt. Tatsächlich war es auch in ihren Filmen so, dass es nicht nur ihre Persönlichkeit war, die die Filme prägte. Für mich wird sie immer mit »Romanze in Moll« verbunden sein. Aber das hat sich mir auch deswegen eingeprägt, weil der Film eben gut war und die anderen Schauspieler auch. Das war nicht sie allein. Marianne Hoppe war sehr gut in diesem Film, aber es war kein Marianne-Hoppe-Film, wie man sagen würde ein Greta-Garbo-Film oder ein Marlene-Dietrich-Film. Ich mochte sie sehr gerne, aber sie war eigentlich kein Idol.

»Man muss doch immer eine Steigerung erstreben«

Im Juni und Juli 1933 erschienen in mehreren Zeitungen und Zeitschriften Porträtfotos von Marianne Hoppe. Anlass war die Meldung, dass diese Darstellerin vom Schauspielhaus München für den Film »Der Judas von Tirol« verpflichtet worden sei.[1] Auch zuvor waren gelegentlich Fotos von ihr veröffentlicht worden. Doch das war nichts verglichen mit dem Ausmaß ihrer optischen Präsenz in den Medien, die mit der Filmkarriere begann. Quasi über Nacht änderte sich dabei ihr Typ. Als ihre ersten Dreharbeiten begannen, standen nur frühere Bilder zur Verfügung, teils noch aus ihrer Berliner Zeit. Das bisherige Image kam noch einmal verdichtet zur Geltung, bevor es dann verschwand: die ruhigen bis verschlossenen Züge, die Marianne Hoppe in jener Zeit hatte, die oft recht dunklen Haare, die auffallende Wandelbarkeit des Gesichts vom Verträumten bis ins Verwegene. Über ihre Theaternatur heißt es Ende Juli in einem Porträt zusammenfassend: »Leidenschaft und Herbheit, eine ungezügelte Seele und ein brennender Wille zur Form geben ihrer künstlerischen Arbeit stets etwas Kämpferisches. Dazu kommt von Hause aus – die Hoppe stammt aus der niederelbischen Landschaft – eine gewisse Schwere und Bodenverbundenheit.«[2]

Kurz darauf erfolgte der Schnitt. Die Modezeitschrift *Die Dame* konnte die Meldung von Anfang Juni erst in ihrer Augustnummer berücksichtigen, brachte dafür aber ganzseitig das Foto der neuen Rolle: das helle, jetzt schmal wirkende Gesicht, der direkte Blick in die Kamera, das strahlende Lächeln, die kräftigen Zähne, die sehr blonden Haare, die hier in einem Zopf über den Scheitel gelegt wurden: Marianne Hoppe als Magd Josefa. »Ein neuer frischer Typ« schrieb die Redaktion darunter, wohlweislich aussparend, dass Marianne Hoppe vom Theater kam. Wie soeben erfunden, blickte sie hier schließlich in die Zukunft eines volkstümlichen Films hinein.

Gar so ländlich wie die Josefa blieb das Bild von Marianne Hoppe in ihren ersten Filmjahren allerdings nicht. Sie verkörperte zwar das Naturkind mit dem frischen Lächeln und den guten Zähnen, hatte dabei aber den selbstbewusst klaren Blick, die geschminkten Lippen und die sachliche Eleganz der Städterin. Wieder war Marianne Hoppe die Neue Frau. Weiblicher als früher, offener, verbindlicher und eben in Blond. Ohne das Verspielte und Eigenwillige der Weimarer Zeit. Die Haare waren privat zunächst immer noch kurz, umspielten den Kopf aber in weichen Wellen, die Jahr für Jahr etwas länger wurden. Der Blick ging meist nach vorne, die zuvor beliebte Profilaufnahme kam nur noch selten vor. Bei alldem blieb Marianne Hoppe äußerlich sie selbst. Sie zeigte jetzt aber eine andere Seite. Der Akzent lag auf der sportlichen Beherrschtheit ihrer Erscheinung, auf der fröhlichen und adretten Verlässlichkeit, die auch ihre Rollen prägte.

Anlässlich der Berliner Premiere des für »künstlerisch wertvoll« befundenen »Judas von Tirol« im November 1933, hieß es in der *B.Z.*, sowohl Camilla Spira als auch Marianne Hoppe trügen ihre Rollen »echt und voll weiblicher Angst und Gläubigkeit«.[3] Das mag stimmen und durfte im Heimatfilm wohl auch nicht anders sein, aber in dem, wovor sie Angst haben und woran sie glauben, unterscheiden sich die beiden Rollen doch deutlich. Eine gemeinsame Szene zeigt es beispielhaft. Spira ist Walpurga, die Tochter des Wirts, bei dem Josefa in Stellung ist. Sie liebt den Bauern Pfandler und macht sich große Sorgen um ihn, als er von den Franzosen verhaftet wird, weil er Hofers Aufenthaltsort kennt. Bangend und barmend steht die Wirtstochter da nächtens am Fenster, als die Magd die Treppe heraufkommt und fragt, was sie hat. »Und an den Hofer denkst gar net?«, erwidert Josefa auf Walpurgas Nöte. »Und ans Land?!« Nein, Walpurga denkt nicht an das Land. Sie ist eine sentimentale Frau mit einer

Kleinbürgermoral, die um den Liebsten zittert, als den künftigen Erzeuger ihrer Kinder und Garanten eines häuslichen Glücks. Josefa hingegen, Vertreterin des ländlichen Proletariats, denkt, urteilt und handelt aus einer Überzeugung heraus. Sie hat es nicht gelernt, dass sie als Einzelne etwas zählen könnte. Auch von ihrem geringen Platz aus fühlt sie sich für das Ganze verantwortlich und setzt dafür bedenkenlos ihr Leben aufs Spiel.

Die Josefa ist eine vorbildlich volksverbundene Figur, eine kleine Charakterrolle auch, die Einzige neben dem Judas selbst, die eine Wandlung durchmacht, indem sie ihren Wunsch, Bäuerin zu werden, zurückstellt. Das könnte leicht mit Pathos gespielt werden, zumal in der Szene, in der Josefa von dem geplanten Verrat erfährt. Aber Marianne Hoppe macht keine großen Gesten. Verglichen mit denen der anderen Darsteller, sind ihre Aufritte angenehm unaufgeregt. Sie treiben die Handlung voran und machen die Konfliktlinien deutlich – Prosasätze im Melodram. Ihr Spiel ist der Rolle und der noch fast stummfilmhaften Ästhetik entsprechend bäuerlich-holzschnittartig, mit ruckenden, kantigen Bewegungen und einer überdeutlichen Mimik. Vieles, was ihre spezifische Körpersprache auch in den nächsten Filmen bestimmen wird, ist schon da. Manches wohl naturgemäß. Marianne Hoppes schmale Hüften und ihr im Verhältnis zum Körper überraschend großer Kopf erwecken spontan einen kindlichen Eindruck. Auch vermittelt sie mit vorgestrecktem Hals und nach oben gezogenen Schultern eine Art körperlicher Ruppigkeit, als ob sie etwas zu überspielen versuchte. Sie wirkt frisch, munter und bereit – aber eben auf eine leicht forcierte Weise, die die Ahnung weckt, sie könne womöglich auch anders. Das stellt die Figuren nicht in Frage. Es gibt ihnen vielmehr eine Vorläufigkeit und Spontaneität, die einen Teil der natürlichen Wirkung ausmacht, die Marianne Hoppe als Filmschauspielerin stets hatte.

Die Dreharbeiten zum Ufa-Film »Heideschulmeister Uwe Karsten« fanden Mitte August bis Mitte September in der Lüneburger Heide bei Müden an der Oerze und in Hamburg statt. Es wurde fast ganz außerhalb des Studios gedreht, was damals neuartig war. Die zum Vorbericht angereisten Journalisten, die auf diese Weise zu einem schönen Ausflug kamen, waren begeistert. Die Ufa verwöhnte sie mit Heideblick (»wogende Erde in zitterndem Sonnenlicht«), Lokalkolorit (Mittagessen im Gasthof Zur Post) sowie Künstlern zum Anfassen (»Marianne Hoppe, ... eine echte deutsche Frau ...«)[4] und ließ sich später zum Dank einen Überbau formulieren: »Die Tatsache, dass der Film nicht mit gestellten Aufnahmen im Atelier gedreht wird, bezeichnet das gesunde Pflichtgefühl, mit dem hier gearbeitet wird, lässt den Sinn erkennen, der diesen Film und überhaupt den Film der Zukunft tragen soll. Nicht schillernde Bilder fantastischer Fremdländer, sondern Heimat mit allem, was das Wort bedeutet, soll der Film darstellen.«[5]

Der Umgang mit dem Genre des Heimatfilms scheint für Filmjournalisten zu Beginn des Nationalsozialismus besonders angstbehaftet gewesen zu sein. Kaum einer kommt hier an den Themen »Heimat« und »Heide« vorbei, ohne seufzend gleich den ganzen Kunstbegriff fahren zu lassen: »... aber es ist die schwierigste Aufgabe, die den Filmschaffenden gestellt werden kann, echte und wahrhaftige Heimat einzufangen, neu zu gebären, zu gestalten und in die starre und tote Materie zu gießen und zu formen«. Oder: »... man erlebt in diesem Film, dass die Landschaft selbst ein Format für menschliche Schicksale geben kann und zur Haltung zwingt und dass aus ihr eine Freude an sauberem, ehrlichen Spiel erwachsen kann ...«[6]

Gemessen an diesem Grundton voraufklärerischer Heilserwartung ist das, was Marianne Hoppe selbst auf Anfrage einer Zeitung über die Heide schrieb, erfreulich schlicht und pragmatisch: »Ich kann es nicht beschreiben, man müsste ein Dichter sein, aber die Heide übte auf mich eine tiefe Wirkung aus, die mir noch in keiner anderen Landschaft begegnet ist. Ich war nicht begeistert – wie ich es manchmal von der

Schönheit einer Gegend sein kann –, wenn ich abends von meinen Heideritten zurückkam; aber eine ganz tiefe, ruhige Geborgenheit erfüllte mich und das Wissen, dass man in dieser Landschaft immer wieder zu sich selber finden kann.«[7]

Basierend auf dem Drehbuch von Christian Uhlenbruck nach dem gleichnamigen Roman von Felicitas Rose[8] aus dem Jahr 1909, erzählt der »Heideschulmeister Uwe Karsten« genau eine solche Geschichte: dass eine junge Frau außerhalb der Stadt zu sich selbst findet. Ursula Diewen ist die Tochter eines reichen Hamburger Kaufmanns, der in der Heide ein Landhaus hat: den Immenhof. Ganz in der Nähe wohnt der heimatverbundene Dorflehrer Uwe Karsten Alslew, der Ursula verehrt, und für den auch sie schwärmt. Als ihm von der Hamburger Universität eine Professur in Heimatkunde angeboten wird, er sie aber ablehnt, weil er lieber in der Heide bleiben will, ist Ursula enttäuscht. Sie wendet sich dem Reeder Heinsius zu, den sie nach dem Willen des Vaters heiraten soll. Heinsius jedoch entpuppt sich als Bankrotteur, der soeben seine schwangere Sekretärin sitzen gelassen hat und auch sonst keinen Vorzug aufweist. So kommt es nach einigen Irrungen und Wirrungen, wie es von Anfang an kommen soll, und noch bevor die Sonnwendfeuer in der Heide brennen, sind Ursula und Uwe vereint.

Hans Schlenck, der damals gerade Oberspielleiter des Münchner Staatsschauspiels geworden war und außerdem die Bayerische Landesbühne leitete, spielte den Heideschulmeister, Heinrich Heilinger den Reeder und Brigitte Horney die Sekretärin, die am Ende der Geschichte den entzückenden Hilfslehrer Sundewitt (Günther Ballier) heiratet. Unter der Regie von Carl Heinz Wolff und in den Bildern von Werner Brandes wirkt dieser Film heute, als habe allein mit ihm ein Vierjahresplan für Heimatpropaganda übererfüllt werden sollen. Seelenvolle Schwenks über die Heidelandschaft; adrette und glückliche Heidekinder, die bei jeder Gelegenheit in glockenhellen Gesang ausbrechen (sogar nachts); der verbissen seelenvolle Gesichtsausdruck von Schlencks vierschrötigem Heideschulmeister; daneben die natürliche und richtig sympathische Marianne Hoppe, die aber auch nicht drum herumkommt, allzeit einen Zweig Erika in den Händen zu drehen, wenn sie nicht gerade eine Heidschnucke umarmt. Und natürlich die kernigen Sätze, die über die Vorzüge des Heidelebens fallen, das Heimatpathos, das der Schulmeister schon den Kleinsten beibiegt, deren Seelenfunken er zu »leuchtenden Flammen für das Vaterland« anfachen will.

Am 3. November 1933 wurde der »Heideschulmeister« in Hannover uraufgeführt, tags darauf lief er in Berlin an. Da der »Judas von Tirol« außerhalb Münchens erst am 21. November Premiere hatte, war die Ursula Diewen die erste Rolle, mit der sich Marianne Hoppe einer breiten Fachöffentlichkeit präsentierte. In der Hauptstadt kam der Film nicht allzu gut weg. Mal war er den Kritikern von der Handlung her zu überladen, mal verließ er sich ihnen zu sehr auf die Heide. Sie vermissten die gestalterische Idee und Kraft. Bei den Aufführungen im restlichen Deutschland hingegen fielen die Urteile über den »Film von Blut und Boden, der sich an das empfindsame Herz wendet«[9] positiv bis euphorisch aus. Einig indes waren sich alle in der Bejahung der Hauptdarsteller. Hans Schlenck und Marianne Hoppe gingen aus dieser Arbeit als gefeierte Entdeckungen hervor, als neue Ufa-Stars. So bemängelte das *Berliner Tageblatt* zwar insgesamt: »Die Darsteller bemühten sich, die naturhaften Erlebnisse mit dem streckenweise papiernen Manuskript in Einklang zu bringen«, schrieb aber über die Ursula Diewen: »Fast immer gelang das der ausgezeichneten Marianne Hoppe. Sie war erschütternd echt, ein Kind unter Kindern, ein schönes, von Leid, Entsagung und Liebe mild und gütig überschienenes Gesicht.«[10] Ihre »Anmut und Intelligenz« wurden hervorgehoben,[11] ihr »herbes und keusches«,[12] »klares, bewegtes«,[13] oder auch »energisches Gesicht mit den großen Augen«, »ihre leise Herbheit«, die ihr »eine pikante

Note«[14] gebe. Das nicht ganz Eindeutige ihres Spiels, das ihr der Kritiker des *Völkischen Beobachters* hier als Frivolität auslegte, wurde von anderen vertrauensvoller beurteilt: »Marianne Hoppe, ein feingeistiger Frauentyp mit klarem und versonnenem Gesichtsausdruck, dessen leiser Anflug von Melancholie sofort Sympathien erweckt.«[15]

Von Anfang an galt Marianne Hoppe als Darstellerin klarer, herber und echter Frauenfiguren, und auch wenn noch einige Attribute hinzukamen, waren das die bestimmenden Adjektive ihres Rollenbildes der nächsten Jahre. Wobei man unter herb sowohl das Fehlen von Sentimentalität als auch von Gefälligkeit verstehen kann. Das Unvermittelte, manchmal auch Eckige, das aber nicht gemacht erscheint, sondern als Ausdruck ihrer eigenen Persönlichkeit. Oskar Kalbus, der auf Marianne Hoppes gestische und mimische Sparsamkeit hinwies, die den Eindruck der Echtheit hervorrufe,[16] ist als Kritiker eine Ausnahme. Die Rollengestaltung wurde den Darstellern damals zumeist vom Gesicht abgelesen, das auch nicht als künstlerische Maske, sondern als wahres Selbst galt. Die Einssetzung des Schauspielers mit der Rolle war ein großes Lob, seine Verschmelzung mit ihr zu einem Medium der Idee des Kunstwerks das Ideal. Als bester Schauspieler galt der, den man gar nicht merkte. Formulierungen wie: »Und man kann den beiden Hauptdarstellern Hans Schlenck und Marianne Hoppe nichts Besseres sagen, als dass sie eine gute Folie für die deutsche Erde waren«,[17] waren ernsthafte Komplimente, persönliche Grüße an die Schauspieler in den Kritiken keine Seltenheit: »... sie sollte nicht Marianne heißen, sondern Erika«.[18] Nach dem »Schimmelreiter« mochte ein zum Interview angereister Journalist noch in Marianne Hoppes Berliner Wohnung sitzend nicht glauben, dass sie hier lebte und nicht an der friesischen Küste wie Elke Volkerts. Virtuos rückte sie damals die Verhältnisse wieder zurecht, indem sie – sicher nicht ganz so gestelzt wie in dem Artikel wiedergegeben – antwortete: »Es freut mich, dass die Illusion meiner Darstellung so stark war und Sie in mir nicht zuerst Marianne Hoppe, sondern jene friesische Bäuerin sehen! Das ist eigentlich das schönste Lob für eine Schauspielerin, die ja eine Menschendarstellerin sein soll und deren Privaterscheinung eigentlich ganz unwesentlich ist. Und dass ich eine Schauspielerin bin, hoffe ich auch weiterhin in ganz anders gearteten Rollen beweisen zu können.«[19]

Nicht immer vermittelte Marianne Hoppe die Differenz in dieser Weise. Vielleicht strebte sie das auch nicht immer an. Nach der Premiere des »Schimmelreiters« in Minden veröffentlichte die Lokalzeitung einen Text, demzufolge der »deutsche Film« »deutsche junge Menschen« brauche, »denen die Heimat alles, alles ihr Feindliche nichts« sei. Marianne Hoppe, vermutet der Autor mit dem Namenskürzel O–e., sei ein solcher deutscher junger Mensch – vorausgesetzt natürlich, der Eindruck von der Leinwand ließe sich im persönlichen Kontakt bestätigen. Das tat er: »Und Marianne Hoppe war die Ursula, war die Elke. In Wirklichkeit, nicht nur auf der Leinwand.«

Über die Propagandafloskeln hinaus liefert dieser Artikel aber auch eine hübsche Momentaufnahme der Schauspielerin als neuer Star: »Frisch ist sie, jung, vollkommen Mensch geblieben, und es scheint sie wenig zu berühren, dass sie in den beiden Tagen ihres Besuches der Mittelpunkt Mindens war. Sie will kein Publikumsliebling sein, keine Filmdiva, sondern Mensch unter Menschen. Und das ist weiter das Sympathische an ihr, dass sie auf alles eingeht, sich für alles interessiert und anscheinend auch auf allen möglichen Gebieten sattelfest ist. Von sich selbst sprach sie nur wenig. Sie erzählte von ihrem spezialkarossiertem zweisitzigen Adlercabriolet, war der durchaus zu unterstreichenden Ansicht, dass das Boxtraining die beste Körperschule sei. Wir kamen noch auf alles mögliche andere zu sprechen, nur über ihre eigene Person wurden wenig Worte gemacht. ... Man muss ihr gut sein, denn sie ist das, was man mit ›Lieber Kerl‹ bezeichnet.«[20]

Eine andere Situation: Bei der Hannoveraner Premiere des »Schimmelreiters« im Februar 1934 saß Marianne Hoppe mit dem Journalisten Gerd Vielhaber in der Weinstube Zirwa. Während sie auf ihren Auftritt zum Schlussapplaus wartete, spielte sie mit ihm das Würfelspiel Filzlaus, tanzte und plauderte über Italien, wobei sie ihm offenbar versprach, mit ihm den Vesuv zu besteigen. Hinterher schrieb er völlig entzückt im Pennälerton: »Marianne ist ein richtig lieber Kerl, der netteste Filmstar, der mir eigentlich bisher begegnet ist.«[21]

Der Star als lieber (oder netter) Kerl, als Sportsfreund, als Kumpel – die vermeintliche Volkstümlichkeit der neuen Zeit wurde in diesem Zugriff ebenso genüsslich gefeiert wie der tatsächlich uneitle, unkomplizierte und unprätentiöse Umgang Marianne Hoppes mit ihren Interviewern. Aber nicht nur als ganz junge Frau in den ersten Nazijahren, sondern ihr Leben lang bleibt sie in den Medien die patente Frau von nebenan, die das Herz auf dem rechten Fleck hat und frei von Dünkel ist. Die Frau, die als Schönheitskur mehrere Stunden Gartenarbeit bei Nieselregen empfiehlt. Die die Wolljacke nicht auszieht, wenn Besuch kommt, und die gerne mit dem Sohn die Beatles hört. Die Autofreundin und Skatspielerin. Die Frau, die mit den Nachbarn Dialekt spricht und zugibt, dass sie Horoskope liest. Einmal rät sie einer Journalistin: »Schreiben Sie, ich bin Mitglied der Berliner Akademie der Künste und des Südbayerischen Milchschafezuchtverbandes. Das sind meine Pole. Dann wissen die Leute alles über mich.«[22]

In den dreißiger Jahren war der Mensch-unter-Menschen-Kult um Marianne Hoppe auch ein Spiegel ihres Film-Ichs. Sie war nun einmal die Idealbesetzung für Figuren von »heller, gesunder Natürlichkeit«.[23] Auf ihre Weise waren das auch Kristina Söderbaum und Paula Wessely, um nur die exponiertesten Kolleginnen dieses Fachs zu nennen. Alle drei einte später der Gegensatz zu Zarah Leander, die als Ersatz für die emigrierte Marlene Dietrich als Vamp aufgebaut wurde und sich in extravaganten und exotischen Rollen erging. Doch Wessely und Söderbaum teilten sich das entbehrungsreiche Fach und koexistierten, propagandistisch reichlich ausgeweidet, als Mütterliche und Naive. Marianne Hoppe verkörperte – um von den Grundfesten ihres Rollenbildes jetzt zu den Ausprägungen vorzudringen – das Idealbild einer emanzipierten Frau, wie sie sich Männer wohl wünschen mochten: selbständig, aber bereit, sich höheren Ideen unterzuordnen; hübsch, aber anspruchslos; schlagfertig, aber mit Charme; unsentimental, aber zu großen Gefühlen begabt. Begeisterungsfähig und praktisch, verlässlich, pflichtbewusst und immer geradeheraus. Eine Frau, die ihren Mann steht. Will sagen: eine Frau, die sich Männern selbstlos und bedingungslos anschließt und ihnen aus eventuell zweifelhaften Situationen mit schlafwandlerischer Sicherheit wieder heraushilft. Sie ist der gute Geist der Männerwelt, immer fröhlich, tatkräftig und voller bester Absichten, eine Art Florence Nightingale der jeweiligen moralischen Gesundheit. Dabei keinesfalls ein Mädchen, dem man auf den Hintern klatscht. Vielmehr die Frau, der man bedenkenlos sein Leben anvertrauen kann und die dabei doch rätselhaft genug bleibt, dass sie unbedingt geheiratet werden muss. In gefühlsmäßig entscheidenden Augenblicken nämlich gelingt Marianne Hoppes Figuren immer wieder die Wandlung vom Kumpel zur Braut. Dann senkt sie den Kopf, hebt den Blick und schaut so sehnsüchtig wie selbstgewiss in die Ferne, ganz für sich alleine lächelnd, in geradezu unirdischer Seligkeit. Hajo Schedlich hat dieses Lächeln immer an das der Mona Lisa erinnert.

Während dem Glück der Ursula Diewen die Heide und das Schicksal zur Hilfe kommen müssen, nimmt Marianne Hoppe als Elke Volkerts im »Schimmelreiter« die Zügel von Anfang an selbst in die Hand. Als sie aus der Stadt auf den Hof des Vaters zurückkehrt und sich der Großknecht schon auf die bevorstehende Heirat mit der Deichgrafentochter spitzt, geht sie geradewegs hinters Haus, wo Hauke Haien

Holz hackt – der Kleinknecht. Auch am Abend besucht sie ihn von sich aus in seinem Zimmer, wo er für den Deichgrafen die Bücher führt. »Glaub bloß nicht, dass es mir Leid tut«, sagt sie innig, nachdem sie ihn darauf hingewiesen hat, dass er sie in dieser Tätigkeit ersetzt habe. Es sei am Ende ja doch Männersache. Später ist sie es, die der Öffentlichkeit die Verlobung mitteilt, ist sie es, die Hauke durch Heirat zum neuen Deichgrafen macht, ist sie es, die zu ihm hält, wenn sich das ganze Dorf von ihm abwendet, weil er die Bauern während der Erntezeit zur kräftezehrenden Arbeit am neuen Deich zwingt. Sie handelt sicher und selbständig, aber sie handelt nur in Vorwegnahme von Haukes eigenen Absichten. (Wenn sie während der Sturmflut zu ihm an den Deich eilt, ist es das Erste, was sie gegen seinen Willen tut, und es kostet sie prompt das Leben.)

Marianne Hoppe spielt die Elke mit geradezu Kleist'scher Innigkeit und gleichzeitig maximaler Pathosferne. Da nimmt sie ihre Haube ab, da lächelt sie, da läuft sie über die Wiese, da schlägt sie die Augen nieder. Sie tut immer nur eines, aber zügig eins nach dem anderen. Ohne Arg und doppelten Boden, auch ohne jede erotische Anspielung. Dass so überhaupt kein sichtbar eigenes Begehren mit im Spiel zu sein scheint, ist wieder der Punkt, an dem Marianne Hoppe die Figur fast verdächtig macht. Mit der gleichen Ruhe und Bestimmtheit, mit der diese Elke die Beziehung in die Bahnen lenkt und an Hauke glaubt, könnte sie eines Tages die Koffer packen und einfach in die Stadt ziehen, weil ihr ihr Herz nun dieses befiehlt. Aber ein solcher Gemütswandel ist natürlich nicht vorgesehen. Zwar gibt es einen Moment der Schwäche, in dem Elke glaubt, die Häme der Nachbarn nicht mehr auszuhalten, aber eher noch würde sie sterben, als Hauke zu verlassen, weil sie spürt, dass seine – von Mathias Wieman mit starren Augen und bebender Stimme fanatisch betriebene – Sache groß ist.

Der Bau des neuen Deichs steht für den Aufbau einer neuen Gesellschaft, und zweifellos ist der »Schimmelreiter«

von Deppe und Oertel ein Film, der den politischen Umbruch propagiert, wobei Felix Moeller darauf hinweist, dass der politische Akzent zu diesem frühen Zeitpunkt staatlicherseits noch nicht verordnet gewesen war, sondern eher auf »willfährigen Opportunismus und die deutschnationale Kontinuität bei Teilen der Filmindustrie« zurückzuführen ist.[24] Dadurch aber, dass die Kamera (Alexander von Lagorio) sich eigenwillig in den Winkeln des Geschehens herumdrückt, statt die jeweils Handelnden frontal ins Bild zu setzen, ist der »Schimmelreiter« insgesamt kein plakativ-repräsentativer Film geworden. Der Blick macht sich mit Über- und Untersichten selbständig, streift mal nur die Körper, dann wieder die Köpfe der Personen und scheint sich der norddeutschen Landschaft und Mentalität immer mehr anzuverwandeln. Das Sterben am Ende, wenn Elke und Hauke in der Sturmflut ertrinken, weil Hauke den alten Deich an seinem eigenen Koog angestochen hat, um den neuen Deich und das Dorf zu retten, hat nichts Heroisches an sich. Es ist ein grau-brodelndes Verschwinden. Ein Blick, ein Schrei, das war's.

»Der Schimmelreiter« erhielt die Klassifizierungen »künstlerisch« und »besonders wertvoll«. Er wurde am 12. Januar 1934 in Hamburg uraufgeführt und ab 27. Januar in Berlin gezeigt. Die Resonanz war überwältigend. »Dieser Film ist eine Tat«, hieß es im *Hamburger Tageblatt*.[25] Man könne vielleicht zum ersten Mal von einem wirklich deutschen Film sprechen, raunte das *Berliner Tageblatt*.[26] Gelobt wurde, dass die Landschaft so deutlich und überzeugend im Vordergrund stehe, dass sich die Drehbuchschreiber und Regisseure bis auf wenige Handlungsdetails eng an die Vorlage gehalten und die Ebene des düster Abergläubischen dennoch gelungen in die Gegenwart übersetzt hätten. Auch wirkten die Hauptdarsteller so echt wie das Meer und die Wolken und wären keine Stars im früheren Sinne, sondern Teil eines Ensembles. Nach den hauptstädtischen Aufführungen wanderten die Kopien des Films durch ganz

Deutschland, und von überall erschallten die Lobeshymnen. »Der Schimmelreiter« war, wie die Europa Filmverleih AG versicherte, »nicht nur eine künstlerische Sensation«, sondern auch »ein geschäftlicher Erfolg«.[27] Die Kritiken zu Marianne Hoppe bewegten sich zwischen der Annahme, es handle sich bei ihr um »ein Stück Natur, diesem Spiel beigegeben«[28], und der Würdigung ihres komplexen Spiels: »Eine Vielfalt des schauspielerischen Ausdrucks, ein großes Register der Gefühlsstufungen, eine Nuancierung der hart klirrenden Sprache, eine Einmaligkeit der Geste, die selbst in der schauspielerischen Knappheit dieses Films beglückt und erschüttert.«[29] Dutzende von Malen wurde ihre »herbe« Schönheit betont, ihre »tief empfundene Glaubhaftmachung des zu jedem Opfer bereiten Weibes«,[30] ihre Natürlichkeit und Innerlichkeit. Immer wieder hob man ihre Fieberszene im Kindbett als geisterseherischen Höhepunkt des gesamten Films hervor.

Nach dem »Schimmelreiter« war Marianne Hoppe in allen Städten, die ein Kino besaßen, bekannt. Als der Star, der keiner ist, das Mädchen aus dem Volk, eine von uns, da oben auf der Leinwand. In diesem Sinne konnte sich ganz besonders der *Kurier für die Prignitz* freuen, nachdem der Film Ende Juni auch in Pritzwalk angelaufen war. »Der zweite Film unserer Heimatkünstlerin Marianne Hoppe-Felsenhagen ein Riesenerfolg«, lautete der Untertitel des hymnischen Berichts.[31] Sogar die Köchin des Hoppeschen Gutes machte sich in die Stadt auf und betrat erstmals ein Kino, um ihre Janni zu sehen, wie Marianne Hoppe erzählte: »Und da sagte sie nachher zu meiner Mutter ganz indigniert: Das verstehe ich nicht: ›Nicht einmal hat sie sich zu mir umgedreht.‹ So dachten die noch. Die wussten ja gar nicht, dass das Fotografie war, die konnten sich davon ja gar keine Vorstellung machen. Inzwischen hat sich das herumgesprochen, dass man im Film nicht selbst herumläuft, aber damals hielt man es durchaus für möglich, dass man da als Schattenspiel unterwegs war.«[32]

Eine Säule der nationalsozialistischen Gesellschaft war der Gemeinsinn. Das aber musste man der Gutsbesitzerstochter gar nicht erst nahe bringen, dass derjenige, der eine gute Ernte eingefahren hat, diejenigen, die es schlechter getroffen hatten, nicht vergessen durfte. Mit ihrem Eintritt in die Reichsfilmkammer nahm Marianne Hoppe auch ihre moralische Verpflichtung zur Wohltätigkeit an. Sie schickte Essenspakete an arbeitslose oder kranke Kollegen, spendete Geld und stand für das im September 1933 ins Leben gerufene Winterhilfswerk zur Verfügung. Das wurde von den bekannteren Schauspielern auch erwartet. Das Winterhilfswerk war das größte Wohlfahrtsunternehmen im Nazistaat und ein riesiger Propaganda-Apparat. Vom Eintopfsonntag bis zum Winterpfennig, von Lotterien über Kulturveranstaltungen, monatliche Straßensammlungen und den umfänglichen Verkauf immer neuer Abzeichen setzte es alle Hebel und Prominenten in Bewegung, um in den ersten Jahren Geld für Arbeits- und Obdachlose zusammenzutragen und später die NS-Volkswohlfahrt zu unterstützen. Hitler persönlich ließ sich zitieren, um das Winterhilfswerk zu befördern: »Dieses Glück zu helfen, das den am meisten belohnt, der sich zu diesem Sozialismus der Tat bekennt, muss uns auch am Beginn jedes neuen Winters erfüllen! Jeder soll denken: Es gibt noch einen, der ärmer ist als ich, und dem will ich helfen!«[33]

Im Januar 1934 waren am Wochenende des 20. und 21. die Filmschaffenden zu Straßensammlungen des Winterhilfswerks aufgerufen gewesen. Marianne Hoppe wusste das, konnte aber nicht teilnehmen, weil sie zum Start des »Schimmelreiters« einige Tage in Westfalen war. Sie hatte die Filmverleihfirma Europa gebeten, ein von ihr verfasstes Entschuldigungsschreiben an den Reichsfachschaftsleiter Carl Auen zu bestätigen und weiterzuleiten, was diese aber offenbar versäumt hatte. So erfuhr die erschrockene und im Umgang mit Staatsbehörden noch unerfahrene Schauspielerin nach ihrer Rückkehr – vermutlich von Carl Dreyfuss –, dass Leute von der Fachschaft angerufen hatten, um sich zu erkundigen, wo sie bliebe. Auf der Stelle setzte sie sich hin und schrieb einen erklärenden Brief an Auen, der übrigens auch Schauspieler war und im »Heideschulmeister Uwe Karsten« die Rolle des Pastors gespielt hatte:

»Ich muss Ihnen wohl nicht versichern, wie sehr ich dieses Versehen bedauere und wie Leid es mir getan hat, an dem großen Hilfswerk der Filmtätigen nicht teilnehmen zu können. Aber ich hoffe, das Versäumte noch nachholen zu können. Darf ich Ihnen vorschlagen, dass ich auf meinen, in der nächsten Zeit noch stattfindenden Reisen zu den Premieren des ›Schimmelreiters‹ in den Großstädten der Provinz die von dem Scherl Verlag angefertigten Filmpostkarten von mir zugunsten der Winterhilfe verkaufe und zugunsten der Winterhilfe mit Autogrammen versehe. Wenn sonst noch irgendeine Möglichkeit besteht, für das Winterhilfswerk etwas zu tun, so bitte ich um entsprechende Mitteilung. ... Ich gebe der Hoffnung Ausdruck, dass nun die für mich so peinliche Angelegenheit geklärt ist und grüße Sie mit Hitlerheil. Marianne Hoppe.«

Marianne Hoppe, Punkt. Als wie heikel sie die Angelegenheit auch empfunden haben mochte und wie tief sie sich in diesem Fall zur Entschuldigung neigte – den Punkt nach ihrem Namen ließ sie sich nicht nehmen. Wie viele Filmschauspieler dieser Zeit unterzeichnete Marianne Hoppe immer mit einem Punkt, seien es Autogramme, persönliche Briefe oder Verträge. Die Unterschrift als ganzer Satz, als geschlossene Aussage, als Einheit und Setzung, nach der man erst einmal Luft holen muss. Allüren hatte Marianne Hoppe vielleicht keine. Aber sie wusste immer ihren Wert.

Von großer Ernsthaftigkeit sich selbst wie der Sache gegenüber geprägt ist auch ein Artikel über ihre Zukunft als Filmkünstlerin, den Marianne Hoppe auf Anfrage des *Film-Kuriers* Ende März 1934 verfasste:

»Was ich mir von meiner Filmarbeit in der Zukunft erhoffe? Dass ich in ihr die gleiche künstlerische Befriedigung finde, wie ich sie manchmal auf der Bühne erleben durfte. Ich will damit nicht in den Chor der vielen Schauspieler einstimmen, die immer wieder den Film verdammen und das Theater als die einzige Stätte echter Schauspielkunst rühmen. Ich hatte bis jetzt Glück, hatte schöne Rollen, die mir ernste Aufgaben stellten. Aber so ganz glücklich bin ich im Atelier noch nicht. Die Quelle für all die Schwierigkeiten, die dem Schauspieler im Film begegnen, ist ohne Zweifel der stete Kampf, den der Künstler mit den beiden anderen Mächten auszutragen hat: mit dem Kaufmann und dem Techniker. ... Ich möchte mir wünschen, dass die Filmindustrie erkennt, wie groß auch die wirtschaftlichen Vorteile des vom Kaufmann so häufig verpönten ›künstlerischen‹ Films sind.

Ich wünschte, damit der deutsche Film an die Spitze kommt, ein Drehbuch, das ein wirklicher Filmdichter unbeeinflusst von dem ›fachmännischen‹ Gebiet des Kaufmanns schaffen könnte; einen Regisseur, der die volle Autorität besitzt, um ein Werk nach seiner künstlerischen Absicht zu gestalten, der die Zeit und die Ruhe hat, mit uns Schauspielern ernst und verantwortlich zu arbeiten; einen Kameramann, der auf die Eigenart des Schauspielers eingeht, der sein Spiel und seinen mimischen Ausdruck bildhaft zu erfassen weiß und nicht verlangt, dass sich der Künstler nach seinen technischen Wünschen richtet – denn die Technik soll im Film der Kunst dienen, nicht die Kunst der Technik; einen Tonmeister, der sich dieses Gebot zu eigen macht, der nichts unversucht lässt, um das Mikrofon als heimlichen Belauscher der Worte des Schauspielers zu benutzen; einen technischen und kaufmännischen Stab, der ehrlich bemüht ist, sich den Gesetzen der Kunst unterzuordnen.

Arbeit statt Betrieb, ernsten Willen und künstlerisches Streben statt emsiger Betulichkeit, die für jede fanatische Arbeit unbedingte Voraussetzung ist, statt unehrlicher Freundlichkeit, statt der im Atelier immer wieder zu beobachtenden krampfhaften Bemühung, sich mit jedem gut zu stellen, ja nirgends anzustoßen. Und ich wünschte mir endlich: dass die Filmindustrie den echten Schauspieler so einschätzt und so beschäftigt, wie es jeder Theaterdirektor tut; dass nicht der Komiker, der in ein paar Filmen einen Kammerdiener spielen musste, nun lebenslänglich in Dienerlivree zu erscheinen hat, dass man nach zwei Bauernrollen nicht als Bauernschauspielerin abgestempelt wird, dass man nach drei ernsten Filmen auch sehr wohl noch eine Lustspielrolle verkörpern kann.

Das sind die bescheidenen Wünsche einer Schauspielerin im deutschen Film, die gern und mit aller Intensität filmt, die solche ketzerischen Gedanken nicht als feindliche Kritikerin des Atelierbetriebes, sondern als ehrliche Helferin beim Aufbau des deutschen Filmes hegt.«

Als hätte es dieses Textes bedurft, erhielt Marianne Hoppe, die nach dem »Schimmelreiter« von der Terra für einen Film mit der Arbeitstitel »Schwarzer Reiter Johanna« engagiert worden war, von der Produktionsfirma des Regisseurs Carl Froelich kurzfristig das Angebot, in Froelichs Verfilmung einer niederdeutschen Bauernkomödie mitzuspielen. Nach den drei ernsten Filmen jetzt also tatsächlich das Lustspiel – zwei herzhafte Drehwochen im Mai, bevor es dann ab der zweiten Juniwoche wieder ernst wurde.

Carl Froelich war ein Pionier in der Nutzung neuer Filmtechniken. Er hatte mit »Die Nacht gehört uns« (1929) und »Brand in der Oper« (1930) zwei der ersten künstlerischen Tonfilme gedreht und auf seinem Gelände in Tempelhof mit »Mitternachtsliebe« und »Mädchen in Uniform« (beide 1931) als Produzent die ersten Studiofilme ermöglicht. Später wandte er sich politischen Themen zu, drehte einen Propagandafilm über den NS-Arbeitsdienst für Frauen (»Ich für dich – du für mich«) und bekam 1936 den Staatspreis für »Traumulus« mit Emil Jannings, eine Abrechnung mit der angeblichen moralischen Verkommenheit der Vorkriegsgesellschaft. 1939 wurde Carl Froelich Präsident der Reichsfilmkammer und Reichskultursenator, nach Kriegsende hatte er bis 1949 Berufsverbot.

August Hinrichs' plattdeutsche »Swienskomödi« von 1930 war mit großem Erfolg schon an mehreren Bühnen gezeigt worden, als Carl Froelich nach dem Stoff griff. Es geht um den Bauern Lampken, der aus Prinzip (»da hab ick nix von!«) keine Steuern bezahlt und dem deswegen sein preisgekröntes Schwein Jolanthe gepfändet werden soll. Froelich verfilmte die Geschichte unter dem Titel »Krach um Jolanthe« in einer hochdeutschen Fassung. Gleichwohl blieb der niederdeutsche Ton gewahrt, denn es waren nur Schauspieler engagiert worden, die auch die richtige Klangfarbe mitbrachten. Carsta Löck, Fritz Hoopts und Wilhelm Krüger kamen sogar direkt aus dem Oldenburgischen. Marianne Hoppes Herkunft aus der Prignitz lag fast schon am Rande des passenden Einzugsgebietes, aber das plattdeutsch gerollte »R« und die hemdsärmelige Fröhlichkeit ihrer Anna Lampken ließen nichts zu wünschen übrig. Wieder ist sie hier diejenige, die als Frau die Hosen anhat. Sie verliert trotz einer amourösen Verwicklung nicht den Kopf, sondern hält Haus und Hof zusammen, schenkt immer im richtigen Moment einen Schnaps aus und geht, kurz bevor die Situation eskaliert, nachts heimlich die Steuern bezahlen.

»Krach um Jolanthe« erhielt das Prädikat »künstlerisch besonders wertvoll« und hatte am 18. August 1934 in Berlin Premiere. Die Kritik war begeistert und verglich die Komödie mit Kleists »Zerbrochenem Krug«. Dem Rezensenten des *Völkischen Beobachters* galt Carsta Löck als das »größte komische Talent des deutschen Films«, und an Marianne Hoppe entdeckte er eine »völlig neue, glückliche Note, eine Mischung von Herbheit und Humor, bald schalkhaft spröde, bald fraulich zart. Sie sollte diese Linie pflegen, dann dürfte sie keine Konkurrentin haben.«[34] Eine fast wortgleiche Beurteilung findet sich im *Kurier für die Prignitz*, angereichert allerdings durch die Wendung »unsere Ostprignitzer Landsmännin Marianne Hoppe« sowie die nicht minder stolze Mitteilung, dass dieselbe kürzlich mit Carsta Löck zum Erntefest in Felsenhagen gewesen sei. Auch mündet der Artikel in die unvermittelte Bemerkung: »Alles in allem: Ein Glück, dass die jüdischen Schauspieler von der Bildfläche verschwunden sind und einer jungen deutschen Schauspielergeneration den Weg freigemacht haben ...«[35]

Auch die Ensembleleistung wird allenthalben hervorgehoben, das Fehlen von Startum in diesem Film. So erfreulich dieser Aspekt der neuen Natürlichkeit im Film der neuen Zeit gewesen sein mag, so gekünstelt und kitschig erscheinen oft die entsprechenden Lobesstereotypen. Im *Film-Kurier* etwa versicherte G.H., als sei er wie die Felsenhagener Köchin erstmals im Kino gewesen: »Wenn zum Schluss die Darsteller vor den Vorhang treten und sich für den Applaus bedanken, dann ist man ein wenig verwundert. Das waren also Darsteller, und keine richtigen, waschechten Bauern.« Interessant allerdings sein Kompliment an Marianne Hoppe. Diese liefere »wieder einmal den Beweis, dass man beim Film Erfolg haben kann, ohne eine Postkarten-Dutzendschönheit zu sein. Nur können muss man etwas, k-ö-n-n-e-n!«[36] Auch das liegt nämlich in dem mit Bezug auf Marianne Hoppe dauerstrapazierten Adjektiv herb: dass sie keine prototypische Schönheit war. Es gibt überwältigende, auch vollkommen ebenmäßige Fotografien von ihr. Zum Abziehbild aber eignete sie sich nie. Dazu hatte sie bei gleich bleibendem Typ auch zu viele Gesichter. Lieb, nett und weich schaut sie unter ihrem bäuerlichen Kopftuch auf einem viel gedruckten Pressefoto als Anna Lampken aus. In ihrer allzu betonten Burschikosität doch sehr abweisend wirkt hingegen die noch häufiger gedruckte Aufnahme der Johanna Luerssen in der Uniform des Schwarzen Korps. Diese Hosenrolle groß ins Bild zu setzen, ließ sich kaum eine Zeitung entgehen, und gleich mehrere Zeitschriften nahmen das Foto auf den Titel.

Schon während der Dreharbeiten zu »Schwarzer Jäger Johanna«, wie der im Juni und Juli 1934 gedrehte Film von Johannes Meyer nach dem Roman von Georg von der Vring letztlich hieß, ging der Presserummel los. Das hatte viele

Gründe: Die Geschichte des Mädchens, das sich im Jahr 1809 aus Patriotismus und Liebe der Erhebung gegen Napoleon anschließt, war soeben in Fortsetzungen in der *Berliner Illustrirten* erschienen und entsprechend bekannt. Auch machte sich ein Teil des Teams vom »Schimmelreiter« ans Werk: Die Herstellungsgruppe Rudolf Fritsch, die inzwischen in der Terra aufgegangen war, mit dem Kameramann Alexander von Lagorio und dem Komponisten Winfried Zillig. Zudem waren vaterländische Themen zu der Zeit en vogue. Und Gustaf Gründgens spielte mit, der gerade im Februar zum Intendanten des Staatstheaters am Gendarmenmarkt ernannt worden war. Vor allem aber war die Presse daran interessiert, dass Marianne Hoppe in der Titelrolle ein Mädchen in Uniform spielte.

Die wohl ausschließlich männlichen Vorberichtenden konnten sich über den zarten »Kameraden« gar nicht beruhigen, betonten die Kumpelhaftigkeit von »Marianne« während der Probe und freuten sich gönnerhaft über diesen aparten Spiegel ihrer Männerwelt. Ein sachdienlicher Artikel im *Film-Kurier* vom 9. Juli befasste sich allerdings auch mit der Frage, ob diese Johanna mit Kleists »Käthchen von Heilbronn« verwandt sei. Der Autor S.L. kam nach einem Probenbesuch zu der Ansicht, dass das nicht der Fall sei. Die Figur habe, zumal in Marianne Hoppes Darstellung, nichts Visionäres an sich und folge dem Major Korfes nicht als »hohem Herrn« aus Liebe, sondern aus klaren politischen Einsichten: »Der ›Schwarze Jäger Johanna‹ ist eine deutsche Freiheitsheldin schlechthin.« Von heute aus betrachtet, scheint sie einem aber doch sehr viel näher am Käthchen als an einer politischen Figur zu stehen. Selbst wenn sie weniger als beseeltes Kind denn als romantische Abenteurerin erscheint – diese Unbedingtheit und Bedenkenlosigkeit, diese Schnelligkeit im Urteil wie im Handeln mögen im Jahr 2000 nicht als politisch motivierter Charakter durchgehen. Auch ist Johannas Abneigung gegen die napoleonischen Truppen zusätzlich durch die Enttäuschung begründet, dass sie von ihrem Jugendfreund Caspar, der dort dient, wegen einer Adligen sitzen gelassen wurde.

Der Film kam im September 1934 in die Kinos. Ein Prädikat erhielt er nicht, Goebbels fand ihn »schlecht gemacht«.[37] Die Kritiken waren uneinheitlich. Übereinstimmend wurde Marianne Hoppes Rollenwechsel vom Biedermeierfräulein zum Schwarzen Jäger aber als überzeugende Charakterarbeit und ihre bisher reifste Darstellung gewürdigt. Die Hosenrolle mit den ganz kurzen Haaren (und gleichwohl stets geschminkten Lippen) schien die Rezensenten allerdings dazu angestachelt zu haben, es jetzt aber mal ganz genau zu nehmen mit dem Äußeren des so unfräuleinhaften Fräuleins. Während Gründgens als Spion Dr. Frost in geradezu groteskgeckenhafter Maske mit ölig ins erstaunlich dicke Gesicht gekämmten Haaren und stark betonten Augen unbehelligt passieren durfte, hieß es über Marianne Hoppe bei aller Achtung vor ihrer Leistung und Eingenommenheit von ihrer Erscheinung immer wieder, dass sie eigentlich nicht schön sei, manchmal sogar fast unschön. Ungestraft durfte man damals nicht einmal im Film die vorgesehenen Rollenbilder verlassen.

In diesem vaterländischen Werk gab sich Marianne Hoppe besonders stark den Vereinnahmungsgelüsten völkisch orientierter Rezensenten preis. So schrieb F.O. in der *Berliner Börsenzeitung* vom 20. September: Marianne Hoppe »verkörpert wohl von allen unseren Filmschauspielern am reinsten den niederdeutschen Menschen in seiner rassischen Besonderheit; diesen wortkargen, mit einem eigenartig trockenen Humor begabten blonden nordischen Menschen, an dem alles herb und echt ist.« Immer wieder wird sie als Künstlerin und Persönlichkeit des öffentlichen Lebens von den Nazis zur Galionsfigur gemacht, obwohl ihre Arbeit mit kleinen Einschränkungen auch in jedem anderen System Bestand gehabt hätte. Sie war als Künstlerin individuell. Aber sie ließ es zu, dass sie die Nazis als eine der ihren behandelten und konnte dadurch, dass sie in den Medien ihre Angst vor künstlerischer Stagnation nicht verhehlte – »Es ist auch schwer für mich, gute, neue Filmrollen zu finden, denn man muss sich doch vorsehen vor einem Abstieg und immer weiter eine Steigerung erstreben«[38] – leicht als systemkonform vorandrängende Kämpfernatur verstanden werden. Die subtilen Versuche in Interviews, sich der Vereinnahmung zu entziehen, waren Tropfen auf einen heißen Stein.

Die Johanna Luerssen ist übrigens eine der wenigen Figuren Marianne Hoppes, die mit einer Mutter auftritt. Ansonsten spielt meist der Vater eine Rolle, wenn die Herkunftsfamilie betont wird: Die Elke im »Schimmelreiter«, die Ursula im »Heideschulmeister«, die Anna in »Krach um Jolanthe«, später die Gabriele in »Gabriele eins, zwei, drei«, die Franziska in »Auf Wiedersehen, Franziska!«, die Felicitas in »Stimme des Herzens« – alle sind zärtlich geliebte Töchter, die den Vätern teilweise die Frau im Haus ersetzen und vielleicht schon deswegen so gut auf ihre Rolle als selbstbewusste Gefährtin an der Seite ihrer zukünftigen Männer vorbereitet sind. In »Stimme des Herzens« von 1942 winkt Eugen Klöpfer als Vater den um die Hand seiner Tochter anhaltenden Herrn gleich weiter mit den Worten, er habe sie zu einem so selbständigen Menschen erzogen, dass sie solche Dinge alleine entscheide. Zuvor gab es eine Trennungsszene von ihrer Jugendliebe, einem talentierten Maler, der aus Geldnot beschließt, Kaufmann zu werden und sich aus Scham von ihr lossagt. Er bittet sie, nicht auf ihn zu warten. Ohne die Haltung zu verlieren, steht Felicitas-Marianne da auf, gibt ihm die Hand und sagt: »Gut, ich werde nicht warten. Du sollst jetzt an nichts anderes denken als an dich.«

Die exponierteste Vater-Tochter-Beziehung ihrer Filmlaufbahn erlebt Marianne Hoppe als Hella Bergson in »Alles hört auf mein Kommando« von Georg Zoch. Dieser Film, den sie im September 1934 drehte, bot als Partnerin zwar Adele Sandrock auf, war von der Handlung und der Rolle her aber ein eher minderer Anlass. Adele Sandrock ist als Pauline Neuber eine Theaterdirektorin urältesten Schlages, die ihrem

Enkel Erich (Wolfgang Liebeneiner) nur in der Not des drohenden Konkurses erlaubt, ein eigenes Stück in Szene zu setzen. Dies ist eine musikalische Revue über den Wandel der Jugendkulturen im Laufe der Jahrhunderte, die in aller Ohren größten Anklang findet, und das Theater ist gerettet. Das ist der eine Strang. Der andere rankt sich um Marianne Hoppe als Tochter des mächtigsten Zeitungsverlegers der Stadt, der zufällig auch die Theaterkritiken selbst verfasst und auf das Haus der Frau Neuber bislang immer mit vernichtender Härte geschaut hat. Hella nun, die in der Anzeigenabteilung der väterlichen Zeitung arbeitet, verliebt sich auf der Kirmes unerkannterweise in Erich Neuber. Es gibt einige Verwicklungen, die nicht zum geringsten Teil aus dem Umstand rühren, dass Erich den jugendlich aussehenden Vater (Georg Alexander) für Hellas Freund hält und sich beleidigt zurückzieht. Hella schmollt, Hella zürnt, Hella sitzt bei ihrem allein erziehenden Vater auf dem Schoß und lässt sich trösten, aber am Ende wird alles gut, und weil die Hochzeit von Hella bevorsteht, darf sich der Vater jetzt endlich auch zu seiner eigenen Freundin bekennen.

Marianne Hoppes Hella ist eine selbstbewusste und selbständige Frau, sportlich und schlagfertig, aber sie muss all das nur im rundum geschützten Gehege des väterlichen Verlages beweisen. Als er sie wegen einer – aus Liebe zu Erich begangenen – Eigenmächtigkeit tadelt, fängt sie umstandslos an zu weinen, was ihn sofort innehalten lässt. Ohnehin findet die ganze frische Emanzipiertheit ihren Sinn am Ende bloß darin, den engherzigen Eifersüchteleien des Neuber-Enkels lautstark Paroli bieten zu können. »Sie kann Krach machen!«, freut sich die Prinzipalin vor der Türe und erinnert sich daran, dass sie bei Erichs Großvater mit dem gleichen Mittel »herrliche Erfolge« erzielt hat.

Zu diesem Film passt ein »Aufruf an alle Frauen«, der in diesen Jahren gelegentlich in Zeitschriften erschien: ein Reklame-Appell an »Frauen, Bräute, Mütter, Schwestern«, sich zusammenzuschließen, notfalls auf die Straße zu gehen und mit Transparenten zu demonstrieren – »Behütet Eure Männer!« Gemeint waren richtige Hüte auf realen Männerköpfen.

»Alles hört auf mein Kommando« war ein schneller Film, zur Unterhaltung gedacht und in Maßen dafür sicher auch geeignet, selbst wenn der Kritiker des *Film-Kuriers* nach der Premiere am 8. Januar 1935 die Hände über dem Kopf zusammenschlug und stöhnte, man dürfe Marianne Hoppes geradlinige Natürlichkeit doch nicht so »verschleißen«[39]. Die Vorbehalte konnten aber auch daher rühren, dass wenige Wochen vor der Premiere von »Alles hört auf mein Kommando« Georg Zochs vorangegangener Film, die Komödie »Die Liebe siegt«, kraft der Goebbelschen Geschmackszensur verboten worden war. Entsprechend niedrig stand dieser Regisseur im Kurs. Später wurde »Die Liebe siegt« dann aber doch zugelassen, und Zoch drehte auch etliche weitere Filme während der Nazizeit. Marianne Hoppe blieb die Arbeit mit ihm vor allem dadurch in Erinnerung, dass sich ihr damaliger Hund, ein Sealyham Terrier, mehrfach in der Stola der schon über siebzigjährigen Adele Sandrock verfangen hatte, was ihr außerordentlich peinlich war.

Nur sechs Tage nach der Premiere dieses ABC-Films wurde ein Carl-Froelich-Film mit Marianne Hoppe uraufgeführt, der wesentlich mehr hermachte: »Oberwachtmeister Schwenke« mit Karl Dannemann, Gustav Fröhlich, Claire Fuchs, Sybille Schmitz und Emmy Sonnemann. Es handelte sich abermals um die Verfilmung eines zuvor in der *Berliner Illustrirten* erschienenen Romans. R. A. Stemmle und E. Freiherr von Spiegel schrieben das Drehbuch zu Hans Joachim von Reitzensteins gemütvoller Kriminalgeschichte mit reichlich Berliner Lokalkolorit. Schwenke ist Schutzpolizist aus Berufung. Er hilft kleinen Kindern über die Straße und macht auf jeden einen guten Eindruck. Besonders auf Frauen. Maria Schönborn (Marianne Hoppe), eine Floristin, liebt ihn innig, wird von ihm aber kaum wahrgenommen. Erst als er in ein erpresserisches Komplott mit tödlichen Folgen verwickelt wird und am Ende sogar in den Verdacht gerät, einen Mann misshandelt zu haben, schlägt ihre Stunde. Sie findet heraus, wie alles wirklich war und offenbart eine so bestürzende Schutzengelhaftigkeit, dass die Rettung am Ende die ihre ist und noch im Gerichtssaal die Hochzeit mit Schwenke feststeht. Behütet Eure Männer!

Zur Premiere spielten die Berliner Polizeiorchester im Ufa-Palast am Zoo, und die Kritiken rühmten das »schlichte, liebe Mädel aus dem Volk«[40], die »menschliche Wärme« und »kindliche Gläubigkeit«[41] von Marianne Hoppe, ihre kluge und keineswegs auf Schönheit angewiesene Umsichtigkeit. In diesem Film kommt einem die Scheinselbständigkeit der Hoppe-Rollen besonders beklemmend vor. In »Alles hört auf mein Kommando« hatte sie wenigstens noch Spaß gehabt.

Im wirklichen Leben gönnte sich Marianne Hoppe nach den Dreharbeiten zu »Oberwachtmeister Schwenke« Ende November ein halbes Jahr Drehpause. Sieben Filme in zweieinhalb Jahren und ein Sprung aus der Münchner Maisonette-Wohnung mit schwedisch gestrichener Küche in das Milieu der Neuberliner Filmelite – das wollte auch einmal verdaut sein. Doch sie erholte sich nicht mit Boxen oder Gymnastik, was sie beides seit einiger Zeit praktizierte, nicht, indem sie mit dem Wagen ins Grüne fuhr, zum Reiten und Faulenzen ihre Eltern besuchte oder die Bauarbeiten auf ihrem Grundstück an der Stallupöner Allee beaufsichtigte. Wahrscheinlich tat Marianne Hoppe all dies, aber darin bestand nicht die Erholung. Abstand von der einen Arbeit verschaffte sie sich vielmehr durch andere Arbeit – am Neuen Theater in Frankfurt am Main gastierte sie, als Heimkehrerin gefeiert,[42] in dem Stück »Die Hummel« von Frank Vosper. Die Hauptrolle der Loveday setzte ihrem filmischen Rollenbild nun allerdings nichts entgegen, sondern erfüllte es in Gänze inklusive aller erlaubten Wildheit vor der Zähmung: Loveday ist eine Herumtreiberin aus bestem Hause, die sich von Ort zu Ort und Mann zu Mann durchs Leben schnorrt, bis sie den Richtigen findet.

Zwei Wochen lang war Marianne Hoppe diese »Hummel« und machte danach über den Jahreswechsel drei Wochen Winterferien in St. Moritz in der Schweiz. Nach dorthin folgte ihr offenbar die Anfrage der Reichsfilmkammer oder einer Filmfirma nach ihren nächsten Plänen, vielleicht auch bereits ein Angebot, jedenfalls schrieb sie zurück, sie sei »in diesem Jahr bis jetzt mit Filmen fast offen«, hätte sich aber »fest entschlossen, nur dann ein Engagement anzunehmen«, wenn sie »Stoff und Rolle genau kenne«.[43] Den ersten Arbeitsrausch hatte Marianne Hoppe genossen, ab jetzt wollte sie ihre Karriere gestalten. Sie plante, wieder regelmäßig Theater zu spielen und hatte den Frankfurter Journalisten gegenüber auch schon gesagt, dass dies »vermutlich in Berlin an prominenter Stelle«[44] sein würde. Darüber, dass sie das Theater als künstlerischen Erstwohnsitz behalten wolle, hatte Marianne Hoppe von Anfang ihrer Filmkarriere an nie einen Zweifel gelassen. Auch hatte sie alle Gelegenheiten genutzt, darauf hinzuweisen, dass sie noch ganz andere Rollen auf der Leinwand ausfüllen könnte als die bisherigen. Am 1. Februar 1935 erschien in einem Porträt eine Interviewpassage von ihr im *Filmbeobachter*, die beides nun in aller Deutlichkeit verband:

»Es bedeutet für mich eine große Befriedigung, für Millionen Menschen zu arbeiten und der Mittler künstlerischer Gehalte zu sein. Aber ich muss offen gestehen, dass mir der Film bis heute noch nie die große künstlerische Befriedigung gebracht hat wie das Theater. In noch keiner Filmrolle hatte ich Gelegenheit, das zu gestalten und zu erfüllen, was mich vorbehaltlos für meinen Beruf als Schauspielerin begeistert: Menschen zu gestalten, menschliches Erleben dem Zuschauer zu vermitteln. Dass mir das meiner Meinung nach noch nicht gelang, liegt vielleicht auch an dem Mangel an wirklich wertvollen Filmmanuskripten, zum Teil auch an dem stark technisierten und merkantilisierten Filmbetrieb. Aber ich habe die Hoffnung noch nicht aufgegeben, auch im Film einmal die Aufgaben zu erhalten, die ich ersehne und die mir so oft auf der Bühne gestellt wurden.«

Ein Jahr zuvor hatte sie eine vergleichbare Einschätzung der Filmbranche noch mit deutlich größerem Optimismus umhüllt. Dies nun ausgerechnet den Filmjournalisten ins Stammbuch zu diktieren, die immer so stolz auf die Menschendarstellerin Marianne Hoppe im hoch gelobt realistischen neuen deutschen Film waren, kam einer grundlegenden Kritik gleich, die im Betrieb nicht vorgesehen und eigentlich nur dadurch aus der Welt zu schaffen war, dass sich die Presse Marianne Hoppes Forderung zu eigen machte. Prompt mehrten sich in den Berichten über sie die Hinweise, dass diese Schauspielerin zu Großem berufen sei, verbunden mit der Aufforderung, ihr doch endlich Gelegenheit zu geben, dies zu zeigen. ›Vorwärts und aufwärts!‹ lautet die kämpferische Parole, die Marianne Hoppe glühend beseelt, und die für kommende Spitzenleistungen ein klarer, zuverlässiger Garant ist,«[45] hieß es etwa, und als der *Film-Kurier* im Frühjahr 1935 meldete, Marianne Hoppes nächste Produktion sei »Die Werft zum grauen Hecht« unter der Regie von Frank Wysbar, las sich das folgendermaßen: »Mit Freude wird die Filmöffentlichkeit die Zusammenarbeit dieses Entdecker-Regisseurs und einer in ihren Gestaltungswerten noch immer nicht voll genutzten Kraft wie Marianne Hoppe vernehmen. Wysbar hat allen seinen Darstellern sein besonderes Talent für die Heraushebung ihrer Eigenarten (Wieck, Thiele, George, Karin Hardt usw.) zugute kommen lassen. In der Zusammenarbeit mit ihm wird sie sicherlich eine der großen Überraschungen der menschlichen Wertvermittlung von der Leinwand her. Der bisherige Auftakt ihres Schaffens berechtigte ja zu den großen Hoffnungen – nun möge die Erfüllung kommen.«[46]

Frank Wysbar, der später nach Hollywood gehen sollte, galt damals als Avantgarderegisseur. 1931 hatte er an »Mädchen in Uniform« mitgearbeitet und zwei Jahre darauf mit den gleichen Hauptdarstellerinnen, Hertha Thiele und Dorothea Wieck, sowie Mathias Wieman einen mystischen Film über eine junge Wunderheilerin gedreht, in der es ebenfalls zu einer erotisch angehauchten Frauenbeziehung kommt: »Anna und Elisabeth«. Wysbar müsse »seine Menschen von der körperlichen und geistigen Dekadenz befreien und sie bald in volkhaftes und gesundes Leben stellen, wenn er mit der neuen Zeit mitmarschieren will«,[47] schrieb Oskar Kalbus. Das wollte Wysbar zunächst wohl auch. Er trennte sich von seiner jüdischen Frau, der Musikdramaturgin Eva Krojanker (mit der er 1938 dann aber doch in die USA emigrierte), drehte 1934 mit Wolfgang Liebeneiner und Sybille Schmitz die Segelfliegerkomödie »Rivalen der Luft«, und im Januar 1935 hatte gerade erst die Gottfried-Keller-Verfilmung »Hermine und die sieben Aufrechten« mit Karin Hardt, Heinrich George und Albert Lieven Premiere gehabt.

Jetzt wollte Wysbar als Gemeinschaftsproduktion von Terra und Pallas mit der »Werft zum grauen Hecht« einen weiteren Roman von Hans Joachim von Reitzenstein verfilmen, der abermals in der Zeitung vorveröffentlicht worden war. Die Dreharbeiten (nach Wysbars eigenem Buch) fanden Mitte Mai bis Ende Juni in Pichelsdorf bei Berlin auf der Havel-Werft des örtlichen Wassersportvereins und im gläsernen Terra-Studio in Berlin-Mariendorf statt. Marianne Hoppe spielte Käthe Liebenow, die Tochter des Werftbesitzers (Hans Leibelt), die sich in den Autoschlosser Otto Menzel (Hermann Speelmanns) verliebt, hinter dem aber noch eine ehemalige Freundin (Fita Benkhoff) her ist. Die Handlung ist voller lustspielhafter Turbulenzen und Missverständnisse, und am Ende kommen Käthe und Otto zusammen. Die Prüfstelle befand »künstlerisch wertvoll«, und die Kritiken waren sich einig, dass es Wysbar gelungen sei, den Komödienstoff in eine lustige, aber ruhige Milieuschilderung zu übertragen.[48] Ein Film, in dem echte Menschen echte Menschen spielten, in dem die Arbeitswelt realistisch zur Geltung kam und es ordentlich nach Wasser und Schilf roch.[49] In der Rollencharakteristik blieb Marianne Hoppe, viel gelobt, auf ihrer bisherigen Bahn: Zwar ist es Käthe, die Otto eine Liebeserklärung macht, doch sie weiß, dass einer

Frau das im Grunde nicht zusteht: »Sie legt eine stolze Keuschheit in die entscheidenden Worte und Gesten und wirbt so um Verständnis für die ihr anvertraute Käthe Liebenow.«[50] Emanzipation – ein Spiel.

Mondäner vielleicht, aber in den Grundfesten kaum anders angelegt war die Regine Keßler aus »Anschlag auf Schweda«. Hinter dem Titel verbirgt sich kein Kriegsfilm, sondern ein Kriminal- und Varietéfilm, der nach dem gleichnamigen Roman von Jan Molten unter der Regie von Karl Heinz Martin entstand. Es war die letzte Produktion von Marianne Hoppe in der ersten, arbeitsintensiven Serie ihrer Filmkarriere. Die Dreharbeiten begannen Anfang Juli und dauerten bis Ende August, doch sie stieg offenbar erst Ende Juli ein, denn am 27. noch grüßte sie die Leser der *Berliner Nachtausgabe* fröhlich aus einem Liegestuhl mit einem Hund zwischen den Knien: »Marianne Hoppe erholt sich in der Nähe von Berlin, denn in kurzer Zeit geht die Arbeit wieder an.«

Der von der Bühne kommende Martin, der wegen seiner ungarisch-jüdischen Frau Elise Raab nur eingeschränkt arbeiten durfte, hatte auch das Drehbuch verfasst, die Produzentin war die – aus dem Verbund der Terra wieder ausgegliederte – Rudolf-Fritsch-Tonfilm GmbH mit dem Kameramann von Lagorio und dem Komponisten Zillig. Auch die Besetzung konnte sich mit Eugen Klöpfer, Grethe Weiser und Ernst Legal sehen lassen. Dennoch ist es ein seltsam unübersichtlicher Film, mit einem anfangs viel zu schnell skizzierten Mordfall in einem kleinen Züricher Hotel, hölzernen Polizei- und Gerichtsszenen, einer irrtümlichen Verurteilung und der aus Berlin anreisenden Pressefotografin Regine Keßler, die aus privaten Gründen alles aufklären will. Es gelingt ihr. Aber es gelingt ihr vor allem deswegen, weil der Herr Staatsanwalt Schweda, gegen den sich ihr Kampf eigentlich richtet, ihr unerkannt zur Seite steht und schamlos ihr Vertrauen und ihre Liebe erringt. Als sie am Ende erfährt, wer er ist, fahren sie gerade durch die Schweizer Alpen. Sie sitzt am

Steuer und zürnt ihm mächtig, weil er ihr einen falschen Namen genannt hatte, woraufhin er ihr seinen richtigen anträgt. »Das ist auch das Einzige, was mich jetzt versöhnen kann«, lacht da die zukünftige Frau Staatsanwalt Schweda, und alles ist gut. Die Premiere war am 5. November in Berlin, Prädikat gab es keines.

Ein gutes halbes Jahr später bekam Marianne Hoppe auch im richtigen Leben einen Heiratsantrag im Auto. Und zwar von einem Mann, der sie gleichfalls noch siezte. Es war Gustaf Gründgens, zehn Jahre älter als sie, Staatsrat und Intendant. Allerdings saß in diesem Fall er am Steuer. Gründgens war damals nicht nur Marianne Hoppes ehemaliger Kollege vom Deutschen Theater und aus dem »Schwarzen Jäger Johanna«, sondern seit der Spielzeit 1935/36 auch ihr Chef. Von der Volksbühne hatte sie ebenfalls ein Angebot gehabt, aber die Entscheidung für das Preußische Staatsschauspiel war zweifellos die elegantere Wahl. Nach den Dreharbeiten zum »Anschlag auf Schweda« erholte sie sich ein paar Tage in Felsenhagen, und dann begann am 8. September 1935 ihr zweites Berliner Theaterleben mit der Rolle der Julia aus Shakespeares »Zwei Herren aus Verona« unter der Regie von Lothar Müthel. Der Redakteur des *Film-Kuriers* kommentierte am 29. August süßsauer: »Marianne Hoppe übt Theater ... hat sie das nötig gehabt?« Doch er musste zugeben: »Sie kam vom Theater, von Reinhardt her, sie sprang immer mal wieder dazu über – zuletzt in Frankfurt zu Weihnachten –, und nun stürmt sie wie das schwarze Reiter-Mädchen Johanna (einem ihrer letzten großen Erfolgsfilme), die Fahne der Kunst in der Hand, auf die Bretter, die in Deutschland die Kunstwelt bedeuten, ins Preußische Staatstheater. ... Sie tritt in eine neue Schaffensperiode, wir werden viel mit ihr erleben, ›Erlebnis‹ heißt das ehrfurchtheischende Wort, das sie der deutschen Bühne verspricht... Ein eigenwilliger Mensch wird uns von der Bühne grüßen, kein ausgeknobelter Intellektschauspieler, eine romantische Blume aus gutem deutschen Holz.«

Insel

Antje Weisgerber:[1]
Ich kam 1937 mit meinen Eltern aus Königsberg nach Berlin. Im Rundfunk hörte ich den Aufruf, dass sich aus ganz Deutschland die Interessierten beim Staatstheater melden sollten – und dass man, wenn man aufgenommen würde, eine kostenlose Ausbildung bekäme. Wir waren dreihundertzwanzig Bewerber, und davon wurden vier Mädchen und fünf Jungen genommen. So kam ich in die Schauspielschule der Preußischen Staatstheater. Schon als Schülerin habe ich große Rollen gespielt. Die Lucile aus »Dantons Tod« beispielsweise, die ich auch vorgesprochen hatte. Marianne Hoppe war die Erstbesetzung, sie spielte die Premiere Anfang Dezember 1939. Gustaf Gründgens sagte zu mir: »Jetzt kommen noch die Weihnachtsvorstellungen, da wollen die Leute Marianne sehen, danach spielst du es.« Aber dann durfte ich die Rolle doch noch vor Weihnachten übernehmen, am 23. Dezember, ab der siebten Vorstellung. Wie sich meine Lucile von der Marianne Hoppes unterschied, weiß ich nicht. Ich habe mir keine Vorstellung mit ihr angesehen. Ich mag überhaupt nichts sehen, was ich selber spiele. Insgesamt finde ich aber, dass Marianne im Alter kolossal gewachsen ist. Sie hat sich künstlerisch ungeheuer entwickelt. Vielleicht liegt es daran, dass man als junger Mensch besonders kritisch ist, aber zu Staatstheaterzeiten fand ich, was ich auf der Bühne von ihr sah, noch nicht überwältigend.

Persönlich jedoch stand sie über allen Zweifeln. Mit Bezug auf das Nazireich habe ich Marianne Hoppe stets als einen ungeheuer integeren Menschen empfunden. Hochanständig. Die Atmosphäre, die im Ensemble herrschte, war ohnehin ein

[1] Antje Weisgerber ist Schauspielerin und gehörte zum Schauspielensemble der Preußischen Staatstheater unter Gustaf Gründgens. Sie lebt in Bayern.

Zusammenhalten gegen den Rest der Welt. Wir haben uns immer wie auf einer Insel gefühlt. Es waren so viele herrliche Schauspieler da, und dank der Leitung von Gustaf Gründgens gab es überhaupt keinen Neid. An einem Abend spielte Werner Krauß eine große Rolle, am nächsten übernahm er auch eine kleine. Hermine Körner, Maria Koppenhöfer und Walter Franck zählten zu meinen Lehrern. In jeder freien Stunde mussten wir Schüler bei den Proben zuschauen. Was natürlich fantastisch war. Und wenn jemand erkrankte, durften wir einspringen. Das größte Glück war, mit Gustaf Gründgens selbst zu arbeiten. Er war einzigartig als Regisseur. Wenn er gesagt hätte: Geh mal die Wand hoch!, hätte ich es zumindest versucht.

Im Staatstheater hatten wir eine herrliche Sprachlehrerin, mit der ich auch persönlich befreundet war: Herma Clement, eine Halbjüdin, die bei Gründgens geschützt war. Früher war sie auch Schauspielerin gewesen. Sie half mir später, meinen Mann zu heiraten, Horst Caspar, der unter die Nürnberger Rassegesetze fiel. Ohne dass ich es wusste, sprach sie zu Emmy Göring, die sie gut kannte, darüber, und die hat furchtbar gedonnert, und dann konnten wir 1944 in Wien heiraten. Ich selbst habe Emmy Göring erst nach dem Krieg kennen gelernt. Horst und ich waren in einer Theatervorstellung und sahen sie an der Garderobe stehen. Und da hat Horst zu mir gesagt: Du komm, wir müssen jetzt hingehen und uns bedanken, und das haben wir auch gemacht. Sie hat ganz lieb reagiert. Es ist ja so: Wenn man der Emmy Göring etwas hätte anhängen können, wäre das auch geschehen. Vor der Spruchkammer ist sie wirklich nach allen Ecken und Kanten ausgefragt und dann freigesprochen worden. Sie hat sehr vielen jüdischen Kollegen geholfen. Der Weg zu Hermann Göring ging ja immer nur über sie.

»Dass man nicht so leben kann, weiß ich«

Es ist vorstellbar, dass Marianne Hoppe als Filmschaffende nicht allzu viel mitbekam vom real existierenden Nationalsozialismus. Die Begegnungen mit Hitler und Goebbels waren letztlich Opernerlebnisse, die Veränderungen im Filmgeschäft konnte sie als Neueinsteigerin kaum beurteilen, Zeitungen musste sie nicht lesen, die Arbeit selbst fand unter Ausschluss der Öffentlichkeit statt. Und wenn die Leute dann ins Kino gingen, konnten Filmschauspieler längst zu Hause auf ihren Sofas liegen oder an einem neuen Drehort stehen. Im Theater war das anders. Hier musste dem Publikum allabendlich direkt ins Auge geblickt werden, und nicht selten waren hohe Funktionäre da, um die Öffentlichkeit des Ortes für sich zu reklamieren. Überhaupt spielen Kommunikation und Austausch im Theater eine viel größere Rolle, und das System ist ungleich durchlässiger für äußere Einflüsse. Im Einzelnen vielleicht nicht immer sofort merkbar, im Ganzen jedoch nicht zu übersehen, fraß sich die Nazi-Ideologie binnen weniger Monate in den Betrieb hinein. Am Spielzeitheft der Frankfurter Bühnen lässt sich das überraschend deutlich und detailliert nachvollziehen.

In den Weimarer Jahren lieferte die Schriftstellerin Leni Wüst dem *Frankfurter Theater Almanach* regelmäßig Gereimtes zu dramaturgischen Fragen. Zur Spielzeit 1930/31 etwa einen »Sang der abgesetzten Klassiker« unter der Überschrift »Kolumbus ist schuld!«. Im flotten Kabarett-Ton beklagen sich darin die klassischen Stücke, dass das Publikum sie zwar nach wie vor sehen wolle, die Regisseure sich aber nicht mehr trauten, sie zu inszenieren. Wer modern sein wolle, zeige – von Tretjakows »Brülle China« bis zu den Stücken O'Neills – ausschließlich Zeitdramatik: »Das was man einst Kunst so nannte,/ Nur noch einer alten Tante/ Wohlgefällt,/ Denn jetzt hält/ Sich verpflichtet das Theater zum politischen Berater. / Refrain: Kolumbus ist schuld/ Am Amerika-Kult,/ Er hat das Land des Films entdeckt,/ Hat den Drang zur Sensation geweckt,/ Musst er mit seinem alten Kahn,/ Ausgerechnet nach Amerika fahr'n?/ Er hat Europa unglücklich gemacht,/ Und uns um unser Ansehn gebracht ...«

Im Refrain ist die Pointe schon angedeutet: dass nämlich das Publikum, wenn es im Theater nur Zeitbezogenes zu sehen bekommt, lieber gleich ins Kino geht. Die wirtschaftliche Krise der Theater von Anfang der dreißiger Jahre sei, meinte Leni Wüst recht engsichtig, gänzlich hausgemacht: »Das Zeittheater war Programm,/ Dann fing die große Pleite an./ Es kam der Tonfilm über's Meer,/ Gefiel dem Publikum gar sehr./ Jetzt kommt der Film der Farben,/ Theaterkassen darben./ Es kommt daher mit Schritt und Tritt,/ Das große, große Defizit,/ Das Publikum macht nicht mehr mit.«[1]

Drei Jahre später reimte Leni Wüst zum gleichen Thema den »Rückblick einer Garderobenfrau« – für das gleiche Organ und aus dem gleichen Impuls heraus, jedoch in einer vollkommen gewandelten Zeit, und entsprechend nicht mehr unter dem Vorzeichen der Krise, sondern dem des Sieges: »Jetzt steh' ich gerne zwischen Garderoben/ Im Vorhof zu der Dichter bunten Welt,/ Denn jetzt hör' wieder ich die Werke loben,/ Ein neuer Geist ist bei uns eingezogen,/ Jetzt, da das Volk zu seinen Dichtern hält,/ Da Deutschland seiner deutschen Kunst gewogen.«[2] Bei unverändertem Kern, dem Lob der deutschen Klassiker, passen beide Texte jeweils perfekt in ihre Zeit. Der Ton hat sich vom schwungvollen Galgenhumor in staatstragende Zufriedenheit verändert, statt der liedhaft freien Rhythmen kommt mit dem fünfhebigen Jambus das Versmaß der Klassiker in Anwendung, und mit »neuer Geist«, »Volk«, »Deutschland« und »deutsche Kunst« sind schon die wichtigsten Stichworte gefallen. Es ist aus diesen Texten nicht abzuleiten, dass Leni Wüst 1930 oder 1933 Nationalsozialistin gewesen wäre. Sie änderte in dieser Zeit auch ihre Meinung über das Theater nicht. Dennoch redete sie plötzlich der nationalsozialistischen Kunstpropaganda das Wort. Nicht ohne es zu merken vermutlich, aber doch ohne sich zu verkrümmen. Eher hat man noch das Gefühl, als hätte sie sich aufgerichtet.

Ähnlich Hans Theodor Wüst, vermutlich Leni Wüsts Mann und ebenso wenig Bühnenangehöriger wie sie, sondern dem Theater nur aus freier, schriftstellerischer Sicht nahe stehend. In den vorangegangenen Jahrgängen des *Frankfurter Theater Almanachs* hatte er in feuilletonistischer Leichtigkeit mehrfach die finanzielle Verelendung der Bühnen beklagt. Nach dem Systemwechsel rüstete er seine Sprache bei gleichem Duktus und gleicher Grundeinstellung mit passendem Vokabular und einschlägigen Metaphern. Dass der neue Intendant der Städtischen Bühnen Hans Meißner aus Frankfurt stammte, begrüßte er beispielsweise mit den Worten: »Ein Frankfurter Generalintendant, der dem Boden entsprossen ist, auf dem ein Jahrtausend mainfränkischen Volkstums sein eigenes Wesen empfing ...« Über die bloße Amtsübernahme hieß es: »Der Generalintendant ist der kommandierende General der schönen Künste, und wenn er die neun Musen zum Angriff sammelt, dann ist Ziel und Objekt seiner strategischen Operation – das Volk, dem er die Kunst bringt.« Die Vorschusslorbeeren schließlich erntete er in vollendeter Beherrschung der entsprechenden rhetorischen Obligationen aus dem Zusammenbruch der Weimarer Republik: »In den hinter uns liegenden Jahren der Neuzeit ... ist dafür gesorgt worden, dass die Frankfurter nicht mehr zu einer rechten Theater- und Kunstbegeisterung kamen, dass eine alte Theaterverbundenheit gelockert und wertvollstes Kulturgut schmählich vertan wurde. Das Frankfurter Volk konnte nicht mehr zur Kunst kommen, weil die Kunst, die echte, große Theaterkunst, ihm künstlich vorenthalten wurde: die hohen Theaterpreise, die ungeheuren Theaterdefizite, die Wahl der Stücke und sonst noch allerhand! – Sie wissen Bescheid, Herr Generalintendant, und wir freuen uns, dass es ein Frankfurter ist, der unseren Thespiskarren aus dem

Dreck zieht. Aus dem Dreck einer bankrotten Ära, die endlich von dem Frühlingssturm einer neuen Zeit hinweggefegt wurde.«[3]

Das Kämpferische. Der Gemeinsinn. Herkunft und Scholle. Das Volk. Die Führernatur. Die Kunst. Die liberalistische Verwahrlosung. Die nationale Revolution. Der Nationalsozialismus bestand aus Begriffen. Begriffe, die ein Oben und Unten hatten, die Ordnung schaffen wollten durch Erhebung und Verdammung und die einen formenden Ernst brauchten, um nicht zu fallen. Begriffe, die seinerzeit vorbehaltlos verwendet werden konnten und den Schrecken noch nicht verbreiteten, den sie bereits vorbereiteten.

Entscheidend waren im Nationalsozialismus aber die Bilder. Zuerst das Bild von Adolf Hitler. Im *Frankfurter Theater Almanach* prangte es ganz vorne, auf dem Umschlag, und zwar – wohl um die auratische Ausstrahlung auf das an Echtzeitdarbietungen gewöhnte Theaterpublikum zu erhöhen – nicht als Druck, sondern als aufgeklebter Fotoabzug. Es folgte das Porträt von Hans Hinkel, Staatskommissar im preußischen Ministerium für Wissenschaft, Kunst und Volksbildung, das des »Gauleiters«, das des Oberbürgermeisters – ganzseitig alles –, und schließlich das des Generalintendanten. Vor der Machtübernahme der Nationalsozialisten war Hans Meißner Leiter des Frankfurter Künstlertheaters gewesen, das neben dem Schauspielhaus und dem Neuen Theater keine große Rolle gespielt hatte. Jetzt war vom Neuen Theater, das es noch immer gab und das auch noch von Arthur Hellmer geleitet wurde, im *Almanach* keine Rede mehr, und Meißner hoffte: »Das Theater des Neuen Reiches wird wieder zu dem, was es in großen Epochen der Geschichte immer war: zum berufenen Künder des Volkes, zum Tempel der Gestalt gewordenen Nation. Hier erfährt das Volk den Sinn seines Daseins, die Kraft seiner Sendung, hier empfängt es den lebendigen Antrieb zur heroischen Lebensgestaltung, die Verkündung seiner Macht, seiner Größe, seiner Tugend und Schwächen, seines Strebens und seines heldischen Willens.«

Tempel. Sendung. Größe. Heldentum. Das des herausgehobenen Einzelnen und das der anonymen Masse. Man sieht Hans Meißner ein paar Seiten später noch einmal abgebildet, während der Festansprache zur neuen Spielzeit auf ganz schwarzer Bühne an einem Rednerpult, das von einer Hakenkreuzfahne bedeckt ist, vor einem Vorhang, auf dem ein weiteres, übermannsgroßes, umkränztes schwarzes Hakenkreuz auf weißem Grund prangt – der Theaterleiter nicht mehr als Individuum, sondern als Ornament und damit Teil einer Emblematik, vor deren Kommunikationshoheit alles andere zu verstummen hatte.

Doch nicht nur mit plakativen Markierungen gelang es dem Nationalsozialismus, das Terrain zu sichern, sondern auch durch einen Wechsel der Form, des Gestus, der Begriffe und der Blickrichtung. Das Visionäre setzte sich an die Stelle des Reflektiven, das Allgemeine an die des Individuellen, das quasi Religiöse an die Stelle des Politischen. Und wie es umsichtige Hirten tun, holten die Nazis ihre potentiellen Schäfchen dort ab, wo sie sich befanden. Sei es das Autoren-Paar Wüst, das mit seinen persönlichen Vorlieben und Bedenken plötzlich auf der Gewinnerseite stand, sei es der Frankfurter Theatergänger, dessen traditionelle Zurückgesetztheit hinter die Reichshauptstadt durch einen Gruß des Berliner Theaterstars Heinrich George besänftigt wurde (»Es hat kaum ein Sohn seine Mutter geliebt, wie ich Frankfurt ...«) und sei es schließlich das Theater im Ganzen, dem als Repräsentationsbetrieb ein geradezu irrwitziger Bedeutungszuwachs beschieden war. Bald schon könne das Theater »Mittelpunkt unseres deutschen Volkes« sein, versicherte einer der lokalen Politfunktionäre, die sich im *Theater Almanach* ebenfalls zu Wort meldeten, »Gaupropagandaleiter« Wilhelm Müller-Scheld.

Die Vorstellung von der Bühne als »Tempel der Gestalt gewordenen Nation« ging unmittelbar auf Adolf Hitlers Verständnis der deutschen Kultur als Alleinerbin der abendländischen Antike zurück. Auf dem Nürnberger Parteitag im

September 1933 fasste er seine biologistisch wirre Auffassung der Kulturgeschichte zusammen: »Der Nationalsozialismus bekennt sich ... zu einer heroischen Lehre der Wertung des Blutes, der Rasse und der Persönlichkeit sowie der ewigen Auslesegesetze und tritt somit bewusst in unüberbrückbare Gegensätze zur Weltanschauung der pazifistisch-internationalen Demokratie und ihrer Auswirkungen. ... Es ist das Zeichen der grauenhaften geistigen Dekadenz der vergangenen Zeit, dass sie von Stilen redeten, ohne ihre rassischen Bedingtheiten zu erkennen. Der Grieche hat nie international gebaut, sondern griechisch, das heißt, jede klar ausgeprägte Rasse hat ihre eigene Handschrift im Buche der Kunst, sofern sie nicht, wie z.B. das Judentum, ohne eigene künstlerisch-produktive Fähigkeit ist. ... Griechen und Römer werden dann plötzlich den Germanen so nahe, weil alle ihre Wurzeln in einer Grundrasse zu suchen haben, und daher üben auch die unsterblichen Leistungen der alten Völker immer wieder ihre anziehende Wirkung aus auf die ihnen rassisch verwandten Nachkommen.«[4] Das war bitter ernst gemeint.

So wie er unbestritten Filmminister war, hätte Joseph Goebbels auch gerne als Theaterminister gegolten. Mit dem Theatergesetz vom 15. Mai 1934 sicherte er sich weit reichende Kompetenzen. Zum einen legte er fest, dass Theater nicht mehr als Erwerbsbetriebe gelten durften, sondern als »Anstalten der nationalen Erziehung« in jeder Erscheinungsform der nationalen Kontrolle unterlagen. Obgleich es weiterhin Privattheater gab, kam das ihrer Verstaatlichung gleich. Generell behielt sich Goebbels auch die Zulassung künstlerisch leitender Personen vor, und er pochte auf das Recht, Inszenierungen jederzeit absetzen zu lassen. Anders als im Bereich des Films, wo er sich Extravaganzen wie die Geschmackszensur erlauben konnte, musste sich der Propagandaminister in Theaterfragen aber sowohl mit Alfred Rosenberg als auch mit Hermann Göring arrangieren. Rosenberg hatte 1928 den nationalsozialistischen Kampfbund für deutsche Kultur gegründet, war »Hauptschriftleiter« des *Völkischen*

Beobachters, Leiter des außenpolitischen Amtes und wurde 1934 von Hitler mit der »Überwachung der geistigen und weltanschaulichen Schulung und Erziehung der NSDAP« beauftragt, was ihn zu einer Art Propagandabeauftragten innerhalb der Partei machte. Aber nicht nur das ärgerte Goebbels. Ihm war Rosenberg auch in weltanschaulicher Hinsicht zuwider. Dessen antiintellektualistische, völkische Vorstellungen, die er 1930 in seinem Buch »Der Mythus des 20. Jahrhunderts« veröffentlichte, fand er rückständig und lächerlich. Gleichwohl war die so genannte Dienststelle Rosenberg ein Fakt, und die Mitarbeiter von deren Theaterabteilung griffen das Propagandaministerium durch scharfe und schärfste Beurteilungen der politischen Zuverlässigkeit einzelner Bühnenkünstler immer wieder an.

Am anderen Ende der nationalsozialistischen Reinheitsskala verteidigte der preußische Ministerpräsident Hermann Göring sein Hausrecht in den Preußischen Staatstheatern von Berlin, Kassel, Wiesbaden und Hannover gegen den Zugriff von Goebbels. Er herrschte dort mit zuweilen barockprotektionistischem Gestus, durfte prinzipiell aber natürlich auch keine Liberalismen dulden. Wie er den preußischen Intendanten am 12. September 1933 im Plenarsaal des Landtages einschärfte, habe das Theater »grundsätzlich an der Volkserziehung mitzuwirken und sei undenkbar außerhalb des nationalsozialistischen Rahmens.«[5] Dabei tat er sich aber nicht als emphatischer Visionär des zukünftigen theatralischen Schaffens in Deutschland hervor, wie es Goebbels bei solchen Anlässen nie versäumte, sondern verpflichtete die Intendanten ganz allgemein auf Hitlers Rede über die deutsche Kultur auf dem Nürnberger Parteitag. Das entsprach in etwa der Spielplanempfehlung: Antikes und Klassiker. Auch Shakespeare durften die Intendanten im Geiste addieren, denn dessen gesamtes Werk war sogar im »Mythus des 20. Jahrhundert« anerkannt worden. Die jahrhundertelange erfolgreiche Rezeption seiner Stücke auf deutschen Bühnen konnten und wollten die Nazis nicht negieren. Shakespeare wurde kurzerhand als Verwandter umarmt, die Hamletfigur während des Krieges sogar als »deutscher Denker, Dichter, Träumer und in jedem Sinne Kämpfer«[6] interpretiert.

In der Rede über Kultur auf dem Nürnberger Parteitag hatte Hitler betont, dass das Noch-Nie-Dagewesene für sich genommen kein Qualitätsmerkmal sei, und es besser sei, sich auf das Vorhandene zu stützen, als um jeden Preis etwas Neues zu schaffen. Das zielte darauf, den Mangel an qualitativ erträglicher nationalsozialistischer Dramatik zu legitimieren. Denn es wurde zwar mit viel Aufwand ständig nach entsprechenden Stücken gesucht, aber die Funde blieben dürftig und waren zu Beginn eingestandenermaßen katastrophal. Bei einem nach Dietrich Eckart benannten Dramenwettbewerb, den der Reclam Verlag Ende 1933 durchführte – der zehn Jahre zuvor gestorbene Schriftsteller Eckart war ein Freund Adolf Hitlers gewesen –, fanden die Juroren unter achthundert Einsendungen nichts, was einen ersten Preis verdient hätte. Und dabei gehörte neben dem Schauspieler Friedrich Kayßler und dem völkisch orientierten Schriftsteller Otto Erler auch der Reichsdramaturg Rainer Schlösser zur Jury, der an einem Erfolg sehr interessiert gewesen sein dürfte.

Die Reichsdramaturgie war eine von sieben Abteilungen der Reichstheaterkammer, die wiederum eine der sieben Abteilungen der Reichskulturkammer war. Ähnlich wie die Filmkammer regelte sie die Tagesbelange und versuchte größtmögliche Kontrolle zu erlangen. Ihr erster Leiter war der Staatstheater-Schauspieler Otto Laubinger, als Stellvertreter hatte sich Werner Krauß anwerben lassen. Außer der Dramaturgie gab es die Referate für Personalfragen, Tanz, Haushalt, Recht, Festspiele und deutsches Theater im Ausland. Die Reichsdramaturgie war die Vorzensurstelle, der jeden Sommer die Spielpläne vorzulegen waren, und Schlösser, der sie leitete, stand ab 1935 auch der Theaterabteilung im Propagandaministerium vor, die unter Goebbels qua Theatergesetz das Recht der Nachzensur ausüben durfte.

Während die einen in dieser Weise Ämter häuften, wurden andere aus den ihren vertrieben. Im Februar 1933 inszenierte Max Reinhardt – der die Direktion seiner Berliner Theater damals schon wieder abgegeben hatte – im Deutschen Theater »Das große Welttheater« von Hugo von Hofmannsthal. Premiere war am 1. März. Eine Woche später kehrte der Regisseur nach Österreich zurück und ließ sich auch durch das Angebot einer »Ehrenarierschaft«, das Werner Krauß ihm übermittelte, nicht zur Rückkehr nach Berlin bewegen. Daraufhin wurde dem Deutschen Theater und den Kammerspielen nachträglich die Gemeinnützigkeit aberkannt, und die Finanzbehörde bezichtigte Reinhardt einer Steuerschuld in Millionenhöhe. Die Bühnen an der Schumannstraße wurden zwangsversteigert und vom Staat für einen geringen Preis erstanden. Es war eine getarnte Enteignung.

Vielleicht um einen Rest von Würde in diesen Verlust zu legen, schrieb Max Reinhardt im Juni 1933 aus Oxford einen Brief an die nationalsozialistische Regierung, in dem es unter anderem heißt: »Meine Arbeit auf der Bühne ist mir immer die wesentlichste Aufgabe gewesen. Ich habe alle Ursache anzunehmen, dass ich mit meiner Tätigkeit dem Theater auch in schwerer Zeit hätte entscheidend helfen können. Das neue Deutschland wünscht jedoch Angehörige der jüdischen Rasse, zu der ich mich selbstverständlich uneingeschränkt bekenne, in keiner einflussreichen Stellung. Ich könnte aber auch, selbst wenn diese geduldet werden würde, in solcher Duldung niemals die Atmosphäre finden, die meiner Arbeit notwendig ist. ... deshalb bleibt mir, als bisherigem Eigentümer des Deutschen Theaters, der Kammerspiele und als Anteilhaber des Großen Schauspielhauses, nur die eine Möglichkeit, die Übernahme meines Lebenswerkes Deutschland anzutragen.«[7]

Interimsweise wurden die ehemaligen Reinhardt-Bühnen von den noch von ihm selbst eingesetzten Direktoren Carl Ludwig Achaz und Heinrich Neft geleitet, ab der Spielzeit

1934/35 übernahm Reinhardts ehemaliger Oberspielleiter Heinz Hilpert die Häuser, nachdem er zwei Jahre an der Volksbühne gearbeitet hatte. Arthur Hellmer in Frankfurt, gleichfalls jüdischer Herkunft, blieb auch nur bis 1935 am Neuen Theater. Dann emigrierte er nach Österreich, leitete dort 1936 bis 1938 noch das Theater an der Wien und floh 1938 weiter nach England. Das Neue Theater wurde dem Frankfurter Schauspielhaus als Spielstätte zugeschlagen.

Der einzige von Marianne Hoppes bisherigen Intendanten, der sich arrangieren konnte, war Otto Falckenberg in München. Ohne sich nationalsozialistisch zu verbiegen, war es ihm möglich, das Ensemble der Münchner Kammerspiele anstandslos durch die Nazijahre zu leiten. Sowohl in der Dienststelle Rosenberg als auch im Propagandaministerium hatte Falckenberg »keine gute Presse«[8]. Trotzdem wurde ihm zu aller Erstaunen auf Hitlers persönliches Geheiß für sein Lebenswerk 1939 die Goethe-Medaille für Kunst und Wissenschaft verliehen. Diese Wertschätzung rührte wohl noch aus der Zeit, als Hitler regelmäßig im Parkett der Kammerspiele gesessen und die Damen mit Blumen bedrängt hatte.

Insgesamt konnten nicht verfolgte Theaterleute die ersten Jahre der Nazizeit als grandiosen Aufschwung erleben. Personell und vom Ansehen her wurden die Bühnen des Landes mächtig aufgerüstet. In der Spielzeit 1932/33 gab es 199 Theaterunternehmen und 257 Theatergebäude. Im Sprechtheater waren rund dreitausend Darsteller und Darstellerinnen beschäftigt, etwa ebenso viele saßen auf der Straße. Fünf Jahre später waren in einer gleich gebliebenen Anzahl von Theatern bereits fast 3.700 Schauspieler engagiert.[9] Das Stellenangebot war entsprechend um ein Viertel gewachsen, dazu kamen die durch die Vertreibung von jüdischen und kommunistischen Kollegen frei gewordenen Plätze und der große Bedarf im Film – für den Schauspielerstand traf tatsächlich zu, was Hitler in einer zeitgenössischen Anzeige der NSDAP für die gesamte Wirtschaft reklamierte: »1932: 7 Millionen Arbeitslose, 1937: keine Arbeitslosigkeit mehr.«[10]

Auch das Image der darstellenden Künstler wurde an allen Ecken aufpoliert. Das hatte zwei Gründe. Zum einen musste, wenn das Theater der Tempel der Nation sein sollte, den Priestern mit Respekt begegnet werden. Zum anderen war es ein Versuch, die Theaterkünstler moralisch zu bestechen. Im Vergleich zur Filmbranche sind im Theaterbetrieb die wirtschaftlichen und technischen Zwänge gering, das Personal ist überschaubar. Gleichzeitig bleibt diese Kunst unkalkulierbar, weil sie eben jeden Abend aufs Neue stattfindet und, wenn der Vorhang erst einmal hochgezogen ist, ohne Aufsehen nicht mehr gestoppt werden kann. Einmaliges Zurechtrücken genügt hier nicht, um eine missliebige Sache zu disziplinieren. Wenn Theater kontrolliert werden soll, müssen die entsprechenden Mechanismen so tief und fest im System verankert werden, dass es sich ihrer nicht entledigen kann, ohne sich zu zerstören. Deswegen suchten die hoch gestellten Nazifunktionäre mit Nachdruck die Nähe der Theaterschaffenden. Nicht nur, weil sie, die unausgesetzt ihren Machterhalt zu inszenieren hatten, sich gerne mit Schauspielern umgaben, um sich zu bespiegeln. Sondern eben auch, um deren Vertrauen zu erlangen und sie sich zu verpflichten. In seinen Tagebüchern schrieb Goebbels ständig von Theaterleuten. Sie wurden in Gruppen zum Tee eingeladen oder kamen einzeln zu ihm, um ihm von privaten Sorgen oder Steuernöten zu berichten, und er nahm Anteil, wies sie zurecht oder half. Auch die Tischgesellschaften bei Hitler, seine Blumen- oder »Führerbild«-Geschenke, oder die Einladungen Görings nach Carinhall, seinen Landsitz in der Schorfheide, dienten dazu, sicherzustellen, was Rainer Schlösser (der sich ebenso wie Goebbels immer mit seinem Titel ansprechen ließ, also: Dr. Rainer Schlösser) in Reimform festzustellen beliebte: »Ob Darsteller, ob Dichter – das gilt jetzt gleich: Jeder ist nur ein schlichter Bekenner zu Führer und Reich.«[11]

Gar so schlicht zu haben war das Bekenntnis allerdings nicht, und die moralische Bestechung ging von Anfang an mit einer finanziellen einher. Zunächst durch eine für damalige Verhältnisse immense Bezuschussung der Theater, die von knapp zehn Millionen Reichsmark im Jahr 1934 auf etwa fünfundvierzig Millionen im Jahr 1942 angehoben wurde. Davon finanzierte man die Reichstheater (Theater des Volkes, Städtische Oper, Theater des Westens, Volksbühne in Berlin sowie das Deutsche Theater in Wiesbaden) und subventionierte Staatstheater, Freilichttheater, Wanderbühnen, Theaterfestwochen, Theater im Ausland oder auch die Nachwuchsförderung. Letztlich war die Grundfinanzierung der Theater also Sache der Kommunen, aber Liebiges oder Missliebiges konnte von Goebbels honoriert oder geahndet werden.

Neben der Gesamtförderung gab es die Individualförderung. Die materiellen Begünstigungen von darstellenden Künstlern während der Nazizeit sind legendär und reichten bis zu Hitlers Initiative im Jahr 1938, Prominenten vierzig Prozent ihres Einkommens als Werbungskosten anzuerkennen. Auf jeden Fall als prominent galt, wer mehr als hunderttausend Reichsmark im Jahr verdiente. Darüber hinaus gab es steuerfreie Zuwendungen, Geldgeschenke und die Berufung in Ehrenämter, die abermals besoldet waren. Die Filmgagen selbst waren dermaßen großzügig, dass sie ebenfalls als Geschenke gelten konnten. Auch in der Weimarer Zeit hatte es Spitzenverdiener gegeben. Die Summen, die unter den Nazis bezahlt wurden, übertrafen die vorherige Praxis jedoch bei weitem. 1938/39 erhielten Paula Wessely oder Hans Albers hundertzwanzigtausend Reichsmark pro Film, Zarah Leander bekam sogar hundertfünfzigtausend, Gründgens immerhin noch achtzigtausend und zur Fünfzigtausender-Garde zählten Willy Birgel, Gustav Fröhlich, Heinrich George, Brigitte Horney oder Luise Ullrich. Ein Staatssekretär im Reichsministerium erhielt damals rund zwanzigtausend, ein Facharbeiter um zweitausendfünfhundert Reichsmark jährlich.[12] Marianne Hoppe gehörte nicht zu den Spitzenverdienerinnen. Für »Capriolen« oder »Gabriele eins, zwei, drei« bekam sie 1938 je fünfundzwanzigtausend und erst 1944 für »Ich brauche dich« schließlich fünfzigtausend Reichsmark.[13]

Im Vergleich zu den Filmgagen war Theaterarbeit fast maßvoll, im Ganzen gesehen jedoch immer noch sehr gut dotiert. 1941/42 spannten sich die Schauspielgagen am Staatstheater von dreitausend bis knapp vierzigtausend Reichsmark für die ganze Spielzeit. Marianne Hoppe erhielt den Starsatz von fünfunddreißig-, in den folgenden Jahren sogar fünfzigtausend.[14] Die großzügige Gagenpolitik war in den ersten Jahren der Naziherrschaft nicht unumstritten gewesen, und im Rahmen der Reichstheaterwoche in München sah sich Goebbels im Mai 1936 zu einer Erläuterung genötigt. Die *Berliner Morgenpost* berichtete: »Warmherzig sprach sich Dr. Goebbels für den Stand der Darsteller aus. Sie haben allen Anspruch auf öffentliche Achtung. Sie sind keine Bohemiens mehr, sie müssen mit Fleiß und Genauigkeit arbeiten wie jeder andere Beruf, und sie sollen, da sie ihre Kunst nur in der Vollkraft weniger Jahre oder Jahrzehnte ausüben können, sozial so gestellt sein, dass sie für ihren Lebensabend zu sorgen vermögen. Sie schenken uns die Freude, die wir brauchen, denn Arbeit und Lebensfreude ist heute unser Ideal. ›Es muss mit dem Vorurteil aufgeräumt werden, als wolle der Nationalsozialismus den Staat in eine Art Nonnenkloster verwandeln!‹«[15] In Wahrheit wurde der Bevölkerung nun gerade diese Lebensfreude als Exerzitie auferlegt. Neben dem Aufenthalt im Freien und sportlichen Betätigungen galt der Kulturgenuss als nationale Pflicht. Auf der erwähnten Parteireklame meldete Hitler fast dreiundfünfzig Millionen Teilnehmer an kulturellen Veranstaltungen der Organisation Kraft durch Freude[16] bis 1937. Speziell der Theaterbesuch verdreifachte sich von etwa einer halben Million verkaufter Karten im Jahr 1932 auf 1,6 Millionen 1936.[17]

Dass an Geld in Theater- und Filmkreisen bald schon kein Mangel mehr war, hieß nicht, dass es als Bestechungsmittel nicht mehr gezogen hätte. Im Gegenteil etablierte die neureiche Künstlerschaft umfangreiche Haushalte, die dann auch finanziert werden wollten. So beschäftigte das Schauspielerehepaar Berta Drews und Heinrich George in seiner Berliner Villa am Kleinen Wannsee gleich vier Angestellte. Wenn da ein geplanter Film platzte, musste einfach sofort eine neue Rolle her. Repräsentation war wichtig, und indem die Künstler glaubten, ihr eigenes Talent in der Gesellschaft zu vertreten, vertraten sie natürlich den Staat. Die Titelei tat ein Übriges. Die Ernennung zum Staatsschauspieler etwa. Hermann Göring verlieh den Titel erstmalig im April 1934 an Gustaf Gründgens, Friedrich Kayßler, Maria Koppenhöfer, Werner Krauß, Lothar Müthel und Emmy Sonnemann. Etliche weitere Darsteller kamen noch zu dieser Ehre, die Hitler später selbst vergab – Marianne Hoppe wurde sie 1937 zuteil. Der Titel galt auf Lebenszeit und war nicht an ein bestimmtes Engagement geknüpft. Goebbels wiederum berief 1935 einen Reichskultursenat, dem die wichtigsten Persönlichkeiten des deutschen Kulturlebens angehören sollten. Theoretisch ein Diskussionsgremium war es in der Praxis eher ein Prominenten-Pool, auf den man zurückgreifen konnte, wenn repräsentative Unterstützung benötigt wurde. Zu den Reichskultursenatoren zählten im Januar 1936 - Benno von Arent, Friedrich Bethge, Wilhelm Furtwängler, Gustaf Gründgens, Heinz Hilpert, Hanns Johst, Eugen Klöpfer, Eberhard Wolfgang Möller, Lothar Müthel und Heinz Tietjen. Wenige Monate darauf, im Mai 1936, wurde der Intendant des Preußischen Staatsschauspiels, Staatsschauspieler, Kultursenator und Präsidialrat der Reichstheaterkammer Gustaf Gründgens von Göring auch zum Preußischen Staatsrat gemacht. Mehr konnte ein Künstler, der nicht in die Politbürokratie aufsteigen wollte, kaum erreichen. Gustaf Gründgens war damals sechsunddreißig Jahre alt, und einen Monat darauf heiratete er Marianne Hoppe.

Die Debatte um die Rolle, die Gründgens unter den Nazis spielte, begann schon 1934, als er Ende Februar kommissarischer Leiter des Staatstheaters am Gendarmenmarkt wurde. Es war kein Geheimnis, dass Gründgens homosexuell und mit Kommunisten befreundet war. Als Schauspieler war er aufreizend, Spannung erzeugend, alles durcheinander wirbelnd,[18] wie Herbert Jhering schrieb, als Gründgens im Dezember 1932 unter der Regie von Lothar Müthel im Schauspielhaus als Mephisto in »Faust I« debütierte (mit Werner Krauß als Faust und Käthe Gold als Gretchen). Auch knapp zwei Monate später stellte er dort – neun Tage vor der Machtübergabe: am 21. Januar 1933 – in der »Faust II«-Inszenierung von Gustav Lindemann den teuflischen Spielmacher dar. Aber war er ein Intendant? War er staatstragend? Würde der neue Staat das Gegenteil zulassen? Brauchte das Staatsschauspiel einen Außenseiter? In den letzten Jahren war das Haus am Gendarmenmarkt glücklos gewesen. Die Leitungskraft von Leopold Jeßner hatte sich schon einige Zeit erschöpft gehabt, als er 1930 sein Amt niederlegte. Ernst Legal, der mit Otto Klemperer zusammen die Krolloper führte, sprang im Jahr darauf interimsweise ein. Im Februar 1933 berief Göring, der neue Verantwortliche, schließlich aus Weimar Franz Ulbrich (wobei er darauf bestand, dass dieser aus seinem Ensemble Emmy Sonnemann mitbrachte, die er auf einer Parteiveranstaltung in Weimar kennen gelernt hatte) und stellte ihm den Dramatiker Hanns Johst zur Seite. Das Signet des Theaters, der preußische Adler, verlor seine elegante Lässigkeit mit nur leicht geöffneten Flügeln und prangte jetzt in eitler Akkuratesse hoch aufgerichtet und weit gespreizt auf den Theaterzetteln, die Krallen fest um ein Hakenkreuz geschlossen. Das Symbol der Repräsentation war da und bedurfte nun eines entsprechenden Programms. Das aber war von der neuen Leitung nicht zu erwarten. Künstlerisch konnten die beiden weder säen noch ernten, und die Situation war dabei, sich in blamabler Weise zuzuspitzen – als Gründgens in Görings Sichtfeld trat.

Die Gründgens-Biografen sind sich nicht einig, was den Ausschlag für die Ernennung gab: Der Vorschlag Heinz Tietjens,[19] der der Generalintendant der Preußischen Staatstheater Berlins war und die künstlerische Leitung der Oper innehatte, oder doch eher die Sympathie von Emmy Sonnemann,[20] die im April 1935 Frau Göring wurde. Gründgens lernte sie genau zwei Jahre vorher kennen, als sie für eine einmalige Aufführung von »Faust I« die Rolle des Gretchens übernahm. Sie war damals vierzig Jahre alt. Nach Gründgens' eigener Darstellung hatten ihm Ulbrich und Johst vor der Vorstellung eröffnet, dass sie den Vertrag mit ihm lösen müssten, da weder er noch die ihm zugesicherten Rollen in die neue Zeit passten. Der Ministerpräsident indessen, der der Vorstellung in einer Loge beiwohnte, beglückwünschte den Mephisto in der Pause zu seiner Darstellung und versicherte ihm die Gültigkeit seines Vertrages. Auf den gemeinsamen Proben zu »Konzert« von Hermann Bahr freundeten sich Gründgens und Emmy Sonnemann im Oktober dann an. Wie er später versicherte, war zwischen ihnen nicht einmal in Andeutungen davon die Rede, dass er die Leitung des Staatsschauspiel übernehmen könnte. Als Göring ihn deswegen im Januar 1934 anrief, sei er völlig überrascht gewesen. »Die darauf folgenden vierwöchentlichen Verhandlungen, die von Görings Seite immer energischer betrieben wurden und die mir immer größere Freiheiten zusicherten, haben nach schweren Überlegungen und Beratungen mit meinen näheren Kollegen und Freunden dazu geführt, dass ich diesen Posten annahm.«[21]

Gustaf Gründgens: Für manche eine machthungrige, von Eitelkeit zerfressene Spielernatur, für andere ein Mann, der die Gunst der Stunde als schwere Verantwortung auf sich nahm und seine Privilegien dazu nutzte, den Schaden zu vermindern. Auch seine Kritiker erkennen jedoch den überaus fähigen Theaterleiter an, als der er sich entpuppte, und der mit geradezu irrwitziger Umsichtigkeit und unter Aufopferung seiner privaten Sicherheit wie seiner Gesundheit ans Werk ging. Unwidersprochen ist auch die Qualität des Theaters, das er machte, sowie die Bedeutung, die das ästhetische Niveau und die Pflege des humanistischen Erbes für das Publikum damals hatte. »Seine Tätigkeit an den Staatstheatern war, sieht man auf diese ganze Epoche im Nachhinein, ein einziger, brillanter Seiltanz«, schrieb der 1911 geborene Theaterkritiker Friedrich Luft. »Gründgens, ausgestattet mit einer Machtvollkommenheit und finanziellen Sorglosigkeit, die man weder zuvor noch nachdem kannte, hat diese scheinbare Omnipotenz dazu genützt, an einer Stelle ein Sammelbecken der verbliebenen Talente zu schaffen, wo sie mit einiger Freiheit und der verlässlichen Rückendeckung ihres Intendanten weiterwirken konnten. Er hat einen Spielplan gemacht, der nur immer an den nicht mehr zu verteidigenden Grenzen den so genannten ›Zeitgeist‹ einließ. In seinen Theatern fand das Dritte Reich nicht statt. Die Aufführungen in seinem Hause waren keineswegs gleichgeschaltet. Hier wurde noch ein Formalismus der Perfektion betrieben, der andernorts längst verpönt war. Hier hat es Inszenierungen gegeben, deren Contra-Gesinnung für die Hellhörigen und Redlichen im Parkett ein Trost und eine Stärkung war.«[22]

Der Literaturkritiker Marcel Reich-Ranicki, der die Aufführungen im Staatsschauspiel bis zu seiner Deportation im Jahr 1938 als Jugendlicher besuchte, äußert sich etwas zurückhaltender, kommt aber zu einem vergleichbaren Schluss: »Die Tatsache, dass in manchen Aufführungen, richtiger: dass die in manchen Aufführungen enthaltenen Akzente gegen das ›Dritte Reich‹ geduldet wurden, hat man nicht selten als Zeichen der mittlerweile gewonnenen Selbstsicherheit des neuen Regimes, ja sogar einer gewissen Großzügigkeit gedeutet. Denn das ist absolut sicher: Es wäre absurd zu vermuten, hier und da sei es gelungen, die Nazis übers Ohr zu hauen. Was der Zensor nicht versteht – und das gilt für alle Diktaturen –, versteht das Publikum erst recht nicht. Nur hält es der Polizeistaat bisweilen für opportun nicht einzuschreiten. ... Was also konnte das Theater im ›Dritten Reich‹ leisten? Bestimmt nicht politische Aufklärung, vielleicht aber dasselbe, was ich ihm damals – unter anderem – verdanke. Man könnte es Kräftezuwachs nennen.«[23]

Gründgens durfte die Hand, die sein Theater fütterte, aber nicht nur nicht beißen, sondern musste sie gelegentlich auch kräftig schütteln. Peter Michalzik, einer der jüngeren Gründgens-Biografen, wies in seinem 1999 erschienenen Buch nach, dass das Bild vom Gendarmenmarkt-Theater als einer Insel ein Mythos ist. Obwohl dieses Haus zum Herrschaftsbereich von Göring gehörte und Personalfragen nur mit ihm zu klären waren, musste man den Richtlinien der Goebbels unterstehenden Reichsdramaturgie mit einem durchaus gemischten, auch Nazidramatik enthaltenden Spielplan Folge leisten. Überhaupt war der Kontakt von Gründgens zu Goebbels, anders als immer wieder geschildert, weitgehend einvernehmlich, teilweise sogar herzlich, und der Intendant stellte sich und sein Ensemble mit Festvorstellungen und Gastspielen mehrfach dem Repräsentationsbegehren des Nazistaates zur Verfügung.[24]

Auch in der Binnenstruktur des Staatsschauspiels unter Gründgens gab es einiges, das sehr gut in den Absolutismus der Zeit passte. So wachte der Schauspieler-Intendant mit nervösem Eifer über seine alleinige Entscheidungskompetenz und verlangte von den Mitarbeitenden vollkommene Loyalität. Nicht die kleinste Rolle durfte ohne sein zustimmendes Wissen besetzt werden, und auch sonst wollte er über alles informiert sein. In künstlerischen Fragen gab es für ihn keine Diskussion, und seine geradezu übermenschliche Disziplin ist legendär. Selbst mit heftigsten Migräneanfällen stand Gustaf Gründgens zuverlässig auf der Bühne, und am Tag, als seine Mutter starb, gab er einer ganz jungen Schauspielerin wie verabredet Hinweise für die Bewerbung an einem Provinztheater. Bleich zwar und deutlich im Habitus eines Leidenden, aber präsent und bereit zu arbeiten.

Gustaf Gründgens war ein fanatischer, ein ekstatischer Theatermacher, doch immer kontrolliert. Er wusste, was er machte, und war gerade als Schauspieler auch gezwungen, etwas zu machen. Seine Wirkungen waren grandios, aber sie flogen ihm nicht zu, sondern er musste sie herstellen. Reich-

Ranicki sieht in ihm den Gegenpol zu Werner Krauß: »Wenn Gründgens auf der Bühne erschien, begann er gleich zu agieren: Aus seinen Blicken und Bewegungen, aus Worten und Wendungen, aus plötzlichen Pausen und unerwarteten Beschleunigungen ergab sich dann auf wunderbare Weise eine so suggestive wie originelle Figur. Wenn Krauß auf die Bühne kam, war die Figur, die er spielte, sofort da – ohne dass er etwas gesagt oder getan hätte.«[25]

Die Intellektualität, die Gründgens als Schauspieler und Regisseur ausspielte, gehört bereits zur unzeitgemäßen Seite seines Wirkens während der Nazizeit: die inspirierte Werktreue, mit der er inszenierte, oder, wie vielmehr gesagt wurde, die Partitur las; sein Eintreten für jüdische und/oder oppositionelle Mitarbeiter gegenüber Göring; seine echte Besorgtheit um diejenigen, die von ihm abhingen. Gustaf Gründgens war ein Repräsentant des Naziregimes, versuchte aber dabei, sich und anderen treu zu bleiben und war mit seiner ganz unpathetischen, unheroischen, an den Brüchen des Daseins interessierten Art, mit seiner Lust am Spiel, an der Verstellung, am Versuch, die Grenze des Möglichen auszuloten, mehr Verführer als Tatmensch, mehr Zweifler als Bescheidsager. Auch hinderte ihn sein bürgerlicher Geltungswille bei gleichzeitig ausgelebter Homosexualität, sich einer Gruppe zugehörig, sich jemals aufgehoben zu fühlen.

Am 30. Juni 1934 veranlasste Hitler unter dem Vorwand der Niederschlagung eines Putschversuches die Ermordung der gesamten SA-Elite sowie etlicher anderer alter und neuer politischer Gegner. Am folgenden Tag versuchte Goebbels, das Gemetzel auch mit moralischen Gründen zu legitimieren, schob die Homosexualität der getöteten SA-Führer Ernst Röhm und Edmund Heines vor und erging sich im Rundfunk ausführlich über deren »schimpfliche und Ekel erregende sexuelle Abnormität«[26]. Als er dies hörte, fuhr Gründgens direkt zu Göring, der bei dem Massaker nicht nur Befehlsempfänger gewesen war, sondern selbst Namen auf die Todesliste gesetzt hatte, und sagte: »Melde mich als Ihr nächstes Opfer zur Stelle!« Göring beschwichtigte ihn, aber da die öffentlichen Angriffe gegen Homosexuelle in den nächsten Monaten verbal fortgesetzt wurden, schrieb Gründgens, der ab Oktober verantwortlicher Intendant des Staatsschauspiels war, mit Datum vom 28. Dezember 1934 an seinen Vorgesetzten Heinz Tietjen:

»Zehn Jahre meines Lebens – in denen die Kunst nur die Hilfe und der Ausgleich war – galten der Meisterung und Beherrschung meines privaten Menschen; und dass ein Mensch wie ich durch alles durch muss, um es zu erkennen, ist klar. Und nur die Tatsache, dass heute alles in meinem Leben strengsten persönlichen Gesetzen unterworfen ist, befähigt mich, auch auf meinen Beruf diese Gesetzmäßigkeit und Zucht alles Künstlerischen auszudehnen. Nur die Erkenntnis, die ich im Privaten gewann: Erwirb es, um es zu besitzen, macht mich brauchbar zur Mitarbeit am Wiederaufbau einer gesetz- und planlos gewordenen Kunst. Wird aber dieses Private, auf dessen Führung ich stolzer bin als auf alle äußeren Erfolge, angetastet, so werden damit die Quellen verstopft, aus denen ich alle Kraft für meine künstlerischen Aufgaben ziehe.«[27] Das war nicht nur ein Psychogramm seiner selbst, sondern ein Rücktrittsgesuch. Doch Tietjen und Göring ließen Gründgens nicht gehen. Das System brauchte ihn.

Danach befragt, was für sie das Wichtigste an Gustaf Gründgens' Persönlichkeit gewesen wäre, antwortete Marianne Hoppe 1968:

»Ich möchte das jetzt nicht missverstanden wissen, es waren furchtbare schwere Momente und Zeiten, aber legen wir das mal beiseite: Es war seine Heiterkeit. Ja. Ja, seine Heiterkeit. Und das schnelle und reizende und gute Reagieren, und die Möglichkeit – die Möglichkeit, sage ich –, die Möglichkeit, so zu leben. So sein zu können! Das war, glaube ich, das, was mich am meisten faszinierte. Die Seite seiner Veranlagung, seines Charakters, die eigentlich zu kurz gekommen ist und die bei ihm auch da war und so klar da war, die hat mich am meisten angegriffen, ergriffen, gerührt – das sind jetzt alles Worte, die man so dahinsagt –, also die hat mich eigentlich sehr attachiert, weil ich das im Grunde als die schönste Auffassung des Lebens empfinde. Dass man nicht so leben kann, weiß ich und dass es im Grunde sogar die Kehrseite der Medaille ist, die man lebt.«[28]

Eine Antwort mit Leerstellen. Sie lassen sich vielleicht durch eine andere Geschichte füllen, die Marianne Hoppe einmal erzählte, als sie nach Gründgens befragt wurde. Es ist eine Geschichte aus seiner Kindheit, derzufolge er sich, zehn- oder elfjährig, im Musikunterricht meldete, als der Lehrer fragte, wer denn etwas auf der Geige vorspielen könne. Tatsächlich wurde er nach vorne gebeten, wo sich schnell herausstellte, dass Gustaf noch nie eine Geige in der Hand gehabt hatte. Er war einfach nicht auf die Idee gekommen, dass es ihm nicht gelingen könnte zu spielen. Diese Sorglosigkeit hatte sich Gründgens bewahrt. Trotz seiner Migräne, trotz seiner inneren Wertekonflikte – trotz dieses ganzen »privaten Menschen« (von den äußeren Problemen ganz zu schweigen), kam er mit dem Selbst- und Weltvertrauen eines Kindes des Weges. Auf Marianne Hoppe mochte dies eine umso stärkere Anziehungskraft gehabt haben, als sie schon damals aus eigener Erfahrung wusste, wie schwer das Leichte oft fällt. 1934 bekannte sie gegenüber einer ehemaligen Komparseriekollegin, die als Reporterin der *Filmwelt* zu ihr kam: »Und doch habe ich trotz aller Lebhaftigkeit und aller frohen Zuversicht zuweilen ganz fürchterlich an Depressionen zu leiden. Ja, ich weiß, man sieht's mir nicht an und glaubt's mir nicht, aber es ist manchmal schon sehr scheußlich. Dann fehlt mir aller Schwung und alles unbedingte Vertrauen zu mir selber. Vielleicht sind überreizte und überarbeitete Nerven die Ursache. Und da habe ich ein Heil- und Hilfsmittel ausprobiert, das ich für das unvergleichlich beste halte. Bewegung, frische Luft, sportliche Betätigung.«[29]

Abb. 1: Gutshaus Felsenhagen in der Prignitz, Marianne Hoppes Elternhaus.

Abb. 2: Mit den älteren Geschwistern Gerda und Ernst-Günther.

Abb. 3: Marianne, genannt Janni, beim Ausritt mit dem Vater.

Abb. 4: Das Landkind mit acht Jahren, 1917.

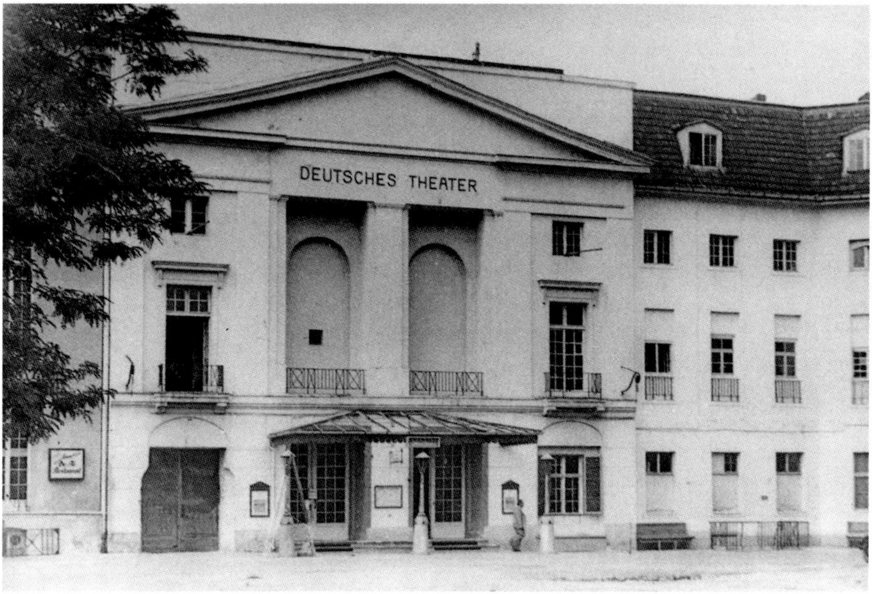

Abb. 5: Max Reinhardts Deutsches Theater in Berlin.

Abb. 6: Mit der Freundin Alice Kühn (rechts) beim Kostümfest in Berlin, um 1928.

Abb. 7: Im bayrischen Trachtenanzug beim Weimarer Fotografen, um 1926.

Abb. 8: Berlin, um 1928.

Abb. 9: Familie Hoppe in der Sommerfrische an der Ostsee: Ernst-Günther, die Eltern Gustav und Grete, Gerda und ganz rechts Marianne.

Abb. 10: Modernstes Mädchentum mit Bubikopf in Forscherpose, Berlin, 1930.

Abb. 11: Ödön von Horváth, 1931 – „Ich habe seine Melancholie wohl am meisten geliebt." (Marianne Hoppe).

Abb. 12: „Minna von Barnhelm", Neues Theater Frankfurt am Main, 1931: Marianne Hoppe in der Rolle der Franziska mit Käthe Dorsch (rechts) als Minna.

Abb. 13: Das neue Image: blond, patent und selbstbewusst, Berlin 1935.

Abb. 14: Als Magd Josefa in ihrem ersten Film „Der Judas von Tirol" (1933) mit Eduard von Winterstein.

Abb. 15: Blick auf die Heide: Marianne Hoppe und Brigitte Horney im „Heideschulmeister Uwe Karsten" (1933).

Abb. 16: Mit der Freundin Carsta Löck in „Krach um Jolanthe“ (1934).

Abb. 17: In einer Drehpause während der Aufnahmen zum „Schimmelreiter“ mit Mathias Wieman, 1933.

Abb. 18: „Schwarzer Jäger Johanna" (1934), neben Paul Hartmann (Mitte).

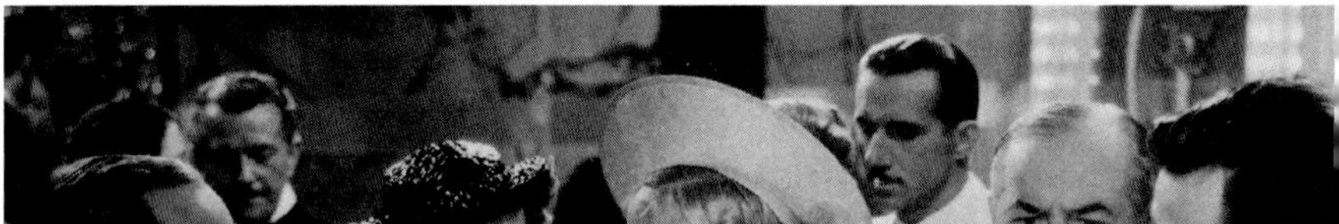

Abb. 19: Im Dienstmädchenkostüm will die Reederstochter Gabriele (Marianne Hoppe) etwas erleben, die Stewardess Fanny (Grete Weiser, rechts) spielt derweil große Dame: „Gabriele eins, zwei, drei" (1937).

Abb. 20: Kurz nach der Hochzeit mit Gustaf Gründgens entstand der gemeinsame Film „Eine Frau ohne Bedeutung“ (1936).

Abb. 21: Ein Jahr darauf spielten die beiden in „Capriolen“ (1937) ein frisch verheiratetes Ehepaar, das sich schon wieder scheiden lassen will. Im Lexikon suchen sie hier nach möglichen Gründen.

Abb. 22: Ausflug nach Felsenhagen in ihrem Adler Trumpf Cabriolet, 1935. Von links: Marianne, der Bruder Ernst-Günther, die Eltern Grete und Gustav Hoppe.

Abb. 23: Marianne Hoppes erstes Auto: der Opel 1,2 Liter, genannt Puck, 1931.

ƅb. 24: Gründgens und Hoppe mit ihren Terriern in Zeesen, um 1937.

ɔb. 25: Ihr Debut am Preußischen Staatsschauspiel: Marianne Hoppe als Julia in
:wei Herren aus Verona", hier mit Claus Clausen als Proteus, Kleines Haus, 1935.

Abb. 26: Das Ehepaar in Zeesen, um 1937.

Abb. 27: Marianne Hoppe in ihrem BMW 326, um 1940.

Abb. 28: Das Schauspielhaus am Gendarmenmarkt, Berlin.

.bb. 29: Gustl A. Mayer, schon bei Max Reinhardt Direktionssekretärin, später rechte Hand" von Gustaf Gründgens am Gendarmenmarkt und eine enge Freundin on Marianne Hoppe. Um 1932.

Abb. 30: In „Auf Wiedersehen, Franziska!“ (1941).

Abb. 31: Mit Emil Jannings in „Der Herrscher“ (1937).

Lampenfieber

Hartmut Rühl:[1]
Ganz typisch für sie ist dieses Lampenfieber. Es ergreift sie regelmäßig und in Gänze. Sie empfindet dann alles als Katastrophe und will alles absagen, das ist vor jeder Vorstellung so, vor jedem Flug, immer. Ich habe sie oft danach gefragt, woher das kommt, aber sie konnte nie darauf antworten. Sie zu beruhigen und zu sagen, es habe doch bisher immer geklappt, nutzt auch nichts. Wobei sie keine Versagensangst hat, das sicher nicht. Auch keine übersteigerten Erwartungen an sich selbst. Ich denke, es ist eher eine Ehrfurcht, die sie vor dem empfindet, was sie zu leisten hat. Sie hat eine große Hochachtung vor dem Beruf. Vor ihrem Beruf und vor der Leistung anderer Schauspieler. Ich war oft mit ihr im Theater, vor allem in der Schaubühne. Und nach der Vorstellung will sie immer hinter die Bühne gehen. Die Kollegen freuen sich dann natürlich riesig. Wir waren aber auch in Aufführungen, die ihr gar nicht gefallen haben. Da fragt sie dann: »Was sage ich denn jetzt?« Denn es ist klar, dass hinter gegangen und etwas gesagt werden muss. Die Möglichkeit, einfach zu gehen, gibt es für sie nicht. Sie sagt dann immer - das ist einer ihrer Lieblingsausdrücke –: »Mir fehlen die Adjektive.« Und dann macht sie das so geschickt, dass es nie auffällt. Sie sagt einfach nichts. Sie drückt dem Schauspieler oder Regisseur nur stumm die Hand oder legt ihm ihre auf die Schulter.

Während der Vorführungen allerdings schimpft sie, wenn es ihr nicht gefällt, manchmal durchaus zum Missfallen der Umsitzenden. ›Es ist so dunkel‹ oder ›Warum sprechen die so leise?‹, heißt es dann gleich. Sie kann auch böse oder grantig

[1] Hartmut Rühl ist Internist in Berlin und seit einigen Jahren ein Freund und häufiger Begleiter von Marianne Hoppe.

sein über eine Inszenierung. Aber an und für sich achtet sie die Theaterarbeit hoch. Da ist nichts von dem Zynismus, den es heute gelegentlich gibt. Theater ist für Marianne Hoppe etwas Heiliges.

»Man wusste, da ist Verlass«

Marianne Hoppes Rückkehr zum Theater war Maßarbeit. Sowohl was ihre künstlerische Entwicklung und Karriere anbelangte, als auch den Stand der Dinge im Staatsschauspiel betreffend, hätte der Zeitpunkt nicht günstiger gewählt werden können. Im Filmbereich hatte sie für den Augenblick ihre Möglichkeiten ausgereizt, die Presse lag ihr zu Füßen, das Staatstheater am Gendarmenmarkt unter Gründgens hatte bereits den Ruf gewonnen, künstlerisch höchstrangiges Theater für ein weltstädtisches Publikum zu machen, und mit der Eröffnung eines Kleinen Hauses zog es zum Saisonbeginn 1935/36 in Berlin zusätzlich das Interesse auf sich. Das Schauspielhaus selbst wurde seit einigen Monaten umgebaut und erst am 9. November 1935 mit der Premiere von Goethes »Egmont« unter der Regie von Gründgens in einer geschlossenen Festvorstellung für Partei- und Regierungsfunktionäre wieder in Betrieb genommen.

Die neue Spielstätte war im ehemaligen Deutschen Künstlertheater in der Nürnberger Straße in Charlottenburg eingerichtet worden und erschloss dem Staatsschauspiel nicht nur einen intimen Theaterraum, sondern auch den Berliner Westen. Da Jubelrhetorik damals zwar bereits gern gesehen, aber noch nicht angeordnet war, zeugt die – die politischen Lager übergreifende – Begeisterung der Berichterstatter für »den Plan, der schon, als er gefasst wurde, den Keim des Gelingens in sich trug«[1] und den »mutigen und glücklichen Intendanten«[2] wohl von echter Sympathie. Interessanterweise wurde das Staatsschauspiel dabei zwar mit der Volksbühne, nicht aber mit dem Deutschen Theater verglichen. Vielleicht weil Letzteres zwar mit staatlichem Geld finanziert wurde, aber nach wie vor als Privatbetrieb galt. Die Volksbühne indessen – vielmehr das Theater am Horst-Wessel-Platz, wie sie bald hieß – war bis zur Eröffnung des Schiller

Theaters Ende 1938 offiziell das Gegenüber des Preußischen Staatsschauspiels. Dieses Haus war Reichstheater und erhielt auch die Theater in der Saarlandstraße und am Nollendorfplatz zugeschlagen, sodass sich sein Leiter Generalintendant nennen konnte. Ende 1937 zog Göring in diesem Punkt nach und ernannte Gründgens gleichfalls zum Generalintendanten, was durch die Existenz des Kleinen Hauses gerechtfertigt war. 1941 kam als Lustspielhaus noch die Komische Oper an der Weidendammer Brücke hinzu. Gründgens war also erst Intendant, dann Generalintendant des Preußischen Staatsschauspiels mit zunächst einer, ab 1935 zwei und schließlich drei Spielstätten, während die Generalintendanz des gesamten Komplexes Preußische Staatstheater Berlin die ganze Zeit über der Staatsopern-Intendant Heinz Tietjen innehatte.

In der Volksbühne nun amtierte als Nachfolger von Heinz Hilpert ab 1934/35 für zwei Spielzeiten Bernhard Graf Solms, der dann von dem Schauspieler Eugen Klöpfer abgelöst wurde. »Während die Volksbühne unter Graf Solms das große Theater der völkischen Einheit werden will, mitten im Stadtbezirk der Schaffenden, zum ›Vergnügen des Volkes‹, ein Abbild der Bühne als moralische Anstalt, wie Schiller es wünschte«, schrieb der *Film-Kurier* zur Saisoneröffnung, »sind die Staatstheater in Berlin in ihrer Produktion Geltungsbühnen in der ständig zum Austrag kommenden, geistigen Olympiade der Völker, auf ihren Brettern, die die Welt bedeuten.«[3]

Der Innenraum des Theaters in der Nürnberger Straße war komplett renoviert worden und leuchtete jetzt weiß und rot. Zur Eröffnungspremiere am 8. September 1935 wurde er zusätzlich festlich hergerichtet: »Das Orchester war überdeckt mit einer kleinen Rokoko-Dekoration von rosa Seidenstoff, geschliffenen Glasfächern und kleinen weißen Pleureusen vor den Glühbirnen. Und dann ging der Vorhang auf, und man blickte in die große, perspektivisch nach hinten verkürzte Guckkastenbühne Traugott Müllers, wo mit lichter Helle in klarer, linearer Zeichnung, mit zarten Farben der

Platz von Verona aufstrahlte, auf dem sich die beiden Veroneser Freunde trafen.«[4]

»Die beiden Veroneser«, wie das Frühwerk von Shakespeare heißt, bildete allerdings nur die Grundlage zu dem Stück, das gezeigt wurde: Der berüchtigte Shakespeare-Nachdichter Hans Rothe hatte es unter dem Titel »Zwei Herren aus Verona« neu übersetzt, mit einigen neuen Szenen versehen und dabei ironisch aufgepeppt. »Bei Shakespeare könnte das Stück ›Die Leidenschaftlichen‹ heißen«, schrieb Herbert Jhering, »bei Rothe ›Die Altklugen‹«.[5] Andere Rezensenten konnten der deftigeren und mit Zeitbezügen gespickten Fassung mehr abgewinnen. Inszeniert hatte - Lothar Müthel, und zwar in einer Weise, die allseits Entzücken erregte. Die Inszenierung sei »kostbar und herrlich in ihrer Unbeschwertheit, in ihrem Mut zur Ausgelassenheit«, dabei »artistisch hervorragend und vorzüglich durchgegliedert«: »Wie ein Maskenspiel rollt das Stück ab – wie zu einer Mummerei sind die Akteure gekleidet, ein Herzog trägt ein Großvaterkäppi, ein besorgter Papa aus Verona spaziert im Schlafrock des Wilhelm Busch einher, und die närrischen Diener sind gekleidet – der eine sogar so geschminkt – wie die Clowns. »Immer wieder habe es Szenenapplaus gegeben«, um »jene märchenhaft beschwingte und romantische Stimmung« zu feiern, die für viele Aufführungen des Staatsschauspiels charakteristisch sei.[6]

Als Überraschung des Abends galten Viktor de Kowa und Marianne Hoppe. Wunderte man sich bei ihm über das schauspielerische Format, das der bisherige Filmschönling in der Rolle des grauhaarigen Dieners Flink erwies, so waren die Meinungen zu Marianne Hoppes Julia fast schon triumphierend. »Nach dieser Leistung, in der sie von Abend zu Abend wächst, ist das Ausmaß ihrer Begabung, das stets sehr hoch eingeschätzt wurde, nicht abzumessen.« – »Man kennt sie schon lange, aber nun erst hat sie die Wirkungsstätte gefunden, an der ihre Eigenart voll aufzublühen vermag. Diese erste Aufgabe, vor die sie im Staatstheater gestellt wird, gibt ihr immer wieder Anlass, ihre Innigkeit und ihre echte Anmut in einen bezaubernden Einklang zu bringen.«[7] Sie sei »ganz Shakespeare-Geschöpf, jungenhaftes Mädchen, zart, weich und mit verbissener Tapferkeit«, sie verlasse »das Gebiet der volksmäßigen Gestalten, bewegt sich mit großer Sicherheit im neuen Stil und weiß die Überladung der Figur mit Nuancen zu einer klaren Gesamtheit auszugleichen«.[8] Nicht alle Kritiker waren von der neuen Zartheit Marianne Hoppes jedoch überzeugt. Einige vermuteten, dass ihre Reize in »herben« Rollen besser zur Geltung kämen, oder fanden sie erst dann in ihrem Element, »wenn sie in Hosen herumstolziert«.[9] Einerseits ein Beschränkungsversuch auf ihren Filmtyp, umschreibt dies andererseits nur den kraftvollen Umgang mit der Gefühlsseite dieser Rolle, denn jede Regung der Julia war, wie es an anderer Stelle heißt, »von einem energischen Willen beseelt, sich den Treulosen zurückzuerobern«.[10] Auch im Theater blieb Marianne Hoppe die große Unsentimentale, und ihre gelegentliche »Unbeholfenheit der Geste« gehörte ebenso zu diesem Charakter wie ihre »ausgezeichnete sprachliche Sauberkeit«:[11] »Sie hat vielerlei Gesichter und Gebärden, eben noch unartig eckiges Kind, dann hingebend liebendes Weib, gebrechlich im Leid und wieder forsch wie ein Junge ...«[12] Kaum anders wünscht man sich als Mann wohl die Frau (solange es nicht die eigene ist). Sehr viel später einmal nach der Rolle der Frau befragt, antwortete Marianne Hoppe ironisch, aber bezeichnend und in Anlehnung an die kurz zuvor gehörte Position einer amerikanischen Ärztin: »Arbeiten wie ein Pferd, denken wie ein Mann, aussehen wie ein junges Mädchen.«[13]

Ihr Debüt am Staatsschauspiel war ein Riesenerfolg. Was natürlich an Marianne Hoppes Talent lag – aber auch an der Umsicht, mit der Gustaf Gründgens sie anleitete: Er setzte sie zunächst im Kleinen Haus ein, wo sie, von sehr viel weniger hoch gesteckten Erwartungen begleitet, als es bei einem Einstieg am Gendarmenmarkt der Fall gewesen sein dürfte, in Ruhe ihren Platz im Ensemble finden und Kontakt mit dem Publikum aufnehmen konnte. Zudem spielte sie gleich in der Eröffnungspremiere und gehörte für die Zuschauer entsprechend von Anfang an zur Stamm-Mannschaft dieser Dependance. Und sie stand bei ihrem ersten Auftritt nicht als einziger bisheriger Filmstar auf der Bühne, sondern neben Viktor de Kowa. Im Großen Haus trat Marianne Hoppe nicht vor Jahresende auf, und da zunächst in einer Übernahme des Gretchens im »Faust I«. Eine repräsentative eigene Premiere hatte sie dort erst im Juni 1937 als Viola in der Shakespeare-Inszenierung »Was ihr wollt« von Gründgens. Da die Julia in »Zwei Herren aus Verona« als Vorläuferfigur der Viola angesehen werden kann, bereitete der Intendant seine zukünftige jugendliche Heldin letztlich zwei Spielzeiten lang auf diese Aufgabe vor.

Noch in einer anderen Beziehung war die Besetzungspolitik am Hause Gründgens überaus feinfühlig. Marianne Hoppe, die schon in München in Bezug zu Käthe Gold gesehen worden war, galt auch am Staatsschauspiel als norddeutsche Ergänzung zu der zwei Jahre älteren Wienerin, die Gründgens – ebenso wie Hermine Körner – sofort engagiert hatte, als er sein Intendantenamt antrat. Bereits in ihrer zweiten Produktion trat Marianne Hoppe nun mit Käthe Gold gemeinsam auf – aber nicht in Form eines Zweikampfes um die überzeugendste Mädchenhaftigkeit, sondern im Vierergespann der »Jungfern vom Bischofsberg« von Gerhart Hauptmann. Privat waren die beiden übrigens befreundet, und zwar über sechzig Jahre lang, bis Käthe Gold 1997 im Alter von neunzig Jahren in Wien starb. Gegenseitig hielten sie sich für den Inbegriff ihres Berufsstandes. »So muss eine Schauspielerin aussehen«, hatte Marianne Hoppe gedacht, als sie Käthe Gold erstmals traf, und dieser war es, wie sie ihr später sagte, ganz ähnlich gegangen.

»Die Jungfern vom Bischofsberg« (1907) gehört nicht zu Hauptmanns stärksten Werken. Die Premiere am 15. Oktober 1935 war auch als Ehrung für den Autor gedacht, der einen Monat später dreiundsiebzig Jahre alt wurde. Hauptmann, dessen Verbleib in Deutschland den Nazis aus repräsentativen Gründen sehr angenehm war, der sich als Humanist gleichzeitig aber nicht allzu großer Beliebtheit erfreute, saß während der Premiere gemeinsam mit Hermann Göring in der Intendantenloge. Als sich die Schauspieler nach der Vorstellung in einer Linie aufstellten und zur Loge hinauf grüßten, dankten beide Männer mit dem Hitler-Gruß. »Jawohl, ich habe es gesehen: Der greise Hauptmann, der Autor der ›Weber‹ und der ›Ratten‹, er, zu dessen Aufstieg zum großen Teil Juden beigetragen hatten (vor allem Otto Brahm und Max Reinhardt, Alfred Kerr und Siegfried Jacobsohn), er kannte tatsächlich keine Hemmungen, die Hand zum Hitler-Gruß zu erheben«, schrieb Marcel Reich-Ranicki, der einen »billigen Platz im zweiten Rang« hatte, »von dem sich diese Loge gut beobachten ließ«.[14]

Das Stück handelt von vier Schwestern, die im Haus ihres Onkels im goldenen Käfig leben und von einem Hauslehrer ältester Schule aufs Leben vorbereitet werden sollen: Agathe (Marianne Hoppe), Ludowika (Käthe Gold), Sabine (Hilde Weissner) und Adelheid (Lotte Betke). Der unglückselige Lehrer (Paul Bildt), verliebt sich in Agathe, macht sich zum Gespött der Schwestern und zieht seiner Wege, während ein weit gereister Erziehungsreformer auftritt (Günther Hadank) und Agathe statt seiner gewinnt. Auf angenehm ironisierende Weise führte Lothar Müthel Regie, die Stehkragenspießigkeit genießend, ohne sie ernst zu nehmen.

Der 1896 als Max Lütcke geborene Müthel hatte Musik studiert und war jahrelang Schauspieler gewesen (auch am Gendarmenmarkt), bevor er zu inszenieren begann. Sein »Faust I« mit Krauß und Gründgens hatte ihn im Dezember 1932 mit einem Schlage berühmt gemacht, die Aufführungen waren ausverkauft, und Müthel wurde schon als nächster Intendant gehandelt. Daraus wurde zwar nichts, aber neben dem elf Jahre älteren Jürgen Fehling und dem drei Jahre jüngeren Gründgens selbst, war er weiterhin einer der Hausregisseure des Staatsschauspiels und – wie auch der

Chefdramaturg Eckart von Naso – seit Mai 1935 Mitglied der NSDAP. Von den insgesamt fünfundzwanzig Rollen, die Marianne Hoppe bis 1944 an den Staatstheatern spielte, erarbeitete sie fünf mit Müthel und übernahm in zwei weiteren Inszenierungen von ihm die Rollen Käthe Golds. Sechsmal spielte sie unter der Regie von Gründgens, viermal bei Karl Heinz Stroux, dreimal bei Fehling sowie je einmal bei Paul Bildt, Helmut Käutner, Viktor de Kowa, Hans Leibelt und Wolfgang Liebeneiner.

Über Müthel schrieb Karl Heinrich Ruppel, der Kritiker der *Kölnischen Zeitung*, anlässlich einer anderen Hauptmann-Inszenierung[15] zwei Jahre später: »Das Staatstheater besitzt in Lothar Müthel einen Hauptmann-Regisseur ersten Ranges. Seine Inszenierungen der ›Jungfern vom Bischofsberg‹ und des Glashüttenmärchens ›Und Pippa tanzt‹ waren hervorragend, weil sie den atmosphärischen Zauber der Lustspiel- und Märchenwelt so transparent machten, dass die fremde Zeit, aus der sie kamen, mit sichtbar wurde, dass sich das zuweilen in einem fatalen Sinn ›Historische‹ in einen Anlass zur inneren Wahrhaftigkeit dieser Inszenierungen verwandelt.«[16] Insgesamt galt er als Mann des klar komponierten und strikt von der Sprache ausgehenden Theaters.

Der Jungfern gibt es vier auf Hauptmanns Bischofsberg, und die Fotos zeigen reizende Gruppenszenen voll blonder Löckchen, Rüschen und Spitzen. Herausgehoben werden in den Kritiken aber nur zwei der Schwestern: Käthe Gold und Marianne Hoppe. In offenbar bewusster Umkehrung der bisherigen Rollentypen diesmal Erstere ganz in Dur als »quietschvergnügtes Quecksilber in diesem Familienkloster«[17], Letztere »in sich versponnen und versonnen, vom Geheimnis einer schmerzlichen Liebe überschattet, ganz menschlich, weil sie das Leid mit ganz zarten Tönen malt, herbe in ihrer Abweisung und umso gelöster, als doch noch das Glück kommt«[18]. Wieder überschlagen sich die Stimmen zu Marianne Hoppe fast: »Die Entwicklung zur einmaligen Schauspielerin schreitet vorwärts«, »eine Vereinigung von innerlicher Kraft und äußerlicher Anmut, wie sie unter dem Nachwuchs nur sehr selten zu finden ist«, »gelingt es Marianne Hoppe, der an sich gleichgültigen Figur etwas von goethescher Innigkeit zu geben«.[19]

Die leitartikelhafte Emphase, mit der sie regelmäßig weit über alle anderen gestellt wird, ist fast schon unheimlich. Aber sie stürzte sich auch in die Arbeit, als ginge es um ihr Leben, und in gewisser Weise war es wirklich so. Für sie ist Theaterspielen nie in einen Vorstellungsbetrieb übergegangen, sondern stets auf eine Schöpfung im Augenblick hinausgelaufen. Vorher studiert sie nichts ein, sondern probiert herum, wählt aus, sortiert. Sicher konnte Marianne Hoppe den Probenablauf 1935 noch nicht so stark bestimmen wie später, aber den Wunsch, quasi bei null zu beginnen, hatte sie, seit sie als Piperkarcka in den »Ratten« die Unschuld des Drauflosspielens verlor. In den folgenden Jahren und Jahrzehnten arbeitete sie daran, in den Zustand der Bedingungslosigkeit auf einer bewussten Ebene zurückzukehren. Ernst Schröder, der sie erstmals 1957 als Kollegin erlebte,[20] beschrieb die faszinierende und verunsichernde Probenmethode Marianne Hoppes, jeden Satz und jeden Vorgang auseinander zu nehmen, anzuzweifeln und zu umkreisen. Aber: »Abends beim Spiel strahlt sie die Sicherheit des Schlafwandlers aus, und man ist in seiner Partnerposition durch nichts gestört: man erhält Antworten, die tatsächlich aus dem Augenblick kommen, frisch gefundene. Und das, denke ich, gibt die durch nichts zu verletzende Freiheit des Spiels, die spontane Produktion.«[21] Immer mehr näherte sie sich – in einer fast philosophischen schauspielerischen Entwicklung von der Närrin zur Weisen – im Laufe ihres Lebens der Voraussetzungslosigkeit. Martin Wuttke, Marianne Hoppes Partner in ihrer letzten großen Arbeit, Müllers »Quartett« 1994 am Berliner Ensemble, erlebte es so: »Immer wenn sie in der Gasse stand, sagte sie: ›Wie komme ich dazu? Wie bin ich hier hingekommen? Warum mache ich das eigentlich? Ich müsste zu Hause sitzen.‹ Vielleicht war das auch eine Art von Vorbereitung für ihre Auftritte, denn wenn sie auf der Bühne stand, war es dann tatsächlich oft so, dass sie wie vom Himmel gefallen schien.«[22]

Die Desorientierung, die Marianne Hoppe vor den Premieren erstrebte und kultivierte, und in der sie alle denkbaren Wege wenigstens versuchsweise beschritt, half dabei nicht nur, den Punkt zu finden, von dem aus die jeweilige Figur funktionierte, sondern auch, ihn akzeptieren zu können. Indem sie vor dem Auftritt alle Zweifel zuließ, die möglich waren, konnte sie sich beim Spiel ihrer Sache sicher sein. Probenarbeit als Schattenboxen vor dem Auftritt, erschöpfend und entspannend zugleich. Aber nicht beruhigend, beruhigt war Marianne Hoppe nie. Sie war auch nie mit sich zufrieden, konnte sich nie zurücklehnen und an das Erreichte glauben. Ihr Weiter-weiter-weiter ist auch die Scheu vor dem Unkontrollierbaren, die Angst vor dem Unzulänglichen und die Flucht in den nächsten Versuch: Wieder scheitern, besser scheitern. Ob es etwas gäbe, auf das sie stolz sei, wurde sie nach rund sechzigjähriger Bühnentätigkeit gefragt. »Nein, nichts«, war die Antwort.[23] Und wenn man sie jetzt auf ihr Lebenswerk anspricht, sagt sie: »Ha, Schauspielerin! Das ist doch heute jeder. Ich hätte Jura studieren und Oberstaatsanwältin werden sollen – ich hätte das Zeug dazu gehabt!«

Am 7. Dezember 1935 hatte Marianne Hoppe in dem Oscar Wilde-Stück »Der ideale Gatte« unter der Regie von Hans Leibelt Premiere (»... eine erfrischend naive Miss Mabel, fast ein wenig enfant terrible, knabenhaft, aber immer anmutig und als Liebende innig.«)[24]. Drei Wochen später debütierte sie im Großen Haus als Gretchen. Nach Käthe Gold und Emmy Sonnemann nun also sie, wobei Müthels »Faust I«-Inszenierung eineinhalb Jahre lang nicht gezeigt worden war und der Mephisto jetzt Bernhard Minetti hieß, der Faust Günther Hadank. In der *Deutschen Allgemeinen Zeitung* stand: »Sie spielt ihr Gretchen ohne Stilisierung und ohne jenes deklamatorische Pathos des Naiven, das einmal sehr beliebt war und die Gestalt vom Rührenden zum Rührseligen wandelte, sie damit dem Gelächter der Klügeren preisgebend, sie spielte es natürlich und ihre vielfache Auflösung des Verses zu ungebundener und doch noch rhythmisch bewegter Sprache, unterstützt wirksam das Überzeugende ihrer Gestaltung.«[25]

Es war Marianne Hoppes erstes und einziges Gretchen. Das Entsagende, Sich-Ergebende, Verlöschende lag ihr nicht so am Herzen. 1942 antwortete sie auf die Frage einer Frauenzeitschrift nach ihren liebsten Rollen: »Zwei Arten liegen mir am meisten. Einmal sind es die tragischen Frauengestalten, die alle einen gemeinsamen Zug haben, von der Emilia Galotti bis zur Antigone: Sie gehen zwar zugrunde, aber an ihrer eigenen inneren Konsequenz, nicht an Schwäche oder Haltlosigkeit; und deshalb liegt selbst in ihrem äußeren Untergang etwas Positives, weil sie ihre eigene Bestimmung erkannt haben und nie sich selbst untreu werden. Daneben möchte ich nun wieder mehr die heitere Seite pflegen, jene Rollen spielen, die einen ganz ursprünglichen Humor zeigen.«[26] Ihr Leben lang wünschte sie sich auch, Kleists Penthesilea zu spielen, wozu es aber nicht gekommen ist. Dafür kam es zum Lear, mit dem sie wahrscheinlich nie gerechnet hätte, und die Gretchenfrage konnte sie, die mit Goethe-Texten später weltberühmt wurde, zumindest einleuchtend beantworten.

Am 11. Januar 1936 feierte Hermann Göring in der Staatsoper in seinen dreiundvierzigsten Geburtstag hinein – prunkvoll, wie es sein Ruf als »Sonnenkönig des Dritten Reichs«[27] erwarten ließ, allein die Dekoration kostete 53.000 Reichsmark. Goebbels und sogar Hitler waren da, Gründgens natürlich auch, und insgesamt herrschte eine derart repräsentative Machtkonzentration, dass Klaus Mann, der im Exil an seinem »Mephisto«-Roman schrieb, das erste Kapitel auf diesem Geburtstagsball spielen ließ. Zehn Tage später hatte »Hamlet« Premiere, mit Gründgens in der Titelrolle, Hermine Körner als Königin und Käthe Gold als

Ophelia. Müthels Inszenierung wurde – der Hamletinterpretation des Intendanten entsprechend – vom Kritiker der *B.Z.* als agressiv statt versonnen empfunden, als fast zupackend statt grübelnd. Hamlet nicht als Melancholiker, sondern als »moralischer Stratege, der nicht dasselbe tun will, was der Oheim tat: morden. Er will richten. Richten nach der Logik des Vorgeschehens: hinrichten.«[28] Nach der Auffassung von Herbert Jhering hingegen blieb dieser Hamlet äußerlich: »Ein ausgezeichneter Schauspieler sprach oft hinreißend die Worte des Hamlet, ohne das zweite Gesicht, ohne den Hintergrund, ohne die Weltwende unter den Versen aufleuchten zu lassen.«[29] Er wies auch auf ein Missverhältnis zwischen Bild- und Textebene in dieser Inszenierung hin, auf das rohe Mauerwerk und die niedrigen Holzräume von Rochus Gliese einerseits und die »zivilisierte Glätte« der Sprachformung durch Müthel andererseits.

Über drei Monate später griff der *Völkische Beobachter*, ohne Gründgens' Namen zu nennen, dessen Hamletinterpretation wieder auf. Unter der Überschrift »Hamlets politisches Heldentum« versuchte ein gewisser Waldemar Hartmann zu belegen, dass von allen Shakespeareschen Gestalten Hamlet jene sei, »die dem nordisch-deutschen Wesen wohl am nächsten steht. Held und Denker sind in ihm vereinigt. Das wird man aber nur begreifen, wenn man endgültig mit jener grundfalschen, von jüdischer Mentalität beeinflussten Auffassung des Hamlet bricht, die ihn als genialisch-geschwätzigen Schwächling begriff, als den Dorian Gray des 16. Jahrhunderts.« Diese Einstiegsthese musste man noch nicht auf Gründgens beziehen. Im Gegenteil hatten ihn manche Kritiker ja ausdrücklich als einen Hamlet der Tat verstanden. Folgende Stelle in Hartmanns Text macht jedoch ganz deutlich, wer gemeint war: »Die Worte ›So macht Gewissen Feige aus uns allen‹ sind keineswegs auf eine Unfähigkeit zur Rache bezogen, sondern auf die angebliche Unfähigkeit zum Selbstmord. Die Verwendung des Wortes ›conscience‹ als Gewissen und nicht Bewusstsein oder Denken durch Schlegel, ist an dieser Stelle durchaus nicht unklar zu nennen, da es sich um das von Hamlet vorgetäuschte konfessionelle Gewissen handelt.« Die Übersetzung von ›conscience‹ als ›Bewusstsein‹, die anklingen lässt, dass sich der Einzelne nicht selbst am Handeln hindert, sondern durch äußere Einflüsse am Handeln gehindert wird, war eine Variante, die Gründgens' Hamletauffassung im Innersten entsprach, und die er in einigen Vorstellungen wählte.[30] Im letzten Absatz raffte Waldemar Hartmann noch einmal alle ideologischen Verfransungen seines fast ganzseitigen Aufsatzes zusammen und formulierte, auf die angebliche politische Aufgabe Hamlets bezogen, die Ehre seines Volkes wiederherzustellen: »Wer vermöchte hier nicht ein Gleichnis zu unserem eigenen Volksleben erkennen. Hat nicht der Nationalsozialismus mit Hunderten von Todesopfern die Vermeidung eines Bürgerkrieges erkauft, das heißt mit dem blanken Schild dem deutschen Volk seine Freiheit erkauft. Die Darstellung des Hamlet verlangt daher eine heroische Weltanschauung als Grundlage. Nur ein Schauspieler, der sich in diesem Sinne selbst spielt, wird ihr gewachsen sein. Nie wird aber ein Darsteller dem Hamlet gerecht werden können, wenn er sich nur darin gefällt, mit dekadent-morbider Eitelkeit, in der Nachfolge Oscar Wildes und seines Gentlemanverbrechers Dorian Gray, Hamlets geistreiche ›Causerien‹ als Inhalt und nicht als Maske zu spielen, ohne das Vermögen unter der Hülle des täuschenden Wortes die blanke Klinge der Bereitschaft aufblitzen zu lassen. ›Denn in Bereitschaft stehn, ist alles.‹«[31]

Nicht dem Sinn, aber dem Gestus und der Wortwahl nach, kam das einer Warnung gleich. Noch am gleichen 3. Mai 1936, an dem dieser Artikel erschien, reiste Gründgens in die Schweiz und ließ Göring wissen, dass er entschlossen sei zu emigrieren. Das hatte natürlich nichts damit zu tun, dass der *Völkische Beobachter* seinen Hamlet nicht schätzte, sondern damit, dass ihn das »Kampfblatt der nationalsozialistischen Bewegung Großdeutschlands« als Homosexuellen gebrandmarkt hatte. Der wiederholte Vergleich mit dem wegen dieser Neigung 1895 zu Gefängnis verurteilten Oscar Wilde und die Erinnerung an die Niederschlagung der SA waren mehr als deutlich. Gründgens brachte sich in Sicherheit, ließ den Ministerpräsidenten aber dennoch wissen, wo er ihn finden könne. Wirklich rief Göring umgehend in Basel an. Er versicherte, dass hinter dem Artikel nicht der politische Entschluss stehe, Gründgens zu vernichten, sondern nur eine Einzelmeinung, und dass die verantwortlichen Redakteure bereits verhaftet worden seien. Gründgens kehrte zurück, war aber noch immer verunsichert, woraufhin Göring versuchte, ihn mit der Ernennung zum Preußischen Staatsrat zu beruhigen. Träger dieses Titels durften staatlicherseits nicht ohne die Zustimmung des Ministerpräsidenten behelligt werden. Um sicherzugehen, dass der aus der Bahn geworfene Intendant den Titel auch annehmen würde, hatte Göring gleich den Rundfunk informiert, und so war die Ernennung schon veröffentlicht, als Gründgens von ihr erfuhr. »Es ist damals über den Rahmen meiner inneren Möglichkeiten hinausgegangen, nach dieser Publikation und mit diesem Titel ins Ausland zu gehen«, schrieb er 1946. »Das schien mir so unernst und eine solche Köpenickiade, dass ich mich dazu nicht entschließen konnte.[32]

Auf diese Weise nahm der Intendant rechtzeitig zur nächsten Premiere seines Theaters und noch bevor es auf der am 11. Mai 1936 in München beginnenden Reichstheaterwoche zu Gerüchten hätte kommen können, wieder seinen Platz am Preußischen Staatsschauspiel ein. Am 10. Mai kam im Kleinen Haus »Sonne für Renate« heraus, eine Komödie von Erich Ebermayer mit Marianne Hoppe in der Hauptrolle. Es war ihre erste Theaterproduktion in diesem Jahr, aber im Januar hatte sie mal wieder einen Film gedreht, eine bewährte, sichere und lustige Sache: »Wenn der Hahn kräht« nach dem plattdeutschen Bauernschwank von August Hinrichs aus dem Jahr 1932 unter der Regie von Carl Froelich. Carsta Löck war wieder dabei, Fritz Hoopts – und erstmals arbeitete Marianne Hoppe mit Heinrich George zusammen, der hier einen Gemeindevorsteher spielte. Mit einem »künstlerisch wertvoll« versehen, wurde der Film ab Ende März 1936 in Berlin gezeigt.

»Sonne für Renate« war von Gründgens ursprünglich zur Uraufführung angenommen gewesen und hätte das Kleine Haus eröffnen sollen, mit Käthe Gold als Renate. Da dem Juristen und Schriftsteller Ebermayer (der Emmy Göring 1947 bei ihrem Entnazifizierungsprozess verteidigte und ihr bei der Abfassung ihrer Memoiren behilflich war), von nationalsozialistischer Seite aber eine einstige Nähe zu Klaus Mann vorgeworfen wurde, gab es in den Theatergremien einige Funktionäre, die dagegen waren, eines seiner Stück an exponierter Stelle uraufzuführen. Gründgens hätte wohl insistieren können, wollte es wegen dieser Sache aber nicht darauf ankommen lassen, und setzte die Premiere unter der Regie von Paul Bildt in seinem Haus gegen Ende der Spielzeit an, während die Uraufführung in Danzig stattfand.

Renate ist eine Zahnarzthelferin von so unglaublichem Charme, dass sich im Wartezimmer die männlichen Scheinpatienten drängen und echte Schmerzpatienten wieder nach Hause gehen müssen. Aus verständlichen Gründen wird Renate entlassen, und drei, selbst arbeitslose Verehrer (Volker von Collande, Franz Nicklisch und Heinz Rippert) setzen sich in den Kopf, so lange gemeinsam für ihren Unterhalt zu sorgen, bis einer von ihnen eine Anstellung bekommt und sie heiraten kann. Diese Rechnung aber haben sie ohne Renate gemacht, die sich ihren Gatten lieber selbst sucht. Die Rolle lag Marianne Hoppe sehr, von ihrer sportlich-selbstbewussten Jugendlichkeit waren alle entzückt – vermutlich auch Gustaf Gründgens, der sie knapp sechs Wochen später heiratete.

Curt Riess schrieb, dass Gründgens schon seit der gemeinsamen Arbeit in »Schwarzer Jäger Johanna« in Marianne Hoppe verliebt gewesen sei, also seit Sommer 1934. Er hätte Artikel über sie aus Zeitschriften ausgeschnitten und seine Freunde zu zustimmender Begeisterung genötigt. Dann hätte er versucht, sie zu einem Engagement am Staatsschauspiel zu überreden, was nicht so einfach gewesen sei, weil Marianne Hoppe beim Film sehr viel mehr verdienen konnte.[33] Ersteres mag so erlebt worden sein, aus Letzterem sollte man angesichts der zahlreichen Bemerkungen Marianne Hoppes aus dieser Zeit, dass sie das Theater weiterhin als ihre künstlerische Heimat betrachte, keine generellen Wertungen ableiten. Fest steht, dass sie schon vor Antritt ihres Engagements mit Gründgens befreundet gewesen war. »Wir beide hatten denselben Humor. Und dieselbe Art, alles runterzuspielen, nichts zu dramatisieren. Man wusste, da ist Verlass. Eine Zusammengehörigkeit.«[34] Er lud sie auch nach Zeesen ein und stellte sie seiner Mutter vor, an der er sehr hing und die damals schon krank war. Emmy Gründgens starb am 3. Mai 1935.

Zu heiraten entschloss sich Gustaf Gründgens nicht zuletzt deswegen, weil er sich nach dem Tod seiner Mutter einsam fühlte und jemanden eng bei sich haben wollte, dem er vertraute. Da er Marianne Hoppe den Antrag erst nach seiner Rückkehr aus Basel machte (andernfalls wäre es für ihn nicht in Frage gekommen, alleine zu emigrieren), mag die Heiratsabsicht zusätzlich politische Motive bekommen haben. Gründgens war um seine Sicherheit besorgt und suchte vielleicht nach eigenen Möglichkeiten, sich zu schützen und Anfeindungen entgegenzutreten. Auch Klaus Mann lässt seinen Mephisto am Ende des Romans heiraten. Und zwar eine Figur mit Namen Nicoletta, die in gleicher typisierender Weise für die Schauspielerin Pamela Wedekind steht wie Hendrik Höfgen für Gründgens. Klaus Mann wusste nichts von Marianne Hoppe. Aber er fand eine Heirat des – im Buch einer schwarzen Domina verfallenen – gefährdeten Intendanten mit einer bisherigen Freundin folgerichtig und nahe liegend.

Es mag für Gründgens sowohl soziale als auch politische Gründe gegeben haben, überhaupt zu heiraten. Dass es Marianne Hoppe war, die er heiratete, lag an ihrem besonderen Verhältnis. Sie verstanden sich gut, es mussten nicht viele Worte gemacht werden. »Er rief mich an und fragte mich, ob ich mit ihm nach Kladow oder Gatow fahren wollte. Er hatte einen neuen Wagen und freute sich wie ein Kind über solche Sachen. Da sind wir rausgefahren, und wie wir zurückkommen, fragte er plötzlich: ›Wollen Sie meine Frau werden?‹ Und ich sagte: ›Ja.‹ Ganz kurz. So einfach ist das.«[35]

Mit Carl Dreyfuss und Ödön von Horváth hatte es für Marianne Hoppe zu dem Zeitpunkt erst zwei Männer gegeben, die ihr viel bedeuteten. Beide waren intellektuelle, künstlerische Naturen gewesen. Gründgens ebenso. Darüber hinaus war diese kindliche Zuversicht in ihm, diese Schlichtheit im Gefühl, in der sie sich geborgen fühlte. Und er war ein bedeutender Mann, eine schillernde Figur, ein blendender Schauspieler, ein ausgezeichneter Regisseur. »Ja, und er war schön. So was Schönes, diese Beine ... Aber eine Liebe entstand, glaube ich, erst durch die Gefahr, die die Nazis für uns bedeuteten. ... Marianne, das ist der letzte Ehrenmann, sagte Gustaf. Und da lachten wir beide furchtbar. Liebe kam wahrscheinlich auch erst, nachdem ich das erste Mal mit ihm wirklich zusammen war ...«[36]

Sie waren auch beide besessene Arbeiter und brauchten ihre persönlichen Freiräume wie die Luft zum Atmen. »Je stärker, je kräftiger eine Beziehung ist, desto mehr Distanz fordert sie, um aufrechterhalten zu werden«, sagt sie. »Einen gewissen Grad von Erwachsenheit setzt das voraus. Ich habe meine – nicht sehr häufigen – Beziehungen nur so gehalten, obwohl man das Wort Zärtlichkeit, das Wort Liebe dabei nie vergessen soll. Aber das setzt eigentlich der innere Anstand voraus.« Und: »Liebe ist eine Art von Besitzergreifung. Und diese Art von Besitzergreifung im Zaum zu halten – darauf kommt es an.« Marianne Hoppe hat Gustaf Gründgens geliebt. Er stand für alles, was in ihrem Leben wichtig war, und sie vertraute ihm. Seine Männerbeziehungen haben sie nicht gestört. Sie betrafen sie nicht. Zudem entsprach sie auch nicht nur äußerlich dem androgynen Frauentyp der dreißiger

Jahre, sondern hat selbst eine bisexuelle Neigung. Gründgens und sie achteten und respektierten einander, standen füreinander ein, waren aber auch eifersüchtig aufeinander. »Das war eine große Beziehung mit allem Drum und Dran.«[37] Und: »Wir haben schon zusammen geschlafen, wenn Sie das meinen.«[38]

Die Hochzeit fand am 20. Juni 1936 statt. Als ein gutes Jahr vorher Hermann Göring und Emmy Sonnemann geheiratet hatten, war dies mit unglaublichem Pomp vonstatten gegangen: Von 30.000 Soldaten eskortiert und von einer Jagdstaffel begrüßt, hatte das Paar den Berliner Dom betreten, und später wurden über dreihundert Gäste im Hotel Kaiserhof bewirtet. Gründgens beging die Zeremonie verschwiegen, fast beiläufig. Der 20. Juni war ein Samstag, und um ein Uhr war die standesamtliche Trauung angesetzt. Das Standesamt war am Magdeburger Platz in Berlin-Tiergarten, und in der Eile bog das Brautpaar in den falschen Hauseingang ein und stand plötzlich vor einem Rechtsanwaltsbüro. Am richtigen Ort warteten derweil Marianne Hoppes Bruder Ernst-Günther und Gustaf Gründgens' Vater Arnold als Trauzeugen. Im Anschluss fuhren alle nach Zeesen, Frau Hoppe-Gründgens ging schwimmen, und danach gab es ein kleines Essen, bevor sich der Ehemann hinlegte, weil er abends um halb acht als Hamlet auf der Bühne stehen musste. Sie allein empfing am späteren Nachmittag einige Gäste und nahm sich vor dem Schlafengehen wahrscheinlich ihr Hochzeitsgeschenk vor: Das Drehbuch zu einer Verfilmung von Fontanes »Effi Briest«, gebunden in eine dunkle, goldgeränderte Mappe. Ein offizielles Hochzeitsfoto wurde nicht gemacht, das Doppelporträt im Halbprofil von links, das mehrere Zeitungen druckten, war eine Collage. Es gab auch keine Flitterwochen, und Marianne Hoppe behielt neben den gemeinsamen Wohnsitzen in Zeesen und später im Schloss Bellevue ihre eigene Wohnung in Berlin.

Hätten sich der Gutsbesitzer Gustav Hoppe und seine Frau Grete so die Hochzeit ihrer Jüngsten vorgestellt? Oder doch eher in der Kirche in Weiß, unter reger Anteilnahme der tuschelnden Öffentlichkeit und mit einem rauschenden Fest hinterher, von dem ein Geschenkeberg übrig bleibt, unter dem sich der Hochzeitstisch biegt? Ein Jahr später lieferte das Ehepaar diese Szenen in dem Film »Capriolen« nach, den Gründgens nach Motiven des Theaterstücks »Der Himmel auf Erden« von Jochen Huth (1935) drehte. Er spielt darin den Frauenschwarm und Gesellschaftsreporter Jack Warren, sie die Fliegerin Mabel Atkinson. Bei einem Kunstflug, der ihn das Fürchten lehrt, fragt er sie just in dem Moment, als sie auf dem Kopf stehen, ob sie seine Frau werden wolle. Sie lässt das Flugzeug in einen Misthaufen abstürzen und antwortet dann ›ja‹. Goebbels fand den Film »kalt, intellektuell, überpointiert« und »in manchen Partien direkt peinlich«.[39] Hitler missfiel die unklare Verteilung der Geschlechterrollen. Beides könnten die Funktionäre auch auf das junge Ehepaar selbst gemünzt haben.

Paragraf 175

Claudia Schoppmann:[1]
Während der Weimarer Republik wurde es in bestimmten Kreisen fast schick, als Frau Frauenbeziehungen zu haben. Mit Clubs und Zeitschriften gab es erstmals auch eine entsprechende Infrastruktur. Das war durch die Errungenschaften der Demokratie wie Versammlungs- und Pressefreiheit möglich geworden, aber auch durch die veränderten Wertvorstellungen. In Großstädten konnten lesbische Frauen jetzt an einer halb öffentlichen lesbischen Kultur teilnehmen, während sie vor dem Ersten Weltkrieg auf private Freundeskreise beschränkt gewesen waren. Gleichzeitig manifestierte sich ein Erscheinungsbild, das wir heute als Neue Frau bezeichnen: Frauen begannen, sich die Haare kurz schneiden zu lassen, kürzere Röcke oder sogar Hosen zu tragen, sie zeigten sich sportlich, rauchend und Auto fahrend. Nicht zuletzt in dieser Hinsicht hat es 1933 dann einen herben Wechsel gegeben. Es gab ja auch den Paragrafen 183, einen Gummiparagrafen: Erregung öffentlichen Ärgernisses. Damit konnte das Hosentragen von Frauen strafrechtlich verfolgt werden. Ich kenne viele Fälle, in denen Frauen Ärger bekommen haben, wenn sie sich in Hosen zeigten. Das änderte sich erst Anfang der vierziger Jahre wieder, als Frauen bestimmte Aufgaben der eingezogenen Männer übernehmen mussten und dann beispielsweise Luftschutzwart waren.

Selbst wenn homosexuelle Beziehungen unter Frauen anders als die unter Männern in Deutschland nicht unter den Paragraf 175 fielen und daher nicht strafbar waren, konnten sich die Frauen natürlich nie sicher sein, dass dieser Paragraf nicht ausgeweitet würde. Inoffiziell gab es darüber auf Seiten

---

[1] Claudia Schoppmann ist Historikerin in Berlin und hat über Homosexualität in der Weimarer Republik und während des Nationalsozialismus geforscht. Unter anderem veröffentlichte sie 1993 ein Buch mit Lebensgeschichten lesbischer Frauen im Dritten Reich: „Zeit der Maskierung".

der Nazis tatsächlich lange Debatten. Es war ein Damoklesschwert, das über den Frauen hing, und das wurde zum Teil auch so empfunden. Einige haben geheiratet, um sich zu tarnen.

Die Nazis argumentierten getreu ihrer Maxime »Teile und herrsche«, dass Homosexualität vielleicht bei einem oder zwei Prozent der Betreffenden angeboren sei, die anderen aber »umerzogen« werden könnten - und sei es in Konzentrationslagern. Homosexuelle, die scheinbar keine untrüglichen Erkennungsmerkmale hatten, sollten der »Volksgemeinschaft« erhalten bleiben, der Wehrmacht etwa. Es gab Fälle, bei denen versucht wurde zu entscheiden, ob es sich um einen so genannten Hangtäter, einen Triebtäter oder um Umwelteinflüsse handelte. Und wenn man entschied, dass es Umwelteinflüsse waren, dann durfte sich der betroffene Mann gleich an der Front bewähren.

Nach Ende der Nazizeit war es dann keineswegs so, dass mit der Demokratie sofort eine Gleichstellung von Homosexuellen einhergegangen wäre. Zwischen 1950 und 1965 – ein Zeitraum, der dem der Weimarer Republik entspricht – wurden viermal so viele Männer verurteilt wie zwischen 1918 und 1933. Ab 1969 waren dann so genannte einvernehmliche Beziehungen zwischen Erwachsenen straffrei, und erst 1994 wurde der Restparagraf gestrichen. Im Zuge der gesellschaftlichen Veränderungen mit der Studenten- und speziell auch der Frauenbewegung wurden Homosexuelle Anfang der siebziger Jahre in der Öffentlichkeit langsam sichtbar. Aber da trat dann oft noch die Selbstzensur auf den Plan. Ein Mann wie Gustaf Gründgens wäre, wenn er 1969 noch gelebt hätte, wohl kaum auf die Straße gegangen und hätte gesagt: »Ich bin schwul.« Dabei waren seine Neigungen ja nicht unbekannt, wie der Spruch zeigt »Hoppe Hoppe Gründgens, kriegen keine Kindgens ...« Bei einer Ausstellung zu seinem 100. Geburtstag war im Berliner Schwulen Museum dieser Volksreim auf den Boden projiziert worden. Und auf den Wänden hatte man die Konterfeis der beiden Ehepaare vervielfältigt: Gustaf Gründgens und Erika Mann, und Gustaf Gründgens und Marianne Hoppe.

»Wir führten kein großes Haus«

Im Sommer 1999 fuhr Werner Schroeter mit Marianne Hoppe und ihrem Sohn Benedikt zu Aufnahmen für »Die Königin« nach Gut Zeesen. Gustaf Gründgens hatte Haus und Anwesen samt Mobiliar und Ahnengalerie 1934 von dem jüdischen Bankierssohn Rudolf Goldschmidt gekauft. Was der Staatstheaterintendant nicht gewusst haben mag, ist, dass der Vermittler, ein gewisser Gert Voß, Rechtsberater der SA in Brandenburg war, die Verkaufsverhandlung in Uniform geführt und den Preis etwa auf die Hälfte des Wertes gedrückt hatte. 1946 wurde Gründgens vom Verdacht, sich an einem Notverkauf bereichert zu haben, gerichtlich freigesprochen, im Dezember 1998 endete ein erneutes Verfahren jedoch mit der Rückübertragung des Gutes an den inzwischen achtundachtzigjährigen Goldschmidt, der kurz darauf starb.

Gut Zeesen, fünfundzwanzig Kilometer südöstlich von Berlin, ist ein herrschaftliches, aber nicht prunkvolles Gebäude mit zwanzig Zimmern und einer schönen Freitreppe, wundervoll am Wasser und im Wald gelegen. Im Park befanden sich neben zwei kleineren Häusern damals noch Ställe mit Vieh und Pferden, ein Tennisplatz, ein Gewächshaus und ein großer Obstgarten. Nach Kriegsende besetzten die Sowjets das Gut, zu DDR-Zeiten diente es als Kinderheim, und Anfang der neunziger Jahre machten es sich Punks aus Berlin-Kreuzberg dort gemütlich. Im Film sieht man Marianne und Benedikt Hoppe durch den verwahrlosten Park gehen, und der Regisseur erinnert aus dem Off daran, dass hier Teile des Effi Briest-Films »Der Schritt vom Wege« gedreht wurden. Ja, aber was sie denn jetzt hier solle, fragt Marianne Hoppe, während die Kamera läuft. Sich mit der Vergangenheit konfrontieren, schlägt der Sohn vor, woraufhin sie unwillig den Kopf schüttelt: »Ich will entweder wo sein oder wo nicht sein. Aber konfrontiert mit etwas, das mag ich nicht.«

Eine Fotoserie aus der Anfangszeit ihrer Ehe zeigt Marianne Hoppe und Gustaf Gründgens in ihrem Heim: im Vorraum am Kamin sich auf niedrigen Korbsesseln gegenübersitzend, im Wohnzimmer auf der langen Couch zusammen in ein Buch blickend, an einem kleinen Tisch Karten spielend, zwischen Säulen über eine Verandabrüstung in den Park schauend, auf der Treppe zum ersten Stock posierend oder gemeinsam rudernd auf dem See. Wirklich gemeinsam: Sie sitzen nebeneinander auf der Bank, ud jeder führt ein Ruder. Sie im Rock mit kurzärmeliger geblümter Jackenbluse, er in weiten, geraden Hosen mit Aufschlag und einer eng sitzenden Jacke mit geknöpftem Revers. Die absolut gleichberechtigt arrangierten Szenen im erlesenen Ambiente lassen an ein gut erzogenes Geschwisterpaar denken, das aus dem Internat nach Hause gekommen ist, während die Eltern sich auf einer Reise befinden. Eine heiter-gelassene Verschworenheit strahlen sie aus, Freude am Dekorativen und die Selbstverständlichkeit, nichts zu benutzen, ohne es an seinen Platz zurückzustellen.

Zum Zeesener Hausstand gehörten 1936 der Chauffeur und Verwalter Max Gebhardt und Erich Zacharias Langhans, ein Freund noch aus Hamburger Zeiten, den Gründgens als Sekretär beschäftigte. Auch Gründgens' Vater lebte in einem der Gartenhäuser, hatte jedoch keinen engeren Kontakt zu den Bewohnern des Haupthauses. Außerdem gab es Haustiere: Airdaleterriers, Papageien und den Zwergesel Cosimo, den Marianne Hoppe Gründgens zum zweiten Hochzeitstag schenkte. Man fuhr mit dem Auto eine Dreiviertelstunde vom Gendarmenmarkt nach Zeesen. Wenn es im Theater zu spät wurde, blieben Marianne Hoppe und Gustaf Gründgens jedoch in der Stadt. Er hatte zunächst noch seine Wohnung in der Hagenstraße, sie war am 1. Juni 1936 in ihr Haus in der Stallupöner Allee gezogen. Die Wohnung in der Caspar-Theyß-Straße wurde untervermietet. 1937 bekam Gründgens als

Berliner Dienstwohnung das Gartenhaus im Schloss Bellevue angeboten. Er nahm es gerne, bestand aber darauf, Miete zu bezahlen. Spätestens ab Herbst 1937 wohnten sie dort, zogen jedoch nach einigen Monaten für zwei Jahre wieder in die Stallupöner Allee, da Schloss Bellevue als Reichsgästehaus umgebaut und das Gartenhaus renoviert wurde. In Bellevue richteten sie sich besonders elegant ein, mit französischen Stilmöbeln, Seidentapeten und einem blautaftenem Himmelbett für sie: »Wir führten kein großes Haus. Erstens war der Gustaf mit seiner Migräne zu anfällig. Und zweitens spielten wir fast jeden Abend. Aber als mein Bett fertig war, da gab ich ein Betthimmelfest. Ließ mir so 'n schönen, pflaumenblauen Morgenrock machen und setzte mich aufs Bett und empfing alle. Käthe Gold war dabei, und der Meisel, und ich weiß nicht, wer noch. Und da saßen wir alle in meinem Schlafzimmer und waren urgemütlich. Aber es war ein Wunder, dass wir alle mal zusammenkamen, dass wir alle mal Zeit hatten.«[1]

Ein großes Haus führten sie vielleicht weder in Berlin noch in Zeesen, doch Gäste waren regelmäßig da, und immer wieder gab es auch Feste. Von den Verwandten kam Gründgens' Schwester Marita zu Besuch, die in Köln lebte und Sängerin in Kabaretts und im Rundfunk war. Auch Marianne Hoppes Eltern konnten ihre Tochter ab 1936 häufiger sehen. Gustav Hoppe nämlich hatte die Bewirtschaftung von Felsenhagen in jenem Jahr ganz in die Hände seines Sohnes Ernst-Günther gelegt, bezog mit Grete eine Stadtwohnung in der Bayerischen Straße in Berlin-Schöneberg und schrieb sich, inzwischen siebzigjährig, als ältester Student der Universität für die Fächer Religionsphilosophie und Geschichte ein. Natürlich waren die beiden nach wie vor häufig in Felsenhagen, aber immer wieder hielten sie sich längere Zeit in Berlin auf. Für mehr als nur gelegentliche Treffen spricht auch, dass sich zwischen Gustaf Gründgens und Mariannes Mutter ein vertrauensvolles Verhältnis entwickelte und er sie bei ihrem Kosenamen »Pinchen« nannte.

Privat ging Marianne Hoppe nur selten aus. Eher war noch Gründgens genötigt, ab und zu Gesellschaften zu besuchen, sie konnte sich da weitestgehend zurückziehen. Den Klub der deutschen Künstler im Palais Rathenau in der Viktoriastraße beispielsweise kannte sie gar nicht. (Was kein Schaden war, denn der viel besuchte Treffpunkt war stark von Nazileuten durchsetzt.) Wenn Geselligkeit stattfand, dann meist in Zeesen. Der Bühnenbildner Traugott Müller war oft da, ebenso der musikalische Leiter des Staatsschauspiels Mark Lothar sowie Käthe Gold, mit der Marianne Hoppe auch Rollen studierte. Elsa Wagner, Werner Krauß und seine Frau Maria Bard kamen mehrfach, Kurt Meisel, Gustav Knuth und seine Frau Elisabeth Lennartz, genauso wie Paul Bildt, der mit seiner jüdischen Frau, später, als sie ausgebombt waren, auch in Zeesen wohnte. Man musizierte, feierte gemeinsam Silvester oder saß nur so zusammen. Eine besonders gute Freundin von beiden Gastgebern war Gustl A. Mayer. Sie war schon zu Max Reinhardts Zeiten am Deutschen Theater Direktionssekretärin gewesen und wechselte 1938 als Dramaturgin und Beraterin in allen Fragen an den Gendarmenmarkt zu Gründgens. Sie war oft in Zeesen und blieb nach dem Krieg noch jahrzehntelang Marianne Hoppes Freundin, Vertraute und Bezugsperson. Auch Carsta Löck gehörte weiterhin zu Marianne Hoppes Freundeskreis. Sie spielte inzwischen selbst regelmäßig Theater, erst am Lessing-Theater, dann an der Komödie, und ab 1939 am Deutschen Theater.

Auf der Bühne wird Marianne Hoppe ihre mehrfache Filmpartnerin indessen kaum gesehen haben, denn in andere Theater ging sie »viel zu wenig«. Vom Deutschen Theater unter Heinz Hilpert erinnert sie nur, »dass die da so unter sich Theater spielten. Damit die Herrschaften oben nicht gestört wurden, wie man so sagte.« In Klöpfers Volksbühne gegangen zu sein oder in das Schiller Theater, das der Leitung von Heinrich George unterstellt wurde, entsinnt sie sich gar nicht. Überhaupt war eine Auseinandersetzung mit dem

Medium Theater als solchem nicht üblich. Im Staatsschauspiel war mit den drei Größen Fehling, Gründgens und Müthel ein breites ästhetisches Spektrum abgedeckt: Jürgen Fehling stand für das Visionäre, den großen Bogen, aus dem heraus ein Stück bildmächtig erklärt wurde; Gustaf Gründgens für ein Theater, das vom Wort ausging und einerseits das Handwerk betonte, andererseits immer stärkerer Reduzierung und Konzentration entgegenstrebte; Lothar Müthel schließlich für die formbewusste Intonierung eines Stückes. Alle drei Ansätze stellten die Umsetzung des dramatischen Textes auf der Bühne in den Mittelpunkt und waren das, was man heute als Literaturtheater bezeichnet. Die Neugier, über diese Grenze hinauszublicken, gab es damals nicht. Die ästhetisch-dramaturgische Arbeit von Bertolt Brecht und Erwin Piscator in den Vornazijahren war wohl zu randständig und politisch festgelegt gewesen. Sie konnte durch den Machtwechsel rigoros und ohne wirklich Einfluss genommen zu haben abgeschnitten werden.

Auch Nachbarkünste wurden nicht mit dieser ständigen Bereitschaft zur freundlichen Übernahme betrachtet, die heutzutage herrscht. Der Genrebegriff hatte noch absolute Gültigkeit. Mary Wigman beispielsweise tanzte am 1. August 1936 bei der Eröffnung der XI. Olympischen Sommerspiele in Berlin. Hat Marianne Hoppe sie gesehen? Was das ein Ereignis, zu dem man ging? Und beeinflusste der Ausdruckstanz die sportliche Schauspielerin, die doch immer weiter, weiter, weiter wollte? »Nein«, sagt sie. »Dazu war ich zu beschränkt. Man war einfach furchtbar mit sich selbst beschäftigt und mit dem, was man machte. Aber Gret Palucca[2] habe ich einmal in Berlin gesehen, und sie machte auf mich einen Rieseneindruck. Als Möglichkeit, meinen eigenen Formenkanon zu bereichern, habe ich den Ausdruckstanz aber nicht gesehen.«

Die Olympiade in der ersten Augusthälfte 1936 konnte auf Marianne Hoppe wie der grandiose Abschluss eines herrlichen Jahres wirken. Sicher hat sie nicht viele Veranstaltungen besucht, ist vielleicht nur einmal auf der Tribüne des von Werner March erbauten Reichssportfeldes im Grunewald gewesen, aber sie hörte in ihrem nahe gelegenen Haus in der Stallupöner Allee den Lärm und wurde auch rund um die beiden Theater des Staatsschauspiels immer daran erinnert: Die Straßen waren beflaggt, internationale Teams bevölkerten die Stadt, und Zeitungen erschienen mit Beilagen in englischer und französischer Sprache. Das Ereignis wurde mit allen Insignien nationalsozialistischer Macht inszeniert, wirkte zugleich aber weltoffen. Die antisemitischen Parolen waren schon einige Zeit aus dem Stadtbild verschwunden, man wusste, dass auch zwei so genannte halbjüdische Sportler für Nazideutschland an den Start gingen und konnte schon Wochen vorher den Eindruck gewinnen, dass alles bei weitem nicht so schlimm war wie gedacht. Diese Phase passte wie bestellt zu einer Spielzeit, in der Marianne Hoppe ungeheure Erfolge gefeiert hatte und zu einer Protagonistin am ersten Theater des Staates geworden war. Zudem hatte sie diesen außergewöhnlichen Mann geheiratet, lebte in stilvoller Abgeschiedenheit, hatte Geld, war gesund, fühlte sich aufgehoben, angeleitet und gefordert. Wenn sie während der Nazizeit überhaupt eine unbeschwerte Zeit erlebt hat, dann war es der Sommer 1936.

Das Preußische Staatsschauspiel beteiligte sich am Rahmenprogramm der Olympiade mit einer Inszenierung der »Orestie« des Aischylos unter der Regie Lothar Müthels, die am 3. August Premiere hatte. Zwei Tage vorher war das gesamte Ensemble zur olympischen Eröffnung eingeladen gewesen. Käte Haack schrieb über den gemeinsamen Besuch in ihren Erinnerungen:

»Ganz Berlin war da, wir vom Staatstheater bekamen eine Loge. Über uns saß unser Chef Gustaf Gründgens mit seiner Frau Marianne Hoppe. Wir hatten so viel Zuversicht, solche Hoffnung. Wir hatten den völkerverbindenden Film ›La grande Illusion‹ gesehen. In den Ateliers trafen wir die ausländischen Kollegen. Und nun dieses unvergessliche Bild im

Reichssportfeld. Die Flamme wurde entzündet, die Mannschaften zogen mit ihren Fahnen ein. Und dann kamen die Franzosen, eine elegante Reiterequipe mit den schönsten Pferden. Als sie an der Loge von Hitler vorbeikamen, hoben sie den Arm zum Deutschen Gruß. Das gesamte Stadion schrie vor Jubel, ich habe so ein ohrenbetäubendes Freudengebrüll nie wieder gehört. Und was kam dann alles später? Dieser furchtbare Krieg, diese entsetzlichen Gräuel. Damals ahnten wir noch nichts davon. Abends war ein großes Fest auf der Pfaueninsel bei Berlin. Auf Pontons ging man hinüber zur Insel. Drüben standen die Ballettmädchen von der Oper, als friderizianische Pagen verkleidet, mit leuchtenden Fackeln und wiesen den Weg zur Festwiese hinter das Schlösschen, wo Hunderte von Tischen gedeckt waren. Ich saß mit reizenden Schweden zusammen, der Sekt floss in Strömen. Und dann sah ich am nächtlichen Himmel über der Havellandschaft das tollste Feuerwerk meines Lebens.«[3]

Auch Berta Drews, die zwischen 1934 und 1939 eine Baby- und Gesundheitspause machte und ab 1939 bei ihrem Mann Heinrich George im Schiller Theater spielte, erinnerte sich im Glück: »Eine ganze Stadt ist in Bewegung! Ein unüberschaubares Fahnenmeer – farbenprächtig und pompös. Fanfaren aus den Lautsprechern künden von der Olympiade im Jahre 1936. Sie nennt sich ›eine Massendemonstration der neuen Machthaber‹. Unter ihrem Schutz begegnen sich die Völker freundschaftlich bei Sport und Tanz. Hingerissene Menschen, trunkene Verbrüderungen. Die Wirtschaftskrise ist vergessen. Die Künstler treffen sich auf den Empfängen Hitlers, Görings und Goebbels'. Man hört von überraschenden Karrieren.«[4]

Der Fall war umso tiefer. Direkt nach Ende der Olympiade errichteten die Nazis das Konzentrationslager Sachsenhausen in Oranienburg und zogen im gesamten öffentlichen Leben die Daumenschrauben wieder an.

Marianne Hoppe und Gustaf Gründgens waren ab Ende August beide mit den Dreharbeiten zu einem Film unter der

Regie von Hans Steinhoff beschäftigt: »Eine Frau ohne Bedeutung«, frei nach dem Stück von Oscar Wilde aus dem Jahr 1893. Das Drehbuch schrieben Thea von Harbou und Bernd Hofmann, die Hauptrollen waren fast ausschließlich mit Bühnenkollegen besetzt, die Premiere fand am 26. Oktober in Berlin statt. Käthe Dorsch spielte Sylvia, die titelgebende Tochter eines Pfarrers (Friedrich Kayßler), die der junge Adlige George (Gustaf Gründgens) schwängert, aber nicht heiratet. Er flieht stattdessen nach Indien und kehrt erst zwanzig Jahre später reich, unkonventionell und innovativ in die altenglische Gesellschaft zurück. Die Herren sind von seiner direkten Art brüskiert, die Damen fallen auf ihn wie die Fliegen, er aber interessiert sich nur für zwei junge Leute: den ehrgeizigen, hitzigen und abenteuerlustigen Gerald Arbuthnot (Albert Lieven) und dessen sportlich-sachliche Freundin Hester (Marianne Hoppe). Wie sich bald herausstellt, ist Gerald sein eigener Sohn. Der allerdings weiß davon noch nichts und missversteht ein vertrauliches Gespräch, das der Lord mit Hester über ihn führt, als Anlass zum Duell. Natürlich kann das Schlimmste verhindert werden, und am Ende, als Vater und Sohn ein Gespräch unter Männern führen, erklärt Hester Sylvia die Jugend: »Wir jungen Menschen wollen gar nicht geschont werden. Wir lieben euch sehr, euch Eltern. Aber wir brauchen nicht so viel Hilfe. Zu viel Hilfe ist nur eine Belastung für uns. Wir wollen beweisen, dass wir stark sind.«

Aufrecht und mit ruhigem, geradem Blick sitzt Marianne Hoppe dabei der zusammengesunkenen Käthe Dorsch gegenüber und spricht mit fester Stimme, während diese ihren Text in vorgestriger Weise tremolierend singt. Schon zuvor hat Gründgens alias Illingworth vorgegeben, wie die Figur der Hester zu verstehen sei: »Hester, Sie sind das vernünftigste Mädchen, das mir seit Jahren begegnet ist.« Der Rolle nach gehörte er zwar ebenfalls der Elterngeneration an, der Haltung nach setzte er sich aber an die Spitze der Jugendbewegung. In Umkehrung der literarischen Vorlage hätte der

Film entsprechend »Ein Herr mit Bedeutung« heißen müssen, denn es geht nicht um die bürgerliche Anständigkeit der Sylvia, sondern um den frischen Wind, den die neue Generation mit sich bringt.

Als Nebenfigur mit Leitcharakter birgt die Rolle der Hester die Gefahr des Plakativen, Sprachrohrhaften, Missionarischen womöglich. Marianne Hoppe machte einen schlichten und stimmigen Charakter daraus: schlank, schön und natürlich, pointiert und schlagfertig, zupackend und geradeaus. »Ich bin nicht kokett«, sagt sie zu Illingworth, was stimmt. Denn dazu ist sie zu selbstbewusst. »Marianne Hoppe, die kluge Hester,[5] stellt ein burschikoses Jungmädchentum heraus«, heißt es in einer Kritik in der *Filmwoche*, »ihre Hester verdolmetscht den Umschwung der Welt seit den Jugendtagen Sylvias, ihre Haltung ist forsch ohne Geschraubtheiten, ihre Sprache auch in der zwanglosen Führung ein Genuss.«[6]

In vielen Kritiken wurde, vielleicht aus Gewohnheit, besonders Käthe Dorsch hervorgehoben,[7] doch im Amtsblatt *Der deutsche Film* äußert fk. vorsichtige Bedenken: »Die Sylvia Kelvil spielt Käthe Dorsch, mütterlich und echt. Dennoch scheint uns manchmal, rein von der Filmwirkung her gesehen, dass sie zuviel theatermäßige Schauspielkunst auf den Film überträgt. Sie spielt wundervoll, aber der Grenzfall der Wirkung der großen Theaterschauspielerin im Film scheint uns bei ihr erkenntlich zu sein.«[8] Diese Äußerung knüpfte an ein Thema an, das im vorangegangenen Heft breit erörtert worden war: die Schauspielerei im Theater im Gegensatz zu der im Film. Ein heikles Verhältnis zwischen Bühnen- und Filmangehörigen bestand schon in den Jahren davor, weil der Film einerseits immer bedeutender wurde, sich andererseits aber in gleichbleibend starker Abhängigkeit von der Bühne befand. Der Großteil der Filmschauspieler wurde aus den Theatern rekrutiert, was zwar ein hohes schauspielerisches Niveau, aber nicht immer die gewünschte Natürlichkeit garantierte. Zudem ärgerten die filmenden

Theaterschauspieler dadurch, dass sie die Filmarbeit als künstlerisch minderwertig empfanden und sich, wie die wenigsten verhehlten, nur des Geldes wegen dazu hinreißen ließen. Auch dramaturgisch war der Film dem Theater nachgeordnet.

»Zu derselben Zeit, als in anderen Produktionszentren – in Amerika, Frankreich, in der Sowjetunion – die Entwicklung der Filmkunst in eine Richtung ging, wo sich die Erzählweise an der Romanstruktur orientierte«, schrieb der Filmhistoriker Jerzy Toeplitz, »war in Deutschland die Bühne das Vorbild, und die Verfilmung von Theaterstücken die Regel. Diesen falschen Weg wählte man auch deswegen, weil das Theater mit den langen Textpassagen ein guter Ausgangspunkt für die Politisierung des Filmschauspiels war und weil das Bühnenstück das ästhetische Ideal des Führers war.«[9]

Von den zwölf Filmen, die Marianne Hoppe bis Ende 1936 gedreht hat, gehen fünf auf Theaterstücke und sechs auf Romane zurück. Das stützt zwar nicht die These von der eindeutigen Vorherrschaft der Theaterstoffe, belegt aber die Fremdorientierung des Genres eindrucksvoll: Mit »Alles hört auf mein Kommando« basiert nur ein einziger Film auf einer originären Idee, und es ist mit Abstand der schlechteste.

Eigene gute Stoffe taten also not und, natürlich, filmspezifische Schauspieler. Die damalige Praxis, nicht ausgebildete Darsteller ihrer hübschen Gesichter und vielleicht auch ihrer natürlichen Ausstrahlung wegen zu besetzen, müsse, wie Hermann Gressieker in *Der deutsche Film* ausführte, für eine Epoche des Übergangs akzeptiert werden. Da sie sich aber weder verwandeln, noch ihre Rollen gestalten könnten, dürften sie nur als Vorläufer eines »künstlerischen Filmdarstellers« gelten, »dem weder der Dilettantismus noch die Zugehörigkeit zur Bühnenkunst nachzusagen sein wird«. Drei Bedingungen müsse dieser Typus der Zukunft erfüllen: künstlerische Potenz, Leidenschaft für den Filmberuf und »unmittelbare Bildlichkeit des Ausdrucks, wie sie aus den

Gesichtern des künstlerisch eingesetzten Volkes auf uns einspricht«.[10] Wiewohl eine Grenzgängerin zwischen den Genres, erfüllte Marianne Hoppe all diese Ansprüche. Sie war gewissermaßen der Modellfall der hier geforderten Darstellerin und wurde auch so gesehen:

»Als man den Typ Hoppe gewann, hat man in ihr zugleich ein großes schauspielerisches Talent gewonnen. (So etwas kann einem Produzenten der alten Richtung natürlich mal passieren, das ist nur menschlich.) Sie zeichnet sich aus durch eine klare, entschiedene schauspielerische Aktivität, die in den letzten Jahren, besonders durch die Hohe Schule im Staatstheaterensemble, ihre eigenste Richtung, ihr festes Geleise, ihren Stil gefunden hat. Zuverlässig und ehrlich wie ihr Naturell ist ihr Ausdruck, ohne eine Spur von den unkontrollierbaren Mitteln und Mittelchen, deren manche andere Schauspielerinnen sich bedienen, um sich in Szene zu setzen. ... Wenn man den bisherigen Weg dieser Schauspielerin übersieht, so spürt man, dass er nicht rein zufällig, sondern konsequent aufwärts ging, und empfängt daraus die Gewissheit, dass er deshalb noch viel weiter aufwärts gehen wird, im Film wie auf der Bühne.«[11]

Das tat er. Schließlich wurde Marianne Hoppe im nächsten Frühjahr kurz vor ihrem achtundzwanzigsten Geburtstag zur Staatsschauspielerin ernannt. Auch war die Spielzeit 1936/37 besonders arbeitsreich. Die Dreharbeiten zu »Eine Frau ohne Bedeutung« hatten sich bereits mit den Proben zu »Die gefesselte Phantasie« von Ferdinand Raimund unter der Regie von Jürgen Fehling im Kleinen Haus des Staatstheaters überschnitten. Die Premiere war am 25. September 1936.[12] Neben Käthe Gold als Phantasie, neben Maria Koppenhöfer, Pamela Wedekind, Will Dohm, Wolfgang Liebeneiner und Aribert Wäscher, spielte Marianne Hoppe die Dichterkönigin Hermione in diesem Altwiener Zauberspiel, das Fehling in mehrfacher ironischer Brechung als »entfesseltes Theater um des Theaters willen« auf die Bühne stellte, als »Spielerei, die ihre Berechtigung nur noch aus dem Geist des Regisseurs und dem seiltänzerischen Charme der Darsteller empfängt.«[13]

Ende Oktober begannen die Dreharbeiten zu dem Jannings-Harlan-Film »Der Herrscher«. Die Atelieraufnahmen zogen sich bis Mitte Januar, die Außenaufnahmen für die Griechenlandreise des Industriellen Clausen mit seiner Geliebten Inken Peters fanden Anfang Februar 1937 in Italien statt. In der Zwischenzeit spielte Marianne Hoppe im Kleinen Haus mit Viktor de Kowa noch eine zeitgenössische Komödie von Charlotte Rißmann: »Versprich mir nichts«. (Ein halbes Jahr später wurde der Stoff mit Luise Ullrich und de Kowa auch verfilmt.) Es war ihre letzte Theaterpremiere vor dem Verbot der Kunstkritik, und tatsächlich schieden sich hier die Geister. Der Kritiker des *Völkischen Beobachters* jubelte: »Ja, das ist wieder einmal eine Komödie!«[14] und lobte die Entwicklung des Komischen aus den Charakteren statt aus den Situationen heraus sowie die Tatsache, dass hier eine Ehe gezeigt werde, die nicht zerbreche, sondern eine schwere Krise übersteht.

Es geht um den Maler Pratt (de Kowa), der an nichts Interesse hat außer an seiner Kunst, und um seine Frau Monika (Marianne Hoppe), die sich außerstande sieht, für beider Überleben zu sorgen, wenn sie nicht ab und zu eines seiner Werke verkaufen darf. Das lehnt er zwar ab, weil er sie noch nicht gut genug findet, stimmt indes zu, die Bilder unter dem Namen seiner Frau anzubieten. Kaum dass die Türe zu dem ärmlichen Maleratelier nun geöffnet ist, stürzt sich die Kunstwelt darauf, als ob sie jahrzehntelang auf diese Prattkunst hätte warten müssen. »Alle lebenden Künstler werden das Malerehepaar Pratt beneiden«, lästerte der Kritiker der *Deutschen Allgemeinen Zeitung* und spöttelte auch über den harmoniesüchtig zusammengebastelten Schluss des Stückes, der – Monika wird ihrer Verkaufserfolge wegen des Ehebruchs mit dem Kunsthändler bezichtigt, verlässt empört das Haus und kehrt voller Liebe wieder – kein dramatisches Talent, dafür aber jede Menge »weibliche Wärme des Gefühls« offenbare. Gespielt jedoch sei es »reizend«, und Marianne Hoppe zeige »diskret die kameradschaftliche Überlegenheit«. Nebenbei stellt der Berichterstatter nicht ohne Lust am Gesellschaftstratsch fest: »(Wenn sie einmal laut mit ansteigender Stimme ruft: ›Ich hab's ja gewusst, so weit musste es kommen‹, hat ihre Stimme übrigens sichtlich etwas vom Ton und Rhythmus Gründgens', der ihr im übrigen ausgezeichnet steht.«)[15]

Derlei ging nach dem 27. November nicht mehr. Die Kunstkritik war verboten, und die Leichtigkeit war weg. Auch Ironie oder Seitenbemerkungen kamen nicht mehr vor, gravierende Meinungsunterschiede sowieso nicht. Was gezeigt wurde, musste im Prinzip gutgeheißen werden. Keiner durfte eine Entscheidung des Reichsdramaturgen oder des Intendanten in Frage stellen. Das hebelte jegliche allgemeine Auseinandersetzung um dramaturgisch-ästhetische Fragen aus und lähmte die Entwicklung in diesem Bereich beträchtlich. Nicht zuletzt darin dürfte gewurzelt haben, dass das nationalsozialistische Drama noch und noch auf sich warten ließ – und dass nach 1945 auch die Schubladen regimekritischer Autoren leer waren.

Gleichzeitig ist es keineswegs so, dass die Theaterberichte von Dezember 1936 bis zur Schließung aller Theater im September 1944 substanzlos gewesen wären. Im Gegenteil profitiert man im Rückblick von den ausführlichen Beschreibungen der Bühnenvorgänge, und es entspricht absolut nicht den Gegebenheiten, wenn Amy Smith in ihrem als Materialiensammlung angelegten Buch über Hermine Körner diese Jahre mit dem Hinweis überspringt, wegen des Kritikverbotes »erübrigt es sich, zeitgenössische Rezensionen aus diesen Jahren zu bringen«[16]. Die grundsätzliche Zustimmung bedacht und die politischen Floskeln abgezogen, bot auch die Form der so genannten Kunstbetrachtung Suggestionsspielraum. Nicht selten kam es nach den obligatorischen Stückbeschreibungen und -ausdeutungen zu dramaturgisch-analytischen Kommentaren und durchaus differenzierten Auseinandersetzungen mit der gestalterischen Leistung. Und das nicht nur in den Zeitungen, deren bürgerliches Image sich die Nationalsozialisten ein Minimum an Restfreiheit kosten ließen, wie das *Berliner Tageblatt*, die *Deutsche Allgemeine Zeitung*, die *Frankfurter Zeitung* oder *Kölnische Zeitung*, sondern teilweise auch in staatlich ausgerichteten Blättern wie der *Berliner Morgenpost*, der *B.Z.*, dem *12-Uhr-Blatt* oder der *Berliner Nachtausgabe*. Sogar der *Völkische Beobachter* überrascht immer wieder mit aufschlussreichen Artikeln. Gerade weil die Theaterberichte während der Nazizeit als grundsätzlich politisiert anzusehen sind, haben sie von heute aus gelesen oft einen doppelten Wert: als subjektive Verweise auf Theaterarbeit, die auch die wechselnden Akzente staatlich angeordneter Sichtweisen mit abbilden.

Das Jahr 1937 war für Marianne Hoppe ein Jahr der Popularität und Repräsentation. Das hing zum Teil mit dem »Herrscher« zusammen, der als nationales Großereignis das Filmschaffen der ersten Jahreshälfte dominierte. Schon am 3. Januar erschien in der *Filmwelt* eine Doppelseite zum Verlauf der Dreharbeiten, und als Marianne Hoppe, Emil Jannings und Veit Harlan im Februar in Pompeji drehten, gab es zuvor im Hotel Excelsior in Rom ein von der Tobis festlich arrangiertes Kennenlernen mit italienischen Filmchefs. Ganz offensichtlich sollte hier in filmwirtschaftlicher Hinsicht die von den faschistischen Regierungschefs wenige Monate zuvor vertraglich gesicherte »Achse Rom-Berlin« erprobt werden. Jannings wurde in diesem Zusammenhang sogar von Mussolini empfangen.[17] (Und knapp drei Wochen später gemeinsam mit Willy Forst und Gustaf Gründgens in den Aufsichtsrat der Tobis aufgenommen.[18])

Die Uraufführung des »staatspolitisch wertvollen« Films und der dazugehörige Festakt mit entsprechender Berichterstattung folgte im März. Anfang April veröffentlichte die *Filmwelt* als weiteres Glied einer Kette exponierter Aufmerksamkeiten unter dem Titel »Männer um Marianne Hoppe«

eine Doppelseite mit Szenenfotos aus allen ihren bisherigen Filmen.[19] Und Mitte des Monats wurde sie in den Jofa-Ateliers medienwirksam der amerikanischen Filmschauspielerin Mary Pickford vorgestellt, die auch Präsidentin der Firma United Artists war. Wie der *Film-Kurier* stolz berichtete, hatte der hohe Gast von Marianne Hoppe »in Amerika schon gehört«.[20] Am 20. April 1937 schließlich, seinem achtundvierzigsten Geburtstag, ernannte Adolf Hitler sie und vierundzwanzig weitere Darsteller[21] zu Staatsschauspielern. Im Juni wiederum nahm das Ehepaar Gründgens neben dem Reichsführer SS Heinrich Himmler, Hermann und Emmy Göring und anderen Politfunktionären an der feierlichen Einweihung des Emmy-Göring-Stiftes in Weimar teil. Dieses Stift war ein Ruhesitz für ehemalige deutsche Schauspieler und sollte wohl auf Göringscher Seite ein kleines Gegengewicht zu den umfänglichen sozialen Sicherungsmaßnahmen für Künstler darstellen, die sich Goebbels auf die Fahne geschrieben hatte. Gründgens gehörte zum Kuratorium.

Als Schauspielerin war Marianne Hoppe schon 1934 zur Repräsentantin einer neuen Künstlergeneration geworden und scheute sich nicht vor sozialen Obligationen wie Spenden an arbeitslose Kollegen, der Teilnahme am Winterhilfswerk mit der Sammelbüchse oder dem Eintopfausteilen im Kittel der Nationalsozialistischen Volkswohlfahrt. Als Frau des Staatstheaterintendanten war sie jetzt aber auch eine Dame der Gesellschaft. Im *Illustrierten Beobachter*, dem fotolastigen Parteimagazin, das in erster Linie die ganz Mächtigen überlebensgroß ins Bild rückte, wurde sie selbstverständlich zur Riege der Damen des kulturellen Lebens gezählt. Im Jahrgang 1938 sieht man sie mit dem Gatten bei einem Empfang, wieder sehr geschwisterlich beide in die gleiche Richtung lachend und leicht nach vorne geneigt, sie mit Perlenkette und schwarzem Käppchen;[22] oder quasi als Hausherrin des Staatstheaters am Gendarmenmarkt bei der Kontrolle der historisch getreuen Herstellung eines üppigen Rokoko-Kleides.[23] Hätte man damals aus dem Ausland einen

Brief an »Marianne Hoppe, Deutschland« adressiert, wäre er sicher ohne Verzögerung angekommen.

Auch dass sie gelegentlich mit Hinweis auf ihr alleiniges Interesse an der Arbeit eine überlegene Kratzbürstigkeit an den Tag legte, passte zum Image der Künstlerin neuen Typs, die dem Starruhm abhold zu sein hatte. Schon 1936 war in mehreren Zeitungen ein Text von ihr erschienen, zu dem sie offenbar durch lawinenartige biografische Anfragen genötigt worden war. Sie hatte also zur Schreibmaschine gegriffen und ein für alle Male klarzustellen versucht:

»Weder habe ich in meiner Kindheit mit Puppen gespielt, noch stand auf meinem Weihnachtswunschzettel das obligate Kasperletheater ... Weder mache ich viel Gesellschaften mit, noch spiele ich Bridge; weder bin ich für Äußerlichkeiten, noch für Sentimentalitäten. Ich lebe sehr ruhig, sehr zurückgezogen, habe sehr wenig Freunde, und am liebsten bin ich zu Hause. Ich reite passioniert und liebe als ehemaliges ›Landmädchen‹ die Natur über alles. Wenn ich mich geärgert habe (was ja in unserem Beruf, trotzdem ich ihn so liebe, manchmal vorkommt) fahre ich entweder mit meinem Wagen ›ins Grüne‹ oder ich lese in einem Klassiker – Goethe oder Shakespeare –, dann fühle ich mich gleich wohler. Und ich werde mich auch wohler fühlen, wenn ich diese Epistel jetzt schließe. Denn weder bin ich eine Schriftstellerin, noch finde ich mich so interessant, dass ich noch länger über mich schreiben könnte.«[24]

Sich unter Berufung auf die eigene arbeitsame Ernsthaftigkeit kleine Frechheiten zu erlauben, wurde einer Künstlerin in dieser Zeit nur allzu gern gestattet. Zum Presseball am 5. Februar 1938 erschien in einer humoresken Beilage ein Interview, das Marianne Hoppe (H.) mit Kurt Kränzlein (K.) geführt hatte, dem Chef vom Dienst des NS-Blattes *Der Angriff*:

»H.: Haben Sie als Kind schon einmal Großmutter gespielt?

K.: Wiesoo?

H.: Ja, so werden wir doch immer gefragt, wenn man uns interviewt.

K.: Wiesoo?
H.: Das weiß ich auch nicht, Sie müssen doch die Männer besser kennen, mit denen wir sprechen.
K.: Wiesoo?
H.: Wiesoo, wiesoo, wiesoo – –! Wieso sagen Sie immer wieso?
K.: – – – *(schweigt nichtssagend).*
H.: Endlich werden Sie vernünftig!«[25]
Der Wortwechsel, der mit weiter abnehmender Substanz noch eine Weile fortgeführt wird, liest sich heute gleichermaßen als subversive Parodie wie als staatstragende Albernheit. Marianne Hoppes Überdruss an nicht-sachlichen Fragen indes dürfte authentisch gewesen sein.

Als Frau Staatsrat Gründgens war sie regelmäßig bei Emmy und Hermann Göring zu Gast in Carinhall. Diesen nach seiner ersten Frau benannten Landsitz in der Schorfheide nördlich von Berlin hatte der morphiumsüchtige Ministerpräsident und Reichsluftfahrtminister mit Kino, Turnsaal und Dampfbad zu einer Prunkanlage sondergleichen ausbauen lassen. Im Wald waren Wisente, Elche, Wildpferde und Wildschafe angesiedelt worden, im Haus selbst wurden junge Löwen gehalten. Gäste empfing man in der »Nordischen Halle«, mit Geweihen an den Wänden, offenem Kamin – alles in ungeheuren Ausmaßen – und einem Jesus am Kreuz in der Ecke über dem Esstisch.

Wie Marianne Hoppe sich erinnert, tranken die Damen bei diesen Einladungen zunächst Tee, während die Männer Fachliches besprachen. Gründgens musste Rechenschaft ablegen, wobei er versuchte, Ausnahmeregelungen für einzelne Personen oder Sachverhalte zu erreichen. Beim anschließenden Abendessen platzierte er sie neben Göring, wo sie »dann auch noch versuchte, einiges anzubringen«. Die ehemalige Kollegin Emmy, die jetzt die nationalsozialistische Landesmutter mimte, war ihr suspekt. Sie wusste zwar, wie wichtig Frau Göring als Mittlerin für Gründgens und damit das ganze Staatsschauspiel war, wäre ihr aber am liebsten aus dem

Weg gegangen. »Marianne mag uns nicht«, hätte die Gastgeberin gelegentlich über sie gesagt, »und das war natürlich richtig«. Dieses ganze Ambiente mit Hermelinjäckchen tragenden Damen und Kekstellern war ihr auch einfach zu spießig. Man muss sich das wohl wie in dem Film »Eine Frau ohne Bedeutung« vorstellen, in dem sich Hester-Marianne im adligen Teekränzchen ausnimmt wie ein Tennisball zwischen Mozartkugeln. Allerdings: »Man darf nicht glauben, dass diese Bonhomie oder diese Art, sich entspannt zu geben, etwa ungefährlich war in diesem Hause.«[26] Immerhin wurde das Ehepaar Gründgens hier noch gern gesehen und bewirtet, während an anderen Stellen des Nazi-Apparats zeitweise schon die Nennung ihrer Namen als anstößig galt.

Im Sommer 1937, kurz vor der Premiere des »Capriolen«-Films, wurde Gründgens von Goebbels scharf ins Visier genommen. Am 27. Juli hatte er im Tagebuch notiert: »Ich trage ihm [Hitler] vor über Gründgens. Er ist sehr bestürzt über den Sumpf im Staatstheater. Gründgens soll sich bald ins Ausland verdrücken.« Einen Tag später hieß es dann: »Wie erwartet: Göring setzt sich für ›Capriolen‹ ein. Gründgens hat einen seiner hysterischen Anfälle bekommen. Aber ich kann da nicht nachgeben. Der Führer muss sich den Film anschauen.« Und am 29. Juli: »Ich trage ihm [Hitler] den Fall ›Capriolen‹ vor. Er will sich nun selbst noch mal den Film ganz anschauen. Ist der Meinung, dass Gründgens ganz weg muss. Auch Kerrl, mit dem ich spreche, findet ›Capriolen‹ furchtbar. Aber diese 175er sind ja alle hysterisch wie die Weiber.«[27]

Doch Goebbels insisitierte umsonst. Am 9. August ging der Film unbeanstandet durch die Zensur. Der Propagandaminister musste sich damit trösten, wenigstens die Filmkammerzeitschrift, die im Juliheft bereits eine groß aufgezogene Ankündigung von »Capriolen« gebracht hatte, rechtzeitig angewiesen zu haben, den Gründgens-Film klein zu halten und in beiläufiger Weise zu missbilligen – als grotesk, sentimental, revuehaft und auslandsorientiert.[28]

Auch gegen den Intendanten Gründgens konnte Goebbels nichts ausrichten. Im Gegenteil. Mit Datum vom 25. Dezember 1937 steht in seinem Tagebuch: »Gründgens zum Generalintendanten ernannt. Der wird noch Kaiser.« Und am 21. Januar 1938: »Hinkel berichtet mir, wie Göring ihn abgekanzelt hat ... Dabei ist der ganze Gründgens-Laden vollkommen schwul. Ich verstehe da Göring nicht. Mir kribbelt es in den Fingern.«[29]

Nicht nur ihm, wie ein weiteres Beispiel zeigt. 1937 hatte nach dem »Herrscher« und »Capriolen« noch ein dritter Film mit Marianne Hoppe Premiere: »Gabriele eins, zwei, drei«. Rolf Hansens Verfilmung dieses Romans von Heinrich Spoerl (»Antonie eins, zwei, drei«, 1936) wurde von Ende Mai bis vermutlich Mitte Juli gedreht und am 10. September in Berlin uraufgeführt. Gabriele Brodersen (Marianne Hoppe) ist die Tochter eines Reeders aus Bremen, die sich auf einer Mittelmeer-Kreuzfahrt langweilt und mit ihrer Stewardess Fanny (Grethe Weiser) die Rollen tauscht. Während sich Fanny in eleganten Bars amüsiert, lernt Gabriele, wie es sich anfühlt, wenn man ohne Geld und in der Ausgehkleidung eines Dienstmädchens unterwegs ist. Schnell will sie wieder Fräulein Brodersen sein und mit dem Taxi in teure Hotels fahren, doch stattdessen landet sie erst auf der Polizeiwache, dann in der Psychiatrie und ist bald als stadtbekannte Betrügerin registriert. Am Ende sind die ursprünglichen Herrschaftsverhältnisse wiederhergestellt, wobei Gabriele Gelegenheit hatte, sich ihres Dünkels zu entledigen und als ganze Frau zu zeigen, dass sie sich in die Verhältnisse schicken kann. Zur Belohnung bekommt sie einen Mann (Gustav Fröhlich), Fanny kriegt auch einen (Will Dohm), und alles ist gut.

Die Gabriele ist eine Riesenrolle, aber sie zählt nicht zu Marianne Hoppes besten. Sie spielt, als ob sie immerzu beweisen wollte, wie schier unglaublich energiegeladen sie sei. Die forcierte Munterkeit, die auch in den Bauernkomödien anklingt, ist hier das Bestimmende: Mit hochgezogenen

Schultern und geradezu slapstickhafter Körperspannung vermittelt sie den Eindruck ständiger Sprungbereitschaft und kommt vor lauter Anstrengung nur mühsam vom Fleck. Grethe Weiser läuft ihr mit einer raffinierten Mischung aus neureicher Leichtfertigkeit, schlechtem Gewissen und fraulicher Gerissenheit eigentlich den Rang ab. Gleichwohl gefiel Marianne Hoppe als Gabriele ganz besonders. Bereits Mitte August, also gut drei Wochen vor dem Filmstart, erschien in der *Deutschen Filmzeitung* ein Aufsatz mit dem Titel »Wenn eine Rolle nach dem Darsteller ›schreit‹«. Er handelt zunächst recht schleppend allgemein von Besetzungspraktiken, um in Marianne Hoppes Rollenentwicklung mit der Gabriele als letztem Streich, das eigentliche Thema zu finden: »Freuen wir uns über eine Stoffwahl, die gleichzeitig eine Schauspielerwahl war – und über den Entschluss zu einem heiteren Spiel, in dem gerade so viel Sinn liegt, wie wir ihn im bunten Lebensfilm finden möchten.«[30]

Vier Tage nach Erscheinen dieses Textes, wandte sich das Kulturpolitische Archiv von Rosenbergs Amt für Kunstpflege an die Abteilung Kultur des Sicherheitshauptamtes in der Wilhelmstraße: »Der Artikel ist eine geschickte Reklame für das Filmschauspielerpaar Gustav (sic!) Gründgens und Marianne Hoppe. Er ist unterzeichnet mit K.K.. Aus besonderen Gründen, die Ihrer Abteilung Kultur bekannt sind, benötigen wir die Feststellung, welcher Verfasser sich hinter dem Zeichen K.K. verbirgt.«[31] Da weder der Film noch der Text einen direkten Zusammenhang mit Gründgens nahe legen, ist der Vorgang wohl so zu interpretieren, dass zu der Zeit alles gesammelt wurde, was mit ihm in Verbindung gebracht werden konnte, und sei es die Arbeit seiner Frau. Darüber hinaus lässt dieser Brief den Rückschluss zu, dass die Dienststelle Rosenberg jegliche »Reklame« für Gründgens zu unterbinden bestrebt war und dass sich das Sicherheitshauptamt diesbezüglich in Bereitschaft befand. Dieses Amt war der Sicherheitsdienst der SS, der 1939 mit der Geheimen Staatspolizei und dem Reichskriminalamt zum Reichssicherheitshauptamt zusammengefasst wurde – der Zentrale aller Terroraktionen des Nazistaates.

So verwickelt Gustaf Gründgens auf der Institutions- und der Repräsentationsebene in Staatsangelegenheiten war, so gefährdet war er auch. Seine Bewegungsfreiheit, nach der Hochzeit auch die von Marianne Hoppe und in Teilen die des Staatsschauspiels, wurde lange Zeit allein durch die Machtposition Hermann Görings gesichert. 1937 war diese unantastbar und wurde sogar noch ausgebaut. Im April 1938 ernannte Hitler ihn zum Generalfeldmarschall, bei Kriegsbeginn im September 1939 zu seinem Stellvertreter und eventuellen Nachfolger in allen Ämtern, im Juli 1940 zum Reichsmarschall. Wegen seines Mangels an militärischem Geschick verlor Göring im Laufe des Krieges aber eklatant an Einfluss, und – vermutlich aufgrund seiner Morphiumsucht – auch an Realitätssinn. Ende April 1945 sprengte er Carinhall in die Luft und setzte sich in sein Haus auf dem Obersalzberg ab. Als ihm dort zu Ohren kam, dass Hitler zusammengebrochen sei, verlangte er telegrafisch, als Nachfolger eingesetzt zu werden. Die Antwort kam in Form eines SS-Kommandos, das ihn gemeinsam mit seiner Frau und der 1938 geborenen Tochter Edda verhaftete.

Die Theater waren zu diesem Zeitpunkt längst geschlossen. Wobei die Verhältnisse schon Monate zuvor so gewesen waren, dass ein Sekretär oder Amtsleiter des Propagandaministeriums ausgerechnet Gründgens angerufen und ihn gebeten hatte, Göring von Goebbels auszurichten, dass auch die Preußischen Staatstheater zum 1. September 1944 den Spielbetrieb einstellen müssten. Der Parteikollege und Ministerpräsident war damals kein Gesprächspartner mehr, sein zuvor für fast untragbar erachteter Intendant inzwischen aber durchaus. Ersatz für die schwindende Wirksamkeit des Protektorats durch Göring hatte den Preußischen Staatstheatern der Krieg verschafft, dessen Verlauf als Säule der Durchhaltepropaganda kulturelle Stabilität verlangte.

Stimme

Doris Kolesch:[1]
Marianne Hoppes Stimme ist unglaublich. Etwa in »Quartett« von Heiner Müller 1994 am Berliner Ensemble. Gleich in der ersten Sequenz, wenn sie noch in der Allongeperücke dasitzt, hat sie diese tiefe Frauenstimme voller Reibung. Dabei wechselt sie beständig die Tonlagen, das Timbre, den Stimmfall. Obwohl der Text ohne Brüche gesprochen wird, ist sie einmal die Verführerische, dann die Alte, und ganz am Schluss sagt sie: »Valmont, strengen Sie sich nicht an.« Und dann kommt: »Ja, ja, ja ...«, und man hat wirklich das Gefühl, hier steht eine Frau kurz vor dem Orgasmus. Diese Wechsel schafft sie innerhalb eines Satzes! Und zwar mit einem minimalen Einsatz. Sie rutscht weder ins Laute, noch ins ganz Hohe oder ganz Tiefe. Das ist für mich das Spannende: dass sie ein eigentlich überschaubares Stimmregister ganz nuanciert einsetzt. Und wie sie die Tonlagen variiert! Gerade in »Quartett« kam sie mir wie die mythologische Figur des Sehers Teiresias vor, die mal Mann und mal Frau war und ich weiß nicht wie viele Leben und Alter hatte. Das ist auch ein Reiz ihres Spiels und ihrer Stimme: dieses ständige Hin- und Hergehen zwischen männlich und weiblich, dieses Verführungsspiel bei einer Schauspielerin, deren Stimme vom Alter her die klare Einteilung in männlich/weiblich schon hinter sich gelassen hat.

Wenn ich von Marianne Hoppes Stimme spreche, meine ich ihre alte Stimme. Die Stimme, in der ich ein gelebtes Jahrhundert höre. Die fast schon verbrauchte Stimme. Es hat schließlich auch etwas mit den Schleimhäuten und den Stimmbändern zu tun, das ist ja nicht nur technisch zu erreichen. Wobei die Technik, die die Schauspieler dieser Generation in der Ausbil-

[1] Doris Kolesch ist Theaterwissenschaftlerin an der Freien Universität Berlin

dung mitbekommen haben, sicher eine Rolle spielt. Was damals Standard war, ist heute herausragend, und Marianne Hoppe macht daraus das Optimum. Interessant ist auch, dass die Leute früher ganz anders gesprochen haben. Die Stimmlagen und Intonationen waren anders, und Männer haben höher gesprochen. Jede Epoche und jede Kultur hat ihren Tonfall. Aber Marianne Hoppe stand immer jenseits ephemerer Moden. Sie hat diese ganzen Zeiten durchlaufen und sich in allen behauptet.

»Unsere Schritte gingen ganz klar über die Bühne«

Die erste gemeinsame Arbeit von Marianne Hoppe und Gustaf Gründgens am Staatstheater war »Was ihr wollt« von Shakespeare. Die Premiere fand am 9. Juni 1937 statt und war kurz vor Spielzeitende eine Parade des Hellen, Frischen und Leichten. In den Hauptrollen zeigte sich mit Maria Bard, Marianne Hoppe, Viktor de Kowa, Wolfgang Liebeneiner, Theo Lingen und Hannes Stelzer die junge und teilweise neue Garde des Hauses. Der Intendant führte erst zum zweiten Mal in dieser Spielzeit Regie. Mark Lothar hatte für Oboe, Harfe und Celli »tänzerische«[1] Zwischenmelodien geschrieben, und Traugott Müller bot statt der meistenteils benötigten Innenräume eine überwältigende Mittelmeerstimmung auf: azurblauer Himmel und strahlendes Sonnenlicht über weißen Häusern, steile Treppen, Terrassen-Gärten und Palmen. Auch die Aufführung selbst wurde von den Berichterstattern, die bei drückender Hitze im unklimatisierten Parkett saßen, eingeatmet wie eine Sommerbrise. »Nicht als Operette, auch nicht als Posse, eher wie ein Überbrettl-Märchen«[2] hatte Gründgens das Stück inszeniert, »die sechzehn Abschnitte der Dichtung tanzten über die Bühne«, und alle Figuren waren immer in Bewegung: »Sie kletterten. Sie hüpften. Sie rannten. Aber sinnvoll!«[3]

Die Rolle der Viola, des gestrandeten Mädchens, das sich auf der Suche nach seinem Bruder beim Herzog Illyriens in Hosen als Diener verdingt, spielte Marianne Hoppe mit einer selbstverständlichen Androgynität, die ihr jede Freiheit ließ: »Ein Kobold, der auch rühren, eine Amazone, die auch weinen konnte«.[4] »Wer Marianne Hoppe noch in ihrer Frankfurter Zeit auf der Bühne gesehen hat«, schrieb Max Geisenheyner in der *Frankfurter Zeitung*[5], »wird besondere Freude daran haben, wie sich ihre Darstellungskunst seitdem vergeistigt und dabei an spielerischer Frische und natürlicher

Herzenswärme gewonnen hat.« Am Ende ihrer zweiten Spielzeit am Staatstheater war sie auch künstlerisch dort angekommen. Die Berichte über sie verloren den beschwörenden Ton, Marianne Hoppe musste nicht mehr durchgesetzt werden, sondern war jetzt da, mit Aufgaben, die ihr entsprachen und an denen sie in Ruhe wachsen konnte. Denn auf eine stete Steigerung lief es noch immer hinaus.

Zu Beginn der nächsten Spielzeit kam im Kleinen Haus »Emilia Galotti« heraus. Regie geführt hatte abermals Gründgens, der neben Marianne Hoppe als Emilia auch selbst den Prinzen spielte. Friedrich Kayßler war der Vater, Hermine Körner die Mutter, Paul Hartmann Appiani, Bernhard Minetti Marinelli und Käthe Dorsch die Orsina. Sie, die die verlassene Geliebte als Rasende anlegte, hatte einen Sondererfolg, und die Artikelüberschrift der *B.Z.* war sogar: ›Emilia Galotti‹ in Gründgens' Inszenierung. Großartiges Spiel von Käthe Dorsch«. Gerade so, als ob sie die Titelrolle gehabt hätte. Dass die ehemalige Operettendarstellerin und frenetisch gefeierte Volksschauspielerin nun endgültig in das klassische Charakterfach hinübergewechselt war, hielt man bei ihrer Beliebtheit offenbar für die wichtigste Nachricht. Damals war sie bereits sechsundvierzig Jahre alt, und die anspruchsvollen Hauptrollen wurden rar. Stilistisch scheint sich die Orsina von der Emilia ähnlich unterschieden zu haben, wie im Vorjahr die Sylvia von der Hester in »Eine Frau ohne Bedeutung«: Käthe Dorsch »gab eine interessante Leistung, die stark durch den Gegensatz der nervösen Linien der Vielfalt gegen die einfache Klarheit der Zeichnung der Emilia wirkte«,[6] hieß es im *Berliner Tageblatt.*

Durch Klarheit zeichnete sich die Inszenierung auch im Ganzen aus. Ohnehin sei die Distanz gebietende, »kühle Leidenschaft« des Lessing'schen Stückes wie geschaffen für den Regisseur Gründgens, der alles von Stilisierung und nichts von Abbildungsrealismus halte, meinte Karl H. Ruppel in der *Kölnischen Zeitung.*[7] Ausgangspunkt war eine Raumidee: Traugott Müller hatte die gesamte Bühne mit Steinplatten ausgelegt, was Marianne Hoppe später so kommentierte: »Es sollte alles ganz sauber bleiben. Die Kostüme, das Bühnenbild, das ganze Stück war so, dass wir völlig unberührt von Staub und Realität waren, und unsere Schritte gingen ganz klar über die Bühne, klack klack klack klack klack.«[8] Der Fußboden hatte – wie die Ausstattung insgesamt – eine dramaturgische Funktion: »Kühle, klare Farben, viel leuchtendes Weiß, abgestuft nur durch die Schattenwirkungen einer zarten Rokoko-Ornamentik, hohe Fenster und gläserne Wände, die sensible Künstlichkeit einer in Lustschlössern dahinträumenden Welt einfangend: so stehen Traugott Müllers herrliche Bühnenbilder in engster Beziehung zu der klaren, direkten, in ihren Betonungen, Fragen, Entwürfen, Pausen wie ein ziseliertes Relief ausgearbeiteten Sprache Lessings, ein Beispiel vollkommener Übereinstimmung zwischen dem Geist und dem Raum, in dem er lebt, zwischen dem Wort und dem Bild, das es hervorruft.«[9]

Gerade eineinhalb Jahre war es damals her gewesen, dass Müller und Fehling anhand der Inszenierung von Shakespeares »Richard III.«[10] die Beziehung zwischen Mensch und Raum im Theater für jene Zeit neu definiert hatten. Die Bühnenfläche des Schauspielhauses war nach dem Umbau von 1935 über die an den Gendarmenmarkt angrenzende Charlottenstraße hinweg vertieft worden und bot nun gewaltige Möglichkeiten, so dass jegliche Arbeit mit Raum zerteilenden Kulissen einer Kapitulationserklärung gleichkam. Müller, der in den zwanziger Jahren mit Erwin Piscator zusammengearbeitet hatte, trat schließlich die Flucht nach vorn an und stellte die Tiefe für »Richard III.« nicht nur nackt zur Schau, sondern betonte sie noch durch einen leicht ansteigenden Boden und die ebenso absinkende Decke. Fern von jeder dekorativen oder illustrierenden Funktion gab dieser Raum dem Geschehen eine ontologische und damit apolitische Dimension: Nicht wo oder wann etwas passierte, zählte in dieser Umgebung, nicht wer was wie gesagt oder getan hatte, sondern das bloße Überleben, das Sich-Behaup-

Abb. 32: Als Effi Briest in „Der Schritt vom Wege“ (1939). Mit Max Gülstorff (links), Karl Ludwig Diehl (rechts von ihr) und Elisabeth Flickenschildt ...

Abb. 33: ... und neben Paul Hartmann als Major von Crampas.

Abb. 34: Als Madeleine in „Romanze in Moll“ (1943).

Abb. 35: Im gleichen Film mit Paul Dahlke.

Abb. 36: Bei der Premiere des Films „Der Herrscher“ im März 1937 im Berliner Ufa-Palast. Rechts neben Marianne Hoppe sitzt Joseph Goebbels, daneben Emil Jannings, schräg dahinter steht der Regisseur Veit Harlan.

Abb. 37: „Die Jungfrau von Orléans“, Schauspielhaus am Gendarmenmarkt, 1939.

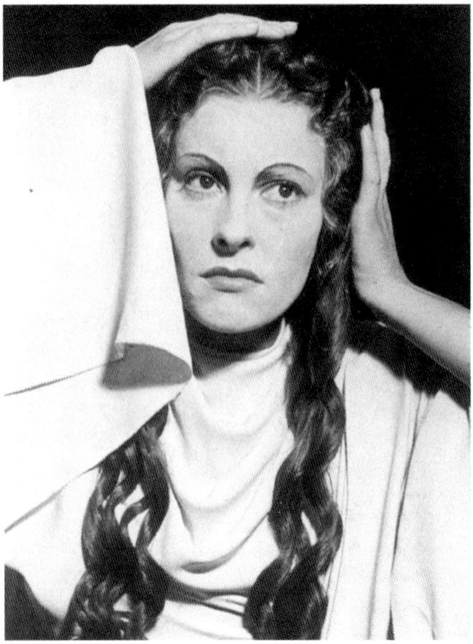

Abb. 38: „Antigone“, Schauspielhaus am Gendarmenmarkt, 1940.

Abb. 39: Katharina in „Der Widerspenstigen Zähmung“, Schauspielhaus am Gendarmenmarkt, 1942.

Abb. 40: Mit Willy Birgel und Fita Benkhoff (rechts) in „Ich brauche dich“ (1944).

Abb. 41: Gastspiel des Preußischen Staatsschauspiels mit „Emilia Galotti“ in Elbing (heute: Elblag), 1938: Marianne Hoppe und Käthe Dorsch (rechts) verbeugen sich in der Tür des Eisernen Vorhangs.

Abb. 42: „Maß für Maß“, Schauspielhaus am Gendarmenmarkt 1940. Bernhard Minetti und Marianne Hoppe.

Abb. 43: „Turandot“, Schauspielhaus am Gendarmenmarkt, 1941.

Abb. 44: Marianne Hoppe mit ihrem einjährigen Sohn Benedikt 1947 in Scharam.

Abb. 45: Benedikts Vater Ralph Izzard, Auslandskorrespondent der *Daily Mail*, im Himalaya, 1954.

Abb. 46: Weihnachten 1952 in Scharam. Von links: Rosemarie Klemm, Johannes Klemm als Nikolaus, Robert Hermannsen (ein Schulfreund von Benedikt), Martl Heinrich, Benedikt Hoppe, Marianne Hoppe. Links unten: Schnauzer Wampi.

Abb. 47: Scharam, 1954.

Abb. 48: Hermine Körner (links) und Marianne Hoppe als rätselhafte Tibeterin in „Das verlorene Gesicht" (1948).

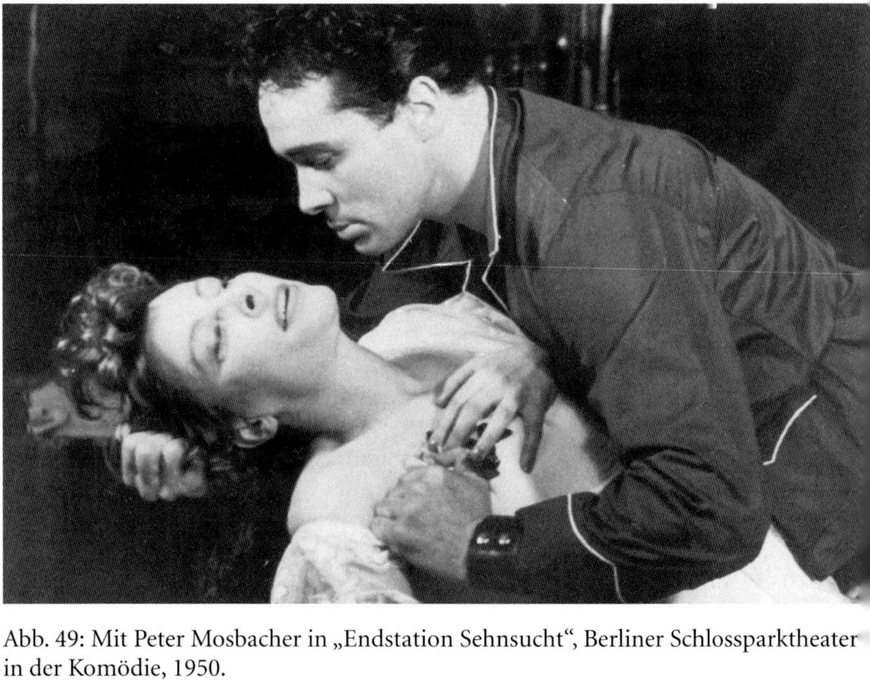

Abb. 49: Mit Peter Mosbacher in „Endstation Sehnsucht", Berliner Schlossparktheater in der Komödie, 1950.

Abb. 50: In Scharam bei der Gartenarbeit, 1953.

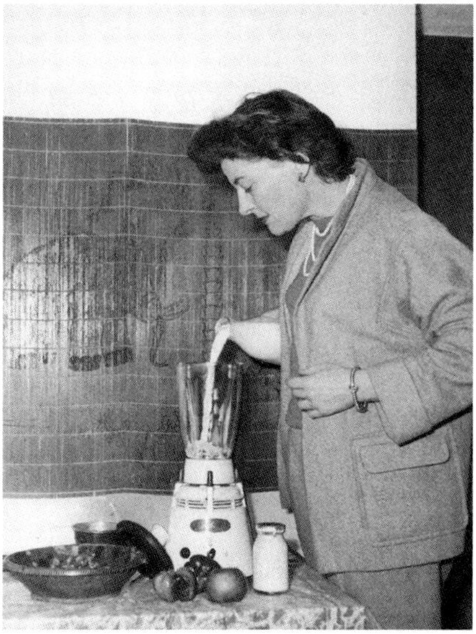

Abb. 51: Als eine der ersten besaß Marianne Hoppe einen Mixer. Scharam, 1954.

Abb. 52: Mit dem Grünen Wagen auf Tournee, 1955. Von links: Karl John, Marianne Hoppe, Werner Krauß, Leopoldine Konstantin und Franz Schafheitlin.

Abb. 53: Mit Elsa Wagner und Klaus Kammer, 1960.

Abb. 54: Ein Freund: Konrad Graf Pocci, Ammerland, um 1965.

Abb. 55: Als Deborah Harford in der Fernsehfassung von „Fast ein Poet“, 1960.

Abb. 56: Mit Maximilian Schell in „Hamlet", Deutsches Schauspielhaus Hamburg, 1963.

Abb. 57: Mit Bernhard Minetti in „Jagdgesellschaft", Berliner Schiller Theater, 1974.

Abb. 58: Die Schauspielerin Anni Mewes, eine gute Freundin, 1975.

Abb. 59: Mit Thomas Bernhard in Torremolinos, Weihnachten 1988.

Abb. 60: „Am Ziel“, Salzburger Festspiele (Landestheater), 1981

Abb. 61: Scharam, 1981.

Abb. 62: „Heldenplatz", Burgtheater Wien, 1988.

Abb. 63: Bei ihm fühlte sie sich „zu Hause": Johannes Wasmuth, um 1992.

Abb. 64: „King Lear", Schauspiel Frankfurt am Main, 1990.

Abb. 65: Marianne Hoppe liest Thomas Bernhard, 1991.

Abb. 66: „Quartett“, Berliner Ensemble, 1994.

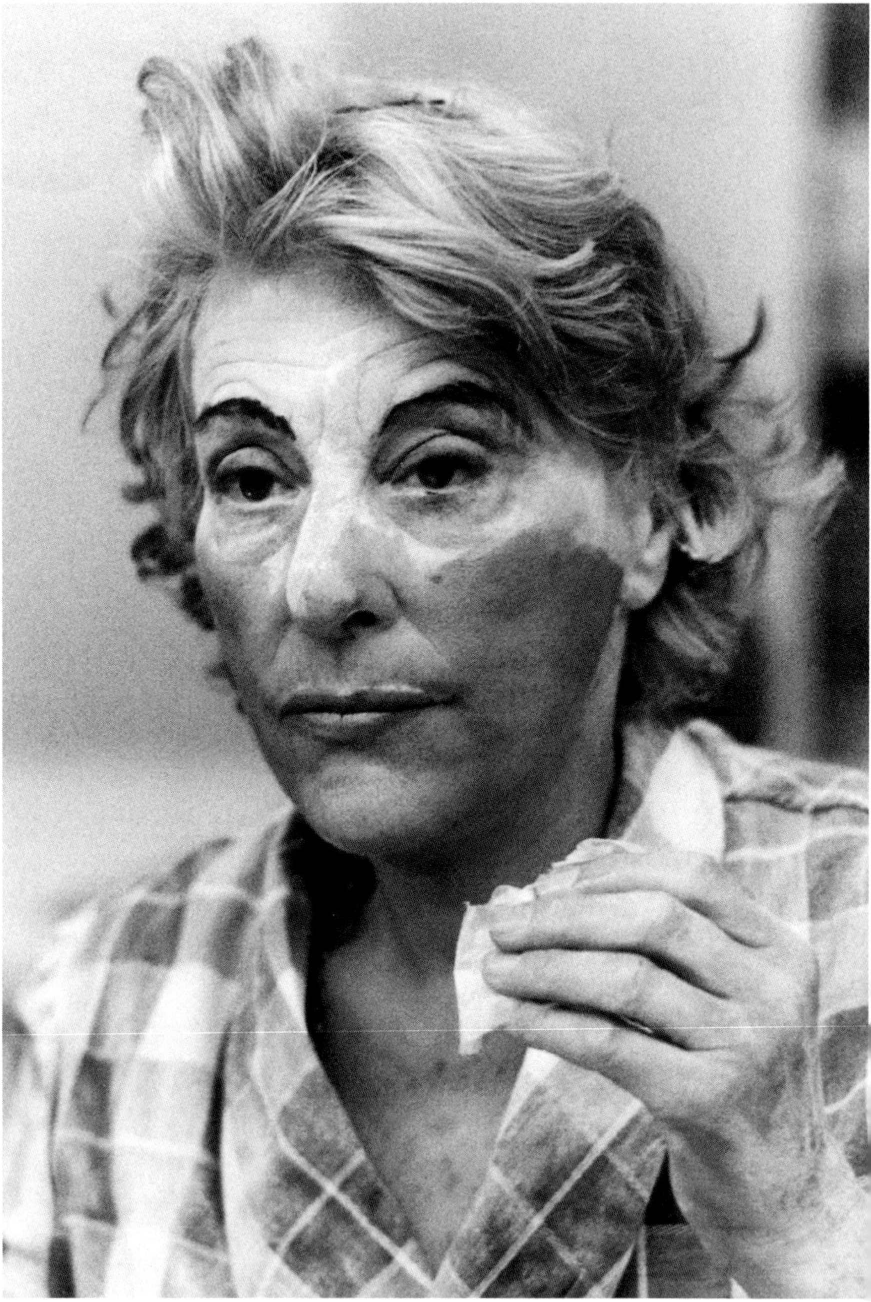

Abb. 67: Salzburg, 1985.

ten in diesem Raum. »Auf dieser Bühne«, schrieb Ruppel damals, »hat das Drama die Urkraft des Mythos.«[11]

Auch Gründgens ging es in der »Emilia Galotti«-Inszenierung nicht um einen Kommentar historischer Abläufe wie die Verurteilung der höfischen im Gegensatz zur bürgerlichen Moral. Er selbst spielte den zweifellos schuldig handelnden Prinzen als Opfer seiner Zeit und seiner Stellung, das bürgerliche Trauerspiel so mehr auf das Tragische hinlenkend. Entsprechend war Marianne Hoppes Emilia nicht nur das Bürgermädchen, das durch die prinzliche Verführung ihre Ehre und das Recht auf Leben verliert, sondern eine in Wut geratende Frau, die sich voll Ekel von der Welt abwendet.

An der »Emilia« beobachteten die Berichterstatter gleich mehreres, was für Marianne Hoppes Darstellungen dieser Jahre als beispielhaft gelten kann: zum einen die klare Entwicklung eines Figurenschicksals, zum anderen – »aufsteigend zu fast männlicher Haltung gegenüber dem Vater«[12] – das relative Unverhaftetsein in Geschlechterrollen. Auch ohne Transvestie konnte Marianne Hoppe ihre Figuren nach der Erfordernis der Situation handeln und wirken lassen. Und zwar, drittens, ohne Sentimentalität. Ihren Rollenschicksalen während des Spielens nicht nachsinnend, sie nicht kokett hin und her drehend und womöglich beklagend, verschaffte sie sich Gestaltungsspielraum, ohne sich von den Rollen zu distanzieren. Sie konnte stets beide Seiten der Medaille zeigen, nacheinander oder gleichzeitig. Es war sicher kein Zufall, dass sie weder das Käthchen von Heilbronn noch die Penthesilea von Kleist je gespielt hat. Sie hätte vermutlich dazu geneigt, das komplementär Bedingungslose, Triebgesteuerte dieser Rollen zusammenzuführen. Stattdessen war Käthe Gold das Käthchen in Fehlings Inszenierung, die am 23. Dezember 1937 herauskam, Marianne Hoppe aber wurde Johanna, Antigone und Turandot.

Mit »Emilia Galotti« musste das Staatsschauspiel im ersten Halbjahr 1938 auf Gastspielreise in die so genannten

Grenzlandbezirke des Reiches fahren. Es ging im Februar in die »Nordmark« bis nach Flensburg und im Frühjahr dann ins »Ostland« nach Elbing, (Elblag), Beuthen (Bytom) und Kattowitz (Katowice). Im Juni gab es noch ein Gastspiel in Danzig (Gdańsk), an dem Gründgens zur Enttäuschung der Danziger aber nicht selbst teilnahm, weil er in Berlin »im Gipsverband«[13] lag. Diese Fahrten waren eine Idee von Goebbels und sollten der deutschen Expansionslust auf kulturellem Sektor Vorschub leisten: Im März 1938 wurde Österreich »angeschlossen«, im September das Sudetenland. Da Göring die Grenzlandgastspiele billigte, musste sich Gründgens fügen und Propaganda fürs Reich machen. Gegenüber einem Flensburger Reporter soll sich der Generalintendant Ende Februar über den bisherigen Verlauf der Reise tief beeindruckt geäußert haben: »In allen Städten hätten ihnen Tausende, die nicht einmal die Aufführung miterleben konnten, zugejubelt und damit ein herrliches Bekenntnis zum deutschen Kunstschaffen abgelegt. Das sei für ihn und seine Künstler der schönste Lohn und zugleich der Beweis für das denkbar beste Verständnis der breitesten Öffentlichkeit gewesen, denn neben der kulturpolitischen Sendung wollten sie ja in erster Linie mit ihrer Reise den Dank für die nachdrückliche Förderung des deutschen Theaterlebens durch den nationalsozialistischen Staat zum Ausdruck bringen.«[14]

Vor einigen Jahren erhielt Frau Hoppe Post von einer Dame, die seinerzeit das Gastspiel in Elbing besucht hatte. Sie schickte ihr Fotografien, auf denen das Ensemble beim Häppchenessen im Heimatmuseum der Stadt zu sehen ist sowie vor einem Tisch mit Elchfiguren, die den Schauspielern offenbar zum Dank überreicht wurden. Auch nach der Vorstellung, beim Applaus, war fotografiert worden, und so ist ein herrlicher Momenteindruck von Marianne Hoppe erhalten: wie sie nach vermutlich langen Ovationen neben Käthe Dorsch noch einmal in der Tür schon des Eisernen Vorhangs erscheint und in den Zuschauerraum strahlt, ganz mädchenhaft und weich aussehend mit den schulterlangen Locken der Emilia-Perücke, und absolut selig wirkend, als habe ihr gerade jemand eine Riesenfreude gemacht.

Am 4. Februar 1938 hatte Marianne Hoppe unter der Regie von Müthel im Kleinen Haus als dänische Königin Caroline Mathilde in dem Historiendrama »Sturz des Ministers« Premiere. Autor war der NS-Dramatiker Eberhard Wolfgang Möller. Als Reichskultursenator und rechte Hand des Reichsdramaturgen wurde Möllers Schaffen im Allgemeinen als vorbildlich gehandelt. Dieses Stück jedoch, das im April 1937 in Frankfurt am Main uraufgeführt worden war, galt als »uneinheitlich und daher nicht überzeugend«[15]. Genau dieses im nationalsozialistischen Sinne Uneinheitliche, war allerdings das Einzige, was die Sache überhaupt interessant machte.

Es geht um den deutschen Arzt Johann Friedrich Graf von Struensee, der Hofarzt des geisteskranken dänischen Königs Christian VII. gewesen war, dann in die Politik strebte und sich zum Kabinettsminister ernennen ließ. Wegen einer Liebesbeziehung zur Königin wurde er nach weniger als zwei Jahren, 1772, hingerichtet. Möller hatte sich für den schnellen Aufstieg aus dem Volk zur Macht interessiert, der die Traditionen der Herrschaftselite in Frage stellte, dem Betreffenden aber auch rauschhaft zu Kopf stieg. Müthel selbst spielte Struensee, Kayßler seinen Vorgänger im Amt, den konservativen, aber klugen Graf Bernstorff, Liebeneiner den geisteskranken König. Der Berichterstatter des *Völkischen Beobachters* hatte einige Mühe, die Ambivalenz der Hauptfigur im Sinne der nationalsozialistischen Auffassung zu kompensieren, indem er versicherte, der heutige Zuschauer werde die positiven Aspekte der Figuren Struensee und Bernstorff vor seinem geistigen Auge selbstverständlich zusammenfügen und als Abbild Adolf Hitlers erkennen. Marianne Hoppe in der Rolle der Königin sei »zu Herzen«[16] gegangen. Paul Fechter im *Berliner Tageblatt* fand sie »zart, sehr englisch, zuweilen wie ein Bild von Gainsborough«[17].

Vier Wochen später war sie am Gendarmenmarkt dann Shaws Vivie in der deutschen Erstaufführung von »Frau Warrens Gewerbe«, neben Hermine Körner in der Titelrolle. Vivie, die bisher wohlig auf Kosten ihrer Mutter gelebt hat, erfährt, dass deren Geld aus einem früheren Bordellbetrieb stammt und sagt sich von ihr los. Jürgen Fehling beließ das Gesellschaftsstück mit Jahrhundertwende-Kostümen in seiner Zeit, legte die Vivie aber nicht als Moralapostelin an, sondern als Mädchen, das ohnehin auf eine Gelegenheit gewartet hat, aufzubrechen und aus seinem Leben etwas zu machen: »›Ich will nicht unnütz sein!‹ – das ist das treibende Motiv dieses ersten modernen jungen Mädchens auf der Bühne.«[18] Umso dringlicher machte Fehling diesen Moment des Aufbruchs, indem er die Gesellschaft jener Zeit als eine kraftlose, absterbende beschrieb. Damit befand er sich durchaus im Einklang mit der NS-Geschichtspropaganda, fand aber auf der schauspielerischen Ebene archetypische Bilder, die jegliche Form von Gesellschaft zu desavouieren vermochten: »Alles deutet auf Behaglichkeit, Zufriedenheit und Idyllik. Sobald die Personen dieses Milieus aber anfangen zu sprechen, spürt man die kalte, scharfe Luft, die über das landschaftliche Idyll hinstreicht. Fehlings Schauspieler sprechen nicht elegant und intim, sie sprechen nicht das, was man sonst einen Shawschen Dialog nennt. Sie reden mit einer gesteigerten Dynamik, weit voneinander entfernt, als sprächen sie laut ins Leere. Sie sind nur im technischen, nicht im menschlichen Sinne Partner. Ihre Verlorenheit bekommt etwas Unheimliches, trotz des hellen Sonnenlichtes, in dem sie stehen. In weiten Gängen suchen sie sich zu erreichen, aber das eigentliche Gespräch wird dann doch wieder über große Abstände geführt. Und man merkt, dass Vivies Haus, das ein kleines, bürgerliches Sanssouci zu sein scheint, in Wahrheit ein ›Haus Herzenstod‹ ist.«[19]

Der Rest der Spielzeit verging für Marianne Hoppe premierenlos. Auch gefilmt hat sie nicht in dieser Zeit, neben den Repertoirevorstellungen und den »Emilia«-Gastspielen hatte sie daher Muße, sich erneut in die Fontanewelt einzulesen. Denn auch wenn noch nicht gesichert sein mochte, dass die Dreharbeiten zum Effi Briest-Film im September beginnen würden, beschäftigte sich Marianne Hoppe damals mit dem Thema und bereitete in taktisch kluger Art den Boden. »Seit langem wünsche ich mir, ich könnte einmal eine Gestalt Fontanes darstellen, den ich neben Keller, manchen französischen und russischen Schriftstellern am liebsten lese«, sagte sie einem Reporter im April 1938. »Ich finde bei ihm den märkischen Menschen, der ich selbst bin und dem ich mich nahe fühle, lebensecht gezeichnet.« Natürlich stimmte der Reporter, der von allein wahrscheinlich nicht darauf gekommen wäre, bewegt zu und hoffte abschließend, »sie bald in einem Film nach Fontane sehen zu können.«[20] Zehn Monate später hatte »Ein Schritt vom Wege« Premiere.

Im Sommer, vom 19. bis 31. Juli 1938, gastierte das Staatsschauspiel mit »Hamlet« auf dänische Einladung im historischen Hamlet-Schloss Kronborg bei Kopenhagen. Dass statt Käthe Gold, die bisher die Ophelia gespielt hatte, Marianne Hoppe mitfuhr, war eine kurzfristige Umbesetzung. Noch Ende Mai war in Vorberichten von Käthe Gold die Rede gewesen, Mitte Juni spielte aber schon Marianne Hoppe die Rolle bei einem Gastspiel während der Reichstheaterwochen 1938 in Wien.[21] Dem Empfang der deutschen Künstler am 18. Juli in Kopenhagen widmete die Tageszeitung *Berlingske Aftenavis* am folgenden Tag eine ganze Fotoseite. Im Zentrum ist Marianne Hoppe zu sehen, die gerade jemandem mit einem Schnapsglas zuprostet. Leider war ausgerechnet der Premierentag kalt und verregnet, und während der Vorstellung im Schlosshof gingen immer wieder Schauer nieder. Dennoch zeigte sich das Publikum begeistert.[22]

Dänemark war damals Zufluchtsort für viele vertriebene oder verfemte deutsche und – nach dem »Anschluss« Österreichs im März 1938 – österreichische Künstler. Auch Helene Weigel und Bertolt Brecht lebten hier. Ein halbes Jahr vor dem »Hamlet«-Gastspiel war in Kopenhagen »Die Gewehre der Frau Carrar« aufgeführt worden. Sicher auch wegen des Eindruckes auf die deutschen Emigranten, war Gründgens bestrebt gewesen, den Aufführungen in Schloss Kronborg einen rein künstlerische Anstrich zu geben, und verzichtete auch auf eine Gage für sein Ensemble. Durch ein Intermezzo Hermann Görings wurde diese Absicht allerdings buchstäblich durchkreuzt. Am 24. Juli traf der Ministerpräsident und nunmehrige Generalfeldmarschall, der sich auf seiner Jacht Carin II gerade auf einer Sommertörn durch die Nord- und Ostsee befand, plötzlich in Helsingör ein, »wo er von dem dänischen Publikum, das die gut 2.000 Plätze fast lückenlos besetzt hatte, herzlich begrüßt wurde.«[23] Um den Gestus des Landes- und Künstlervaters zu unterstreichen, gab er nach der Vorstellung ein Essen, und setzte seine Kreuzfahrt in die dänische und schwedische Ostsee am nächsten Tag fort. Die Künstler vom Gendarmenmarkt blieben als Repräsentanten des Nazistaates zurück. Ein knappes Jahr später unterzeichnete Dänemark einen Nichtangriffspakt mit Deutschland und wurde abermals ein Jahr später, im April 1940, angegriffen und besetzt.

Zu Beginn der Saison 1938/39 wirkte Marianne Hoppe in keiner neuen Theaterproduktion mit, und widmete sich stattdessen bis in den November hinein nun endlich der Effi Briest. Als sie von den Dreharbeiten und damit aus dem ausgehenden neunzehnten Jahrhundert wieder an den Gendarmenmarkt des Jahres 1938 zurückkehrte, um im Dezember die Proben zu Schillers »Jungfrau von Orléans« aufzunehmen, hatte sich die deutsche Gesellschaft verändert. Es konnte auch dem vorbeieilenden, vorwiegend auf künstlerische Dinge gerichteten Blick nicht länger verborgen bleiben, dass alle olympischen Hoffnungen getrogen hatten und sich der autoritäre und antisemitische Nazistaat inzwischen ganz deutlich und auch für das Ausland erkennbar als das offenbart hatte, was er von Anfang an war: eine faschistische Diktatur.

Am 9. November fanden in ganz Deutschland Pogrome gegen Juden statt. Zwei Tage zuvor hatte der polnische Jude Herschel Grynszpan, dessen Eltern Ende Oktober mit 17.000 anderen von den Deutschen verschleppt worden waren, auf einen Angehörigen der deutschen Botschaft in Paris ein Attentat verübt. Am Nachmittag des 9. November wurde der Tod des Diplomaten gemeldet. Zu dem Zeitpunkt waren, möglicherweise ohne zentrale Lenkung, in einigen Städten bereits antisemitische Ausschreitungen im Gange, die Goebbels durch zivile Polizei- und Parteieinheiten zu gezielten und flächendeckenden Angriffen gegen Juden, jüdische Geschäfte und Einrichtungen ausbauen und anheizen ließ. Todesfälle, Verletzte und ein Schaden in Milliardenhöhe (den die jüdischen Versicherten selbst tragen mussten, zuzüglich einer »Sühneleistung«[24] von einer Milliarde Reichsmark) waren die Folge. Unmittelbar nach der wegen des vielen zerschlagenen Schaufensterglases euphemistisch »Reichskristallnacht« genannten Pogromnacht wurde eine umfangreiche Gesetzgebung zur Diskriminierung von Juden beschlossen. Sie waren fortan aus der Wirtschaft völlig und aus dem gesellschaftlichen Leben weitgehend ausgeschlossen. Sie durften keine Geschäfte mehr betreiben, keine Autos mehr besitzen und lediglich jüdische Bücher und Zeitungen kaufen. Sie verloren den Mietschutz, und der Zugang zu sämtlichen nicht als jüdisch deklarierten Erholungs-, Sport- und Vergnügungsstätten blieb ihnen verwehrt. Als Marianne Hoppe am 14. Januar 1939 in der Rolle der Johanna Premiere hatte, saß legalerweise kein jüdischer Zuschauer im Publikum.

Lothar Müthel und Traugott Müller hatten die »Jungfrau von Orléans« ganz auf den Gegensatz von Johannas Einfachheit zu dem Prunk der höfischen Welt hin angelegt. Nicht die glühend Gläubige mit dem Flammenschwert stand auf der Bühne, sondern das Mädchen aus dem Volk mit der Bauernbluse und dem braunen Wollrock. Außer einer enormen Stufenbühne, auf der sich die Kathedrale erhob, waren die

Räume und Landschaften stilisiert und von Vorhängen begrenzt. In der Eingangsszene etwa stand Johanna mit dem Rücken zum Publikum vor einem goldgelben Vorhang an einem enormen Eichenstamm. Wie in der christlichen Malerei des Mittelalters erhebe sich die Figur auf Goldgrund, schrieb Carl Weichardt in der *Berliner Morgenpost*[25]. Auch in der Szene ihres Monologes vor der Krönung ging Johanna samt der großen Blumenvase, die neben ihr stand, optisch als Motiv in den hinter ihr hängenden Gobelin ein. Die romantische Tragödie war hier zur feierlichen Legende geworden, die Wunder, die Johanna wirkte, machten als kunstvolle Stilisierungen Sinn. Ein unpathetischer, formbewusster und in der gewollten Naivität zugleich menschlich naher Zugriff auf das Stück.

Maria Koppenhöfer spielte die Königin, Lola Müthel Agnes Sorel, Hansgeorg Laubenthal den Lyonel, Walter Franck war Talbot, Paul Hartmann Dunois. In den Besprechungen war aber vor allem von Marianne Hoppes Johanna die Rede, die äußerlich ganz schmal und schlicht blieb, nicht viele und schon gar keine großen Gesten machte, aber in dem, was sie tat, vollkommen entschieden war. Manche bewunderten vor allem die innerliche Dimension dieser Einfachheit: »Das ist eine, welche den Gesang der Engel gehört hat und einem verschwebenden letzten Ton nachsinnt. ... Dieses einfache Mädchen geht zwischen dem glanzvollen kostümlichen Pathos des Königshofes einer Erscheinung gleich umher, ist die personifizierte Mahnung zur Einfachheit, zur Vertiefung, zur Hingabe an die letzte Ordnung im Religiösen, dem auch das Vaterland als Heiligtum zugesellt ist.«[26] Andere betonten eher die kraftvolle Seite daran: »Beides, Glaube und Tat, vereint sich vollendet in Marianne Hoppes Johanna. Schön zugleich und schrecklich wird die Jungfrau einmal genannt. Ein schlichtes Mädchen vom Lande ist diese Johanna und bleibt es auch am Königshofe noch, aber sie hat von Anfang an auch ein ›männliches Herz‹ in der Brust, mit wahrhaft herrischer Geste greift sie nach dem

Helm, ihr Lebewohl von den Bergen wird innig, doch unsentimental gesprochen, und wenn sie dem Befehle folgt, den König zu krönen, klingen schon Trompeten in ihrer Stimme. ...«[27]

Marianne Hoppes Jungfrau war ein Höhepunkt ihrer Staatstheaterzeit. Und anders als die Effi Briest im Film, die drei Wochen später gleichfalls hymnische Besprechungen erntete, wurde die Johanna eindeutig als Triumph ihrer Darstellungskunst anerkannt. Die Filmberichterstatter hingegen neigten weiterhin dem Authentizitätsideal zu, und feierten Marianne Hoppe meist dafür, dass sie kraft ihrer Herkunft und Ausstrahlung angeblich selbst war, was sie spielte.

»Der Schritt vom Wege« hatte am 9. Februar 1939 Premiere und wurde als »künstlerisch wertvoll« ausgezeichnet. Die Terra-Gründgens-Produktion war in verschiedenen Filmzeitschriften mit Dreh- und Vorberichten üppig bedacht worden, und die *Filmwelt*[28] präsentierte Marianne Hoppe als Effi sogar in ihrer farbigen Kunstbeilage, wobei sie im Halbprofil unter einem nachcolorierten gelben Hut mit kreischend blauen und roten Blumen wirkte wie eine Halbwelterscheinung. Zum Filmstart schließlich schnellte die Nachfrage nach dem 1894/95 entstandenen Roman von Fontane in die Höhe, und in der *Frankfurter Illustrierten* und der *Königsberger Preußischen Zeitung* wurde der Text kurzerhand abgedruckt. Es war ein Ereignis.

Liebevoll und lustvoll hatten sich Gründgens, der Kameramann Ewald Daub und das Ensemble des Staatsschauspiels, das die wesentlichen Rollen besetzte, in die Atmosphäre der Zeit um 1890 gestürzt. Gedreht wurde im Studio Babelsberg, in Zeesen und an der Ostsee. Auf die Details verwendete Gründgens große Sorgfalt und versuchte in der Ausstattung, in den Tänzen oder der Aussprache möglichst historisch getreu zu arbeiten.[29] Ohnehin enthielt das Drehbuch von Georg C. Klaren und Eckart von Naso ganze Passagen unveränderten Fontanetextes. Dass die damalige Zeit so ernst genommen wurde, entsprach nicht der propagandistischen Vorgabe, die bürgerlichen Epochen in ihren Moralbegriffen als dankenswerterweise überwunden darzustellen. Man merkt den zeitgenössischen Besprechungen an, dass ihre Verfasser dieses Verdikt im Sinn hatten, wenn sie beteuern, dass das Schicksal der Effi seine tragische Zwangsläufigkeit nur daraus erhielte, dass Gründgens sich an keiner Stelle von den damaligen Vorstellungen distanzierte. Wie sorgsam und inspiriert er dabei vorgegangen war, half der Argumentation beträchtlich.

»Der Schritt vom Wege« ist ein sehr schöner, stimmungsvoller und schauspielerisch ausgezeichneter Film. Mit der einzigen Einschränkung, dass es wohl immer etwas mutwillig wirkt, wenn eine fast Dreißigjährige versucht, glaubhaft eine Siebzehnjährige zu spielen. Sobald die Ehe mit dem sehr viel älteren und viel beschäftigten Baron von Instetten (Karl Ludwig Diehl) aber geschlossen ist und aus dem abenteuerlustigen Jungmädchen eine unerfüllte Ehefrau wird, die sich eine Affäre mit Major von Crampas (Paul Hartmann) nicht versagen kann, ist Marianne Hoppe in ihrem Element. Beiden gegenüber hat sie zwei Wahrheiten zu vertreten: Sie liebt ihren Mann, hält aber dieses Leben nicht aus. Sie gibt sich Crampas hin, will aber wegen ihm keinesfalls ihre Ehe gefährden.

In den Außenaufnahmen liegt die erzählerische Kraft in den Bildern. Die Affäre selbst wird fast vollständig durch einen gemeinsamen Ausritt über den Ostseestrand geschildert. Marianne Hoppe – die für diese Szene beim Reiten innerhalb eines Tages auf Damensitz umlernte – im dunklen Kostüm mit Hut, plötzlich gewandelt: selbstbewusst, frei und ganz bei sich. Die vielen Innenszenen hingegen sind dialoglastig und könnten ohne viel Mühe auf das Theater übertragen werden. Von heute aus gesehen, ist das ein akzeptables Stilmittel. Damals aber war es den Cineasten sehr um eine eigene Sprache des Films zu tun, und der Rezensent der *Frankfurter Zeitung* beispielsweise bemängelte die meist frontale Perspektive der Kamera als zu theaterhaft und vermisste entsprechend beiläufige, indirekte Beobachtungen.[30] Andere Berichte indessen zeugen von ungebrochener Begeisterung und überschlagen sich fast in der Preisung Marianne Hoppes. »Ihre rührende Einfachheit spricht zu unseren Herzen, ihre echte Qual und Erschütterung ergreift uns. Man spürt an der Inbrunst, wie sie in der Rolle völlig lebt.« – »Es hat selten eine solche Übereinstimmung zwischen einer Rolle und einer Darstellerin gegeben wie hier. Von nun an wird man Fontanes Effi Briest immer als Marianne Hoppe sehen.«[31] Der Autor der letztzitierten Sätze war einer der wenigen, die auch die schauspielerische Dimension dieser Arbeit zu schätzen wussten: »Marianne Hoppe gehört zu den Darstellerinnen, die immer wieder neu entdeckt werden, weil sie uns auf gewissen Stufen der Entwicklung stets von neuem mit einem gewandelten und einprägsameren Profil ihrer künstlerischen Persönlichkeit überraschen.«

Die gemeinsame Arbeitsphase von Marianne Hoppe und Gustaf Gründgens setzte sich im April 1939 im Theater mit einem der vielen zeitgenössischen Historiendramen fort: »Königin Isabella« von Hans Rehberg. Sie spielte unter seiner Regie die dem Wahnsinn verfallende Infantin Juana. Mit Gründgens arbeitete Marianne Hoppe am liebsten. Offenbar gab es keine Schwierigkeiten, das Private vom Beruflichen zu trennen. Im Theater war er der Chef, und zu Hause wurde über die Arbeit kaum gesprochen. Darüber hinaus war das enge Zusammensein wohl eher noch ein Anreiz. Beide bemühten sich, einander in den Premieren zu überraschen und behielten sich immer eine Kleinigkeit vor, die sie noch nicht einmal in den Generalproben zeigten. Für die Saison 1939/40 waren zwei gemeinsame Inszenierungen geplant und ein gemeinsamer Film. Zu Letzterem allerdings kam es nicht, obwohl er als »Spitzenfilm« der Terra bereits angekündigt worden war. »Wunderbar kann eine Lüge sein« wäre der Titel gewesen, und unter der Regie von Wolfgang Liebeneiner hätten die beiden zwei Menschen darstellen sollen, »die, im Zentrum eines ergreifenden Geschehens stehend, schwere Schicksalswege gehen müssen, bis sie das Glück ihres Lebens finden.«[32]

Stattdessen drehte Marianne Hoppe für die Ufa mit dem österreichischen Filmregisseur Eduard von Borsody von Mitte August bis Mitte Oktober 1939 »Kongo-Express«. Es handelt sich um eine harmlos-kitschige und in ihrem Exotismus auch etwas alberne Abenteuergeschichte mit - Willy Birgel und René Deltgen. Zu den entscheidenden Entwicklungen kommt es in dem titelgebenden Kongo-Express, der auf einer zweihundert Meter langen Bahnstrecke zwischen Celle und Hannover hin- und herzuckelte, entlang derer man tropische Vegetation angepflanzt hatte. So spielte eine alte Lokomotive Afrika, während die Deutschen am 1. September in Polen einmarschierten und einen Weltkrieg provozierten, der jenen Kontinent eineinhalb Jahre später auch erreichen sollte.

Der Krieg beeinträchtigte den Theateralltag zunächst nicht. Den Programmheften wurden lediglich Zettel beigelegt, auf denen stand: »Bei Fliegeralarm Ruhe bewahren! Die Unterbrechung der Vorstellung wird rechtzeitig von der Bühne aus bekanntgegeben. Verlassen Sie dann ruhig den Zuschauerraum und suchen Sie Ihren Luftschutzraum auf, der die Garderobenhalle nebst Nebenräumen ist. Nach der Entwarnung, die die Luftschutzordner bekanntgeben, wird bis zur Fortsetzung der Vorstellung genügend Zeit zum Aufsuchen der Plätze gelassen. Die Vorstellung wird dort fortgesetzt, wo sie unterbrochen wurde.« Ab 1941 befanden sich die Luftschutzräume für Theaterbesucher in der Staatsbank gegenüber in der Jägerstraße. Die Ensemblemitglieder flüchteten sich in das Magazin des Theaters, später auch oft in den Keller des Schlosses.

Marianne Hoppe besorgte sich zu Kriegsbeginn eine Pistole und ein Fahrrad – die Pistole, wie sie mehrfach betonte, nicht um auf Menschen zu schießen, sondern zu Schreckschüssen –, packte in einer karierten Tasche für den Notfall die wichtigsten Siebensachen zusammen und spielte weiter. Zunächst war sie ab Anfang November unter Gründgens' Regie die Minna von Barnhelm, fünf Wochen später hatte sie dann, abermals bei ihm, als Lucile in »Dantons Tod« Premiere. Das Lessing'sche Fräulein spielte sie in Nachfolge von Emmy Sonnemann: Die Inszenierung stammte bereits aus der Spielzeit 1934/35,[33] war wegen des Ausscheidens von Emmy Sonnemann nach ihrer Hochzeit mit Göring aber nur ein halbes Jahr lang gespielt worden. Außer einigen Umbesetzungen[34] unterschied sich die Wiederaufnahme von der Fassung vor fünf Jahren dadurch, dass sie »dem heutigen Bedürfnis nach unbeschwertem Lachen deutlicher Rechnung«[35] trug. Paul Hartmann war Major von Tellheim, Eugen Klöpfer – jetzt als Gast von der Volksbühne – sein Diener Just. Marianne Hoppes Minna war selbstbewusst und strahlend. Die Spiel-im-Spiel-Passagen, wenn sie sich vor Tellheim verstellt, arbeitete sie komödiantisch heraus, und am Ende bestürmte sie den Major mit durchaus zeitgenössischer Forschheit: »Lieben Sie mich noch, ja oder nein?« – »Ein fröhliches Geschöpf, ... aber ... einer Liebe fähig, die fliegen kann«, schrieb Carl Weichardt.[36]

Die Lucile war eine verhältnismäßig kleine Rolle, die Marianne Hoppe auch nur sechsmal spielte. Kurz nach der Premiere kam am 15. Dezember »Kongo-Express« in die Kinos. »Schlicht und eindringlich« fand sie *Der deutsche Film* in der Rolle der Renate Brinkmann in seiner Januarausgabe des Jahres 1940. Im gleichen Heft erschien ein ausführlicher Bericht über den angeblichen Dokumentarfilm »Der ewige Jude« von Fritz Hippler. Hippler leitete damals die Abteilung Film im Propagandaministerium und hatte im Oktober 1939 im Auftrag von Goebbels in den jüdischen Vierteln polnischer Städte[37] gefilmt. Der Propagandaminister wollte den Film schnell fertig stellen und war mit der Fassung vom Januar 1940 bereits vollauf zufrieden. Da sich jedoch Hitler in die Schnittarbeiten einschaltete und mehrfach Änderungen verlangte, verzögerte sich die Aufführung des Hetzfilms letztlich bis Ende November 1940. Der Artikel vom Januar lässt keinen Zweifel an der Drastik der antisemitischen Verleumdung und suggeriert die angebliche Notwendigkeit einer Vernichtung der mit Ratten verglichenen jüdischen Bevölkerung:

»Es ist wohl das erste Mal, dass im Film das Gesamtbild einer Rasse gestaltet wird, angefangen von der Geschichte ihrer Wanderzüge, ihrer religiösen und psychischen Struktur, ihrer moralischen und kulturellen Grundhaltung bis zu ihrer wirtschaftlichen und politischen Erscheinungsform, bis zu den konkreten Einzelzügen ihres gegenwärtigen Lebens. ... Er ist im höchsten Maße dazu geeignet, in jedem nichtjüdischen Menschen ein Gefühl abgrundtiefer und unüberbrückbarer Fremdheit zur jüdischen Rasse zu wecken.«[38]

Seit Oktober 1939 gab es Deportationen von Juden aus Österreich nach Polen, im Februar begannen sie im so genannten Altreich, im Juli 1941 wurde der SS-Chef Reinhard Heydrich von Göring mit der Vorbereitung der »Endlösung der Judenfrage« beauftragt. 1991 nach den Deportationen befragt, sagte Marianne Hoppe, sie habe gewusst, dass Juden abtransportiert wurden, aber nicht wohin. Sie habe auch gewusst, dass es Konzentrationslager gab, in denen nicht nur Juden, sondern ebenso Kommunisten, Behinderte und andere Missliebige interniert wurden. Wo die lagen und was dort auf welche Weise geschah, sei ihr jedoch nicht bekannt gewesen. Als sie erfahren habe, dass eine Patentante von ihr nach Auschwitz gebracht worden war, sei sie erleichtert gewesen, weil es geheißen habe, es solle dort nicht so schlimm sein. Mit Verdrängung habe all dieses Nichtwissen nichts zu tun, betonte sie: »Wenn man sich das jetzt nach diesen vielen Jahren überlegt und damit konfrontiert wird, da schlägt man sich selbst an den Schädel und fragt sich: Wie ist das möglich, dass so eine Organisation derartig klappt?«[39] Einige Jahre zuvor hatte sie gesagt: »Ja, wir wussten von den Konzentrationslagern. Viel zu viele von uns saßen doch drin. In der Konsequenz, in dem Wahnsinn der Judenvernichtung, haben wir es wohl erst zum Schluss gewusst. Aber wir wussten, dass Auschwitz ein Schrecken war.«[40]

Marianne Hoppe hatte zu tun, sie hatte einfach immer zu tun. Ihr Stern stieg noch höher, sie war verheiratet, vernetzt, befreundet, verpflichtet. Am Abend (oder während des Krieges bald am Nachmittag) war Vorstellung. Weiter, weiter, weiter. Oder hätte sie Göring bei einem der Besuche in Carinhall erschießen sollen? Etwa als er ihr auf einem silbernen Tablett sogar die Pistolen servierte? Das muss im Dezember 1943 oder Anfang 1944 gewesen sein, jedenfalls nicht lange nachdem Ende November Schloss Bellevue ausgebombt wurde. Marianne Hoppe kam von außerhalb nach Berlin zurück, stellte ihre Koffer in Bellevue ab und fuhr nach Zeesen. Vielleicht hatte ihre Reise mit den Dreharbeiten zu »Ich brauche dich« unter der Regie von Hans Schweikart zu tun,[41] vielleicht hatte sie auch Gründgens in Utrecht besucht, wo dieser sich im Sommer 1943 als Flaksoldat hatte stationieren lassen. Auf jeden Fall befand sich in dem Koffer unter anderem die doppelreihige Smaragdkette, die Gründgens ihr einmal geschenkt hatte und die sie mehr liebte als jedes anderes Schmuckstück. Von Zeesen aus beobachtete sie mit dem Chauffeur Max, wie die Bomber der Alliierten nach Berlin flogen. Am nächsten Tag fuhr sie hin. Zunächst ins Theater, von dort aus lief sie mit einem Tuch vor Mund und Nase, um sich gegen den Rauch zu schützen, über den Großen Stern zum Schloss Bellevue. Das Gartenhaus lag in Trümmern, der Keller war mit Wasser gefüllt. »Ich finde einen Eispickel, den hat mir Dreyfuss mal gelassen. Und stellen Sie sich den Blödsinn vor, ich nehme den Eispickel und stochere in den Trümmern herum, um meine Smaragde zu finden. Mit dem Eispickel in den Trümmern! Ich habe dann doch tatsächlich noch ein paar Brillanten gefunden und ein paar ausgeglühte Smaragde. ... Und wie ich da so rumstochere, kommt meine Grete um die Ecke. Fassungslos. Gnädige Frau, schreit sie, gnädige Frau ...«

Beim nächsten Besuch in Carinhall erzählte sie Göring – »ich wollte doch mal sehen, wie der darauf reagiert« –, dass sie ausgebombt seien und sie ihre Smaragde und auch ihre Pistole verloren hätte. Marianne Hoppes verglühte Smaragde waren dem Generalfeldmarschall egal. Umgehend aber ließ er Pistolen bringen, von denen sie sich eine aussuchen sollte. Das tat sie nicht. »Da sucht Göring eine Walther aus und schießt quer durch den Saal aufs Fenster. Um mir zu zeigen, wie schön sie funktioniert. Und Emmy Sonnemann schreit, weil er fast eine Wache erschossen hat. Und ich denke, so ist es eben, wenn du schon mal versuchst zu profitieren. Das war ja auch richtig. Was der Mensch haben will, dafür soll er arbeiten.«[42]

Unter Müthels Regie war Marianne Hoppe ab 12. Januar 1940 die Isabella in Shakespeares »Maß für Maß« im Großen Haus. Den Herzog Vincentio spielte Paul Hartmann, seinen Statthalter Angelo Bernhard Minetti. Die anfangs ihren Typ bestimmende jugendfrische Natürlichkeit prägte sich seit der Rolle der Johanna zunehmend als edle Reinheit aus, die Sportlichkeit suggerierende Körperbeherrschung wurde als Stilisierungsvermögen wahrgenommen – aus dem Mädel von heute entwickelte sich die Tragödin. In diesem Sinne erschien ihre Isabella – eine Novizin, die sich, um ihren Bruder zu retten in einen Strudel der Begehrlichkeiten begibt – den Berichterstattern als »Spiegel von Scham und Scheu«[43], »halb Kind, halb Heilige«[44]. Im Rückblick strebte diese Entwicklung konsequent zur Antigone, die Marianne Hoppe unter der Regie von Karl Heinz Stroux zur Spielzeiteröffnung 1940/41 spielte. Wie zur Vorbereitung und zum Kennenlernen dieses Regisseurs, der erst seit 1939 am Hause arbeitete, war sie im April 1940 die Leonore in seiner Inszenierung von Schillers »Fiesco« mit Gustaf Gründgens in der Titelrolle. »Marianne Hoppe als Leonore, ein Botticelli-Kopf. Über das feine Weiß der Wangen rieseln die langen blonden Löckchen. Ihr Auftrittskleid eine Sinfonie von Elfenbeinweiß und Gold. Die Rolle dramatisch durchgefühlt und gestaltet,« schrieb in der *Frankfurter Zeitung* Max Geisenheyner[45], der auf nachgerade verliebte Weise bei Marianne Hoppe ohnehin gerne Gefühltes bemerkte, wo andere Gestaltung konstatierten.

Der damals zweiunddreißigjährige Stroux gehörte schon zu einer nächsten Regiegeneration. Er hatte eine Schauspielausbildung hinter sich, war Regieassistent bei Karl Heinz Martin und Jürgen Fehling gewesen und 1933/34 Oberspielleiter des Theaters am Nollendorfplatz. Nach Engagements in Erfurt, Wuppertal und Heidelberg wurde er ab 1939/40 am Schauspiel der Preußischen Staatstheater wie am Wiener Burgthater als regelmäßiger Gastregisseur gleich beider deutschsprachiger Repräsentationsbühnen dieser Zeit heimisch. Tatsächlich schien seine strenge und eher starre, das opernhafte Arrangement nicht scheuende Ästhetik zur Kriegszeit zu passen. Der NS-Theaterfachmann Richard Biedrzynski schrieb von einem »neuen preußischen Stil des Staatstheaters«.[46]

Die »Antigone« des Sophokles, später oft als Stück gegen die Tyrannei aufgefasst, hatte Stroux in statuarischer und maskenhafter Feierlichkeit formalisiert. Wohl um einen einheitlichen Vortragston zu erzielen, war der Chor in wechselnde Rezitative aufgelöst worden. Traugott Müllers Bühne »trug der düsteren Monotonie dieses Stilwillens Rechnung in hochragenden unwirklichen Säulen und Mauern, die transparent waren wie Rauchglas und den Blick auf eine fast wie in Schleiern liegende Monumentalplastik eines bärtigen Dionysos eröffneten, der mit erhobenen Armen dastand, von einem schmal, schräg nach unten fallenden Tuch leicht verhüllt.« Neben Walter Franck als Kreon und Ruth Hellberg als Ismene spielte Marianne Hoppe die Titelfigur im weißen Gewand mit antikischem Faltenwurf in vollendeter Disziplin wie eine animierte Statue. Gelegentlich löste sie sich aus der Pose und deutete »in einer gefrorenen, monumentalen Weise«[47] eine zarte Mädchenhaftigkeit an. Überwältigt waren die Berichterstatter von ihrer Sprachdurchformung, die den getragenen Ton zu absoluter Klarheit brachte und dabei doch Nuancen aufwies: »Marmor, von purpurnem Blut durchflossen.«[48] In der Wochenzeitung *Das Reich* betonte Karl Korn ihre Haltung einer Dienenden, die nicht als aufgeregte Sippenangehörige oder Widerständlerin darauf drang, den als Landesverräter geächteten Bruder gegen den Willen des Königs zu beerdigen, sondern die sich einer höheren Idee opferte: »Wenn sie sprach, dann sprach es aus ihr. ... Ihr klagender Abschied vom Leben hat fast etwas Kindhaft-Unschuldiges.«[49] Wiederum das Apolitische, auf den Mythos Zielende. Es war die ganz große Form, es war Erbauungstheater für das Bildungsbürgertum: »... und sitzt der Referent einige Stunden später am Tisch im Keller, begleitet vom Flakkonzert, während englische Flieger über den Wohnvierteln surren, so ist er zur doppelten Dankbarkeit geneigt, für ein paar Stunden wieder einmal in den zeitlosen Raum der großen Dichtung versetzt worden zu sein«, schrieb Bruno E. Werner in der *Deutschen Allgemeinen Zeitung*.

Ein Jahr später, in »Turandot« von Schiller nach Carlo Gozzi, kam der Stil von Stroux nicht ganz so gut an. Die großzügigen Räume von Traugott Müller, in denen etwa ein riesiges hölzernes Stadttor zu sehen war, bestückt mit den Köpfen der glücklosen Bewerber um die Hand der kaiserlichen Tochter, hatte er nicht zu füllen vermocht. Sein statuarischer Stil wirkte hier dürr. Karl H. Ruppel sah den Fehler darin, dass die von Gozzi geprägten Elemente, die das Stück noch immer aufwies, ignoriert worden seien. »Stroux übersprang diese Tradition. Wo sie sich theatralisch entfaltet hätte, wurde er feierlich und monumental. So kam er vom Märchenspiel zum tragischen Spektakel ... von der Commedia dell'Arte zur gesprochenen Oper.«[50] Trotzdem schien das Ergebnis in seiner großen Anlage und stilistischen Konsequenz beeindruckend gewesen zu sein, und für Marianne Hoppe stellte diese Inszenierung eine Zäsur dar: Mit der Turandot wechselte sie sozusagen ins erwachsene Fach. Bisher war sie als Heldin, Tragödin oder Liebende stets Mädchen gewesen, jetzt galt sie als Frau. Neben ihr spielte

Lola Müthel die Prinzessin Adelma, Aribert Wäscher war der Kaiser und Ullrich Haupt der bei Turandot sein Glück suchende und letztlich auch findende Prinz Kalaf. Beim ersten Auftritt der Turandot war von Marianne Hoppe nur der Mund zu sehen, ansonsten war sie völlig in weiße Schleier gehüllt. Mit Fingern, deren Nägel silbern lackiert waren, nahm sie den Gesichtsschleier zurück und offenbarte ihr maskenhaft fernöstlich geschminktes Antlitz unter einer mit Blüten bestückten schwarzen Perücke.

Sie war »wie ein Idol anzusehen, das Sinnbild einer kalten, versteinerten Schönheit«, schrieb Ruppel, und Weichardt schloss daran an: »Wunderschön nun, wie durch die Maske mählich das Herz zu strahlen beginnt, wie dieses stolze Herz zu fühlen lernt – das Thema der Dichtung – und seinem Empfinden in Worten Ausdruck gibt, die von der jetzt ganz reifen Kunst dieser Schauspielerin aufs Allerfeinste sprachlich abgewogen werden, voller Wohllaut und doch mit Charakter, markant und doch nie um eine Tonstärke zu laut. Eine vollendete Leistung.«[51] Diese Wandlung von der ungerührten Kaisertochter zur seligen Braut, stieß allseits auf Bewunderung, wobei die meisten den Akzent auf das »kalte Feuer«[52] ihres Spiels legten und nur Max Geisenheyner umgekehrt versicherte, Marianne Hoppe habe sich »zur Härte der ›Tigerin‹« fast zwingen müssen, verzaubere dann aber umso mehr »im Umschmelzen des Gefühls«.[53] Noch 1999 schwärmte Lola Müthel von Marianne Hoppes Aussehen in dieser Rolle, diese selbst aber erinnert sich nicht gern daran. Sie findet, sie sei nicht gut gewesen, sie mochte sich als Turandot nicht.

Die Reifung vom Mädchen zur Frau, die auch rein lebenszeitlich nicht ausblieb, hatte Marianne Hoppe schon ein halbes Jahr zuvor in dem Terra-Film »Auf Wiedersehen, Franziska!« zur Schau gestellt. Kriegsbedingt wurde das sehr begrüßt. Denn nicht Mädchen bekamen Kinder und zogen sie auf, sondern Frauen. Nicht Mädchen hielten Haus und Hof zusammen und arbeiteten nebenbei noch in der Rüstung, sondern Frauen. Überhaupt hatte sich diese ganze selbstbewusst-nüchterne Sportlichkeit, die den jüngeren Teil der deutschen Film-Weiblichkeit einige Jahre lang als Selbstzweck schmücken durfte, jetzt in der Aufgabe zu beweisen, die Hitler für die real existierenden Frauen von Anfang an vorgesehen hatte: »Was der Mann an Opfern bringt im Ringen seines Volkes, bringt die Frau an Opfern im Ringen um die Erhaltung dieses Volkes in den einzelnen Zellen. Was der Mann einsetzt an Heldenmut auf dem Schlachtfeld, setzt die Frau ein in ewig geduldiger Hingabe, in ewig geduldigem Leiden und Ertragen. Jedes Kind, das sie zur Welt bringt, ist eine Schlacht, die sie besteht, für Sein oder Nichtsein ihres Volkes.«[54]

Die Franziska Tiemann im Film von Helmut Käutner ist die Tochter eines Professors, die sich mit kunstgewerblichen Basteleien mehr einen Zeitvertreib denn eine Lebensgrundlage geschaffen hat und dem Kamerareporter Michael Reisiger (Hans Söhnker) mit reichlich fadenscheiniger Selbständigkeit entgegentritt. Es gibt eine Szene, in der sie ihm ihre Wohnung in gekünsteltem Ton mit den Worten präsentiert: »Sie ist klar, zweckmäßig, ein bisschen kühl – so wie ich.« Nie hatte die Emanzipation in Marianne Hoppes Figuren weiter gereicht als in die Arme des richtigen Mannes. Dieser Film aber betrieb den Ausverkauf so gründlich, dass selbst ihr eigener bisheriger Rollentyp in die Revision mit einbezogen wurde. Auch modisch wurde kein Zweifel an der Entwicklung gelassen. Als selbstbewusstes Töchterchen geht sie mit einem schicken Käppchen und einem kleinen leopardengemusterten Schal spazieren. Als Kunstgewerblerin trägt sie in betonter – aber außerordentlich flotter – Unweiblichkeit Pepitahosen im Marleneschnitt mit Trägern überm kurzärmeligen Wollpullover. Danach zeigt sie sich als Mutter und Ehefrau in gemusterten Kleidern mit Kragenschleife und Puffärmeln. Kostümberaterin war übrigens Margot Hielscher, die mit diesem Film als zweifelhafte Journalistenkollegin Helen Philipps vom Stab hinter der Kamera gleichzeitig ins Scheinwerferlicht vordrang.

»Auf Wiedersehen, Franziska!« ist aber nicht nur ein Fraulichkeitsfilm, sondern auch ein Entbehrungs- und Propagandafilm – der Einzige, in dem Marianne Hoppe selbst zum Sprachrohr wurde. Die Geschichte geht zunächst so weiter, dass Michael immer wieder auf Tour geht und Franziska zu Hause darbt. Sie wird geheiratet, bekommt zwei Kinder und denkt bereits an Scheidung, als er sich besinnt und ganz nach Hause zurückkehrt. Kaum ist er jedoch da, bekommt er den Gestellungsbefehl.

Michael: »Am 6. September zu einer Propagandakompanie? Tja, aber ich kann doch nicht schon wieder fortgehen. Franziska, ich kann dich doch nicht schon wieder allein lassen.«
Franziska: »Aber du hast es doch gekonnt all die Jahre, Sensationen und Abenteuer. Jetzt kannst du's nicht, wo's zum ersten Mal einen Sinn hat?«
Michael: »Ich möchte doch endlich für dich da sein und die Kinder.«
Franziska: »Wenn du jetzt gehst, bist du für mich da und die Kinder.«
Michael: »Du schickst mich fort?«
Franziska: »Ja, wenn du's so nennen willst. Siehst du, jetzt sage ich dir, dass du gehen musst.«
Michael: »So. Ist es denn nicht meine Pflicht ...«
Franziska: »Du, sprich nicht von Pflicht.«

Für die Nachkriegsausstrahlung des Filmes im Fernsehen wurde diese Szene rausgeschnitten, und der Schluss ist nicht der abermalige Abschied am Bahnhof, sondern der innige Blick der Eltern auf ihre am Fenster stehenden und singenden Sprösslinge: »Liebe Sonne komm wieder mit deinem Gefieder ...« Für den Kriegsgeschmack aber drohte der Propagandaeffekt, zumindest zum Zeitpunkt der Dreharbeiten, fast zu subtil zu geraten. »Es ist ein psychologischer Film, wenn man so sagen darf, ein Seelenspiel, ein Spiel der inneren Spannungen«,[55] formulierte ein Berichterstatter der

Filmwelt im Januar 1941 etwas beunruhigt. Doch Käutner, Hoppe und Söhnker seien hervorragende Künstler, und so entschied er sich am Ende dafür, anzunehmen, »dass hier nicht ein abwegig-›interessantes‹ Experiment versucht wird, sondern dass hier ein Film entsteht, der Seelisches wirklich gestaltet, weil er sich allen positiven Kräften des Lebens verbunden fühlt.« Für die Echtzeittauglichkeit sprach auch, dass Marianne Hoppe in der Rolle der Franziska bald als Rollenmodell für tapfere Mütter und Soldatengattinnen firmierte. Im *Blatt der Hausfrau* beispielsweise bebilderte sie – neben Paula Wessely in »Heimkehr« – einen von einer Frau verfassten Bericht mit der Überschrift »Das Leben ist mir noch etwas schuldig«, in dem es ganz im Sinne Adolf Hitlers hieß, der »Schicksalsglaube der Frau und ihre Herzenskraft« seien »ihre wesentliche Leistung in großen Zeiten«.[56] Auch die *Erika. Die frohe Zeitung für Front und Heimat*, nutzte die Filmpremiere in ihrer Aprilnummer zu einem eigenen Thema. Quasi als Vorbild für Abschiede wurden unter dem Titel »Küsse vor der Kamera« zwei Bildfolgen abgedruckt. Den vier Fotos aus der ersten Kuss-Szene zwischen Marianne Hoppe und Hans Söhnker in »Auf Wiedersehen, Franziska!« stehen vier ebensolche mit Gustaf Gründgens und Camilla Horn aus dem opulent dekorierten und kostümierten Film »Friedemann Bach« gegenüber.[57]

Wenn Marianne Hoppe damals schon im Film zur moralischen Stärkung der deutschen Frau herhalten musste, konnte sie es sich zumindest im Theater etwas nett machen. Schon vor der Turandot hatte sie in einer Biedermeier-Komödie von Gustav Freytag im Kleinen Haus ein reiches Fräulein Adelheid Runeck gespielt, das die Braut eines sich für die Rechtschaffenheit des Berufsstandes verbürgendes Redakteurs ist. Zum Jahresende gab es dann am Gendarmenmarkt und unter Gründgens' Regie Shakespeares »Lustige Weiber von Windsor«. Diese Produktion sollte auch dazu dienen, gleich drei erste Schauspielerinnen in attraktiven Rollen zu beschäftigen: Elisabeth Flickenschildt war vom

Deutschen Theater neu ans Staatstheater gekommen, und sowohl Käthe Gold als auch Marianne Hoppe waren von einem Drehurlaub früher als erwartet zurückgekehrt. Jetzt traten sie nebeneinander als Frau Hurtig, Frau Page und Frau Fluth in einer von teils recht derben Regieeinfällen getragenen Inszenierung auf, in der Marianne Hoppe beispielsweise einen Leuchter hochkletterte, weil sie sich vor Lachen nicht halten konnte. »Ein Stück urgermanischen Humors, recht dazu angetan, im Kampf gegen die Unbilden der Zeit uns zu stärken, uns, die wir heute das Germanentum zu schützen haben gegen ein Land, das zwar Shakespeares Sprache spricht, dessen führende Schichten, aber nicht einen Tropfen germanischen Blutes mehr besitzen«,[58] schrieb Carl Weichardt in einer bis dahin unbekannten völkischen Anwandlung patriotischen Ursprungs.

Die große komödiantische Rolle aber war erst, im Herbst 1942, die Katharina in »Der Widerspenstigen Zähmung« von Shakespeare am Gendarmenmarkt. Rollenbedingt fand sich hier – wenn auch in komischer Übertreibung – einiges von der Franziska, sodass der Gesamteindruck der leicht gewandelten Staatsschauspielerin wieder stimmig war, ohne zu aufdringlich zu wirken. Regie führte Karl Heinz Stroux, - Albert Florath, Ullrich Haupt, Gustav Knuth, Kurt Meisel, Aribert Wäscher und Antje Weisgerber waren besetzt. Traugott Müller hatte diesmal eine Einheitsbühne gebaut: einen grob verputzten, etwa vier Meter hohen Rundbau mit drei Toröffnungen, der die Weite der Bühne begrenzte und den Platz davor quasi zur Arena machte. »Ein Bühnenbild, das, im Zeichen der Materialknappheit im Kriege, die eminente Symbolkraft der Einzeldekoration beweist«,[59] schrieb Max Geisenheyner und charakterisierte die Inszenierung als »rassiges, dichterisches Zirkusspiel«. Hier zeigte Stroux, was er außer dem Statuarischen auch konnte: »Ein turbulentes, rasantes und doch gebändigtes Spiel voll drastischer Späße und kluger Lebensweisheiten.«[60] Marianne Hoppe, die ein langes weinrotes Seidenkleid trug, erfüllte die Zirkusmetapher vor ihrer Zähmung zum Eheweibchen in einer Art Pferdpantomime mit Zähneblecken, lustigem Trab und »wie Vorderhufe in die Luft keilenden« Armen, »als solle ein Gegner zerschmettert werden«[61]. Sie war »derb, wild, laut und dennoch liebenswürdig im glücklichen Glanze eines breiten, entwaffnenden Lachens.«[62]

Der nationalsozialistische Zwangsoptimismus nahm während des Krieges groteske Züge an: So wurde im November 1943 der britische Großangriff auf Berlin, der das Zentrum sowie die Gegenden nach Norden und Westen verwüstete, der es Asche regnen ließ, Tausende von Menschen tötete und Zehntausende heimatlos machte, in der Reichsausgabe des *Völkischen Beobachters* nicht einmal erwähnt. Auch die Lokalzeitung *Berliner Morgenpost* gab damals an Fakten bloß den Hinweis, welche Bahnen noch fuhren, und druckte ansonsten einen fröhlichen Artikel über die Gelassenheit der Berliner, die bereits überall wieder ihrer Arbeit nachgehen würden.

Im dramaturgisch-künstlerischen Bereich waren Widersprüche zu den Propagandazielen ebenso wenig geduldet. »Stimme des Herzens«, Marianne Hoppes nächster Film, firmierte zunächst unter dem Titel »Tragödie einer Liebe«. Er ging auf eine Novelle Ernst von Wildenbruchs zurück, in der eine gebildete Frau einen alten General heiratet, aber einen jungen Offizier liebt. Vom Ehemann entdeckt, stirbt er im Duell, sie am Nervenfieber. Der Arbeitstitel legt nahe, dass das Produktionsteam der neu gegründeten Berlin-Film, das sich unter der Regie von Johannes Meyer den Stoff vorgenommen hatte, die Handlung ursprünglich entsprechend der Vorlage enden lassen wollte. Doch Wildenbruch war nicht Fontane, und Johannes Meyer nicht Gründgens, sodass dieser tragische Stoff aus der Zeit der Duelle nicht durchgesetzt werden konnte. Wie darüber Anfang der vierziger Jahre gedacht wurde, erklärt ein Artikel in der Sonntagszeitung *Die Grüne Post*:

»Wir fassen uns an den Kopf: so etwas gab es? Zwei junge, blühende, gesunde Menschen, ohne jede greifbare Schuld haben keinen Ausweg mehr aus einem solchen Konflikt? Da gibt es nur eins: ›Strafe‹ – und Tod? Das Ganze ist ein sehr sinnfälliges Symbol für eine Lebensanschauung, ein Lebensgefühl, die uns völlig fremd geworden sind. Da haben wir heute andere Mittel, solchen ›Problemen‹ zu begegnen, da haben wir vor allem zu viel neue Sorgen und Aufgaben, um zwei wertvolle Menschenleben eines bloßgestellten ›guten Rufes‹ wegen zugrunde gehen zu lassen ...«[63]

Im Film hat Carl Kuhlmann als Gatte entsprechend ein Einsehen und hilft seiner Frau Felicitas (Marianne Hoppe) noch in den Mantel, als sie ans Krankenlager des natürlich überlebenden Geliebten (Ernst von Klipstein) eilt. Es war wohl umso wichtiger, die richtige Moral zu zeigen, als der Film im Ganzen in üppiger historischer Ausstattung als Sehnsuchtoase funktionieren sollte. In prachtvollen Kleidern schreitet Marianne Hoppe unter Kristall-Lüstern einher, wird morgens von ihrer Busenfreundin Sophie (Carsta Löck) zärtlich wachgeküsst und ist als Felicitas die einzige Tochter des ehemaligen Bürgermeisters der Stadt, der kein wichtigeres Anliegen hat, als sich um ihr Wohlergehen zu kümmern. Bereits an dieser Stelle mussten die jungen Straßenbahnschaffnerinnen oder Arbeiterinnen im Kinosaal sicher tief seufzen. Sie mochten schon froh gewesen sein, dass sie einmal im Monat ins Kino gehen konnten und ihre Nachbarinnen in der Zeit nach den Kindern sahen, die Männer waren ja an der Front oder schon gefallen, die Eltern zu Verwandten ins Pommersche geflohen.

Als richtiger Ölschinken ist dieser Film angelegt, wurde dann aber eher in Pastell realisiert und ist durch den alltäglichen Ton, der die plakative Handlung weitgehend unterspielt, durchaus erträglich. Auch an Marianne Hoppes Spiel ist der Ton besonders einprägsam: fliegend, oft fanfarenartig, doch immer grundiert, teilweise auch kontrastiert durch eine Gelassenheit mit Bodenhaftung. Wie sie beispielsweise das Wort »natürlich« intoniert, ersetzt eine ganze Szene psychologischer Erläuterungen. Die zweite Silbe fällt tief ab, die dritte schwingt sich wieder in fast fragende Höhe – eine leicht amüsierte Überlegenheit liegt in diesem »natürlich«, das aber trotzdem ganz ernst gemeint ist und von einer Frau ausgesprochen wird, die naturgemäß handelt, ohne dies der Konvention entsprechend extra versichern zu müssen.

Vier Monate, nachdem dieser Film herauskam und zwei Wochen, nachdem eine ganze Armee deutscher Soldaten im Kessel von Stalingrad untergegangen war, hielt Joseph Goebbels am 18. Februar 1943 im Berliner Sportpalast die Rede, in der er fragte: »Wollt ihr den totalen Krieg? Wollt ihr ihn, wenn nötig, totaler und radikaler, als wir ihn uns heute überhaupt vorstellen können?«[64] Auch Schauspieler und Intellektuelle waren im handverlesenen Publikum, das nach dieser Frage des Propagandaministers in ein hysterisch zustimmendes Toben verfiel. Marianne Hoppe und Gustaf Gründgens aber saßen in ihren Morgenmänteln im Raum neben der Küche in Bellevue und schwiegen. Es fiel ihnen nichts mehr ein. Auch sie waren an diesem Tag zu Goebbels eingeladen worden, aber weil sie sonst keineswegs zur Teerunde des Propagandaministers gehörten, war ihnen das verdächtig vorgekommen, und sie hatten abgesagt. Da sechs Tage später das Lustspiel »Flucht vor der Liebe« von Renate Uhl herauskam, in dem Marianne Hoppe die Hauptrolle spielte, verfügte sie über eine tragfähige Ausrede, und er schob wahrscheinlich ebenfalls eine wichtige Probe vor, obwohl er keine hatte und so schnell auch keine mehr haben würde: Gustaf Gründgens sah sich in dieser Situation nicht mehr in der Lage, Theater zu machen. Er war bereit, das ihm anvertraute Institut weiter zu leiten, aber als Künstler protestierte er. Am 26. Februar 1943, zum neunten Jahrestag seiner Intendanz, schrieb er an Göring: »Ich bin dreiundvierzig Jahre alt, war im vorigen Krieg zwei Jahre Soldat und bitte, mich bei meinem Wehrbezirkskommando melden zu dürfen.«[65] Seiner Frau sagte er nichts davon. Erst als nach drei Wochen Antwort kam, erfuhr sie von seiner Absicht.

Am 28. Juni 1943 rückte Gustaf Gründgens als Flaksoldat in Utrecht ein. Es war keine Kasteiung, sondern eine Geste. Marianne Hoppe erinnert sich daran, wie er in Zeesen seine alte Uniform anprobierte und Traugott Müller dazu auf dem Harmonium spielte. Offenbar hatte sich dabei herausgestellt, dass sie an den Hüften etwas spannte, denn Görings Privatschneider fertigte ihm letztlich eine neue, die er sich bei einem Abschiedsbesuch in Carinhall selbst abholte. Vor dem Dienstantritt in Holland fuhr Gründgens noch mehrere Wochen ins Sanatorium von Professor Zabel bei Berchtesgaden, das auch Marianne Hoppe damals und später immer wieder aufsuchte. In Utrecht schließlich bekam er auf Görings Befehl eine gesonderte Ausbildung: »Innerhalb kurzer Zeit bildete er selbst Rekruten aus und wurde rasch Unteroffizier, acht Wochen später sogar Wachtmeister. Auf höhere Weisung hin wurde er wie ein rohes Ei behandelt.«[66] Marianne Hoppe besuchte ihn, sie machten auch einmal drei Tage Urlaub an der Nordsee, und er kam verschiedentlich nach Berlin – seine Intendantentätigkeit gab Gustaf Gründgens als Soldat nicht auf. Mitte April 1944 beorderte ihn Göring dann ganz zurück an die Staatstheater, die damals nur noch dreimal wöchentlich spielten, meist nachmittags.

Welchen Zumutungen oder Angriffen Gründgens durch seine Flucht zur Fahne aus dem Weg gehen konnte, lässt sich im Nachhinein nicht sagen. Sicher aber ist, dass ihn seine Schauspieler sehr vermissten. Marianne Hoppe filmte in dieser Zeit nur. Am 25. Juni 1943, kurz vor Gründgens' Einrückung, kam »Romanze in Moll« heraus, wieder unter der Regie von Käutner. Goebbels sah darin eine »außerordentlich wirkungsvolle Avantgardistenarbeit«[67] und ließ das Prädikat »künstlerisch besonders wertvoll« verleihen. Guy de Maupassants Novelle »Les Bijoux« war die Vorlage, die Kamera führte Georg Bruckbauer. Der Film wurde auch im Ausland geschätzt, erhielt in Schweden den Kritikerpreis, und in einem Filmlexikon von 1965 schrieb der französische Kritiker Georges Sadoul, »Romanze in Moll« »sei der einzige

Film von Rang, der in Deutschland während des Krieges gedreht wurde«.[68] Er ist auch heute noch gelegentlich in Filmkunsthäusern zu sehen: Marianne Hoppe als Madeleine, die Frau eines Buchhalters (Paul Dahlke) Ende des 19. Jahrhunderts in Paris, die einem Komponisten (Ferdinand Marian) verfällt. Entdeckt und erpresst vom Chef ihres Mannes, nimmt sie sich das Leben. In gewisser Weise ist es eine ausgebaute Variation des »Emilia Galotti«-Motivs: anständige Kleinbürgerin gerät in die Fänge des reichen Bohemiens und kommt nicht mehr frei. Es ist aber auch die Geschichte einer Initiation in gereiften Jahren: Sommers Erwachen. Denn Madeleine liebt den Komponisten. Sie stirbt an äußerer Verstricktheit, aber auch an innerer Konsequenz. Zweimal verliert sie die Unschuld. Erst als Kleinbürgerin, dann als Liebende.

Die suggestive Kraft der Figur hält sich in Grenzen. Man möchte nicht unbedingt mit ihr tauschen, und in diesem Sinne wird sich die moralisch ambivalente Aussage auch der Zensurstelle nicht als Problem gestellt haben, zumal es sich ohnehin nicht um deutsche, sondern französische Verhältnisse handelt. In erster Linie war es ein ausgezeichnet gespielter und fotografierter Film, dessen morbid-verführerische, mit Licht und Schatten exakt konturierte Innenszenen ein Gegengewicht zu den Zerstörungen in deutschen Städten bildeten, ohne eine heile Welt vorzugaukeln. Die Leute kamen ja aus Ruinen ins Kino. Oder mussten damit rechnen, ausgebombt zu sein, wenn sie nach Hause zurückkehrten.

Marianne Hoppe ist hier weiblich, weich, wehmütig und immer ein wenig rätselhaft, weil jedem Mann gegenüber in einer anderen Welt gefangen. Sicher mochte sie die Rolle. Der ganze Film überstieg das übliche Niveau bei weitem.

Ausdrücklich positiv geäußert hat sie sich aber nicht über diese, sondern über ihre nächste Arbeit, »Ich brauche dich« unter der Regie des damaligen Bavaria-Chefs Hans Schweikart. »Ein kleiner Film. Da bin ich wirklich schön. Und so begabt. Da spiele ich ganz sauber. Und da ist etwas von Schönheit, dass ich mir heute denke: Ohne die Nazis, ohne den Krieg hätten die mich nach diesem Film nach Hollywood holen müssen.«[69] Es ist wirklich ein kleiner Film. Sie spielt eine Schauspielerin, die mit einem Dirigenten verheiratet ist und für ihre eigene Karriere erst kämpft, sie dann mit einem aparten Seufzer aber aufgibt. Außer Marianne Hoppes selbstbewusster Eleganz erfreut vor allem das Spiel mit ihrer Theateridentität. Am Anfang des Films ist sie in Wien engagiert und spielt passenderweise gerade »Der Widerspenstigen Zähmung«. Später sieht man sie als Emilia, Turandot und Viola in den eigenen Kostümen jener Rollen.

Derweil fiel Deutschland in Schutt und Asche. Im Juli auch das Schauspielhaus am Gendarmenmarkt, nur einige Nebenräume konnten bis kurz vor Kriegsende noch zu Liederabenden und Rezitationen genutzt werden. Ihre letzte Premiere dort erlebte Marianne Hoppe am 6. Mai 1944. Zu Probenbeginn muss schon festgestanden haben, dass Gründgens wieder ganz zurückkehren würde. Sei es Zufall oder solidarischer Protest – für die Dauer seiner Militärzeit hatte sie keine neue Theaterrolle übernommen. Jetzt aber spielte sie das litauische Findelmädchen Marikke in Hermann Sudermanns »Johannisfeuer«. Regie führte Jürgen Fehling, Joana Maria Gorvin, Maria Koppenhöfer, Hansgeorg Laubenthal und Paul Wegener waren besetzt. Ganz gegen die übliche Rührseligkeit dieses Stückes hatte Fehling die existenziellen Nöte herausgearbeitet. Als junge Frau, die sich in der Johannisnacht ein einziges Mal zu ihrer Liebe bekennen darf, danach aber wieder in ihr tristes Arbeitsleben zurückkehren muss, führte er Marianne Hoppe »zu äußersten, rücksichtslosen Umbrüchen«. »Er schreckt sie buchstäblich auf, gibt ihr den Irrlichtertanz in die fiebrigen Augen und legt alle Zerrissenheit der Gestalt bloß, sodass sich zwei verschiedene Wesen wie mit Schellen aneinandergekettet auf der Bühne zu bewegen scheinen: Eine gehorsame, scheue Magd mit schleppenden, wie gelähmten

Bewegungen, ein bemitleidetes Stiefkind und wohlgelittenes Aschenbrödel, dem der blonde, freundliche Hilfsprediger sogar einen Heiratsantrag macht – und die von Dämonen gehetzte, gierige, wilde und triumphierende Braut einer einmaligen Johannisnacht.«[70] Mit dieser Rolle konnte Marianne Hoppe auf ganz anderem schauspielerischen Niveau erstmals die mit der Piperkarcka begonnene Linie der Geschundenen wieder aufnehmen, die sie zugunsten der heldischen Charaktere vernachlässigt hatte. So gesehen verließ sie die Staatstheaterzeit künstlerisch vollendet, hatte sich aber gleichzeitig wieder auf einen neuen Weg gemacht – ganz im Sinne der Filmschauspielerin von 1934: »Man muss sich doch vorsehen vor einem Abstieg und immer weiter eine Steigerung erstreben.«

Im August 1944 war das Ehepaar Gründgens ein letztes Mal zu Besuch in Carinhall. Der Generalintendant des Preußischen Staatsschauspiels hatte den politisch bereits weitgehend isolierten Preußischen Ministerpräsidenten darüber zu unterrichten, dass auch seine Theater den Spielbetrieb zum 1. September 1944 einzustellen hätten. Das war keine schöne Aufgabe, und auch in einer anderen Hinsicht gestaltete sich der Aufenthalt in der Schorfheide an diesem Tag dramatisch. Göring prahlte mit der Stärke der deutschen Luftwaffe, als ein Neffe von ihm, der Flieger war und von der Front kam, plötzlich die Nerven verlor, aufstand und sagte, das würde alles nicht stimmen, sie flögen in alten Kisten und ließen sich abschießen. Göring brauste auf, brachte alles »Kasinogeschwätz« vor, das ihm einfiel, und Marianne Hoppe weiß noch, wie er sagte: »Wo wären wir hingekommen, wenn wir im Ersten Weltkrieg so gesprochen hätten. Und da habe ich bei mir gedacht: Und wo sind wir hingekommen!«[71]

Am 3. September 1944 meldete *Das Reich*: »Der geschlossene Vorhang. 389 deutsche Theater geben 45.000 künstlerische Mitglieder ab.« Fast alle von ihnen wurden dienstverpflichtet. In der Wehrmacht, der Rüstungsindustrie oder der Filmindustrie. In der Abschiedsrede des Generalintendanten

Gründgens schien noch einmal der lebens- und persönlichkeitsbestimmende Einfluss auf, den die Arbeit unter seiner Leitung gehabt hatte: das Gefühl, einer Familie anzugehören und im geschützten Raum einer Kunst zu dienen, die die Zeiten überdauern würde: »Sehen wir uns noch einmal um in diesem heiligen Raum, dem wir unser Leben geweiht haben. Halten wir fest zusammen in dem Gedanken, diesen Raum belebt und zum Zentrum deutscher Bühnenkunst gemacht zu haben. Bleiben wir, was wir sind: Mitglieder der Staatlichen Schauspiele.«[72]

Als zu seinem 85. Geburtstag im Hamburger Schauspielhaus eine Gründgens-Büste enthüllt wurde, las Marianne Hoppe einen eigenen Text, in dem sie würdigte, was für sie an seinem Wirken während der Staatstheaterzeit das Wichtigste gewesen war:

»Angesichts einer Apokalypse, deren Ende gewiss war – was war zu tun? Der Gedanke, persönlich auszuweichen, war nicht zu denken, es galt, mit äußerster Konzentration und äußerstem Schweigen zuverlässig zu sein. Ein Gesicht zu wahren, das nicht das seine war. Ein Gesicht zu wahren, das nicht das eigene war. Zu viele Stimmen sind schon verstummt, aber jede, jede von ihnen könnte aus persönlichem Erfahren davon sagen, wie in Schicksalsnöten allein durch Gustafs Vorhandensein, durch die Tatsache seines Vorhandenseins ihnen der Mut gegeben wurde, weiterzugehen, nicht aufzugeben, Angst ertragen zu können. Die Anzahl solcher Menschen ging ja weit über die Zahl derer hinaus, die diesem Hause am Gendarmenmarkt angehörten. Da konnte der kleinste Fehler, die unbedachte Äußerung, die unwichtigst erscheinende Nachlässigkeit tödliche Folgen haben, und nicht nur für denjenigen, der sie tat, sondern tödlich auch für den Zusammenhalt des ganzen Apparates. Ich muss heute davon sprechen, von diesem unbedingten Verlass, der von jedem Einzelnen von unserem Ensemble, von dem ganzen Personal gefordert wurde und gefordert werden konnte. Und wie ermöglichte sich diese Haltung? Diese Unbedingtheit?

Eben nur durch die absolute Verlässlichkeit von Gustaf Gründgens, der genauso gefährdet, der genauso angreifbar wie von ihm geübt und also vorausgesetzt werden konnte. Mit dieser Doppelbeanspruchung hatte er zu leben.«[73]

Am 11. September 1944 erhielt Göring von Gründgens zwei Listen. Erstens die »Gottbegnadetenliste«, in der Künstler aufgeführt waren, die von jeglicher Anmutung freizuhalten waren, zweitens die »Film-Liste« mit Namen von Künstlern, die statt in der Rüstung eben im Film beschäftigt werden sollten. Zur »Gottbegnadetenliste« (wer weiß, wie es zu diesem Namen gekommen ist) zählten: Jürgen Fehling, Paul Hartmann, Friedrich Kayßler, Gustav Knuth, Karl Heinz Stroux, Paul Wegener, Käthe Gold, Marianne Hoppe, Hermine Körner und Maria Koppenhöfer. Gründgens selbst wehrte alle Filmangebote mit dem Hinweis ab, er sei Soldat und müsse sich wieder bei seiner militärischen Dienststelle melden. Dazu kam es aber nicht. Er blieb in Berlin und kümmerte sich so weit es ging um sein versprengtes Ensemble.

Durch ihre Nennung entging Marianne Hoppe zwar der Arbeit bei Osram, aber gänzlich ungeschoren blieb sie nicht. Sie wurde in dem Film »Das Leben geht weiter« besetzt, den das Propagandaministerium bei der Ufa in Auftrag gegeben hatte. Die Idee dazu (und wahrscheinlich auch die Skizze des Handlungsverlaufs) stammte von Goebbels selbst, der alle Kräfte in Bewegung setzte, um mit dieser Produktion mitten im Krieg noch einmal aufzutrumpfen und zu zeigen, zu was die deutsche Filmwirtschaft fähig war. Es war der anspruchsvollste Film der Saison, und der Ufa blockierte er unter den kriegsbedingt eingeschränkten Möglichkeiten alle weitere Arbeit.

Die episodisch angelegte Geschichte drehte sich um eine Tiergartener Hausgemeinschaft[74] während der Angriffe auf Berlin im Sommer und Herbst des Jahres 1943. Die Realität sollte nicht geleugnet, aber die Konzentration auf die alltäglich-menschlichen Sorgen und Freuden der Bewohner gelenkt und eine optimistische Grundstimmung vermittelt werden. Marianne Hoppe hatte eine Bibliothekarin mit Namen Leonore Carius darzustellen, die emotional erblüht, als ein Flieger-Offizier in den Schutzraum der Hausgemeinschaft gespült wird. In weiteren Rollen wurden Gustav Knuth, Hilde Krahl, Victor de Kowa, Heinrich George und Friedrich Kayßler verpflichtet. Regie führte Wolfgang Liebeneiner, der inzwischen Produktionschef der Ufa war. Marianne Hoppe traf ihn am 20. September 1944, um über die Rolle und alle Modalitäten zu sprechen. Dreiunddreißig Drehtage wurden vereinbart sowie eine Gage von fünfzigtausend Reichsmark. Wie alle Filmgagen von Staatstheatermitgliedern nach der Schließung der Theater wurde diese aber wohl treuhänderisch an Gustaf Gründgens ausbezahlt, der die Gesamteinnahmen entsprechend des bisherigen Gagenschlüssels auf die Ensemblemitglieder verteilte. Damit sollte die Ungerechtigkeit gemildert werden, dass manche Schauspieler in Rüstungsbetrieben arbeiteten und andere für den vielfachen Lohn Filme drehten.[75]

Vor Beginn der Dreharbeiten fuhr Marianne Hoppe noch wegen eines Schilddrüsenleidens nach Wien,[76] am 20. November ging es dann los. »Wir drehten nachts, in unbeheizten Ateliers in Babelsberg. Wenn wir aus Berlin abgeholt wurden, hatten wir schon bei de Kowa im Luftschutzkeller gesessen, und wenn wir dann gerade geschminkt und gegen acht Uhr fertig waren, kamen schon wieder die Sirenen, und wir gingen in den Luftschutzkeller der Ufa. Es wurde Januar, Februar, März, und da hörte man schon langsam die Front grummeln und näher kommen, und jeder überlegte sich: wo treffen sie sich? Ich habe damals Russisch gelernt.«[77] Bei einer Studentin aus der Ukraine übrigens. Gustaf Gründgens versuchte sie noch davon abzubringen, indem er sagte, wer Deutsch lernen wolle, wende sich ja auch nicht an jemanden aus Oberbayern. Aber Marianne Hoppe störte sich daran nicht.

Mitte März übersiedelte das Filmteam aufgrund der unhaltbar gewordenen Zustände nach Lüneberg, um die

Dreharbeiten im dortigen Fliegerhorst fortzusetzen. Auch alles bisher gedrehte Material wurde mitgenommen. Bis 16. April 1945 trieb Liebeneiner die Arbeit voran, zwei Tage später standen englische Panzer in der Stadt. Bald darauf waren die Dosen mit den belichteten Filmen aus ihrem Versteck verschwunden. Entweder Soldaten oder Ortsansässige hatten sich Souvenirs verschafft. Der Film wurde nie beendet.

Marianne Hoppe, deren Szenen bereits abgedreht waren, war nicht nach Lüneburg gefahren. Sie hätte mitfahren können, um sich aus der Schusslinie der Hauptstadt zu bringen. Sie blieb jedoch in Berlin. Wegen Gustaf Gründgens, von dem sie damals gleichwohl getrennt lebte. Sie hatten inzwischen »andere Interessen«, waren privat dabei, andere Wege zu gehen, hatten »andere Partner«. Sie wohnte mit einer Freundin in der Caspar-Theyß-Straße, er zunächst in der Fredericiastraße, später in der Lindenallee am Theodor-Heuss-Platz, in der Wohnung von Gustav Knuth, als der nach Lüneburg abgefahren war. In der Fredericiastraße begegnete Gründgens Peter Gorski, der als Lebenspartner und Adoptivsohn den Rest seines Lebens bei ihm blieb. Auch Marianne Hoppe hielt mit Gustaf Gründgens in jenen Wochen Kontakt: »Wir waren nicht so getrennt – das waren wir unser ganzes Leben nicht –, dass man nicht bereit war, den anderen zu schützen und ihm beizustehen. Aber wir waren auf getrennten Posten.«[78]

Geburtstag

Roswitha Hammetter:[1]
In den letzten Kriegstagen wohnte ich mit meinen Eltern fast nur noch im Keller eines Hauses von Bekannten in der Auguste-Viktoria-Straße in Berlin-Grunewald. Marianne Hoppe wohnte knappe fünfzehn Minuten entfernt in der Caspar-Theyß-Straße, das wusste ich. Es war kurz vor dem 26. April 1945, ihrem Geburtstag, und für mich gar keine Frage, dass ich ihr persönlich gratulieren musste, unter welchen Umständen auch immer. Eine Mitbewohnerin besorgte mir einen roten Tulpenstrauß, woher weiß ich nicht, und irgendwo lag ein Stahlhelm herum. Den setzte ich auf und ging am Morgen des 26. April los. Es war ein herrlicher Frühlingstag, wie überhaupt der Frühling dieses Jahres, voller Blüten und Vogelgesang. Aber ich erinnere mich nicht, auch nur einen Menschen auf der Straße getroffen zu haben. Meine Mutter war auch höchst besorgt über mein Vorhaben, aber mein Vater sagte nur: »Lass, sie muss gehen.« Und so war es auch. Nur in dieser Extremsituation hatte ich den Mut zu diesem Besuch. Ich kam gut hin. Die Tür war offen, und in der nach meiner Erinnerung etwas staubigen Halle dieses typischen großen Grunewald-Hauses stand Marianne Hoppe in grauen Hosen und Pullover und einem Tuch als Turban um die Haare geschlungen. Es waren noch zwei junge Frauen da, die mich fragten, ob ich aus der Stadt käme und wie es da sei, aber das blieb ganz im

[1] Roswitha Hammetter war zweiundzwanzig Jahre alt, als sie Marianne Hoppe zum ersten Mal traf. Sie gehörte nicht zu den Mädchen, die an der Bühnentür warteten, aber sie hatte sie schriftlich um ein Autogramm gebeten und besitzt eines von 1942 mit persönlichem Dank und Gruß. Bis heute ist der Kontakt zu Marianne Hoppe nie abgerissen, sie hat sie all die Jahre gelegentlich besucht.

Hintergrund. Sie war sehr überrascht und erfreut. Was wir sprachen, weiß ich nicht mehr, aber plötzlich hatten wir jeder ein Glas Sekt in der Hand, und es war ein Fest. Bevor ich ging, standen wir noch ein paar Minuten vor der Haustüre, sahen zum Himmel, und sie sagte ruhig: »Nun müssen wir es durchstehen, bis zum bitteren Ende.«

Dritter Teil

1945 – 2000

»Die Hoppe macht ihr Sach«

Am 26. April 1945, Marianne Hoppes sechsunddreißigstem Geburtstag, schloss die Rote Armee den Ring um Berlin. In den Außenbezirken wurden unter sowjetischer Besatzung bereits Vorkehrungen zur Regelung eines zivilen Lebens getroffen, während in der Innenstadt Artillerie, Volkssturm und aufgehetzte Zivilisten noch auf den »Endsieg« hofften. Vom Kind bis zum Greis schleuderten Verzweifelte Handgranaten und schossen mit allem, was ihnen in die Hände fiel. Genau an diesem Tag entbrannte der Kampf auch in Charlottenburg. Doch die von Norden Richtung Reichskanzlei marschierenden Truppen, die auf diesem Wege in den Innenstadtring vordringen wollten, konnten nicht aufgehalten werden. Zwei Tage später waren sie da.

Marianne Hoppe hatte sich wie in den letzten Nächten im Luftschutzkeller aufgehalten und war erst im Morgengrauen in die Souterrainwohnung hochgegangen, die als einzige noch benutzt werden durfte. Ihre eigene Wohnung war unter dem Dach, hier unten stand von ihren Sachen kaum mehr als eine Liege. Sie blickte aus dem Fenster und nahm drei fremd uniformierte Männer wahr, die auf das Haus zukamen. Ein russischer Leutnant ging voran, zwei einfache Soldaten mit lädierten Kalaschnikows blieben einige Schritte zurück. Öffnete sie das Fenster oder ging sie vor die Tür? Jedenfalls fragte der Leutnant sie auf Russisch, ob Soldaten im Haus seien. Marianne Hoppe, deren Vokabel- und Grammatiklektionen in den Luftschutzkellern sich jetzt auszahlten, verneinte. Der Krieg sei zu Ende, sagte er darauf, wobei er das deutsche Wort »kaputt« benutzte. Sie bat die drei herein.

»Und genau in dem Moment, in dem sie reinkamen, habe ich gedacht: So. Das erlebst du nur einmal. Jetzt kommen sie. Jetzt sind sie da. Jetzt stehen die Russen im Haus. Da wurde mir plötzlich ganz kalt, und ich wusste: Das ist ein historischer Augenblick. Das erlebst du nicht noch mal in deinem Leben. Jetzt, da. Da stehen sie.«[1] Sie holte ihre letzte Flasche Rotwein und bot ihnen an. Die Soldaten ließen sie vorkosten, dann tranken sie gemeinsam. Marianne Hoppe war unendlich erleichtert: Der Krieg war aus! Und ihre ersten drei Besatzer hatten offensichtlich eine gute Erziehung genossen und hielten Deutsche nicht für Freiwild. Viele Frauen und Mädchen wurden auf der Stelle vergewaltigt, bald traute sich keine mehr ohne Kopftuch auf die Straße. In der Folgezeit entging Marianne Hoppe der Gewalt oft nur knapp und versteckte sich mit vielen anderen Frauen der Gegend immer wieder im nahe gelegenen Martin-Luther-Krankenhaus.

Am 28. April wurde Generaloberst Nikolai Bersarin zum sowjetischen Stadtkommandanten von Berlin ernannt. Am Tag darauf heiratete Hitler im Bunker der Reichskanzlei seine Geliebte Eva Braun und brachte sich gemeinsam mit ihr am 30. April um. Einen Tag später folgten ihm Joseph und Magda Goebbels in den Tod, nachdem sie zuvor ihre sechs Kinder hatten ermorden lassen. Die Zeit der nationalsozialistischen Herrschaft in Deutschland war vorbei. Ein Trümmerfeld blieb zurück: In Berlin war jedes fünfte Gebäude zerstört, in der Innenstadt sogar jedes zweite. 78.000 Zivilisten waren im Krieg umgekommen, zwanzigmal so viele geflohen – von den 4,3 Millionen Einwohnern des Jahres 1939 gab es nur noch 2,8 Millionen.

Nach der Kapitulation Berlins am 2. Mai 1945, setzten die Sowjets alles daran, so schnell wie möglich Normalität herzustellen: Die Räumung der 75 Millionen Kubikmeter Schutt wurde augenblicklich in Angriff genommen, das Rote Kreuz nahm seine Arbeit auf, Verwaltungspersonal wurde eingesetzt, der Berliner Rundfunk sendete vom Funkhaus in der Charlottenburger Masurenallee Aufrufe und Nachrichten, die Lebensmittelversorgung wurde eingeleitet. Knapp zwei Wochen nach Ende der Kämpfe fuhren am 13. Mai die übrig gebliebenen Nahverkehrsbahnen wieder, und im Bürgersaal des Schöneberger Rathauses begann mit einem Konzert des

Berliner Kammerorchesters das kulturelle Leben der Nachkriegszeit.

Kunst und Kultur nahmen in den Augen der oft hoch gebildeten sowjetischen Offiziere der ersten Stunde einen hohen Rang ein – als Möglichkeit, die Bevölkerung zu stabilisieren und positiv zu beeinflussen, aber wohl auch als ein Forum, das ihnen in ihrer stalinistischen Heimat nicht mehr in dieser Freiheit zur Verfügung stand. Anders als die Amerikaner, deren Entnazifizierungsprozedur von insistierender Gründlichkeit war, winkten die Sowjets die meisten Künstler sofort durch. In einigen Fällen hingegen nahmen sie es desto genauer. Heinrich George beispielsweise, der vor 1933 mit dem Kommunismus sympathisiert hatte, war den Leuten vom NKWD[2] vielleicht nicht nur als Repräsentant des Naziregimes, sondern auch als Abtrünniger ein Ärgernis. Er wurde im Mai 1945 mehrfach verhört, aufgrund eines Schutzbriefes von Bersarin dann aber in Ruhe gelassen. Stattdessen bedienten sich die Offiziere der Militärregierung seiner Popularität, indem sie mit ihm – wie auch mit Hans Albers – im offenen Wagen durch die Straßen fuhren, wo Passanten und Trümmerarbeiterinnen ihnen zujubelten. Schon hoffte George, bald wieder auftreten zu dürfen, als Bersarin am 16. Juni 1945 mit dem Motorrad tödlich verunglückte. Wenige Tage darauf wurde der Schauspieler in das NKWD-Lager Hohenschönhausen gebracht und im Februar 1946 in das Lager Sachsenhausen überführt, wo er im September starb – teils an den Folgen einer Blinddarmentzündung, teils an Entkräftung. Ähnliche Interessensdifferenzen bestanden zwischen dem NKWD und der sowjetischen Militärregierung im Fall von Gustaf Gründgens. Sechsmal wurde er nach Verhören wieder freigelassen und beim siebten Mal für neun Monate interniert.

In den ersten Tagen nach der Kapitulation war Gründgens auf einem Fahrrad zu Marianne Hoppe in die Caspar-Theyß-Straße gefahren. Das hatten sie so abgemacht für den Beginn einer neuen Zeit: dass er sie abholen würde. Und sie packte einen Rucksack, setzte sich auf ihr eigenes Rad und fuhr mit ihm in die Lindenallee. Drei Tage später wurde er von NKWD-Leuten zum ersten Mal abgeholt. Wie vielfach kolportiert,[3] hielten sie seinen ehemaligen Titel »Generalintendant« für einen militärischen Rang, aber vielleicht war das auch nur ein Vorwand, um etwas gegen ihn unternehmen zu können. Gleichzeitig nämlich sollte Gründgens in den Wiederaufbau der Berliner Theaterlandschaft einbezogen werden und nur das völlige Fehlen von Kommunikation zwischen den Dienststellen könnte zur Folge gehabt haben, dass er den einen als Künstler ersten Ranges, den anderen als dubioser Militär galt.

Als Kulturbeauftragter Bersarins trat Clemens Herzberg, der vor der Nazizeit Verwaltungsdirektor des Deutschen Theaters gewesen war, an Gustaf Gründgens, Viktor de Kowa, Ernst Legal, Heinz Tietjen und Paul Wegener heran. Am 14. Mai trafen sie sich, um Konkretes zu besprechen, und Gründgens wurde in diesem Zusammenhang gebeten, die noch in Berlin lebenden Mitglieder des Staatsschauspiels und des Deutschen Theaters zu einem Ensemble zusammenzuführen. (Heinz Hilpert, der nach der Schließung der Theater zunächst bei Telefunken in der Rüstung arbeiten musste und später zum Volkssturm beordert wurde, war damals nicht mehr in der Stadt.) Aber Gründgens lehnte ab. Viel weniger exponiert wollte er zunächst an seine letzte Inszenierung anknüpfen und im Deutschen Theater mit Horst Caspar, Kurt Meisel, Alfred Schieske, Paul Wegener und Antje Weisgerber Schillers »Räuber« herausbringen. Sofort nahm er im Harnack-Haus in Berlin-Dahlem die Proben auf, wurde in den folgenden Wochen aber immer wieder zu Verhören des NKWD gebracht. Und nicht immer kam er am selben Tag zurück.

Ende Mai gab es in Berlin-Karlshorst, wo sich das sowjetische Hauptquartier befand, einen Künstlerempfang. Er kann im Anschluss an die erste Berliner Theatervorstellung nach Kriegsende stattgefunden haben,[4] nach dem »Raub der

Sabinerinnen«[5] im Renaissancetheater am 27. Mai. In einer etwas rüden, buchstäblichen Einladung wurden viele Schauspieler und andere Künstler gemeinsam auf Lastwagen verfrachtet, ohne dass sie gleich erfahren hätten, wohin es gehen sollte. Marianne Hoppe wurde zudem von der Gruppe weggeholt. »Komm mit!«, sagte plötzlich jemand zu ihr, und ihr erster Gedanke war: »Hast du einen Pullover an?« Aber dann entwickelte sich die Sache sehr freundlich. Sie sollte bloß nicht mit den anderen auf der Ladefläche, sondern in einem Auto mitfahren. In Karlshorst hielt Bersarin dann eine beeindruckend kenntnisreiche Rede, es gab ein Buffet und einige Leute wurden im Anschluss noch zu einer kleineren Runde gebeten, so auch Marianne Hoppe. »Und da stand ich zufällig neben Bersarin und fragte den Mann, der daneben stand: ›Sind Sie der Übersetzer?‹ Und er: ›Ja.‹ – ›Würden Sie mich bitte kurz mit Bersarin bekannt machen?‹ Und da drehte er sich sogleich um und grüßte mich, und da sagte der: ›Das ist die Frau von Gründgens.‹ – ›Gründgens!‹, sagte der. Und da sagte ich: ›Ja, mein Mann ist abgeholt worden und ist seit paar Tagen nicht zurück ...‹ Da hat sich das so ergeben. Einen Tag später war Gustaf zurück.«[6]

Am 6. Juni wurde er endgültig verhaftet. Am selben Tag, an dem Bersarin einige Schauspieler und Künstler mit der Gründung einer Kammer der Kunstschaffenden beauftragte, um das kulturelle Leben in Berlin personell und strukturell wieder in demokratische Bahnen zu lenken, fuhren NKWD-Offiziere in der Lindenalle vor, nahmen, weil Gründgens nicht da war, Marianne Hoppe mit und ließen sich von ihr den Weg zum Harnack-Haus zeigen. »Ich konnte ihn nicht verständigen, und das Einzige, was ich machen konnte, war, dass ich Umwege fuhr, weil ich dachte, die Proben sind gerade aus, und er wird auf dem Weg nach Hause sein. Aber als ich im Harnack-Haus ankam, ließ sich Gustaf noch vorsprechen. Da sagte ich: ›Gustaf, da sind ein paar Herren, die dich sprechen wollen.‹ Und er drehte sich um, sah sie, und er wusste Bescheid.«[7]

Als er nach zwei Tagen noch nicht zurück war, wandte sie sich an Paul Wegener, der zum Präsidenten der Kammer der Kunstschaffenden ernannt worden war. Sie schrieb mit Datum vom 8. Juni 1945, das war ein Freitag:

»Lieber Herr Wegener,
Durch Herrn Kühne möchte ich Ihnen einen kurzen Bericht geben: Gustaf ist noch nicht zurück! Und nach allem, was ich bisher in Erfahrung bringen konnte, ist anzunehmen, dass er im Zuge der Pg.[Parteigenossen, d.V.]-Verhaftungen mitgenommen wurde. Daher verzögert sich auch die Rückkehr so ungewöhnlich lange. Ich möchte nun versuchen, unbedingt zu Bersarin oder wenigstens bis zu seinem Adjutanten vorzudringen, der mir schon einmal spontan behilflich war. Lieber Herr Wegener, könnten Sie mir vielleicht zu einer solchen Unterredung verhelfen – viel lieber sähe ich natürlich die ganze Angelegenheit allein in Ihren Händen. Denn wenn die Gründe seiner Verhaftung schon wieder einmal auf solch einer irrigen Annahme beruhen, so könnte man wenigstens bei der Gelegenheit an dieser Stelle einmal grundsätzlich den Pg.-Punkt aus der Welt schaffen.

Haben Sie Dank für alles, was Sie unternehmen können. Am Sonnabend Nachmittag komme ich schnell mal bei Ihnen vorbei. Für Ihre liebe Frau und für Sie bin ich mit herzlichem Gruß
Ihre Marianne Hoppe.«[8]

Wegener informierte umgehend Herzberg, der sich selbst an Bersarin wandte, und er organisierte ein Schreiben, in dem sich die ehemaligen Mitglieder des Staatsschauspiels für Gründgens einsetzten. »Marianne Hoppe aber war es noch viel zu wenig«, berichtet Curt Riess. »Sie fuhr unermüdlich auf ihrem Fahrrad hin und her, sie durchkämmte die Kreise ihrer Bekannten nach Leuten, die Beziehungen zu den Russen haben konnten, sie war entschlossen ... bis zu Bersarin vorzudringen.«[9] Eine Woche später, am 15. Juni 1945, eröffnete die Städtische Oper im Theater des Westens mit einem

Ballettabend ihre Nachkriegsära. Der Stadtkommandant wurde erwartet, und Marianne Hoppe eilte in Begleitung von Elsa Wagner hin. Tatsächlich gelang es den beiden Schauspielerinnen, nur zwei Logen von seiner entfernt Plätze zu bekommen, doch in der Pause wurde er von so vielen Leuten belagert, dass gar nicht daran zu denken war, ihn anzusprechen. Enttäuscht und unglücklich kehrten sie in die Lindenallee zurück und tranken den letzten Schluck Whisky, den sie hatten. Am nächsten Morgen kam im Radio die Nachricht von Bersarins Tod. »Und da habe ich mir gedacht: Jetzt hast du fürs Leben gelernt, dass man über Dinge nur nicht so verzweifelt sein soll. Denn ich war sehr verzweifelt, weil mir das nicht geglückt war. Und es hätte nichts genutzt! Aber man lernt nicht aus Erfahrung...«[10]

In den folgenden Tagen, Wochen und Monaten versuchten sie und Peter Gorski fieberhaft herauszufinden, wo er sich überhaupt befand und mobilisierten weitere Künstlerkollegen, sich nicht auf Berliner Ebene bei Bersarins Nachfolger Alexander Gorbatow, sondern gleich bei Sergej Tulpanow, dem Chef der sowjetischen Informationskontrolle und Beauftragten der Militärregierung, für Gründgens zu verwenden. Durch eine Nachricht, die er ihnen über Mitgefangene und Dorfbewohner zukommen ließ, erfuhren sie im Herbst, dass er nach einigen Wochen in Weesow, zwanzig Kilometer nordöstlich von Berlin, nach Jamlitz im Kreis Beeskow gebracht worden war, das zwischen Frankfurt/Oder und Cottbus liegt. Gorski fuhr hin und versuchte mit Zigaretten als Bestechung vor Ort etwas auszurichten, während Marianne Hoppe auch dann noch auf die Behörden setzte, als sie die Hoffnung allmählich verlor, dass Gründgens auf öffentlichen Druck hin freikommen könnte. Je mehr Monate verstrichen, desto unwahrscheinlicher wurde, dass der NKWD Gründgens, quasi einen Irrtum zugebend, plötzlich freilassen würde. Sie begann, auf Gnade zu hoffen. Dazu mussten, wie sie glaubte, die Entscheidungsträger aber wissen, dass sie persönlich vertrauenswürdig war und die Sache nicht öffentlich aufbauschen würde. »Das Wichtigste ist, nichts zu tun und zu schweigen. Zu denken. Aber nichts zu tun. Und nicht an jeder Ecke jemanden anzusprechen. Das ist ganz verkehrt.« Sie hatte zu dem Zeitpunkt nur noch den damals hoch angesehenen Chirurgen Ferdinand Sauerbruch um Unterstützung gebeten, doch er konnte nichts ausrichten. Auf Vermittlung von Ernst Busch traf sie eines Nachts mit einem hohem Militär zusammen. »Aber ganz kurz, wenig gesagt. Und die haben auch ganz genau gewusst: die redet nicht viel, die geht nicht viel rum, die erzählt nicht – das müssen die wissen.«[11]

Den Ausschlag gegeben hatte dann aber Buschs persönliches Engagement. Er, der ›Barrikadentauber‹, der in der sozialistischen Welt sehr populär war, war von den Sowjets Ende April 1945 aus dem Zuchthaus Brandenburg befreit worden. Eineinhalb Jahre zuvor hatte ihm wegen des Verdachts auf Hochverrat die Todesstrafe gedroht, aber der um Hilfe gebetene Gründgens engagierte Verteidiger, die in der Lage waren zu beweisen, dass das entsprechende Sondergesetz wegen kommunistischer Propaganda auf den bereits 1937 ausgebürgerten Busch nicht angewendet werden durfte. Jetzt revanchierte sich Ernst Busch, indem er Alexander Dymschitz, dem Leiter der Kulturabteilung der Sowjets, und anderen Offizieren von dieser Rettung erzählte.

Am 9. März 1946 wurde der ehemalige Staatstheaterintendant, Kultursenator, Staatsrat und Staatsschauspieler freigelassen. Er sollte sich dem kulturellen Aufbau im Ostsektor der bald schon in zwei Teile zerfallenden Stadt zur Verfügung stellen und wurde direkt in die Wohnung Gustav von Wangenheims gebracht, der damals das Deutsche Theater leitete. Als er ankam, war Marianne Hoppe schon da. Sie war verständigt worden und aus Charlottenburg quer durch die ganze Stadt in den östlichen Vorort Biesdorf geradelt. Sie blieb zwei Tage und zwei Nächte; Gründgens selbst nahm die Gastfreundschaft etwas länger in Anspruch, bekam aber bald darauf von Wolfgang Liebeneiner eine Wohnung am Kurfürstendamm zur Verfügung gestellt und zog – seinen weiteren Lebensweg vorausdeutend – in den Westen. Einer Beschreibung Inge von Wangenheims zufolge war Gründgens vom Lagerleben gezeichnet, aber »wusste sich natürlich schon wieder eines dunkelgrünen, dezent-flotten Seidenschals zu bedienen«[12]. Marianne Hoppe war gleichfalls gezeichnet und hatte in den letzten Monaten die Weichen ihres Lebens neu gestellt: Sie wollte ihren Beruf aufgeben, war zum katholischen Glauben übergetreten, und sie war im fünften Monat schwanger.

Die erste Euphorie, die das Ende des Krieges ausgelöst hatte, war bald von einer Phase des Schreckens abgelöst worden – des täglich neuen Erschreckens über das, was passiert war und nun an die Öffentlichkeit drang. Marianne Hoppe begann der Boden unter den Füßen zu schwanken. In ihrem Weiter-weiter-weiter jäh gestoppt, fiel sie in ein tiefes Loch, und um sie herum versank ihr bisheriges Leben in den Trümmern der äußeren Welt. Sie versuchte die Leere zu ertragen, indem sie sich auf das Notwendige konzentrierte und das mied, was wehtat. An das Theater konnte sie zunächst nicht denken. Karl Heinz Martin wollte gleich mit ihr arbeiten, und die Erlaubnis dazu hätte sie ja gehabt. Aber es war ihr nicht möglich. Als ab 7. Juli 1945 im Renaissancetheater unter Martins Regie Schnitzlers »Der grüne Kakadu« und Wedekinds »Kammersänger« gespielt wurde, arbeitete sie in einer Waisenstation in der Putlitzstraße in Berlin-Moabit, kümmerte sich um die Freilassung von Gründgens, half bei Aufräumaktionen der Caritas und verlas zum Geldverdienen Nachrichten im Berliner Rundfunk. Vom Bahnhof Putlitzstraße aus waren ab Juli 1942 die Deportationszüge direkt nach Auschwitz gefahren. Einen Katzensprung davon entfernt, versorgte die ehemalige Staatsschauspielerin jetzt Flüchtlingskinder aus dem Osten, die in den Zügen oder Trecks ihre Eltern verloren hatten und teilweise nicht einmal wussten, wo sie sich befanden. Es ist nicht anzunehmen, dass sie dauerhaft in den sozialen Bereich wechseln wollte. Aber dies war im Augenblick zu tun, und sie war dankbar, dass sie wusste, wo sie morgens hinzugehen hatte.

Anfang Juli rückten die amerikanischen und britischen Truppen in Berlin ein, zwei Wochen später fand in Potsdam die Konferenz der vier Siegermächte statt, auf der die zukünftige Deutschlandpolitik festgelegt wurde. Als Offizier des britischen Marinegeheimdienstes kam damals auch der Journalist Ralph Izzard nach Berlin, der hier bis Kriegsbeginn Chefkorrespondent der Londoner *Daily Mail* und mit dem Ehepaar Gründgens gut bekannt gewesen war. Als er im August oder September 1945 auf dem Gendarmenmarkt vor den Trümmern des Schauspielhauses stand und zufällig Viktor de Kowa traf, fragte er ihn nach Marianne Hoppe. »Besuch sie doch in ihrem Haus in Charlottenburg!«[13], riet dieser, denn sie wohnte inzwischen wieder in der Stallupöner Allee. In den ersten Wochen nach Kriegsende hatte das Haus als russisches Lazarett gedient, und noch immer konnte sie nicht ganz darüber verfügen, sondern musste einige Räume abgeben. Eine Dolmetscherin beispielsweise blieb mit ihrem russischen Mann dort wohnen. Aber immerhin, es waren die eigenen vier Wände, darin ein Bett und, als es kalt wurde, in der Ecke ein Haufen Zwiebeln, die beim Verfaulen Wärme abstrahlen.

Marianne Hoppe mochte Ralph Izzard. Sie hatte ihn ohne jeden Hintergedanken schon vor dem Krieg gemocht, als »schönen, reizenden und interessanten Mann. Und in all den Jahren hat Gustaf immer gesagt, wenn es uns dreckig geht, dann kommt Ralph und reißt uns raus.«[14] Jetzt war er gekommen und saß eines Tages bereits in ihrem Zimmer, als sie eintrat. Für Gründgens konnte er zwar nichts tun, aber ihr bot er eine Zeit lang eine Schulter zum Ausruhen. Die Liebesbeziehung, die sich entwickelte, war eine Affäre, mehr stand zwischen ihnen nicht zur Debatte. Denn auch Ralph Izzard war verheiratet, mit Ellen von Klewitz, einer deutschen Generalstochter, deren Familie noch in der sowjetisch besetzten Zone weilte und dank seiner Sonderbefugnisse in den

Westen gebracht werden konnte – genauso wie im Oktober Marianne Hoppes Schwägerin Elly mit ihrer Tochter Helga und im März darauf Marianne Hoppe selbst.

Zum 9. August 1945, dem vierundsechzigsten Geburtstag ihrer Mutter, war sie in einer zwei Tage dauernden Reise noch einmal nach Felsenhagen gelangt. Das Gut war von den Sowjets im Mai besetzt und geplündert worden, die Familie erst vertrieben, dann auf Widerruf zum Arbeiten zurückgeholt und im Nebenhaus einquartiert. Im Hauptgebäude residierte die örtliche Kommandantur. Ein russischer Landwirtschaftsoffizier brachte sie und ihre Begleiterin, ein »Frln. Bilkie«, wie Gustav Hoppe notierte, zum Haus. Drei Tage später geleitete der Vater die beiden unter dem Vorwand, zum Schmied zu fahren, wieder zur Bahn. Ein riskanter Ausflug. Aber sie hatte ihre Eltern unbedingt sehen wollen. Im Laufe der nächsten Wochen wurde die Gutsbesitzersfamilie immer ärger schikaniert. Ernst-Günther war sofort bei Kriegsende in den Westen geflohen, und so hielten sich die Soldaten an den Frauen, Kindern und alten Leuten schadlos. Im September flohen Elly und Helga Hoppe nach Berlin, um einer drohenden Verschleppung zu entgehen. Marianne brachte sie in ihrem Keller unter und vermittelte im Oktober die Flucht in einem britischen Militärfahrzeug nach Braunschweig. Elly steckte in einer Uniform, das Kind im Rucksack.

Inzwischen waren auch Gustav und Grete Hoppe in der Stallupöner Allee angekommen und lebten zunächst im Haus der Nachbarin, einer Frau Westrick. Gustav Hoppe war damals achtzig Jahre alt, und trotz der Zerstörung seines Lebenswerkes (wobei andere Familien ganz andere Zerstörungen zu beklagen hatten) noch immer aufrechten Sinnes. Ein Pauluswort hatte ihm durch die Wirren nach Kriegsende geholfen: »Lass dir an meiner Gnade genügen, denn meine Kraft ist in den Schwachen mächtig.«[15]

Diese Bibelstelle bekam damals auch für seine jüngste Tochter eine große Bedeutung (und behielt sie ihr Leben lang). Denn sie wurde von Ralph Izzard schwanger, und sie wurde krank. Entkräftet, unterernährt und ohnehin unter starkem psychischen Druck stehend, brach sie zusammen. Schwestern vom Orden der englischen Fräulein pflegten sie wochenlang, und nach ihrer Genesung trat sie zum katholischen Glauben über. Dankbarkeit mochte ein Grund gewesen sein. Im Wesentlichen trieb sie aber die Sehnsucht, nach so vielen Jahren, in denen sie Distanz zu den Verhältnissen gewahrt hatte, endlich einmal aus dem Innersten heraus ja sagen zu können. Die protestantische Form des Christentums erschien ihr allzu leicht, intellektuell, interpretierbar. Sie verspürte das Bedürfnis, sich zu bekennen. Einkehr, Umkehr – in jenem Augenblick schien es möglich.

Im Januar 1946 wurde Ralph Izzard nach England zurückbeordert. Der Plan aber stand: In einer englischen Leutnantsuniform sollte Marianne Hoppe auf dem Rücksitz eines Militärwagens zu Bekannten in den Westen gebracht werden. Sie ging erst, als Gustaf Gründgens wieder da war. Ihn wollte sie in Sicherheit wissen, bevor sie für sich selbst sorgte. Denn obwohl sie kaum in einem reisefähigen Zustand war und in Berlin doch ihre Eltern und Freunde hatte, kam es für sie nicht in Frage zu bleiben. Sie wusste, dass Gründgens über das außereheliche Kind tief enttäuscht sein würde, und so war es auch. An der Notwendigkeit einer Scheidung gab es für beide keinen Zweifel. Marianne Hoppe war bereit, ein neues Leben anzufangen, wollte es sich dabei aber nicht zumuten, ständig von dem alten umgeben zu sein. Sie floh Mitte März, und etwa zur gleichen Zeit nahm Gründgens am Deutschen Theater die Proben zu Sternheims »Snob« auf.

Das britische Einsatzfahrzeug, das in seiner illegalen Sondermission mit der verkleideten Frau auf dem Rücksitz auf keinen Fall aktenkundig werden durfte, musste etliche russische Sperren passieren. »British or American?«, wurden die Fahrer immer wieder gefragt, denn so genau konnten das die Sowjetsoldaten nicht unterscheiden. Offenbar hatten Marianne Hoppes Helfer immer die richtige Antwort gegeben, denn sie schafften es nach Hannover und weiter nach Bad Oeynhausen, wo sich ihre Bekannten dauerhaft im Hotel Königshof eingemietet hatten. Als sie sich dem Gebäude aber näherten, trafen sie auf erstaunlich viele hochrangige Offiziere und mussten feststellen, dass sich genau in diesem Gebäude das Hauptquartier des britischen Militärgouverneurs Bernard Montgomery befand! Augenblicklich drehte der Flucht-Trupp ab und fuhr nach Frankfurt am Main, wo die Schutzempfohlene in Zivilkleidung in einen Zug nach Südosten gesetzt wurde. Es dauerte einige Tage, aber letztlich kam sie in Dinkelsbühl an und gelangte von dort nach Mönchsroth, wo Alice Zickgraf, ehemals Kühn, lebte, ihre Freundin aus dem Berlin der zwanziger Jahre.

Hier blieb Marianne Hoppe, bis am 5. Mai, im erst siebten Monat der Schwangerschaft, ihr Sohn geboren wurde. Es war nicht sicher, dass er überleben würde. In der Entbindungsstation in Dinkelsbühl gab es keinen Brutkasten, und das nächste Krankenhaus war für die damaligen Verhältnisse zu weit entfernt. Zudem erlitt Marianne Hoppe direkt nach der Geburt neuerlich einen Zusammenbruch. Doch die Hebamme Alina Scherzer rettete dem Winzling das Leben. Zuerst hielt sie ihn warm, indem sie ihn in das Bett eines anderen Neugeborenen legte, später nahm sie ihn zu sich nach Hause. Marianne Hoppe gab ihrem Sohn den Namen Johann Percy Benedikt, doch als Käthe Dorsch das zarte Baby mit den schwarzen Haaren zum ersten Mal sah, rief sie: »Das ist ja ein richtiger Bemper.« So nannte man in Franken, woher sie kam und wo nun auch Benedikt geboren worden war, schwarze Katzen. Den Spitznamen behielt er.

Ein Jahr blieb das Kind in Dinkelsbühl, während seine Mutter in mehreren Sanatorien versuchte, sich nervlich zu stabilisieren. Die neue Situation lähmte sie zunächst völlig, und sie quälte sich mit Gedanken daran, was gewesen wäre, wenn, ja wenn – alles anders gekommen wäre. Die meiste Zeit verbrachte sie in Wiesbaden, ließ sich aber auch von externen Ärzten – zum Teil Freunden von früher – untersuchen und beraten. Der Kontakt zu Gründgens, von dem sie noch im Mai geschieden worden war, wurde wieder enger. Er kümmerte sich von Berlin aus um sie, ließ sich von ihren Ärzten berichten und kam sie besuchen. Auch Hermine Körner, Käthe Dorsch und sicher noch andere Freunde halfen ihr, wieder zu sich selbst zu kommen.

Im Frühjahr 1947 suchte Marianne Hoppe von Wiesbaden aus über die Caritas ein Kindermädchen. Sie fand die junge Krankenschwester Marianne Sehr und reiste mit ihr Anfang Mai nach Dinkelsbühl, um Benedikt abzuholen. Im Anschluss ging es über Mönchsroth nach Staudach in Oberbayern, wo die drei bei einer Bekannten von Elisabeth Flickenschildt wohnten, Nana Czernin, der zweiten Frau des Atomphysikers Paul von Handel. Im Juli kamen sie schließlich nach Scharam und bezogen bei von Handels erster Frau Elisabeth zwei Zimmer mit Küchenbenutzung. Hier blieben sie fürs Erste. Dieser malerische Ort oberhalb Traunsteins und am Fuße des Wallfahrtsklosters Maria Eck, wurde von Nicht-Bayern schon während des Krieges als Rückzugsort entdeckt. Elisabeth Flickenschildt etwa kaufte sich hier 1939 ein Haus.

Marianne Hoppe hatte jetzt eine Familie zu versorgen. Was nicht einfach war. Man bekam ja noch Lebensmittelmarken zugeteilt, und die Regale waren leer. Es gab wenig zu essen, kaum Kleidung, und einen Garten, um etwas anzubauen, hatten die drei neuen Mieter bei Frau von Handel auch nicht. Unter solchen Umständen musste man Leute kennen, die Leute kannten, um einigermaßen über die Runden zu kommen: man musste tauschen und organisieren. Einmal dem aktiven Leben wiedergegeben, nahm Marianne Hoppe die Sache jedoch in die Hand. Sie wusste, dass sie arbeiten musste, die Schauspielerei fehlte ihr auch bereits und Gründgens fragte an, ob sie nicht zu ihm nach Düsseldorf kommen wollte. Behördlicherseits gab es dagegen offenbar nichts einzuwenden. Während Gründgens sich sowohl von einer amerikanischen Kommission in Berlin als auch von einer britischen in Düsseldorf entnazifizieren lassen musste und beide Male zunächst nicht als vollständig entlastet eingestuft wurde, ist über Marianne Hoppe Ähnliches nicht bekannt. Im Mai 1945 hatte sie in der Kammer der Kunstschaffenden ja selbst nachgefragt und zu hören bekommen, dass es von den Sowjets keine Vorbehalte gab. Die Westalliierten schlossen sich dieser Einschätzung ihrer Tätigkeit unter den Nazis – die anders als in Gründgens' Fall auch eine rein schauspielerische war – ohne weitere Befragung an. Eine interne Vorprüfung ihres Falles scheint es von amerikanischer Seite jedoch gegeben zu haben, denn ihre Personenakte im Berliner Bundesarchiv enthält aus der allerersten Nachkriegszeit in englischer Sprache eine politische Bewertung mehrerer ihrer Filme[16], die mit der Einschätzung schließt, eine heftige Nazigesinnung könne ihr nicht nachgewiesen werden, wenngleich sie sich in verschiedenen Filmen »pronazistic« verhalten habe.[17]

Im Herbst 1947 kehrte Marianne auf die Bühne zurück. Wenn sie dann, manchmal allerdings erst nach Wochen, wieder zu ihrem Sohn auf den Scharam zurückkam (nicht nur der Ort selbst, sondern auch die Anhöhe, auf der er liegt, wird so genannt), hatte sie Nahrungsmittel dabei, feste Schuhe, Wolldecken oder was sie sonst eben kriegen konnte. Wie sie in einem kurzen Text über ihr Leben zum Zeitpunkt der Währungsreform schrieb, kam ihr Benedikt dann immer schon entgegen, streckte seine Ärmchen aus und rief »Weif« – Fleisch.[18]

Im Frühsommer 1948 konnte Marianne Hoppe jedes Wochenende nach Hause kommen und hatte stets Beute dabei, denn sie drehte bei der Bavaria in München/Gaselgasteig einen Film: »Das verlorene Gesicht« unter der Regie von Kurt Hoffmann. Den gleichen Titel hatte ein Filmprojekt gehabt, das ein größerer Trupp Ufa-Mitarbeiter noch im März 1945 in Tirol drehen wollte. Doch der angebliche Berg- und Durchhaltefilm unter der Regie von Harald Braun und mit

Hannelore Schroth in der Hauptrolle war ein Bluff, um der Einberufung zur Front zu entgehen. Keinen Zentimeter Rohfilm hatte das Team dabei.

»Das verlorene Gesicht« von 1948 indessen war eine handfeste Sache. Nicht von der psycho-pathologisch-mystischen Handlung her, in der Marianne Hoppe neben Gustav Fröhlich, Paul Dahlke und Hermine Körner eine schizophrene Frau spielt, die sich mit einer religiösen Tibeterin identifiziert, sondern mit Bezug auf die Tatsache, dass die Mitarbeitenden ihre Honorare größtenteils in D-Mark ausbezahlt bekamen. Mitten in den Dreharbeiten nämlich lag der 20. Juni 1948, jener Sonntag, an dem die Westalliierten in ihren Zonen und ihren Berliner Sektoren eine Währungsreform durchführten. Für die Bewohner Westberlins war das der Auftakt zu einem Hungerjahr, da die Sowjets den Alleingang in der offiziell gemeinsam verwalteten Stadt mit der Blockade der Zufahrtswege quittierten. In den Westzonen hatte der Mangel mit diesem Tag jedoch ein Ende. Kaum waren in den Rathäusern und Gemeindeämtern die vierzig D-Mark pro Kopf ausgeteilt, kam in den Gaststätten das gute Essen auf den Tisch, und tags darauf barsten die Regale der Läden vor lange entbehrten Waren.

»Woher um Gottes willen kam das alles,« fragte sich Marianne Hoppe, »wo waren sie gelagert gewesen, die Flaschen, die Säcke, die Packungen, die Ballen? Wer hatte die Schlüssel in der Hand, die Tür zu öffnen zu diesem Reservoir? Wie hoch war der Preis für diese Verwandlung?! Und die erste Verwirrung war da. Mit wem war das ausgehandelt? Ein Riesentrick, so kam's mir vor, von Rechenkünstlern erdacht, von Politikern gutgeheißen, in Banktresoren verschlossen gehalten bis zum Tage X. Man fühlte sich hilflos Kräften ausgeliefert, die die Puppen tanzen ließen.«[19]

Immerhin stand sie der Produktschwemme nicht mittellos gegenüber, sondern erhielt selbst dreitausendachthundert Mark vom neuen Geld. Wie schon in Frankfurt am Main achtzehn Jahre zuvor, kaufte sie vom ersten Baren, das sie erübrigen konnte, ein Auto. Diesmal war es ein grauer Ford Eifel mit Roststellen, klapprigen Türen und sechzigtausend Kilometern hinter sich. In Erinnerung an den Zwergesel Cosimo, der während des Krieges in den Berliner Zoo gebracht worden war und bei einem der Luftangriffe gestorben sein dürfte, nannte sie das Auto Grauchen.

Jetzt ging es allmählich aufwärts. Das Kriegsende war vorbei, die Nachkriegszeit begann. Nach Abschluss der Dreharbeiten zu »Das verlorene Gesicht« hatte Marianne Hoppe ab Spätsommer 1948 wieder in Düsseldorf zu tun. Weil der zweijährige Benedikt einen doppelten Leistenbruch erlitt, kam Marianne Sehr, die von allen Nannchen genannt wurde, mit ihm hinterher. Mehrere Wochen lang wohnten sie zu dritt in Wittlaer nördlich von Kaiserswerth, bis sich das Kind erholt hatte. Im Frühjahr 1949 begannen dann Dreharbeiten in Hamburg für einen nächsten Film, »Schicksal aus zweiter Hand« von Wolfgang Staudte. Neben E. W. Borchert, Erich Ponto und Alberth Florath spielte sie eine Frau, die dem Verfolgungswahn ihres Mannes zum Opfer fällt. Ein ähnlich düsterer und durch Rückblicke sowie eine mühsame Enthüllungsdramaturgie auch verwirrender Film wie »Das verlorene Gesicht«. Wieder geht es um Psychologie und Grenzwissenschaften, wieder ist Marianne Hoppe das Opfer der Männer, die sie begehren. Beide Filme dokumentieren einen deutlich gewandelten Typ. Sie trägt die Haare wieder dunkler, ist natürlich älter und nicht mehr so sportlich-elastisch wie früher, sondern vorsichtiger in ihren Bewegungen und ihrer Kopfhaltung. Das strahlend Übermütige ist einer gereiften Freundlichkeit gewichen, die teilweise wirkt, als trotze sie einem chronischen Kopfschmerz: voll guten Willens, beherrscht und sehr zurückhaltend. Das mochte auch Ausdruck ihrer persönlichen Befindlichkeit gewesen sein, passte aber wiederum sehr gut in die Zeit. Geschlagen, doch nicht gebrochen, tatkräftig, doch bescheiden, war ihre Erscheinung erneut modellhaft für die der Frauen im Nachkriegsdeutschland.

Das Nächste, was ihr wichtig war, war ein Zuhause für ihren Sohn. 1949 wurde in Scharam schräg gegenüber von ihrer Unterkunft ein altes Bauernhaus von den Besitzern aufgegeben. Marianne Hoppe kaufte es und ließ es im Jahr darauf von Otto Rauter, dem Architekten ihres Berliner Hauses, umbauen. Um sich das leisten zu können, musste sie Anfang 1950 abermals einen Film drehen, »Nur eine Nacht« von Fritz Kirchhoff, was ihr eigentlich zu viel war. »Findest du es für die Reputation sehr gefährlich?«, schrieb sie fragend an Gründgens. »Dies mehr od. weniger Sich-verkaufen fällt mir auf die Nerven, und ich hab immer Angst, es färbt doch ab!«[20] Sie nahm die Rolle aber an und spielte neben Hans Söhnker eine Verlassene, die sich nachts durch die Stadt treiben lässt und in ihm ein gleichermaßen einsames Herz trifft. Wenige Monate nach den Dreharbeiten bezog sie ihr eigenes Haus.

Während der Bauarbeiten wohnten längere Zeit auch die Frau des Architekten und beider Sohn, der einige Jahre älter war als Benedikt, mit ihnen in Scharam. Überhaupt kam häufig Besuch, wenn Marianne Hoppe da war: Kurt Meisel, den sie »Meischen« nannte, oder Therese Giehse, die sie im Dezember 1949 in Berlin zum ersten Mal wiedergesehen hatte, kurz vor Weihnachten nach der Generalprobe von Gorkis »Wassa Schelesnowa«[21] im Deutschen Theater, wo Brechts Berliner Ensemble damals noch gastierte. Marianne Hoppe war in ihre Garderobe gegangen, und sie hatten sich zunächst einfach stumm umarmt. Es war für sie ein ungeheuer bewegender Moment gewesen: dass der Kontakt zu der verehrten ehemaligen Kollegin sofort wieder da war, dass da – »Ich hatte, als ich Therese sah, überhaupt kein Gefühl von Übergang oder auch von Schuldgefühl«[22] – keinerlei Ressentiments waren von der, die emigriert war, gegen die, die geblieben ist. Ähnliche Erfahrungen machte sie mit Arthur Hellmer, der 1946 Intendant des Hamburger Schauspielhauses geworden war. Als bekannt wurde, dass sie in Düsseldorf arbeitete, schickte er ihr ein Telegramm und reiste dann auch an, um sie als Elektra in Sartres »Fliegen« zu sehen. »Die Hoppe ist aber sehr gut«,[23] hätte er zu seinem Nachbar gesagt, wurde ihr zugetragen. Und Fritz Kortner kam im Sommer 1950, in der vorletzten Vorstellung von »Endstation Sehnsucht« von Tennessee Williams im Berliner Schlossparktheater in ihre Garderobe. Das war kein Wiedersehen, da sie vor der Nazizeit nie mit ihm gespielt hatte. Aber es war ein Anknüpfen an die Zeit »davor«, eine Anerkennung ihrer Arbeit, eine Handreichung. 1964 spielte sie unter seiner Regie in seinem Ehedrama »Zwiesprache« an den Münchner Kammerspielen.

Am häufigsten war sicher Gustl Mayer in Scharam, die Vertraute der Berliner Zeit, die neben Gründgens für Marianne Hoppe in jenen Jahren vielleicht am wichtigsten war und ihr Halt und Richtung gab. Mit ihr besprach sie nicht nur die Rollenangebote, sondern ebenso die Dinge des Tages und des privaten Lebens. Gustl Mayer war auch Benedikts Firmpatin und bestimmte später etwa, in welches Internat er gehen sollte. »Gustl konnte lachen wie keine zweite«, erinnert er sich. »Aber auch wettern und wütend sein, und am besten alles gleichzeitig.« Auch ein Besuch von Gründgens selbst ist ihm im Gedächtnis geblieben. Der Rückweg von den Salzburger Festspielen führte ihn an einem heißen Sommernachmittag Anfang der fünfziger Jahre mit seinem schwarzen Cadillac in die Abgeschiedenheit von Scharam. Benedikt, der von seiner Mutter vorgeschickt worden war, um den Weg zu weisen, konnte die Staubfahne, die der Wagen hinter sich herzog, schon von weitem sehen. Er machte sich bemerkbar und durfte einsteigen. »Den Cadillac mussten wir neben dem Misthaufen eines Bauern stehen lassen, weil da die einzige Möglichkeit war, den Wagen noch zu wenden. Wir sind den restlichen Weg zum Haus gelaufen und ließen uns auf dem überdachten Freiplatz nieder. Er war geheimnisvoll und distanziert, aber auch gelassen, freundlich und interessiert. Er hatte mich etwas gefragt, er konnte gut mit Kindern umgehen.«

Von Marianne Hoppes Familie kam zuerst die Schwester Gerda Lais mit ihren drei Kindern Marianne (Marianne Hoppes Patenkind), Joachim und Christian. Sie hatten bis 1946 noch in Felsenhagen gelebt und danach eine ganze Zeit keine eigene Wohnung gehabt. Später zogen sie nach Frankfurt am Main. Mit ihrer Schwester, die sie liebevoll Müppi nannte, kam Marianne Hoppe gut aus. Sie selbst war ab und zu Püppi, meist aber einfach Janni. Der jüngste Neffe Christian, nur wenig älter als Benedikt, blieb ein ganzes Jahr, von Nannchen mitbetreut, in Scharam. Die Eltern Hoppe indessen, die noch immer in der Stallupöner Allee wohnten, entschlossen sich erst 1952, ihre jüngste Tochter in Bayern zu besuchen. In jenem Jahr aber starb Grete Hoppe und Gustav kam, nachdem er den ersten Schock überwunden hatte, allein. Er überlebte seine Frau um zehn Jahre, wurde sechsundneunzig Jahre alt und verbrachte die letzte Zeit bei Gerda Lais in Frankfurt. Nach Scharam kam er gerne. Obwohl er die Bayern sprachlich nicht allzu gut verstand und reine Milchwirtschaft nicht wirklich als Agrarwirtschaft akzeptierte, fühlte er sich hier, zwischen Kühen und Schafen, heimisch. Ein Foto von 1958 zeigt ihn neben Benedikt und dem Schnauzer Wampi im Garten: ein erstaunlich rüstiger Herr, der seinen Stock wie einen Wanderstab hält und mit kritischer Freundlichkeit in die Kamera blickt.

Nannchen, die Kinderfrau, blieb bis 1951, dann heiratete sie und zog bald weg. Für den Übergang übernahm Stephanie von Below, die damals ohnehin im Hause lebte, die Betreuung des Jungen. Es war keine Lösung auf Dauer. Auch die Rennfahrerin Lotte Bahr, eine an Jahren bereits etwas ältere Freundin Marianne Hoppes, die Frau von Below nachfolgte, bewältigte die Aufgabe nur behelfsmäßig. Nach dem Zwischenspiel einer ausgebildeten Erzieherin, die wegen Krankheit bald wieder ausschied, kam schließlich Frau Klemm nach Scharam, Klemmi genannt und von allen sehr gemocht. Sie blieb bis 1956, als Benedikt Hoppe ins Internat ging. Zum Hausstand gehörte ab 1951 außerdem als Hauswirtschafterin zunächst Martl Heinrich, deren Mutter vorher schon bei den Hoppes geputzt hatte und danach, Rosa Edenhofer, die auch im Haus wohnte. Bald gab es auch Schafe, Hühner und den erwähnten Wampi.

Ihr Haus in Scharam war ein Rückzugsort für Marianne Hoppe. Eine zweite Heimat, eine andere Welt. Wenn sie kam, erzählte sie nichts von ihrer Arbeit. Immer war sie da, wo sie gerade war, mit ganzem Herzen. In Scharam aber besonders. Was hinter ihr lag, interessierte sie nicht mehr, neben dem Augenblick zählte allenfalls das Kommende – wenn Rollen zu lernen waren. Anders herum erzählte sie Reportern stets bereitwillig von ihrer neuen ländlichen Heimat. Sie war stolz darauf, den Bauern der Umgebung gezeigt zu haben, dass sie Heu machen und Kühe melken, dass sie eben anpacken und sogar den Dialekt lernen konnte: »›Die Hoppe macht ihr Sach‹, werden Ihnen die Bauern sagen, wenn Sie heute dort nach mir fragen.«[24]

Die Entschiedenheit, mit der sie öffentlich ihr Privatleben betonte, dort jedoch das Öffentliche auszuschließen bemüht war, mag aus der grundsätzlichen Infragestellung ihrer Existenz als Schauspielerin im Sommer 1945 resultieren. Sie war nicht gezwungen gewesen, aufs Land zu ziehen. Auch mit einem Kind hätte sie sich in einer Stadt niederlassen und fest ins Ensemble gehen können: in München, Düsseldorf, Hamburg oder Berlin. Das aber wollte sie nicht mehr. Nicht das eine und nicht das andere. Ein Gesellschaftstyp war sie zwar sowieso nie gewesen, aber sie wollte ihr Leben jetzt auch nicht mehr auf die Arbeit reduzieren. Die Spielfreude kehrte wieder. Die Spielbesessenheit, wie sie sie in den dreißiger Jahren kultiviert hatte, nicht. Sie räumte jetzt auch ihrer Liebe zum Landleben Platz ein, die sie vorher jahrelang nur mit dem Hinweis auf ihre Kindheit kompensieren konnte – und gewann durch dieses Zweitleben überdies noch eine Distinktion, die sie mancher betriebsinternen Klüngelei enthob. Sie fuhr dann nach Scharam und hatte ihre Ruhe. Das war das eine.

Das andere war, dass Marianne Hoppe ihre Ansprüche an das Niveau, auf dem sie sich künstlerisch bewegte, nicht senken wollte. Anknüpfen konnte man an die Staatstheaterzeit aber nirgends, auch nicht unter Gründgens in Düsseldorf. Überhaupt Düsseldorf! Dass Gründgens 1947 dorthin ging, war ein Symptom dafür, dass es in Deutschland nach 1945 kein Theaterzentrum mehr gab. An verschiedenen Stellen wurde zeitweise wichtiges Theater gemacht. Mal unter Ida Ehre an den Hamburger Kammerspielen, mal unter Boleslaw Barlog am Berliner Schlossparktheater, dann wieder war Düsseldorf mit Gründgens vorne, ab 1949 natürlich Ostberlin mit Brechts Berliner Ensemble. Aber nirgends war die personelle und finanzielle Ausstattung auch nur annähernd so, dass es für eine Darstellerin wie Marianne Hoppe regelmäßig attraktive Angebote gegeben hätte. Entsprechend wollte sie die Wahl haben und sich offen halten. Sie blieb frei, sicherte sich finanziell immer wieder durch Film-, später durch Fernsehrollen ab und war aufgrund ihrer Position in der Lage, dafür zu sorgen, dass ihre Theaterarbeit den Ruch des Außerordentlichen, den sie sich erworben hatte, nicht verlor. Ein halbes Jahrhundert lang war sie nach dem Krieg ein fester und tragender Bestandteil des deutschsprachigen Theaterlebens. Und doch wurde ihre Bühnenerscheinung nie selbstverständlich.

Vater

Benedikt Hoppe:
Dass ich von meiner Mutter weitgehend getrennt aufgewachsen bin, war einfach so. Sie arbeitete, und ich war in Bayern. Ich habe auch nicht nach einem Vater gefragt. Mutter hat das Thema selbst lange Zeit nicht angeschnitten. Irgendwann wurde mir dann aber ein Ausschnitt aus der Daily Mail *gezeigt, auf dem Ralph Izzard in Tibet zu sehen war, mit Mönchen. Das war das erste Mal, dass ich überhaupt von der Existenz eines Vaters erfuhr. Mutter hat immer wieder versucht, mit ihm Kontakt aufzunehmen, aber er war nicht zu kriegen. Er war in Indien, Beirut, dann wieder in London und sonstwo.*

Begegnet bin ich meinem Vater zum ersten Mal 1959. Das war überhaupt ein sehr schönes Jahr. Ich war dreizehn, und Mutter fuhr mit mir im Auto in die Normandie in die Ferien. In das Dorf Coutainville ins Hôtel de la Gare. Wir dachten erst, da fauchen jetzt die Züge vorbei, aber der Bahnhof war längst stillgelegt. Es sah dort aus wie in den »Ferien des Monsieur Hulot«: ein typischer, kleiner Normandiestrandort, mit einem kleinen Platz, auf dem ich meinen ersten Facel-Vega gesehen habe, ein Coupé Typ HK 500, das war damals die Inkarnation eines großartigen Autos, es leuchtete in Rot, und mir stockte der Atem. Eines Tages kaufte meine Mutter nun aus sentimentalen Gründen dort die Daily Mail, *die Europaausgabe, schlug das Impressum auf und sah, dass Ralph Izzard inzwischen Chef des Pariser Büros war. Sie schrieb ihm, dass wir in zwei Wochen wieder durch Paris kämen und ob er Lust hätte, uns zu sehen. Es kam gleich ein Brief zurück: »Ja, natürlich, Janni«, wie er sie noch nannte.*

Wir fuhren also nach Paris. Und dort gab es zwei Hotels George V. Ein teures und ein einfaches. Wir waren im einfachen, was zu einem Missverständnis führte. Denn selbstverständlich dachte mein Vater, Marianne steige im Luxushotel ab, und wartete dort, während wir im anderen warteten. Ich war ganz aufgeregt und schaute immer aus dem Fenster, um nach den schwarzen Citroëns zu sehen, den Taxis, die heranfuhren, aber er kam nicht. Irgendwann merkte er es dann aber. Und wir fuhren runter mit dem Aufzug in die Hotelhalle, und mein Vater stand da mit seinen einsfünfundneunzig in einem zerknitterten, sehr feinen indischen Leinenanzug, sehr schlaksig – wie Engländer aus dieser Generation eben so dastanden. Ich ging auf ihn zu, sah nach oben und gab ihm die Hand. Mein Vater war ganz ruhig und lässig, und wir haben uns dann in den nächsten beiden Tagen viel gesehen, sind auf die Champs Elysées gegangen und auf den Montmartre. Zum Abschied schenkte er mir eine geschmacklose indische Seidenkrawatte, die habe ich heute noch.

»Man muss die Kraft sichtbar machen, ehe sie gebrochen wird«

An einem Sommerabend des Jahres 1947 saß Marianne Hoppe gerade mit zwei Bekannten beim Skat, als es an der Türe klopfte. »Um Gottes willen«, sagte sie, »bloß kein Besuch, ich habe weder Kartoffeln noch Brennholz im Haus!« Da stand der Dramaturg Rolf Badenhausen aber schon im Zimmer und wollte gar nichts essen. Gemeinsam mit seiner Frau Elisabeth Flickenschildt wohnte er ja ebenfalls in Scharam, nur wenige Gehminuten von Marianne Hoppes Unterkunft entfernt. Er brachte ihr das Textbuch von Sartres »Fliegen«. Badenhausen war schon am Preußischen Staatsschauspiel unter Gründgens Dramaturg gewesen, und zur Spielzeit 1947/48 ging er als Chefdramaturg mit ihm nach Düsseldorf. »Die Fliegen« würden die Saison im November eröffnen, unter Gründgens' Regie sollte Marianne Hoppe die Elektra spielen. »Düsseldorf? Da musste ich erst einmal schauen, wo das überhaupt liegt!« Sie nahm an und verpflichtete sich gleich noch für eine zweite Rolle: die Prinzessin in Goethes »Torquato Tasso«, ebenfalls mit Gründgens als Regisseur und Partner.

Die Elektra in den »Fliegen« war zu der Zeit das Herausgehobenste, was Marianne Hoppe hätte machen können. Es war in Düsseldorf, aber es war bei Gründgens, es war mit Elisabeth Flickenschildt als Klytämnestra und ihm selbst als Orest, und es war die deutsche Erstaufführung eines heftig umstrittenen und erst jetzt von der Militärregierung zur Aufführung in Deutschland zugelassenen Stückes. In Sartres Antiken-Adaption tötet Orest seine und Elektras Mutter, die Gatten-Mörderin Klytämnestra, ohne Reue, ja erhebt die Reuelosigkeit zur moralischen Kategorie, zieht sich dann aber, von den Erynnien verfolgt, in die Einsamkeit zurück, statt sich der Gesellschaft zu stellen. 1940 im nationalsozialistisch besetzten Frankreich geschrieben, wurde das Stück in der deutschen Übersetzung von Gritta Baerlocher bereits 1944 am Schauspielhaus Zürich gezeigt[1]. Zur Buchausgabe des deutschen Textes hatte Sartre nach Kriegsende ein Vorwort verfasst, in dem er die Deutschen vor Selbstverleugnung warnte, ihnen riet, zu dem, was war, zu stehen, und in die Zukunft zu blicken. Nicht wenige hielten eine Analogie zwischen der Bejahung eines gewaltvollen Widerstands und der Entschuldung faschistischer Verbrechen damals für unangemessen. Gleichzeitig glitzerte diese radikal individualistische, existenzialistische Weltsicht natürlich verführerisch, und der Ruf des Autors lockte ebenfalls: ein im Café statt im Hörsaal dozierender, noch fast jugendlicher Philosophieprofessor, der »zwischendurch einen erstklassigen Swing tanzt, womöglich, wenn die Legende zutrifft, mit einer Negerin«[2]. Aus ganz Deutschland reisten die Journalisten zur Premiere am 7. November 1947 nach Düsseldorf und konnten hinterher von einem triumphalen, sechsunddreißig Vorhänge dauernden Applaus berichten.

Die Bühne hatte Herta Böhm entworfen, eine frühere Assistentin von Traugott Müller, der im Februar 1944 mit erst achtundvierzig Jahren an einem Herzanfall gestorben war. Vor Felswänden, in deren Grau sich bedrohliches Gelb und Grün mischten, zeigte sie etwa eine mit Blut beschmierte Jupiterstatue. Auf dem bekanntesten Foto[3] dieser Inszenierung sind die Geschwister Elektra und Orest im Tempel des Apoll zu sehen, von den Erynnien umringt am Fuße einer Apollstatue schlafend. Gründgens in einem eng anliegenden Strickpullover mit breiten Rippen, Marianne Hoppe in einem kurzärmeligen Kleid, das mit seiner eckigen Form den Eindruck erweckt, eilig aus einem Sack geschnitten zu sein: zwei schmale, erschöpfte Nachkriegsgestalten, an denen bloß die sorgfältig zurechtgelegten Frisuren irritieren. Die Erynnien, die Orest bei Gründgens am Ende nicht verfolgen, sondern von ihm mit gebieterischer Geste angewiesen werden, zu folgen, tragen hingegen dunkle, mit Glutaugen versehene Masken wie im Zaubertheater.

Viele Kritiker waren begeistert und von der Bühnenwirksamkeit des Thesenstückes restlos überzeugt. Marianne Hoppes Elektra wurde als »frech und zart, jung und zerstört« beschrieben, »flatternd im Winde der Leidenschaft«[4], oder »glühend, ketzerisch, hingerissen, noch die komplizierten seelischen Widerstände der Rolle zwischen dem Mädchen und der Mänade, zwischen schimmerndem Lebensgefühl und auswegloser Verzweiflung suggestiv durchdringend«.[5] Die sprachliche und formale Kultiviertheit, mit der Gründgens in Staatstheatermanier über die geistigen Abgründe des Textes hinweggegangen war, wirkte aber auch als »Dämpfung im Sinne eines Kammerspiels«[6]. Und dass das jugendlich drängende, von widerstreitenden Impulsen getriebene Geschwisterpaar des Stückes in Düsseldorf gemeinsam schon fünfundachtzig Jahre auf die Bühne brachte, wurde gleichfalls etwas mokant bemerkt. Das berührte einen wunden Punkt, denn Gründgens tat sich tatsächlich schwer damit, in reifere Rollen zu wechseln. Auch den Nachwuchsdichter Torquato Tasso spielte er Anfang 1949 zunächst selbst, bevor er die Rolle an den vierzehn Jahre jüngeren Horst Caspar übergab. Marianne Hoppe indessen hat nie Probleme mit ihrem Alter gehabt. Sie scheute sich nicht, mit achtunddreißig Jahren die Elektra zu spielen, bestand aber keinesfalls auf jugendlichen Rollen und hatte das Glück, in den Dramen des psychologischen Realismus amerikanischer Prägung bald ein üppiges Arsenal reiferer Charakterrollen vorzufinden.

Düsseldorf gefiel Marianne Hoppe recht gut. »Man hat mich dort sehr freundlich behandelt, auch vom Publikum aus.« Zunächst wohnte sie bei einer Frau Mönckemöller, später mietete sie sich am Rheinufer in der Cäcilienallee 77 ein, in einem Haus, das mehrere Mitglieder des Schauspielhauses beherbergte. Gründgens und Peter Gorski traf sie häufig. So sehr Gründgens Beruf und Privatleben auseinander zu halten pflegte, zu Marianne Hoppe hielt er engen Kontakt. Dennoch war sie nicht daran interessiert, zu häufig in Düsseldorf zu spielen. Zum einen zog es sie wegen ihres Sohnes immer wieder nach Bayern, zum anderen blickte sie nach Berlin, wo sie ihr Haus hatte, und wo sich im November 1947 beruflich auch eine Möglichkeit abzuzeichnen schien. Es war relativ spät für jemanden, der im Westen lebte und dort bleiben wollte, in Betracht zu ziehen, am Deutschen Theater, das die Repräsentationsbühne des Ostsektors geworden war, eine Rolle zu übernehmen. Der Kalte Krieg hatte Berlin auch kulturell gespalten, seit mit Konstantin Simonows »Die russische Frage«[7] ein halbes Jahr zuvor erstmals eines der leitartikelhaften Dramen des sozialistischen Realismus aufgeführt worden war. Gründgens stand mit - Wolfgang Langhoff, der aus der Emigration in der Schweiz zurückgekehrt war und das Deutsche Theater seit der Spielzeit 1946/47 leitete, aber weiterhin in Verbindung. Er hatte im Deutschen Theater sogar noch eine Rollenverpflichtung,[8] und als dort überlegt wurde, eine Dramatisierung von Tolstois »Anna Karenina« auf die Bühne zu bringen, vermittelte er den Kontakt zu Marianne Hoppe. Nach anderthalb Jahren kam sie damals zum ersten Mal wieder nach Berlin. Mit Datum vom 24. November schrieb ihr Gründgens aus seiner Berliner Wohnung in der Charlottenburger Kastanienallee vermutlich an ihre Adresse in der Stallupöner Allee, Langhoff hätte »den dringenden Wunsch«, sie kennen zu lernen und zu sprechen und entschuldigte sich, dass es bislang noch nicht zu einem Treffen gekommen sei. »Ich muss es durchaus auf meine Kappe nehmen, wenn Langhoff dich bis jetzt nicht angerufen hat. Sicher hätte ein gewandterer und geschickterer Theatermann als er einen kleinen Blumengruß in deine Wohnung geschickt, aber dazu langt es bei ihm nicht.«[9]

Letztlich kam diese Produktion aber nicht zustande, und Marianne Hoppes erste Berliner Rolle nach Kriegsende wurde die Blanche Dubois in »Endstation Sehnsucht« von Tennessee Williams im Mai 1950. Mit ihr erschloss sie sich ein neues Genre, das sie »meine Knacksdamen« nennt. Schon die Elektra, ja auch die Marikke in Sudermanns

»Johannisfeuer« sowie Anfang 1949 die Prinzessin im »Tasso« waren keine Heldinnen mehr, sondern Frauen, denen ihr Glück versagt bleibt und die sich nach einem Moment der Hoffnung in ein Leben schicken, das mehr einem Verlöschen gleicht. Die Leonore von Este im »Tasso« hat Marianne Hoppe in Düsseldorf »wahnsinnig gerne gespielt. Die ist so mit einer gewissen Traurigkeit ausgestattet, nimmt Abschied von den Dingen ...« Blassgold gewandet, mit einer kostbaren, perlenbesetzten Hochsteckfrisur und dem Ausdruck einer »zugleich hoheitsvollen und demütigen, stolzen und sanften Trauer«[10] war sie hier dem Weltlich-Körperlichen ganz entrückt und wirkte fast wie ein beseeltes Bild. »Für Tasso ist das Leben nur Anlass zur Kunst; für diese Leonore ist die Kunst erst der Anlass zum Leben«, schrieb Werner Höfer (der spätere »Frühschoppen«-Moderator) im *Rheinischen Merkur.*[11] Es war für Marianne Hoppe eine Schlüsselrolle. Auf die Frage, ob Kunst für sie wichtiger gewesen sei als das Leben, antwortete sie 1994: »Leider.«[12] Was für die Zeit nach 1945 vielleicht nur die drei viertel Wahrheit ist. Wahr ist es aber, dass sich Marianne Hoppes Initiative, Kraft und Kreativität im Wesentlichen in der Arbeit entfalteten.

Im Herbst 1949 mündeten die ideologischen Differenzen der Siegermächte des Zweiten Weltkriegs in die Bildung zweier deutscher Staaten. Am 15. September konstituierte sich die erste Regierung der Bundesrepublik, am 7. Oktober wurde die DDR gegründet. Das Kulturleben, das im Osten wie im Westen Berlins als Schaufenster des jeweiligen Regimes funktionierte, erhielt eine noch größere Bedeutung für die Halbstädte. Der Westberliner Oberbürgermeister Ernst Reuter rief dazu auf, seine Hälfte wieder zu einem »geistigen und künstlerischen Zentrum Deutschlands«[13] zu machen. Wörtlich genommen war dieser Wunsch so reaktionär wie illusorisch: Weder passte der Zentralismus zum Prozess der Demokratisierung, noch entsprachen die realen Verhältnisse einer solchen Vorstellung auch nur annähernd. Dennoch hörten die ehemaligen Hauptstadtkünstler, die jetzt in den größeren und kleineren Städten Westdeutschlands verstreut vor sich hin arbeiteten, Reuters Worte sicher gerne. Auch war es keine bloße Rhetorik, sondern hatte unter anderem den zügigen Wiederaufbau des zerbombten Schiller Theaters zur Folge.

Zum Intendanten wünschte sich der Oberbürgermeister Gustaf Gründgens. Als dieser im Februar 1950 wirklich zu Gesprächen anreiste, entstand in Berlin das Gerücht, dass dem Schiller Theater auch das Schlossparktheater und das Hebbel Theater zugeordnet werden sollten und Gründgens mit Reuter über den neuerlichen Posten eines Generalintendanten verhandle. Dagegen gab es in der Presse heftige Proteste, woraufhin Gründgens aus Düsseldorf einige Tage später telegrafierte, er sei »nach reiflicher Überlegung der Meinung«, dass seine Rückkehr nach Berlin »im Augenblick nicht die von allen Teilen ersehnte Lösung« bedeute.[14] Die Diskussion darüber, wer das Theater ab September 1951 leiten sollte, dauerte in Berlin noch monatelang an. Erst im Dezember 1950 fiel die Wahl letztgültig auf Boleslaw Barlog.

Barlog war vor 1933 Regieassistent an der Volksbühne gewesen und hatte die Nazijahre beim Film verbracht. Nach Kriegsende hatte er aus eigener Kraft das Schlossparktheater in Berlin-Steglitz aufgebaut und zur aktivsten und attraktivsten Bühne Westberlins gemacht. Er selbst war zwar ein guter Lustspielregisseur, aber insgesamt nicht wirklich ein Künstler von Format. Wohl deswegen zögerte der damalige Senat, der auf der Suche nach großen Namen war, so lange, ihn zu ernennen. Am gleichen Tag, als Barlog mit Angelika Hauff, Marianne Hoppe, Peter Mosbacher und Franz Niklisch »Endstation Sehnsucht« von Tennessee Williams herausbrachte, am 10. Mai 1950, veröffentlichte der Kritiker Friedrich Luft in der amerikanischen *Neuen Zeitung* eine »Berliner Bestandsaufnahme«, in der er bedauerte, dass die Frage der Intendanz des Schiller Theaters noch immer nicht beantwortet sei. Soeben hätten sich Verhandlungen mit Kurt Hirschfeld vom Züricher Schauspielhaus zerschlagen und Barlog sei nun gänzlich aus dem Rennen. Als dieser das Schiller Theater dann aber doch übernahm und sein Schlossparktheater als Kleines Haus angliederte, zeigte sich rasch, dass die Entscheidung für einen mehr hausväterlichen als künstlerisch inspirierten Intendantentyp richtig gewesen war.

Barlog war ein Ermöglicher. Er hatte ein Gespür für die ästhetischen Strömungen der Zeit, das Talent, die richtigen Leute an sein Haus zu binden, und den Ehrgeiz, ihnen für ihre Arbeit den Rahmen zu bieten, den sie brauchten. Marianne Hoppe beispielsweise kannte er nicht persönlich. Bei der Ufa waren sie sich zwar einmal über den Weg gelaufen, aber er als Assistent, sie als Protagonistin – nichts, worauf man sich berufen konnte. Ende 1949 schickte er ihr jedoch das Textbuch von »Endstation Sehnsucht«, mit dem Hinweis, hier sei etwas für sie, das sie sich doch einmal anschauen möge. Sie war sofort entflammt und schrieb mit Datum vom 7. Dezember aus Scharam an Gründgens, das Stück sei »ein Möbel«, in das man »mit Haut und Haar einsteigen«[15] müsse. Sie wollte es ihm schicken. Mit Barlog trat sie bald in Verhandlungen, die im Februar 1950 allerdings fast zu scheitern drohten, weil sie von Käthe Dorsch erfuhr, dass sich der für sein loses Mundwerk bekannte Intendant nicht gerade lobend über ihr Aussehen in dem Film »Schicksal aus zweiter Hand« geäußert hätte. Er wusste jedoch, sich zu entschuldigen, auch Gründgens wurde in diese Auseinandersetzung eingeschaltet, die Rolle lockte doch sehr, und die Wogen glätteten sich wieder.

In Berlin war Marianne Hoppes Namen mit dem von Gustaf Gründgens eng verknüpft, weswegen ihr Gastspiel bei Barlog teilweise als Versuch interpretiert wurde, die Stimmung gegenüber Gründgens positiv zu beeinflussen und ihn als Intendant für das Schiller Theater erneut ins Gespräch zu bringen. Das ärgerte sie, und einen Journalisten, der sie vor der Premiere um ein Interview gebeten hatte, begrüßte sie mit den Worten: »Irgendwas Besonderes kann ich Ihnen nicht erzählen! Aber schreiben Sie, dass ich mich sehr freue, wieder in Berlin zu spielen, dass aber der Zeitpunkt meines Gastspiels, und dieses überhaupt, nur von meinen Arbeitsplänen bestimmt wurde und von keinen anderen Erwägungen.«[16]

»A Streetcar named Desire« von Tennessee Williams war 1947 in New York mit großem Erfolg uraufgeführt[17] und seither schon an mehreren europäischen Bühnen nachgespielt worden. Es ist die Geschichte des Niedergangs einer Gebrochenen. Blanche Dubois, von Beruf Lehrerin, ist, nach dem Scheitern ihrer ersten Liebesbeziehung Halt suchend, immer haltloser geworden. Wegen einer Affäre mit einem Siebzehnjährigen wurde sie schließlich aus dem Schuldienst entlassen, aber auch für die kleine Stadt, in die sie sich daraufhin zurückzog, war ihr Lebenswandel nicht tragbar. So flieht sie zu ihrer Schwester Stella, die mit einem Mann aus sehr einfachen Verhältnissen verheiratet und schwanger ist. Hier kehrt Blanche die vornehme Dame heraus und versucht, Stella ihrem Mann zu entfremden. Der jedoch zieht Erkundigungen über die seltsame Schwägerin ein, und konfrontiert sie an ihrem Geburtstag mit dem Gespinst ihrer Lebenslügen. Statt einer Klärung kommt es zum Zusammenbruch. Bei Stella setzen die Wehen ein, Blanche zieht sich in eine Wahnwelt zurück, wird vom Schwager vergewaltigt, und als sie schließlich in die Psychiatrie abgeholt wird, hält sie den Arzt für den erwarteten Herzkönig.

Dieser amerikanische Hardcore-Realismus wurde von Kritikern aus dem politisch linken wie aus dem rechten Lager gleichermaßen abgelehnt. Hans Ulrich Eylau schrieb in der (Ost-)*Berliner Zeitung*: »Was immer ethische Werte negiert, was das Leben aushöhlt, seine Gesetze relativiert, gesellschaftliche Bindungen löst und die Menschenwürde beleidigt, ist ihnen [den Amerikanern, d.V.] willkommen ... der ganze pseudorealistische Schwall von pathologischen Studien, wie sie immer häufiger auf den Bühnen des Westens exerziert werden, geht auf dies Zerstörtsein und Zerstörenwollen des gesunden Lebensgefühls zurück.« Und Ferdinand

Anders formulierte in der *National-Zeitung*: »Eine Welt, aufgeteilt in Unterleib und Portemonnaie, ist weder unsere Welt noch überhaupt eine Welt. Von den tatsächlich wirkenden Lebenskräften weiß dieses Stück nichts. Es mutet den Zuschauern ein seelisches Schlammbad zu, ohne hinterher den Schmutz, den es aufwühlt, wieder fortzuspülen.«[18]

Auch liberale Kritiker wie Friedrich Luft oder Werner Fiedler zeigten sich recht distanziert. Fiedler relativierte, dass der amerikanische Psychologismus genau genommen nicht mehr sei als die gute alte Beziehungshölle Strindbergschen Zuschnitts, die nun psychoanalytisch aufgepeppt, aus den USA wieder zurück in die Alte Welt geschickt würde.[19] Luft hingegen fand es »fragwürdig«, wie sich der Autor hier den »Genuss an der Gefahr«[20] dramaturgisch zunutze mache. Ganz offensichtlich konnte man sich in Berlin nicht mit ganzer Inbrunst auf eine solche Einzelfallproblematik stürzen. Die Leute hier hatten fünf Jahre zuvor an vorderster Front einen Zusammenbruch ganz anderen Zuschnitts erlebt und sich kaum von den Hungerstrapazen des Blockadejahres erholt.

Auch Marianne Hoppe war die Dürftigkeit aufgefallen, die in Berlin in materieller Hinsicht noch herrschte, und sie versuchte, sich so bescheiden wie möglich zu geben. Gegenüber der Presse betonte sie, dass ihr Bühnen-Make-up nur aus »ein bisschen Puder und Lippenstift« bestehe und wählte, nach ihrem Verhältnis zu Berlin befragt, das passende Bild: »Das ist für mich immer noch der schönste Aufenthalt: ein Ort, an dem man seine Sachen im Dunkeln findet.« Etwas befremdend ist allerdings der Hinweis, dass ihr »Berliner Heim« im Krieg »restlos zerstört« worden sei. »Ein ambulantes Zuhause, bestehend aus einem Mietzimmer, musste ihr anfangs das Verlorene ersetzen.«[21] Wer von den Berlinern sich daran erinnerte, dass dieses »Heim« das Gartenhaus des Schlosses Bellevue und auch keineswegs ihre einzige Wohnstatt gewesen ist, wird dabei wohl keine solidarischen Gefühle bekommen haben können. Und das »Zimmer« (den

Vorsatz »Miet« könnte der Autor des Textes zur Dramatisierung selbst davorgesetzt haben) lag immerhin im eigenen Haus am Grunewald.

Die Berliner Aufführung von »Endstation Sehnsucht« hatte Berthold Viertel inszeniert, der auch der deutsche Übersetzer des Stückes war. Der österreichische Schriftsteller und Regisseur, der in den zwanziger Jahren unter anderem am Deutschen Theater in Berlin gearbeitet hatte, war 1948 aus dem Exil in den USA zurückgekehrt und lebte inzwischen wieder in Wien. Er hatte sich bei Gründgens in Düsseldorf sowie in verschiedenen Theatern in Berlin und Wien über die herrschende Ästhetik ins Bild gesetzt und war dabei vor allem über die Klassikerinszenierungen erschrocken: »Was sich hier herauskristallisiert und offenbar eingebürgert hatte, war eine seltene Mischung: eine wurzellose Ekstase oder eine kalt prunkende Rhetorik, die das Offizielle, Repräsentative in der Darstellung betonte und überbetonte, in jäher Abwechslung mit einer sich ins allzu Leise, Private und Unterprivate flüchtenden Diskretion. Manie und Depression folgten einander ohne Übergang und ohne Zwischentöne.«[22]

»Reichskanzleistil« – den später viel zitierten und auf ihn zurückgeführten Begriff für diese Spielweise übernahm er von Theaterwissenschaftsstudenten, mit denen er über seine Eindrücke sprach. In seiner eigenen Theaterarbeit grenzte sich Viertel durch einen betont schlichten und im Sozialen verankerten Realismus ab. Dass er mit ihr arbeiten wollte, wunderte Marianne Hoppe, denn er hatte sie nur einmal gesehen, in den »Fliegen«. Sie selbst lernte ihn überhaupt erst Ende 1949 durch seine »Wassa Schelesnowa« mit dem Berliner Ensemble kennen, das war die Generalprobe, nach der sie Therese Giehse in ihrer Garderobe besuchte. Boleslaw Barlog hatte Hoppe und Viertel einander sozusagen zugeteilt, und für beide wurde »Endstation Sehnsucht« ein großer Erfolg.

Als Übersetzer und Nachdichter dem Text sehr verbunden, hatte Viertel die Inszenierung auf die Dauer von dreieinhalb Stunden recht breit angelegt. Etwas Straffung täte not, meinten manche Rezensenten, aber sie fanden die Arbeit trotzdem gut: atmosphärisch dicht und einleuchtend. Von Marianne Hoppe waren sie begeistert. »Wer gefürchtet hatte, dass die Natur dieser Schauspielerin für die Darstellung eines psychologisch so gefährlich differenzierten Charakters kaum ausreichen würde, wurde – je länger umso stärker – vom Gegenteil überredet«, schrieb Friedrich Luft, der sie noch als jugendliche Heldin in Erinnerung gehabt hatte. »Sie begann fast grobschlächtig und gesund. Ließ dann immer deutlicher die nervöse Überdifferenziertheit dieser höchst gefährdeten Person durchblicken. Sie hat Töne, die das Ausschweifen ins rein Illusionäre glaubhaft machen konnten, eine morbide Poesie des Untergangs, die sie schön und verführerisch traf, um dann gleich wieder den Ausdruck zitternder Hysterie zu finden.«[23] Und Edwin Montijo im *Kurier*: »Sie spielt, nacheinander und zugleich, in einem unfasslichen Schweben zwischen Realität und Traum noch einmal alle Stationen ihres Weges vom sehnsüchtigen, schwärmerischen Mädchen bis zum gierigen, begierigen Stundenliebchen. Im gleichen Augenblick alt wie das Leid dieser Erde und jung wie ihre unverwelkliche Hoffnung. Sie hat Momente, in denen alles Gefühl in einem Augenaufheben, alles Weh in einem vagen Lippenzittern gesammelt erscheint. Momente, da es einem kalt über den Rücken läuft, und das Herz stockt, vor Ahnung, vor Qual.«[24]

Das Grenzgängerische. Das Sich-berühren-Lassen und Ineinanderkippen der Gegensätze durch gestisch-mimischen Minimalismus. Schon während ihrer Staatstheaterzeit wurde die Komplexität von Marianne Hoppes Figuren gerühmt. Bei den klassisch-tragischen Rollen ging es dabei aber um das Aufzeigen von Entwicklungszusammenhängen und um die Verdeutlichung, dass der äußere Untergang auf einer innerer Konsequenz beruht. Das Gegenteil ist bei den Figuren von Edward Albee, William Faulkner, Eugene O'Neill, Clifford Odetts oder Tennessee Williams der Fall, mit denen Marianne Hoppe nach dem Zusammenbruch Hitler-Deutschlands ihre größten Erfolge hatte. Sie gehen an Schwäche zugrunde, ihr Untergang ist ein innerer, und es liegt darin etwas zutiefst Negatives, weil er nichts beweist als den Triumph der Verhältnisse über das Individuum. Das Soziale und Pathologische ist an die Stelle der Idee getreten, die Widersprüchlichkeit an die der Entwicklung, das Verharren im Schwebezustand an die der Klarheit. In Marianne Hoppes Verkörperung behalten diese Figuren dennoch Kontur. Sie zerfließen nicht im Atmosphärischen, sondern werden von jeweils der Form gehalten, die ihnen die größtmögliche Würde gibt. Sie bleiben vermittelbar.

Von der Schriftstellerin Karla Höcker auf die Deutlichkeit angesprochen, mit der es ihr gelingt, »das Alltägliche einer komplizierten Figur« zu zeigen, sagte sie 1960: »Wenn ich darüber nachdenke, was ich in den zehn Jahren, in denen ich am Staatstheater war, für Rollen gespielt habe, so sind es doch überwiegend klassische gewesen ... Und ich glaube, dass man damals – weil viele der neuen, ausländischen Autoren nicht gespielt werden durften – das unbewusste Bedürfnis hatte, diese oft sehr geheimnisvollen, vieldeutigen Rollen in unser Empfinden zu übertragen, sie innerlich gewissermaßen ›aktuell‹ zu machen. Daraus mag sich nach und nach dieser ganz bestimmte – und vielleicht neue – Darstellungsstil entwickelt haben. ... Es gibt im Grunde nur eine Möglichkeit, Theater zu spielen ...: man muss, gerade bei der Darstellung hintergründiger Schicksale, die Kraft sichtbar machen können, ehe sie gebrochen wird.«[25]

Geradezu prototypisch war diesbezüglich ihre Georgie Elgin in »Ein Mädchen vom Lande« von Clifford Odetts. Diese Rolle spielte Marianne Hoppe eineinhalb Jahre nach der Blanche Dubois ebenfalls in Berlin bei Barlog und unter seiner Regie. Als erniedrigte Ehefrau eines alkoholsüchtigen, abgetakelten Schauspielers (dargestellt von Ernst Deutsch) zeigte sie den »Rest Ungebrochenheit und Stärke«, der einem dieses Schicksal nahe brachte, »die nervöse Gesundheit, mit der sie die Lebenslüge des Mannes in durchschauender Liebe stützt«.[26] Auch als sie 1959 neben Klaus Kammer in »Süßer Vogel Jugend« von Tennessee Williams eine alternde, rauschgiftsüchtige Filmdiva spielte, die eine Zeit lang einem jungen Mann mit zweifelhaften Absichten verfällt, wirkte sie nicht Mitleid erregend, sondern souverän im Anstimmen »aller Zwischentöne vom kältesten Zynismus bis zu jäh aufbrechender Mütterlichkeit«[27].

Die Kraft in der Schwachheit der anderen zeigend, behielt Marianne Hoppe für sich selbst oft nicht mehr viel zurück, wenn sie solche Rollen spielte. Zwei Wochen nach der Premiere von »Endstation Sehnsucht« schrieb sie im Telegrammstil an Gründgens: » ... nur einen kurzen Gruß, ich bin tagsüber ausgenommen, da jeden Abend dieser Part allerhand, und ich wüsste gar nicht, wie man es eigentlich schaffen sollte, wenn ich es nicht tatsächlich irgendwie zuwege brächte.«[28] Während der Probenzeit war sie damals, im April 1950, aber verschiedentlich nach Ostberlin gefahren und hatte dort auch weitere Aufführungen des Berliner Ensembles besucht: Brechts »Herr Puntila und sein Knecht Matti«[29] und »Der Hofmeister«[30] von Jakob Michael Reinhold Lenz. Es wundert nicht, dass sie von diesen Arbeiten begeistert war. »Dieses ganz Knappe, Schöne, Klare« inspirierte sie ungemein. Mit Brecht selbst hatte sie zu ihrem großen Bedauern keinen Kontakt. Sie traf ihn nur einmal in Therese Giehses Garderobe: »Das war wie ein elektrischer Schlag.« Sie hätte gerne mit ihm gearbeitet, wohl auch weil das Berliner Ensemble in ganz ähnlicher Weise eine Gemeinschaft von Gleichgesinnten um eine künstlerische Leitfigur darstellte wie früher das Staatsschauspiel. Dass es dazu nicht kam, war aber folgerichtig. Denn obwohl sie Brechts Ästhetik sehr nahe stand, dieser analytischen, den Kunstvorgang als solchen sichtbar machenden und trotzdem sinnlich-komödiantischen Spielweise, wäre sie wohl nicht in der Lage gewesen, die für ihn zum epischen Theater gehörende materialistische Geschichtsauffassung zu transportieren. Sie war nun einmal nicht der Ansicht, dass die Verhältnisse veränderbar waren, und durch den Einzelnen schon gar nicht.

Ein anderer künstlerischer Kontakt passte besser zu ihr: 1957 kam sie für »Fast ein Poet« von Eugene O'Neill mit Oscar Fritz Schuh zusammen. Schuh war eigentlich Opernregisseur. In den Nazijahren war er erst an der Hamburger Staatsoper, dann an der Staatsoper Wien engagiert gewesen, wo er mit Caspar Neher arbeitete, Brechts vormaligem und späterem Bühnenbildner und Mitregisseur. Er blieb dort bis 1950 und inszenierte erst 1951 wieder ein Schauspiel: Luigi Pirandellos »Sechs Personen suchen einen Autor« am Theater der Freien Volksbühne in Berlin. Der Erfolg war so durchschlagend, dass ihm die Leitung dieses Hauses angetragen wurde, die er zwei Jahre darauf auch übernahm.

Die Erfahrung als Opernregisseur beeinflusste Schuhs Schauspielarbeit in zwei Hinsichten. Zum einen war sein Sinn für die körperlich-gestische Dimension geschärft: Ihm war wichtig, dass die Darsteller klare Haltungen einnahmen. Zum anderen war er vor Illusionismus gefeit. Er versuchte erst gar nicht, das Bühnengeschehen als authentisch zu verkaufen, sondern betonte das Spielerische. In Berlin engagierte er sogar Kabarettisten als Schauspieler, »weil der Kabarettist jene zeigende, demonstrierende Schauspielkunst beherrschen muss, die für Episoden wichtig ist«[31]. Oscar Fritz Schuh machte westliches Brecht-Theater. Episches Theater ohne politische Intentionen, formal klares, den Kunstcharakter ausstellendes Theater ohne dezidierte Gesellschaftskritik. Eher noch war er an den Momenten des Geheimnisvollen, Anti-Rationalen interessiert, wie sie sich bei dem irischstämmigen Amerikaner O'Neill finden.

Gleich zweimal inszenierte Schuh »Fast ein Poet«. Erst für die Salzburger Festspiele als deutschsprachige Erstaufführung im Juli 1957, im Frühjahr darauf dann im Theater der Freien Volksbühne[32]. Beide Male spielte Attila Hörbiger die Hauptrolle des verarmten Aufschneiders Cornelius Melody, und Marianne Hoppe war die kapriziöse Mutter seines zukünftigen Schwiegersohnes. Die anderen Rollen wurde neu besetzt. Marianne Hoppes Deborah Harford tritt nur zweimal auf und ist nicht lange auf der Bühne, insgesamt vielleicht zwanzig Minuten. Es sind aber die zentralen, irritierenden und die Wende einleitenden Szenen des Stückes.

Melody ist ein irischer Einwanderer in der Nähe von Boston in den zwanziger Jahren des neunzehnten Jahrhunderts. Er führt eine schlecht gehende Kneipe für armselige Landsleute, zehrt von seiner Vergangenheit als Offizier unter Herzog von Wellington, zitiert Verse von Lord Byron und hasst die Amerikaner, unter denen er lebt. Oben in seiner Wirtsstube liegt allerdings einer von ihnen, ein junger. Er ist krank, schon seit Wochen, und wird von Melodys Tochter Sara hingebungsvoll gepflegt. Die Eltern, wohlhabende Leute, erfahren von seinem Krankenlager und einer sich anbahnenden Mesalliance. Im Auftrag des Vaters erscheint die Mutter, um den Sohn zur Vernunft zu bringen, aber sie glaubt nicht an ihre Bemühung und kommt nur, um eine Pflicht zu erfüllen. »Ironisch, ladylike, zart-verwehend, gläsern fast – ein Mensch aus einer anderen Welt«,[33] betrat Marianne Hoppe die zuvor eher handfeste Szene.

1961 spielte sie neben Hans Söhnker in einer Fernsehfassung des Stückes[34] erneut die Deborah. Sie zeigt da eine herrlich flirrende Versponnenheit, das Pastell einer um ihre romantischen Vorstellungen gebrachten, gleichwohl schwärmerisch gebliebenen und vielleicht dem Spiritismus, zumindest aber weltflüchtiger Lyrik zuneigenden Dame. Sie berührt beim Laufen kaum den Boden, spricht mit fliegendem, fragendem Ton, ohne eine Antwort zu erwarten und wischt den zudringlichen Melody beiseite wie eine Fliege. »Ekelhaft«, murmelt sie mit einer Verwunderung in der Stimme, die sich weniger auf den Vorgang selbst als auf das ihn bezeichnende Wort bezieht. Überhaupt scheint sie alles, was sie tut und sagt, in Gedanken schon für einen späteren Tagebucheintrag zu reflektieren und zurechtzulegen. Unberührbarkeit aus Angst vor dem Berührtwerden. Ständig bewegt sie sich gleitend, ist nicht zu fassen, betastet ihrerseits unentwegt etwas und spricht ohne Unterlass. Einmal kommt sie einer Ohnmacht nahe, fängt sich aber gleich wieder, um der zukünftigen Schwiegertochter eine verbale Spitze zu verpassen, die sitzt und dann doch wieder nicht so gemeint gewesen sein will.

Einige Jahre darauf konnte Marianne Hoppe die Deborah in einem weiteren Stück von O'Neill wieder aufnehmen. »Alle Reichtümer der Welt« gehört wie »Fast ein Poet« zu einem Zyklus von Dramen über die amerikanische Geschichte, von denen der 1953 gestorbene Autor aber die meisten wieder vernichtet hat. Nur diese beiden fanden sich im Nachlass. In »Alle Reichtümer der Welt«, dessen deutsche Erstaufführung Oscar Fritz Schuh am 1. August 1965 in Salzburg herausbrachte, hat der junge Simon Harford (Helmuth Griem) die Einwanderertochter Sara Melody (Martha Wallner) inzwischen geheiratet. Wie seine Mutter es in »Fast ein Poet« vorausgeahnt hat, lässt er seine romantischen Vorstellungen vom einfachen Leben bald fahren und entwickelt sich zu einem skrupellosen Geschäftsmann. Als Mutter bekämpft Deborah die Schwiegertochter, als Frau verbündet sie sich mit ihr. Diese Anschluss-Rolle war für Marianne Hoppe außerordentlich reizvoll: »Sie [Deborah] war in den Grundzügen ihres Charakters die gleiche geblieben, mit aller Konsequenz hatte sie den Weg nun zu Ende zu gehen.«[35]

Schuh übernahm seine Salzburger Inszenierung auch ans Deutsche Schauspielhaus Hamburg, das er seit der Spielzeit 1963/64 in der Nachfolge von Gustaf Gründgens leitete. Dieses Erbe anzutreten, war ihm gleichermaßen schwer und leicht gefallen. Schwer, weil der »epochale Theatermann«[36] Gründgens in Hamburg schon zu Lebzeiten zum Mythos geworden war. Leicht, weil er in den acht Jahren seiner Intendanz die Moderne eklatant vernachlässigt hatte und es Schuhs Spielplanvorstellung entsprach, gerade in diesem Bereich Profil zu gewinnen.

Tatsächlich war Gründgens anders als Marianne Hoppe kaum an zeitgenössischer Dramatik interessiert. Während sie für neue Richtungen offen war und in den fünfziger und sechziger Jahren außer dem psychologischen Realismus auch das Theater des Absurden für sich entdeckte, ließ er allenfalls Poeten wie T.S. Eliot, Jean Giraudoux, Jean Cocteau, Lawrence Durrell oder Hans Henny Jahnn gelten. Das Klare, Drastische, womöglich Sozialkritische lehnte er ebenso ab wie das formale Experiment. Es zeigte sich, dass die Abwendung vom Gegenwärtigen auf der Bühne und die explizite Werktreue bei ihm nicht nur eine Reaktion auf die faschistische Ästhetik gewesen waren, sondern seinem Kunstverständnis im Innersten entsprachen. Und während dieser Klassizismus vor 1945 staatsferne Freiräume schaffen konnte, wirkte er nach dem Krieg mehr und mehr restaurativ. 1952 initiierte Gründgens gemeinsam mit dem Dramaturgen Kurt Hirschfeld und dem Kritiker Karl Heinrich Ruppel das »Düsseldorfer Manifest«, in dem sich Theaterfunktionäre aus den verschiedensten Bereichen gegen »unsachliche« Stellungnahmen des Theaters, »willkürliche Interpretationen« und »ungerechtfertigte Stilexperimente«[37] bekannten. Die Selbstverständlichkeit, mit der die Initiatoren in den fraglichen Hinsichten glaubten, eine Deutungshoheit beanspruchen zu können, brachte ihre antimoderne Haltung fast noch deutlicher zum Ausdruck als die ästhetischen Vorstellungen selbst, um deren Gültigkeit es ihnen hier ging.

Trotzdem sich also Marianne Hoppe in den Nachkriegsjahrzehnten künstlerisch weiterentwickelte und Gründgens – bei gleichzeitig höchster gesellschaftlicher Anerkennung – stehen blieb, galt er ihr nach wie vor als Maß aller Dinge. Anfang Dezember 1952 schrieb sie ihm mit Blick auf zukünftige Arbeiten: »... wenn ich nach Düsseldorf komme, muss ich mit dir zu tun haben! Mit dir ein Stück spielen oder unter deiner Regie arbeiten, da möchte ich dann auch mal wieder wissen, wo Gott wohnt, und ich möchte, dass du dies weißt!«[38]

Nach den »Fliegen« und »Tasso« hatte sie unter und mit ihm Ende 1950 zunächst in der deutschen Erstaufführung von T.S. Eliots erlösungssucherischem Versdrama »Cocktailparty« gespielt. In Düsseldorf ein Erfolg, fielen Stück und Inszenierung bei einem Gastspiel in Berlin[39] so rabiat durch, dass Eliots deutscher Verleger Peter Suhrkamp sich genötigt sah, in der *Neuen Zeitung*[40] das Wort zu ergreifen und sich mit einer Kritik zu den Kritiken schützend vor seinen Autor zu stellen. Gründgens selbst sah die Ablehnung als eine Niederlage der Stadt an und brach laufende Gespräche über mögliche Arbeiten in Berlin – unter anderem mit Heinz Tietjen, der inzwischen die Deutsche Oper leitete – sofort ab. Dabei war in den Reaktionen von Kritik und Publikum wohl weniger böser Wille oder Hinterwäldlertum wirksam gewesen, als wiederum die Tatsache, dass es in der Frontstadt des Kalten Krieges einfach andere Probleme gab. Wieviel Geduld konnte man schon für religiöse Undeutlichkeit auf dem Theater erübrigen, wenn man mit der ideologischen Überdeutlichkeit in den Zeitungen täglich genug zu tun hatte. Schon die Berliner Eliot-Inszenierungen »Mord im Dom«[41] und »Der Familientag«[42] waren mit recht distanziertem Interesse aufgenommen worden.

Die »Cocktailparty« nun nannte Friedrich Luft, der als sonntägliche »Stimme der Kritik« im RIAS schon damals der populärste Kritiker Berlins war, eine »langwierige und dunkle Exerzitie«. Marianne Hoppe in der Rolle der altjüngferlichen Heilssucherin Celia Coplestone bot ihm dabei die »klarste und schauspielerisch beteiligendste Leistung«. In ihrem »widerstrebenden Wegsinken in einen anderen Bereich, wo die Kontrolle des Logischen aufhört«, war sie für ihn noch im wirklichen Leben zu verankern, während Gründgens sich »selbstbewusst und eigenbetont [bewegte], als wandelte er den ganzen Abend hindurch auf Spiegelplatten«.[43]

Trotz größter gegenseitiger Wertschätzung arbeiteten Hoppe und Gründgens danach nicht mehr oft zusammen.

1954 inszenierte er mit ihr in Düsseldorf »Um Lucretia« von Jean Giraudoux, danach orientierte sie sich mit Engagements an den Münchner Kammerspielen, bei den Salzburger Festspielen und am Volkstheater Wien stärker nach Süden und immer wieder nach Berlin, wo sie vor allem an den Staatlichen Bühnen auftrat, dem Schiller Theater und dem Schlossparktheater. Ganz klar spannte sie ihren Bogen entlang der Stücke der Moderne. Neben William Faulkner, Eugene O'Neill und Tennessee Williams spielte sie auch Terence Rattigan, Ernst Barlach und August Strindberg. In den acht Jahren bis zur nächsten Arbeit mit Gründgens nahm sie nur jeweils eine antike und eine klassische Rolle sowie eine Boulevardrolle an. Mit »Fast ein Poet« kam 1961 auch das Fernsehen als neues Betätigungsfeld hinzu. »Ein durch und durch moderner Mensch, jedem Stargehabe abhold«,[44] hieß es damals über sie. Doch im Grunde bekam die Öffentlichkeit nicht viel von ihr zu fassen. Zwischen den Inszenierungen erholte sie sich in Bayern, Interviews gab sie selten und wenn, dann äußerst ungern. Dennoch war Marianne Hoppe beim Publikum außerordentlich beliebt.

1962 traten sie und Gustaf Gründgens als Ehepaar Heink in Hermann Bahrs Jahrhundertwende-Lustspiel »Das Konzert« auf. Das war ein schon lange geplantes und von beiden gewünschtes Projekt, aber aus Spielplan- und Termingründen hatte es sich erst jetzt realisieren lassen. Marianne Hoppe, die mit Ausnahme von Düsseldorfer Gastspielen erst ein einziges Mal in Hamburg gespielt hatte, und das war elf Jahre her, wurde mit minutenlangem Auftrittsapplaus begrüßt, beziehungsweise: »mit orkanartigen Sympathiebeweisen überschüttet«.[45] Die Produktion selbst, in der Gründgens als alternder Pianist und Schürzenjäger mit Selbstironie überraschte, wurde freundlich besprochen, war aber abgesehen von der prominent-pikanten Besetzung kein Ereignis.

Im Jahr darauf war Marianne Hoppe im Hamburger Schauspielhaus die Königin Gertrude in Gründgens' »Hamlet«-Inszenierung mit Maximilian Schell. Es wurde seine letzte Arbeit. Anlässlich der Feier zu seinem 85. Geburtstag erinnerte sie sich 1984:

»Es war eine freundliche Geste des Schicksals, dass ich 1963 in seiner ›Hamlet‹-Inszenierung die Königin Gertrude spielte. Nie werde ich den Probentag vergessen: der dritte Akt war angesetzt, auch die vierte Szene, die große Szene Hamlet – Königin, Maximilian Schell konnte nicht auf der Probe sein, wie Gustaf von unten vom Regiepult die Treppe zur Bühne hinaufkam, hinter die Kulissen stürzte und nach den drei Anrufen ›Mutter, Mutter, Mutter‹ auf der Szene stand, sie mit mir spielte. Noch einmal, mit seinem ganzen Einsatz, mit aller verbliebenen Kraft. ›Oh Hamlet, du zerspaltest mir das Herz.‹ Er wird Hermine Körner gehört haben, die die Königin mit ihm spielte.[46] Es waren die Stimmen um uns. Von Käthe Gold, von Maria Koppenhöfer, Walter Franck, Aribert Wäscher, Paul Bildt. Es war wie ein einziger Abschied von allen, allen. Sein Gesicht, mir ganz nah, vom Ende gezeichnet, ließ sie alle lebendig werden.«[47]

Mit dieser Premiere verabschiedete sich Gründgens als Intendant. Ein halbes Jahr später brach er mit dem jungen Schauspieler Jürgen Schleisz zu einer Weltreise auf und starb am 7. Oktober 1963 in Manila an einer durch eine Überdosis Schlaftabletten verursachten Magenblutung. Am nächsten Tag rief Marianne Hoppe Kurt Hirschfeld in Zürich an. Sie ahnte noch nichts, sondern wollte mit ihm über eine Rolle sprechen, die sie am Züricher Schauspielhaus spielen sollte, sowie über die Tournee, die sie und Gründgens mit »Konzert« geplant hatten. »Und Hirschfeld sagt: Weißt du nicht, dass Gustaf tot ist? Und ich: Ach, das ist doch eine Zeitungsente. Das kann nicht wahr sein! Und rede weiter. Ich hab' es nicht geglaubt ... bis die Nachricht im Rundfunk gebracht wurde ...«[48]

Die Rolle in Zürich war die Königin Margarete in »Der König stirbt« von Eugène Ionesco. Hirschfeld selbst führte Regie, und als zweite Frau des Königs, Maria, war Antje Weisgerber besetzt. Eine lange geplante Konstellation, die im Nachhinein aber eine etwas bizarre Schicksalhaftigkeit bekommt: Drei der engsten Verbündeten von Gründgens brachten ein Stück heraus, in dem ein schwacher, regierungsunfähiger König (noch ein Bekannter: Mathias Wieman) in den Tod geredet wird. Dabei spielte Antje Weisgerber, der nach dem Tod ihres Mannes Horst Caspar im Jahr 1952 tatsächlich Heiratsabsichten mit Gründgens nachgesagt worden waren, die jüngere, weichherzig liebende Königin, während Marianne Hoppe als erste und in Herzensdingen unempfindlich gewordene Frau des Königs sich am Ende seines Lebens doch als diejenige erweist, die ihn am besten kannte. Ein wahrer Todesengel, trug sie als Margarete unter ihrem schwarzen Kleid von Dior ein Paar Flügel versteckt – ein Einfall, der von ihr selbst stammte. Nachdem des Königs Umwelt schon fast gänzlich seinem Sichtfeld entschwunden ist, stand nur noch sie bei ihm und leitete seine letzten Schritte: »Höher, noch höher! Steige, noch höher! ... Dreh dich her. Sieh mich an. Sieh durch mich hindurch. Sieh in deinen Spiegel ohne Bild. Bleibe ganz aufrecht ... Gib mir deine Beine, das rechte, das linke ... Gib mir einen Finger ... Gib mir zwei Finger ... drei ... vier ... fünf ... alle zehn Finger. Überlass mir den rechten Arm, den linken Arm, die Brust, die Schultern und den Bauch ... So. Siehst du, du kannst nicht mehr sprechen. Dein Herz braucht nicht mehr zu schlagen. Es lohnt sich nicht mehr zu atmen. Wozu so viel Unruhe, nicht wahr? Du kannst dich setzen.«[49]

Griechenland

Dagmar von Erffa:[1]
Ich lernte Marianne Hoppe 1978 in Griechenland kennen. Sie war gekommen, um dort unsere gemeinsame Freundin Talitha von Heyden zu besuchen. Die beiden kannten sich seit ihrer Schulzeit in der Königin-Luise-Stiftung in Berlin. Talitha hatte Marianne von dem Dorf am Meer erzählt, in dem sie sich niedergelassen hatte, von den Menschen, der Landschaft und den Mythen dieser Gegend, an deren südlichem Ende einer der sagenhaften Eingänge in die Unterwelt liegt. Am Tag nach ihrer Ankunft kamen die beiden an den Strand. Wir saßen bald mit anderen Freunden in großem Kreis unter den schattigen Tamarisken.

Das Zusammensein mit Marianne war ganz unkonventionell. Niemand nahm merklich Notiz von ihrer Berühmtheit, und sie selbst war offensichtlich erleichtert, dass keiner davon anfing. Instinktiv hüteten wir uns zunächst auch alle, überhaupt vom Theater zu reden. Marianne selbst brach das Eis mit einem Zitat aus »Emilia Galotti«. Danach erstand in nächtlichen Gesprächen das Berliner Theater der dreißiger Jahre. Auch sonst war das Theater gegenwärtig, denn – nolens volens – Mariannes Erscheinen am Strand oder in der Taverne war immer ein Auftritt. Etwas Entschiedenes und Herrscherliches in ihrem Habitus sicherte ihr die Aufmerksamkeit. Wenn sie sprach, hörten alle hin, sei es wegen ihrer Stimme und der immer geformten Sprache, sei es, weil sie häufig etwas Unerwartetes sagte.

Einmal war Marianne mit Talitha zum Felsenstrand gegangen. Eine große, durch einen tiefen Bruch geteilte, fast horizontale Kalksteinplatte ragte ins Meer hinaus und fiel an den Rändern steil ab. Bei ruhiger See war es nicht schwierig, ins Wasser und auch wieder herauszukommen, doch an diesem Tage war Talitha weiter hinausgeschwommen und das Meer war rasch

---

[1] Dagmar von Erffa ist eine Freundin von Marianne Hoppe. Sie ist Autorin und Übersetzerin und lebt in München und Florenz.

unruhig geworden. Als sie zurückkam, bemühte sie sich vergeblich, an der üblichen Felskante herauszuklettern. Marianne sah die Gefahr, stellte sich wie ein Feldherr in der Schlacht hin und wies gebieterisch auf eine bessere Stelle, an der unsere Freundin sich bald, von einer Welle hochgetragen und von Mariannes Hand gehalten, aus der harten Brandung retten konnte. Sehen, was zu tun ist, und es sofort tun, auch das ist Marianne Hoppe.

In einem Jahr fuhr ich mit Marianne von Griechenland allein zurück in die Toscana. Auf halbem Wege zwischen unseren Dörfern und der Hafenstadt Kalamata kam uns in einer unübersichtlichen Kurve ein Lastwagen entgegen – und ein alter Buick, der ihn eben überholte. Mir blieb nur der Absturz von der Straße oder Bremsen und ein Frontalzusammenstoß. Ich wählte den Zusammenstoß. Zu der Zeit gab es noch keine Gurte. Aber wir waren alle nicht wirklich schnell gefahren, und so blieb es bei blauen Flecken und arg zerbeultem Blech. Ich war fix und fertig und kaum in der Lage, die Formalitäten zu erledigen. Das war Mariannes Stunde. Ohne sich um ihre Blessuren zu kümmern, übernahm sie das Nötige und beruhigte mich nebenbei. Unser Kontrahent war ein Grieche aus Belgien, dem das Ganze sehr peinlich war. Der Wagen fuhr noch, der Kühler war heil geblieben, und alles wurde ein wenig zurechtgeklopft. Dennoch sah der Wagen erschreckend aus, und als wir endlich zu Hause waren, fragten wir uns, wie wir das geschafft hatten. Aber Marianne ist stark für zwei, wenn es darauf ankommt.

Eigentlich war sie mit der Idee nach Griechenland gekommen, dort zu bleiben und wie eine griechische Bäuerin zu leben. Sie sprach davon, in schwarzen Kleidern und mit dem üblichen Strohhut auf der Platia zu sitzen und das Kommen und Gehen im Dorf zu beobachten. Sie wollte Oliven ernten und Käse machen, ein neues Leben beginnen. Ich glaube aber, dass es im Grunde nur ein neues Stück war, eines, das sie nicht nur spielen, sondern auch selbst erfinden wollte. Aber vielleicht war es auch kein Spiel, schwer zu wissen. Jedenfalls wurde nichts daraus, und das nicht nur, weil sie im Winter, wenn die Oliven geerntet und gepresst werden, nicht da war.

»Man bräuchte einen Regisseur für das eigene Leben«

1956 löste sich der Hoppesche Haushalt in Scharam in seiner bisherigen Form auf. Benedikts Volksschulzeit war zu Ende, und er kam ins Internat, erst ganz in die Nähe nach Marquartstein, dann etwas weiter weg ins österreichische Pinzgau. Ein Hausmeisterehepaar hielt das alte Bauernhaus wohnbereit, aber die Idylle mit Klemmi, Rosa Edenhofer, Hund und Schafen war vorbei. Da Marianne Hoppe Ende der fünfziger Jahre regelmäßig in Berlin spielte, beschloss sie, sich im ersten Stock ihres Grunewald-Hauses wieder in verbindlicher Weise einzurichten. Im Erdgeschoss wohnten damals der Maler Hans Wolfgang (HW) Schulz und seine Frau Hedda, das Souterrain war ebenfalls vermietet. Anfang 1960 übersiedelte auch Benedikt Hoppe nach Berlin. Seine Mutter spielte zwar bis ins Frühjahr hinein bei Oscar Fritz Schuh in Köln, aber daran schlossen sich drei Produktionen an den Staatlichen Bühnen Berlins an.

Unter der Woche wohnte Benedikt in der Richterschen Stiftung in Berlin-Zehlendorf und besuchte das Ernst-Moritz-Arndt-Gymnasium, die Wochenenden verbrachte er in der Stallupöner Allee. Regelmäßig gingen sie dann zu Elsa Wagner zum Essen. Die fast dreißig Jahre ältere Kollegin Marianne Hoppes war gleichfalls am Schiller Theater und am Schlossparktheater beschäftigt und lebte mit einer Haushälterin in der Charlottenburger Waitzstraße. Zu ihren Mittagseinladungen ließ sie nach einem Champagner-Aperitif stets Huhn in der Bouillon servieren. Es waren ganz private Essen, die große Gesellschaft mied Marianne Hoppe nach wie vor. Sie traf sich häufiger mit Carsta Löck sowie mit der Pianistin Gerty Herzog-Blacher, die sie 1954 bei einem gemeinsamen Rundfunkkonzert in Köln kennengelernt hatte,[1] und oft spielte sie nach dem Theater mit den Schulzes noch ein paar Runden Skat. Lediglich ihren fünfzigsten Geburtstag feierte sie im größeren Rahmen. So lebte sie zurückgezogen, war aber nicht ganz für sich, lebte im Grünen, aber nicht mehr in der Natur. Letztlich war es nur eine halbe Sache, der Mauerbau, der die Stadt im August 1961 spaltete, kam als bitterer Tropfen hinzu, und so meldete Marianne Hoppe ihren Sohn einige Monate später erneut in einem bayerischen Internat an und verbrachte ihre freie Zeit wieder in Scharam. In Hamburg, wo sie mit Gründgens »Konzert« spielte, lernte sie eine Haushälterin kennen, die von da an fast fünfunddreißig Sommer lang im Hoppeschen Bauernhaus nach dem Rechten sah: Annemarie Zöllner. 1968, nach dem Tod von HW Schulz, der ihr Vertrauensmann vor Ort gewesen war, verkaufte sie ihr Berliner Haus, denn aus der Ferne waren viele Dinge schwer zu beurteilen und zu regeln. Später hat Marianne Hoppe es oft bedauert, ihr Domizil dort aufgegeben zu haben. Sie behielt ihre Sehnsucht nach Berlin, die sowohl die Sehnsucht nach einem künstlerischen Mittelpunkt war, als auch die nach urbaner Offenheit und Gelassenheit.

»Natürlich erwartet man zu viel von der Landbevölkerung«, sagte sie 1972 zu dem ehemaligen Staatsschauspieldramaturgen Alfred Mühr. »Wenn ich mit kleinem Freundesgefolge zu den Volksfesten gehe, nimmt man mich als Touristenattraktion. Ich kann nicht untertauchen, da ich angestaunt werde. Stoße ich mit Oberbayern an, dann beobachten sie listig, ob und wie viel ich von der zünftigen Maß Bier vertrage. Ich bin und bleibe für die gestandenen Mannsbilder dort oben eine Fremde, trotz Krieg, trotz Evakuierung, trotz Flüchtlingsschicksalen und Zugereisten. Daran ändert sich nichts.«[2]

Trotzdem war das Haus in Scharam schon damals ihr Zuhause. Hier befinden sich alle Möbel und Gegenstände, die ihr wert und wichtig sind, wie der schwere gotische Schreibtisch und der Lehnstuhl davor, die aus Zeesen stammen und die vor der Beschlagnahmung des Gutes durch die Sowjets 1946 gerettet worden sein müssen. Geht man heute durch die Räume, die mit Bauernmöbeln und Antiquitäten, groben Dielen und altrosa Volants so zünftig wie elegant eingerichtet sind und mit Bücherbergen etwa zwischen einer Buddha- und einer Christusstatue stilvoll und unkonventionell bewohnt werden, hat man den Eindruck, dass Marianne Hoppe noch immer vor allem hier lebt, obwohl ihr Hauptwohnsitz inzwischen wieder Berlin ist.

Doch nicht nur im eigenen Haus, auch in der Chiemseegegend hatte sie Anfang der sechziger Jahre längst Wurzeln geschlagen. Sie trug im Rahmen der Traunsteiner Sommerkonzerte oder einer Veranstaltung im Kurhaus Ruhpolding zum örtlichen Kulturleben bei, war Mitglied im Skiclub Eisenärzt, und ab 1961 wurde einige Jahre lang sogar ein Marianne-Hoppe-Pokal für Mannschaftsabfahrtslauf vergeben. Dank ihrer Liebe zu Autos, zu Pferden und zum Sport gab es für sie immer eine Ebene, auf der sie mit Leuten in Kontakt kommen konnte, die sich außerhalb von Theaterkreisen bewegen. Und gerade diese Kontakte waren ihr oft die liebsten.

Eine herzliche Beziehung entwickelte sich in den sechziger Jahren zu Konrad Graf von Pocci. Er lebte nicht ganz in der Nähe, sondern südlich von München am Starnberger See. Gemeinsam mit seinem Bruder besaß er damals das Schloß Ammerland, wohnte jedoch mit seinen beiden Töchtern – seine Frau war gestorben – in einem baufälligen Bauernhof oberhalb des Schlosses. »Er war ein Urbayer, sah aber aus wie ein portugiesischer Graf mit schönen schwarzen Haaren, die er nach hinten gekämmt trug. Dazu Lederhosen. Er war geistreich und gebildet, spielte gerne Schlagzeug und war auf allen Bällen Münchens zu Hause. Mit seinem Unimog war er beispielsweise einmal zum Hotel Regina gefahren. Er stellte den Unimog direkt vor der Türe ab, ging so wie er war hinein, marschierte in die Küche und fragte: ›Was gibt's 'n heit zum Essen?‹ Dann tanzte er, übernachtete und fuhr am nächsten Tag wieder mit dem Unimog zurück nach Ammerland, vielleicht vierzig oder fünfzig Kilometer.«[3]

Ganz anders als es ihre Filmerscheinung nahe legt, ist Marianne Hoppes private Ausstrahlung durchaus sinnlich. Manchmal kühl, streng, zurückhaltend, ja zurückweisend. Dann wieder ungeheuer geschmeidig im Gespräch, mit ihren verebbenden Halb- und Viertelsätzen für immer neue Stimmungen sorgend und auf herrlich schamlose Art lachend, den Kopf weit in den Nacken zurückgeworfen. Wenn sie will, hat sie einen flirrenden Charme, der auf Männer wie Frauen gleichermaßen wirkt und absolut altersunabhängig ist.

Dass Marianne Hoppe nach ihrer Ehe mit Gründgens mit niemandem mehr öffentlich als Paar aufgetreten ist, bedeutet nicht, dass sie keine Liebesbeziehungen mehr hatte. Es lag ihr aber daran, ihre Privatsphäre zu wahren, und was mit Gefühlen zu tun hatte, machte sie alles mit sich selbst ab. Doch nicht immer gelang es ihr, ihre Stimmungen zu kontrollieren. Im Frühjahr 1964 beispielsweise, als sie an den Münchner Kammerspielen Fritz Kortners Ehedialoge »Zwiesprache« probierte, war sie eines Tages so wenig bei der Sache, dass Martin Held, der hier ihr Partner war, fragte: »Was hast du denn?« Und sie antwortete: »Liebeskummer.« Und er: »Na, hört denn det nie uff?«[4] Nein, wahrscheinlich nicht. Noch in ihren sechziger und siebziger Jahren, in einem Alter, in dem die meisten Menschen ihre Antennen längst eingezogen haben, war Marianne Hoppe offen für Begegnungen.

Anni Mewes beispielsweise, eine vierzehn Jahre ältere Kollegin, die sie schon in der Weimarer Republik an den Reinhardt-Bühnen hätte treffen können, lernte sie erst während einiger gemeinsamer Produktionen des Tourneetheaters Der Grüne Wagen näher kennen und war mit ihr bis zu ihrem Tod 1980 eng befreundet. Sie besuchte sie in ihrem Haus in Badenweiler oder verreiste gemeinsam mit ihr nach Frankreich und nach Griechenland. Von Anni Mewes' erster Tochter, der Tänzerin und Schauspieleragentin Annemarie Herald, wird sie seit 1977 in Vertragsangelegenheiten vertreten. Zuvor hatte sie sich um alles immer selbst gekümmert.

Und Johannes Wasmuth. Mit dem siebenundzwanzig Jahre jüngeren Kunsthändler, Mäzen und Nachlassverwalter von Hans Arp, verband Marianne Hoppe in den neunziger Jahren eine Herzensbeziehung. Als sie zum ersten Mal sein Haus in Remagen-Rolandseck bei Bonn betrat und fragte, wo sie sich denn hier befände, antwortete er: »Zu Hause.« Und so war es dann auch für sie. »Er hat er ihr viel Ruhe, Wärme, Schutz und Sicherheit gegeben. Er war das, was sie einen richtigen Mann nannte, und danach sehnte sie sich immer.«[5] In Rolandseck hat Wasmuth in den sechziger Jahren ein spätklassizistisches Bahnhofsgebäude vor dem Abriss gerettet und mit wechselnden Ausstellungen, musikalischen Reihen und einem literarischen Programm als »Künstlerbahnhof« belebt. Auch die von ihm ins Leben gerufene Stiftung Arp-Taeuber-Arp residiert hier. Durch ihn kam Marianne Hoppe ihrer lebenslangen Liebe zur Kunst wieder näher. Denn obwohl sie nicht oft Zeit dazu gehabt hat, ist sie immer sehr gerne in Ausstellungen gegangen. Besonders schätzt sie Francisco de Zurbarán, einen spanischen Maler des 17. Jahrhunderts, dessen Werke sie im Prado in Madrid gesehen hat und natürlich Utrillo, von dem sie während ihrer Frankfurter Zeit ein Bild abgestottert hatte. Insgesamt jedoch neigt sie eher der Moderne zu: Paul Klee, Ernst-Ludwig Kirchner, Pablo Picasso ...

Johannes Wasmuth allerdings war schwer nierenleidend und starb 1997. Immer wieder erlebte Marianne Hoppe, dass Menschen, die ihr nahe standen, in relativ jungen Jahren starben. Ob sie durch die vielen tragischen Rollen, die sie gespielt hat, auch gelernt habe, mit Schicksalsschlägen im eigenen Leben umzugehen, wurde sie einmal gefragt. Nein, sagte sie, das glaube sie nicht. Nur das Leben könne einen lehren, das Leben zu meistern. Wünschenswert wäre es allerdings schon, hier die gleiche Disziplin aufbringen zu können wie in der Kunst: »Da gibt es ein Wort von Braque[6]. Das heißt auf Französisch: ›C'est la règle, que corrige l'emotion.‹ Es ist also die Regel, das Gesetz, das die Emotion zügelt.

Gründgens, der sehr gerne Opern inszenierte und sehr musikalisch war, sagte immer: ›Der Schmerz dauert drei Takte.‹ Und dann ist er vorbei, und es kommt etwas anderes. Wenn man auch die echten Empfindungen so begrenzen könnte, wäre das sicher ein Schutz. Wir haben dann manchmal gesagt: Man bräuchte einen Regisseur für das eigene Leben, wenn man an einen Regisseur auf der Bühne gewöhnt ist. Da es das aber nicht gibt, muss man eben sein eigener Regisseur in seinem eigenen Leben sein.«

Den Entschluss, sich nicht mehr fest an ein Ensemble zu binden, hielt Marianne Hoppe auch in späteren Jahren aufrecht. Zum einen traf sie ohnehin an fast allen Häusern, an denen sie arbeitete, Kollegen von früher, zum anderen konnte sie durch die Ungebundenheit eben wirklich ihren eigenen Weg verfolgen. Das war manchmal mühsam, wenn sie Tourneen[7] mitmachte und teilweise drei Monate lang kreuz und quer durch Deutschland fuhr, weil an jedem Abend woanders der Vorhang aufgehen musste. Das war aber auch beflügelnd, wenn sie dann wieder zu Hause sitzen und in aller Ruhe Texte für Lesungen zusammenstellen konnte.

Lesungen und Rezitationen lagen Marianne Hoppe besonders am Herzen. Ihre ersten Engagements ließen dazu allerdings ebenso wenig Zeit wie ihre spätere Doppelbeschäftigung am Preußischen Staatsschauspiel und beim Film. Erst ab Herbst 1944 nutzte Marianne Hoppe ihre Leidenschaft und bestritt manche der Theaterersatzveranstaltungen am Gendarmenmarkt. Einige Jahre nach Kriegsende baute sie diesen Teil ihrer Begabung gezielt aus und begann in Düsseldorf und Berlin mit Märchen der Weltliteratur und Lyrik von Kleist. Im Laufe der Zeit las sie immer wieder Kleist, besonders das »Erdbeben in Chili«, las moderne Lyrik von Heinrich Böll, Bertolt Brecht, Martin Walser, las Ingeborg Bachmann, Kurt Tucholsky, dann wieder Theodor Fontane ... Als sie am 18. März 1986 den Großen Kunstpreis Berlin der Akademie der Künste überreicht bekam, dankte sie mit einem

Programm deutscher Revolutionsliteratur: Texte von Bettina von Arnim, Bakunin, Adolf Glaßbrenner oder Georg Weerth. Das war durchaus als persönliche Positionsbeschreibung gemeint. Es hat ihr immer gefallen, sich mit einem Hauch von Widerständigkeit zu umgeben. Obwohl nur einer ihrer Großväter mit der deutschen Revolutionsbewegung sympathisiert hatte, sagte sie oft pauschal, ihre Großeltern wären Achtundvierziger gewesen. Und gerne erwähnte sie, dass Gründgens sie »meine Petroleuse« genannt hätte, womit zur Zeit der Französischen Revolution Frauen bezeichnet worden waren, die auf die Barrikaden gingen.

Nun hat aber Marianne Hoppe genau das nie gemacht: Revolution. Eher noch liegt etwas Stoisches in ihrem Weg und ihren Haltungen: Sie soll gegen ihren Willen auf die Landwirtschaftsschule? Dann wird sie sich einen Protestzettel an die Wand hängen und ihren Wunschberuf später ergreifen. Die Nazis kommen an die Macht? Dann wird unter den Nazis Theater gespielt. Der Sozialismus hat abgewirtschaftet? Deswegen gilt er trotzdem als große Idee. Ihre Widerstandsbereitschaft wie überhaupt ihre politische Einstellung haben etwas Hypothetisches, sind eine Möglichkeit, die sich Marianne Hoppe vorbehält, aber nicht umsetzt. Gerade was etwa den Sozialismus betrifft: Ihn in vagen Formulierungen immer wieder hochhaltend, ließ sie es an analytischen Auseinandersetzungen oder konkreten Solidaritätsbezeugungen mit den sozialistischen Staaten, etwa durch Gastspiele, doch gänzlich fehlen. Sie deutete die Haltung einer Engagierten oft an. Aber sie nahm sie nie ein. Sie wollte sich für gesellschaftliche Fragen interessieren. Aber sie ging ihnen dann nicht lange nach: »In den fünfziger Jahren habe ich Angst bekommen, da ging mir alles zu schnell, Wiederaufbau, Wirtschaftswunder, Bundeswehr, Aufrüstung, wohin soll das führen, habe ich gedacht, das läuft doch alles wieder schief, das wird doch wieder der gleiche Käse ... Ich bin damals zu Werner Friedmann gegangen, dem Chef der *Süddeutschen Zeitung*, ich kannte ihn gar nicht, er war sehr charmant, sehr smart, ich hatte eigentlich eher so eine Art weisen, alten Juden erwartet. Aber ich habe ihn gefragt, was man denn tun könne, als einzelner, welcher Partei, welcher Richtung sich anschließen, was eben tun. Er hat nur gesagt: ›Nichts, Frau Hoppe.‹ Damit bin ich nach Hause gegangen. Mit diesem Nichts ...«[8]

Symptomatisch ist auch ihre Deutung des »Märchens« von Goethe, das als Rezitation ihr »Husarenstück«[9] wurde, mit dem sie zwanzig Jahre lang immer wieder begeisterte. Dieser Text, der 1795 als Reaktion auf die »Ästhetischen Briefe« von Schiller und für dessen Publikation *Die Horen* entstand, lehnt sich in der verschachtelten Form an die orientalischen Erzählungen aus »1001 Nacht« an. Er verwirrt durch eine Fülle Not leidender Figuren, die eine Heilsprophezeiung umtanzen wie das Goldene Kalb, jede noch so rätselhafte Wendung ihres Weges ohne Fragen hinnehmen und mit dem Anbruch eines neuen Jahrtausends schließlich ihre Erlösung finden. »Märchen des Utopien« notierte Goethe, und ein Epigramm dazu lautet: »Mehr als zwanzig Personen sind in dem Märchen beschäftigt. ›Nun, und was machen sie denn alle?‹

Das Märchen, mein Freund.«[10] Tatsächlich erschließt sich die Geschichte erst, wenn man nicht die einzelnen Wendungen der Handlung zu interpretieren versucht, sondern das Ganze zusammen nimmt und als Märchen von jenen liest, die in Zeiten großer gesellschaftlicher Umwälzungen eine Utopie haben. Wobei die Teilhabe an der utopischen Vorstellung unter anderem an eine künstlerische Weltsicht geknüpft wird. Zu Anfang der Geschichte erwacht eine Schlange aus ihrem Leben in der Dunkelheit, indem sie Gold frisst, das von Irrlichtern stammt. Sie beginnt zu leuchten, und da ihr in ihrem eigenen Lichte nun die geringsten Dinge wie Edelsteine erscheinen, macht sie sich, ehrgeizig geworden, auf den Weg zur absoluten Schönheit: zur Lilie, die auf der anderen Seite des Flusses lebt. Wie jeden Mittag spannt sie sich als Brücke über den Fluss, um den Besuchern der schönen Lilie den

Übergang zu ermöglichen, gleitet diesmal nach getaner Arbeit jedoch hinterher.

Gefragt, was sie an diesem Text besonders interessiere, sagte Marianne Hoppe 1968: »Dieses ›Märchen‹, das vor ungefähr 150 Jahren geschrieben wurde, ist höchst aktuell. Das Leitmotiv ist ein Brückenschlag über einen Fluss, der als Parabel abends am Kamin erzählt wurde. Dieser Brückenschlag, genial niedergeschrieben, ganz egal, ob man ihn privat oder politisch als die Vereinigung von Ost und West nimmt, ist ein Gleichnis auf die höchste menschliche Tugend: Die friedliche Vereinigung.«[11] Wenn man der Geschichte folgt, und die Handlung so konkret auffasst, wie Marianne Hoppe das Brückenmotiv deutet, gerät man jedoch keineswegs in friedliche Gefilde. Denn die schöne Lilie, zu der die Schlange den Weg bahnt, bedeutet nicht das Paradies, sondern den Tod: Gerade wer sie in Liebe berührt, stirbt. Auch sonst trennen die Verwunschenen von ihrer Erlösung etliche Hindernisse, die am Ende nur deswegen überwunden werden konnten, weil es sich eben um ein Märchen handelt.

Diejenigen, die Utopien haben, werden als Märchenwesen gezeigt[12] – trotz Marianne Hoppes ausdrücklichem Wunsch, sich anhand dieses Textes zum Bereich politischer Utopien zu bekennen, distanzierte sie sich damit davon. Das erinnert an die Lieblingsgeschichte aus ihrer Kindheit, in der sie sich mit den Worten vorstellte: »Marianne Hoppe heißt dies Kind.« Auch damals formulierte sie ein Bekenntnis (das zu sich selbst) so, dass es zur Distanzierung geriet. Das Bekenntnishafte war Marianne Hoppe nie gegeben. Nicht während der Nazizeit, aber auch nicht in den Fällen, in denen sie es wollte: Ihre Konvertierung zum Katholizismus machte sie nicht zur Kirchgängerin, und ihre expliziten Stellungnahmen zu gesellschaftspolitischen Fragen wirken naiv. Nachdem sie sich vor 1945 weitmöglichst nur dem Alltäglichen widmete, hat sie seit Kriegsende gleichwohl den Anspruch an sich, darüber Bescheid zu wissen, was in der

Welt vorgeht. Gerne verrät sie, sozialdemokratisch zu wählen, und Politiker sind für sie, die 1976 das Bundesverdienstkreuz empfing, durchaus ein Menschenschlag von Bedeutung. Parteienübergreifend kommt es ihr hierbei – von Willy Brandt über Richard von Weizsäcker bis zu Gregor Gysi – allerdings allein auf die Persönlichkeit an. Es ist eben so: Marianne Hoppes Weg, sich mit der Welt auseinander zu setzen, ist ein kultureller, ein künstlerischer zumal, und führt über die richtige Form. Erst wenn sie die gefunden hat, kann sie ein Anliegen ausdrücken. Über die Kunst der Rezitation schrieb sie:

»Faszination ist es – von ihr geht es aus, von dem Prosastück, dem Gedicht, wenn man es zum ersten Mal sieht, liest, aufnimmt. Auf die Liebesbeziehung zum Stoff kommt es an. Die Phase, diesen Stoff dann zum professionellen Gegenstand zu machen, ihn einem Auditorium darbieten zu wollen – diese Phase heißt dann: Abschied nehmen von der persönlichen Bindung an ihn. Da fängt die Arbeit an ... Wenn die Inbesitznahme annähernd vollzogen, die tausend Zusammenhänge, Übergänge wie absichtslos einigermaßen gefunden, dann beginnt – für mich jedenfalls – die Vorstellung, die Realisation des Abends an sich. Dann wage ich es, mich mir vorzustellen, an dem Tisch, auf dem Sessel, im Scheinwerferlicht, im kurzen, undramatischen Kleid, die Schuhe, die Farbe der Strümpfe ... wenn dieses Bild, wenn diese Erscheinung möglichst stimmt, dann gehe ich leichter, fast leicht auf das Podium – allein, ohne Instrument. Dann hilft mir nichts, nichts, als mich zu erinnern an den ersten entscheidenden Moment, als ich den Text zum ersten Mal sah, an die Liebeserklärung, die ich ihm machte – und der heiße Wunsch, ihn mitzuteilen, ihn einem Auditorium weiterzugeben – einer Umarmung vergleichbar – ist dann mein einziger Gedanke.«[13]

Auf Goethes »Märchen« stieß Marianne Hoppe kurz nach dem Krieg. In einer Anthologie war der Text 1947 im Verlag der Arche erschienen. Bald nachdem sie ihn gelesen hatte, entstand der Wunsch, ihn auch zu sprechen, aber erst nachdem 1966 eine geplante Arbeit ausfiel, hatte sie Zeit und Ruhe die über vierzig Druckseiten auswendig zu lernen. Es dauerte ein halbes Jahr, und als sie am 24. März 1967 in die Berliner Akademie der Künste aufgenommen wurde, trug sie den Kollegen »Das Märchen« sozusagen als Einstand vor.[14] »Ich hatte so ein schönes, dunkles Kleid aus einem römischen Modesalon an, es herrschte genau die Stimmung, die ich mir wünschte. Ich begann um 20.10 Uhr zu sprechen, und als ich um 21.50 Uhr aufhörte, herrschte vor dem Applaus ungefähr drei Minuten Stille. So sehr waren die Zuhörer hinweggehoben aus dieser Welt.«[15] Tags darauf kam Elsa Wagner zu ihr und sagte: »Marianne, was du gestern gemacht hast, das wissen nur der liebe Gott, du und ich.«[16]

Sechs Wochen später trug sie »Das Märchen« in Düsseldorf vor, in Graz, in Salzburg sowie im Herbst 1968 auf einer Tournee durch die USA und Kanada. Zwanzig Jahre und etliche Vortragsabende später erschien es als Hörbuch bei der Deutschen Grammophon. Auch in der konservierten Form ist der Vortrag ein Erlebnis. Der gehobene, aber dennoch sachliche, fast trockene Ton, mit dem sie den Rätselstrauß entblättert, die unsentimentale Anteilnahme, die klare, Halbsatz um Halbsatz voranschreitende Diktion, geben diesem Märchen eine ganz unmärchenhafte Wesentlichkeit – ohne die tröstende Gemütlichkeit eines guten Endes von Anfang an mitzuhören, verfolgt man die windungsreiche Geschichte geradezu als Tatsachenbericht.

Die Sprachbeherrschung, die Marianne Hoppe als Vortragende bewies und vervollkommnete, ging ab den sechziger Jahren mit einer formalen Zuspitzung ihrer Theaterfiguren einher. Nach Maßgabe der Rolle variierend, wurde der Stil insgesamt kälter. Sie begann, der Logik ihrer Charakterentwürfe mit einer Konsequenz zu folgen, die manche Rezensenten bei aller Bewunderung erschaudern ließ. Mitgefühl zu wecken war für sie nie erstrebenswert, ihre Figuren verloren erst die Haltung, wenn es die Not der Handlung unbedingt forderte. Als »fulminante Intellektschauspielerin mit vielen funkelnden Facetten« konnte sie in den Bereichen nicht überzeugen, in denen es um das »Nachtfarbene, Unirdische«[17] ging, um das »Abgründig-Unheimliche, das im Geheimen lauert«[18]. »Wie aus Eis gemeißelt«,[19] dieses Kritikerwort von 1957 stand am Anfang einer langen Reihe von Kältemetaphern, die auf ihre Arbeit im Laufe der folgenden Jahre gemünzt wurden.

Ein Vergleich von ihrer und Paula Wesselys Darstellung der Agnes in den ersten deutschsprachigen Aufführungen von Edward Albees »Empfindliches Gleichgewicht«[20] im April 1967 in München und Wien macht beispielhaft deutlich, wie fast schon demonstrativ Marianne Hoppe auf das Schicksalhaft-Menschliche in ihren Rollenanlagen verzichtete. In Albees Stück geht es um die Lebensleere reicher Leute und ihre Versuche, sich darüber hinwegzutäuschen. Agnes ist eine Frau, die ihr einziges Kind früh verloren hat und deren Mann sich ihr seither aus Angst vor einem weiteren Verlust verweigert. Ersatzweise versucht sie, den verlotternden Rest der Familie zusammenzuhalten:

»Die Darstellerinnen der Agnes beginnen mit überraschender Schärfe. In München spielt Marianne Hoppe die gelegentlichen Absencen, das Abirren des Blicks, das Suchen nach Worten der Frau, die wirklich fürchtet, eines Tages den Verstand zu verlieren. Paula Wessely ist gelassen, ihrer Herrschaft sicher ... Frau Hoppe versteinert während der Aufführung. Frau Wessely wird immer lebendiger, wärmer, ja jugendlicher. Marianne Hoppe entfernt sich immer weiter von der Familie. Das Wort ›Claire‹ nimmt sie gar nicht recht in den Mund, greift es mit den Mundwinkeln auf, um es rasch wieder auszuspucken. Die Agnes der Wessely fühlt sich verantwortlich für die versoffene Schwester. Sie keift nicht gegen eine Nebenbuhlerin, sondern tadelt ein verzogenes Kind. ... [Es ist] ein Wort, an dem die unterschiedliche Darstellung deutlich wird: ›Eine Frau tut vieles: Sie bringt Kinder zur Welt – falls ihr diese Gnade zuteil wird ... Gnade? Ja, ich glaube...‹ Marianne Hoppe spricht auch das ›ja‹ in fragendem Ton, beiläufig. Es geht sie nichts mehr an. Sie zitiert eine landläufige Meinung. Paula Wessely spricht kaum ein Wort mit größerer Beteiligung der ganzen Person ... [Sie] gibt den Blick frei auf die früheren Leben einer Frau, die gegen ihre Natur in die Rolle der Familien-Dompteuse gezwungen wurde. Marianne Hoppe dagegen friert die Gestalt ein auf die schon von der Veranlagung her kalte, herrische Frau, deren Lebensgesetz es war und ist, ›die Familie in Form zu halten‹, das Gleichgewicht zu wahren, auch wenn alle schwanken.«[21]

Wobei gerade diese fragende »ja« ganz typisch für Marianne Hoppe ist. Es ist ein fliegender Ton, der oft einen überraschend und deswegen verdächtig naiven Klang hat. So als ob sie jetzt alle Kräfte zurücknähme, weil sie sie gleich darauf brauchte. Auch das ist allerdings ein Ausdruck, der mit Haltungen mehr spielt, als sie dem Publikum nahe bringen zu wollen.

Einen Tag nach der Albee-Premiere in München, kam im Residenztheater »Die Plebejer proben den Aufstand«[22] von Günter Grass heraus. Dieses im Vorjahr in Berlin uraufgeführte Stück spielt am 17. Juni 1953, dem Tag, an dem in Ostberlin der Aufstand der Bauarbeiter der Stalinallee niedergeschlagen wurde. Es handelt davon, wie einige der Arbeiter zu Bertolt Brecht ins Berliner Ensemble kommen, um seinen Rat zu erbitten, und wie er sie lediglich als Material benutzt, um das revolutionäre Volk von Rom in seiner Bearbeitung von Shakespeares »Coriolan« plastischer gestalten zu können. »Die Plebejer proben den Aufstand« ist ein Ausläufer des dokumentarischen Theaters, das sich Anfang der sechziger Jahre parallel zu den Frankfurter Auschwitz-Prozessen mit der Aufarbeitung deutscher Vergangenheit befasste. Diese mit Rolf Hochhuths »Stellvertreter« 1962 eingeleitete und mit Stücken von Heinar Kipphardt und Peter Weiss fortgeführte Richtung, zog an Marianne Hoppe ebenso vorüber wie das nachfolgende politaktivistische Theater der studentischen Achtundsechziger-Generation. Es hielt einfach keine Rollen für sie bereit. Sie spielte Mitte und Ende der sechziger Jahre neben den psychologischen Realisten stattdessen die Vertreter des poetischen und des absurden Theaters weiter, Jean Anouilh, Jean Genet und Samuel Beckett, spielte in Friedrich Dürrenmatts Parabelstück »Die Physiker« die – Therese Giehse gewidmete – Rolle der körperlich missgebildeten Irrenärztin Mathilde von Zahnd, spielte sich nicht zuletzt damit immer weiter in den Ruf der kühl distanzierten Virtuosin hinein und wartete ansonsten auf etwas Neues, das sie künstlerisch für tragfähig erachtete. Es begegnete ihr in Form der Stücke des Österreichers Thomas Bernhard.

Als sie 1974 vom Schiller Theater Bernhards »Jagdgesellschaft« geschickt bekommen hatte und als ersten Redebeitrag der Generalin die Worte las: »Es schneit«, war Marianne Hoppe entschlossen, die Rolle zu übernehmen. Die Knappheit und Zugespitztheit seiner Sprache gefielen ihr sofort, sein Gefühl für Rhythmus und das Wissen um die Abgründe in der Banalität. »Die Jagdgesellschaft«, als Auftragswerk für das Wiener Burgtheater entstanden und von Claus Peymann am 4. Mai 1974 dort uraufgeführt, war Bernhards drittes Theaterstück. Der 1931 geborene Lyriker und Schriftsteller hatte sich relativ spät dem Drama zugewandt: Im gleichen Jahr 1970, in dem sein erstes abendfüllendes Stück »Ein Fest für Boris« unter der Regie Peymanns in Hamburg herauskam, hatte man ihm für sein sonstiges Werk bereits den renommierten Büchner-Preis zugesprochen. Als Dramatiker anfangs in den Spuren Becketts verortet, wurde mit der »Jagdgesellschaft« deutlich, dass seine Stücke zwar philosophische Spiele, doch fest in der Gesellschaft verankert sind.

Ein ehemaliger General und Stalingradkämpfer, der inzwischen Präsident geworden ist, leidet an einer tödlichen Krankheit und nimmt sich das Leben. Gespiegelt und vergrößert wird diese Krankheit durch das an Tschechows »Kirschgarten« erinnernde Motiv eines Waldgebietes, das von Borkenkäfern befallen ist und abgeholzt werden muss.

Das Sterben des Generals begleiten und kommentieren seine Frau, die Generalin, und ihr Gesellschafter, ein salbadernder Schriftsteller. Während die Männer sich und ihre jeweiligen Gesellschaftsbereiche verachten, scheint die Generalin beide zu schätzen, ja zu bewundern – eine gezwungen wirkende Position, die entweder Schwäche oder Verschlagenheit nahe legt.

Während Judith Holzmeister bei der Uraufführung in Wien eine »gläubig-devote«[23] Haltung einnahm, gab Marianne Hoppe dieser Figur in der Berliner Inszenierung von Dieter Dorn die Souveränität der Wirklichkeitsferne. Nicht pathologisch abgeschottet, aber doch entschlossen, nur das wahrzunehmen, was ihre Ruhe nicht gefährdet. »Wie eingefroren« saß sie auf ihrem Stuhl und schien dem »künstlich-tödlichen Moder, der die Atmosphäre prägt ...durch Selbsttäuschung ... zu entgehen.«[24] Ihrer »wunderbar flatternden Kälte« setzte Bernhard Minetti als General einen »grandios standhaften Bleisoldaten«[25] gegenüber, während Rolf Boysen als Schriftsteller deutlich abfiel und etwas »fragwürdig Gleisnerisches«[26] hatte, mit dem er die »Lust an der geradezu krankhaften Suada nicht vermitteln«[27] konnte. Dorns Inszenierung, die Marianne Hoppe später in leuchtender Erinnerung hatte, war bei der Premiere kein großer Erfolg. Thomas Bernhard war damals noch keineswegs populär, sondern man stand seinen insistierenden und dem Morbiden zugeneigten Texten eher fremd gegenüber. Der Applaus war allenfalls höflich.

Der Dichter selbst besuchte erst die dritte Aufführung der Berliner Inszenierung, und als Marianne Hoppe ihn nach der Vorstellung kennen lernte, wunderte sie sich, wie jung er wirkte. Dennoch war die schonungslose – gleichwohl nicht pathetische – Ausrichtung auf das Sterben und den Tod in seinem Schreiben keine Attitüde. Zum einen war Bernhard selbst lungen- und herzkrank, zum anderen lebte er damals schon seit einem Vierteljahrhundert mit einer fünfunddreißig Jahre älteren Frau zusammen.

Als Mensch wie als Schriftsteller begann ihn Marianne Hoppe in den nächsten Jahren außerordentlich zu schätzen. Er fühlte sich gleichfalls zu ihr hingezogen, sie hatten »einen Draht zueinander«, wie sie sagt. Bald nach dem »freundlichen Kennenlernen«[28] im Schiller Theater begegneten sie sich zufällig in Wien, danach besuchten sie sich in unregelmäßigen und durchaus größeren Abständen gegenseitig, er sie in Oberbayern, sie ihn in Oberösterreich in seinem Vierkanthof bei Ohlsdorf (von dem jetzt eine Fotografie in ihrer Berliner Wohnung hängt) oder auch im Ausland, wohin er sich zum Schreiben gerne zurückzog, in Portugal etwa. Sie unternahmen dann lange Spaziergänge und unterhielten sich über alles Mögliche, nicht aber über Theater oder Kunst. In dem Sinne gab es mit Thomas Bernhard keine Zusammenarbeit. Seiner Neigung entsprechend, »die Leute auszurauben und alles aus ihnen herauszuziehen«,[29] muss er ihr jedoch viel Persönliches entlockt haben, denn als sie 1980 sein neues Stück »Am Ziel« las, fühlte sie sich ertappt und gespiegelt: »Einige Stellen gehen mir so unter die Haut, manchmal muss ich mich buchstäblich an der Tischkante festhalten. Die Personen sprechen wie ich.«[30]

Es war aber ein positiver Schrecken. Denn von dem Autor, der beim Schreiben dieses Stückes wohl an sie gedacht haben mag, liebte sie besonders die autobiografische Prosa, die seit Mitte der siebziger Jahre entstand. »Er schreibt über sich, aber er schreibt nicht über sich«,[31] sagte sie 1991. Er habe eine Glaswand zwischen seine Person und die entsprechende Figur gelegt. Man wisse, wer gemeint sei, vergesse es aber immer wieder. Auf dieser Ebene künstlerischer Distanzierung wurde es Marianne Hoppe möglich, sich in der Arbeit mit sich selbst zu befassen. Mit ihrem eigenen Gestus, ihrem eigenen Humor, den sie hier wiedererkannte. Es war nah, aber es war erträglich, ja sogar reizvoll. Sie spielte die Uraufführung unter der Regie von Claus Peymann.

»Am Ziel« ist der Monolog einer Gusswerksbesitzerswitwe. Die schikanierte Tochter oder der als Sommergast geladene Schriftsteller, die außerdem auftreten, liefern lediglich den Vorwand und geben die Stichworte. Fast ein halbes Jahr arbeitete Marianne Hoppe in Scharam zunächst alleine an dieser Mammutrolle, lernte – wie üblich im Bett liegend, nur manchmal herumlaufend, immer laut, aber doch nur wie für sich sprechend – fast hundert Druckseiten Text und fuhr dann über Silvester 1980/81 nach London zu Elisabeth Bergner, um den Monolog mit ihr durchzusprechen. Die beiden waren nicht befreundet, aber Marianne Hoppe bewunderte die Spracharbeit der Älteren und hatte sie um ihren Rat gebeten. »Was man von dieser Frau noch alles lernen kann!«, sagte sie nach einer Bergner-Lesung in Salzburg einmal zu Gerhard Ahrens.

Danach ruhte der Stoff, und kurz nach Marianne Hoppes offiziell siebzigstem Geburtstag begannen am Bochumer Schauspielhaus, wo Peymann damals Intendant war, die Vorproben für die Premiere bei den Salzburger Festspielen im August. Hoppe und Peymann kannten sich schon aus einer früheren Arbeit in Hamburg, »Die Tragödie der Rächer« von Cyril Tourneur. Aber seit damals waren sieben Jahre vergangen, in denen Peymann nicht nur einen Stil und eine feste Mannschaft um sich herum ausgebildet, sondern in denen er auch fast alle Bernhard-Stücke zur Uraufführung gebracht hatte. Er wusste, was er wollte. Und Marianne Hoppe reiste mit einer Rolle an, mit der sie schon ein drei viertel Jahr lebte! »Es war sehr schwer, ich habe viele Vorurteile abbauen müssen«,[32] sagte sie über diese Wochen. Und dass Peymann und sie nicht wirklich einen Zugang zueinander finden konnten. Dabei war ihr dieser Text so wichtig. Sie wollte ihn ohne ihre üblichen Theatermittel sprechen. Ihn ohne den Umweg über die Distanzierung zulassen, annehmen, wiedergeben. Es schien ihr möglich, weil dieser bekenntnissüchtig-unsentimentale Monolog ohnehin schon so verfasst war, als ob in der ersten Person über eine dritte gesprochen würde.

In »Am Ziel« kommt eine Frau zu Wort, die in ihrer Jugend einen Mann geheiratet hat, den sie verachtete, um in eine Gesellschaftsschicht hineinzukommen, deren Niedergang sie seither erlebt. Eine Frau, deren Weltverachtung allerdings auch auf verzweifelten Lebenshunger verweist, und deren Hypertrophie dazu dient, das Gefühl von Minderwertigkeit zu ersticken. Eine herrische und zynische Frau, ein Ehedrachen und Muttermonster, doch auch eine große Einsame.

Vier Stunden dauerte die Uraufführung im Salzburger Landestheater. Marianne Hoppe saß nicht frontal, sondern seitlich zum Publikum in einem weiten Raum von Karl-Ernst Herrmann und bestritt, umspielt von Kirsten Dene als Tochter und Branko Samarovski als dramatischer Schriftsteller, den Abend textlich fast im Alleingang. »Als sich Marianne Hoppe für den rauschenden Beifall bedankte, warf sie die Hände in die Höhe wie ein Sportler, und es sah aus, als mache sie Freudensprünge.«[33] Einige Tage später konnte sie sagen: »Jetzt hat das Leben wieder begonnen.«[34]

Die persönliche Herausforderung, die Textleistung, die Infragestellung durch Peymann, die Hitze dieses Sommers 1981, die auch rein körperliche Anstrengung, die umstrittene Position Bernhards in Österreich – diese Arbeit war unter allem, was möglich war, wieder das Herausgehobenste gewesen. Aber war sie künstlerisch wirklich ein Erfolg geworden? War es Marianne Hoppe gelungen, ihre übliche Vermittlungsebenen zu umgehen? Und wenn ja – war sie damit ans Ziel gekommen? Die österreichische Schriftstellerin, Kritikerin und Bernhard-Freundin Hilde Spiel schrieb:

»In den üblichen sparsamen, fabelhaft ausgeleuchteten Spielräumen Karl-Ernst Herrmanns geht die tour de force vor sich, in der vor allem Marianne Hoppe durch ihre rhetorischen Kunststücke ein stets zur Unruhe, zur Ermüdung, zum Widerstand gerüstetes Salzburger Auditorium bändigen muss. Sie tut es im ersten Teil mit Bravour, eine wahre Diva des gesprochenen Wortes, die gleichwohl die Musikalität ihres Textes, mit gestochener Rhythmik, mit stetem Wechsel vom Pianissimo bis zum Forte, zu modulieren und zu akzentuieren weiß. Dass die gedankliche Aussage bei diesem Kraftakt, dieser schon enormen Gedächtnisleistung im Hintertreffen bleibt, ist gleichwohl nicht zu übersehen. Nach der Pause versagt zunächst die Präzision, gerät die ganze Aufführung zeitweilig ins Schlittern, bis Frau Hoppe sich wieder fasst und mit all ihrer Routine, all dem Jungmädchencharme, den sie hervorzukehren vermag, den Text über die Rampe bringt. Den Text ohne dessen Tiefgang – dies allerdings.«[35]

Der Monolog der Gusswerksbesitzerswitwe in Marianne Hoppes Darstellung – ein leeres Virtuosenstück? Selbst wenn es das nicht war, mag es zu viel gewesen sein, ausgerechnet anhand eines so exponierten Textes die Wiedererlangung der schauspielerischen Unschuld zu erstreben. Andererseits: wo wäre dies zu erhoffen, wenn nicht bei Bernhard, der für Marianne Hoppe der Wahrheit am nächsten kam? Sieben Jahre vergingen, bis sie neuerlich in einem Stück von ihm spielte. Obwohl sie wie Bernhard Minetti ein »Orientierungs- und Identifikationspunkt«[36] der Arbeit dieses Dichters war, setzte sie, anders als Minetti, nicht viele seiner Rollen um, insgesamt nur drei. Wiederholt versuchte Claus Peymann, sie für eine Inszenierung von »Vor dem Ruhestand« (1979) zu gewinnen, doch vergeblich. Das Stück spielte auf die Vergangenheit des ehemaligen NS-Marinerichters Hans Filbinger an, der jetzt Ministerpräsident in Baden-Württemberg war. Es lässt ein Altnazi-Geschwisterpaar auftreten und in Gegenwart der querschnittsgelähmten und dem Sozialismus anhängenden zweiten Schwester Himmlers Geburtstag begehen. Darauf wollte sich Marianne Hoppe nicht einlassen.

Stattdessen spielte sie in Bernhards »Heldenplatz«. Die Uraufführung am 4. November 1988 durch Claus Peymann am Burgtheater war eine österreichische Haupt- und Staatsaktion. Bis zwei Stunden vor der Premiere wurde der Text, in dem Journalisten und Politiker namentlich beschimpft werden, geheim gehalten. Dem Feuilletonchef der Tageszeitung *Der Standard*, Peter Sichrovsky, war es dennoch gelungen, das Stück schon vorher zu lesen, und am Premierentag erschien ein Artikel von ihm, in dem es hieß: »Hier lässt ein Bochumer Theaterdirektor mit Hilfe eines österreichischen Schriftstellers einen Wiener Juden bellen wie einen deutschen Schäferhund.«[37]

Das Stück spielt im März 1988. Ein jüdischer Professor hat sich vor wenigen Tagen, am 50. Jahrestag von Hitlers Einmarsch in Österreich, aus dem Fenster seiner Wohnung am Wiener Heldenplatz gestürzt. Zur Beerdigung reisen sein Bruder und seine Kinder an, man unterhält sich über die Zustände in Österreich (»verlottert und vermodert und verkommen«) und erörtert die Vorteile einer erneuten Übersiedlung nach England. Hedwig, die Frau des Verstorbenen, die an einer Psychose leidet und die »Sieg heil«-Schreie auf dem Heldenplatz von 1938 nicht aus dem Kopf bekommt, tritt erst am Ende des Stückes auf. Sie spricht über den schnellstmöglichen Auszug aus dieser Wohnung, deren Lage sie krankmacht, während der Lärm in ihrem Kopf – der für das Publikum hörbar von Band kommt – immer weiter anschwillt, bis sie schließlich vornüber mit dem Kopf auf den Tisch fällt. Marianne Hoppe spielte das mit schreckgeweiteten Augen und einer nur von leichtem Zucken durchsetzten Starre, in der sich das ins Unerträgliche gesteigerte Entsetzen gleichwohl eindringlich vermittelte.

Die Aufregung um diese neuerliche Österreich-Polemik Bernhards, die durch die Geheimhaltungspolitik zusätzlich geschürt wurde, äußerte sich am Premierentag in einer Art Skandalfest: Vor dem Theater errichteten nationale Kreise einen Pferdemisthaufen, verteilten Flugblätter und verkauften Getränke, drinnen gab es Transparente, »Gott schütze Österreich«-Rufe und Protestchöre gegen Peymann, die zwischen den Akten für Stimmung sorgten. Marianne Hoppe hielt sich für die Dauer der ersten beiden Szenen mit dem Autor, dem Regisseur sowie Bernhard Minetti im Direktionszimmer auf. Der von seiner Krankheit schon schwer gezeichnete Bernhard ging langsam auf und ab und sagte, als der Tumult gerade mal wieder richtig losging, ganz ruhig:

»Das geht schief.« Das tat es nicht. Obwohl hinterher in Kritiken allerhand bemängelt wurde – etwa, dass Bernhard auf Effekt hin geschrieben habe[38] und mit dieser Familie reicher, jüdischer Intellektueller nachgerade antisemitische Klischees bediene[39] –, war die Premiere ein Erfolg, und von einzelnen Protesten angetrieben, klatschten die Befürworter vierzig Minuten lang begeistert Beifall. Zum zweiten Mal[40] in seiner fast zwanzigjährigen Karriere als Dramatiker zeigte sich Thomas Bernhard auf der Bühne.

Wenig später war der Trubel wie weggeblasen. Das Publikum war nach Hause, das Ensemble zur Premierenfeier gegangen, und Thomas Bernhard und Marianne Hoppe, die sich eine größere Gesellschaft beide nicht mehr zumuten wollten, fanden sich plötzlich vor dem Theater auf einem menschenleeren Platz wieder. Sie überlegten, zusammen essen zu gehen, aber da nicht einmal mehr ein Taxi zu sehen war, zogen sie sich jeder für sich in ihre Hotelzimmer zurück. »Und kurz darauf«, erzählte sie, »rief er noch einmal an und sagte: ›So sieht das dann aus.‹ Also nach so einer Aufregung. Er habe sich gerade einen Kamillentee aufgebrüht. Und das hatte ich auch getan.«[41]

Ende November reiste Bernhard, der die Winter meist im Ausland verbrachte, nach Torremolinos in Südspanien. Er lud Marianne Hoppe ein, Weihnachten mit ihm zu verbringen, und sie flog am 24. Dezember hin. Es gibt Fotos, die die beiden auf den Plastikstühlen einer Caféterrasse zeigen, sie rauchend und er mit im Schoß gefalteten Händen, oder in einem Restaurant in angeregter Unterhaltung, im Hintergrund typisch spanische Kacheln und eine Kühlvitrine. Die Aufnahmen stammen von Thomas Bernhards Halbbruder Peter Fabjan, der auch sein Arzt war. Sie machten noch einen Ausflug nach Ronda, aber das ging schon an die Grenzen von Bernhards Kräften. Zwei Monate später, am 12. Februar 1989, starb er im oberösterreichischen Gmunden.

Thomas Bernhard ist für Marianne Hoppe der größte Dichter. Vorbehaltlos stellt sie ihn neben die Klassiker und zieht ihn als Zeitgenossen vor. Ihre Lieblingslektüre sind seine Kurzgeschichten, und die im »Stimmenimitator« versammelten Texte nahm sie 1999 als Hörbuch auf. Anlässlich seines zweiten Todestages regte sie die Lesung des 1958 erschienenen Gedichtzyklus »In hora mortis« an. Weil Bernhard testamentarisch verfügt hat, dass in Österreich keine Texte mehr von ihm aufgeführt werden dürfen, die nicht bereits zu seinen Lebzeiten auf den Spielplänen standen, musste die Lesung im Burgtheater am 10. Februar 1991 als geschlossene Veranstaltung stattfinden. Die Presse kam trotzdem, und im *Standard* war von Wolfgang Herles zwei Tage später zu lesen: »Die Hoppe sinnt dem Text nach, als grübe sie Bruchstücke aus der Erinnerung und verknüpfe sie mit plötzlichen Eingebungen zu neuen, ebenso fragmentarischen Zusammenhängen. Allmählich schwindet der Bernhardsche Text wie Landschaft unter den Nebelschleiern der Dämmerung, und wir erleben eine Winterreise unter dem dichten und schweren Mond des Leonardo-Mottos, ein denkendes Wandeln in einer schwarzen und kalten Welt. Und doch, trotz aller Bitternis und Verzweiflung, spricht die Hoppe mit einem merkwürdigen Leuchten, einer Abgeklärtheit des Alters, einer Heiterkeit wie tröstliches Streichen übers Haar. Trost: das äußerste Humanum in der Stunde des Todes. Kann man sich vorstellen, Thomas Bernhards bewegender zu gedenken?«

Diese heiter-tröstliche Abgeklärtheit, die hier benannt wird, und die nichts mit Güte zu tun hat, sondern mit der Gewissheit, dass alle Schlachten geschlagen sind, prägte auch viele Rollen Marianne Hoppes in den achtziger und neunziger Jahren. Weiterhin Haltung bewahrend, aber das menschlich Schwache dabei nicht mehr ausschließend, sondern mit leichtem Lächeln darüberstehend oder sogar damit spielend wie als Madeleine in »Savannah Bay« von Marguerite Duras 1986 am Schiller Theater. Das war das eine. Das andere war – und auch das erwies sich mit Bezug auf Bernhard – ihre ungeheure Offenheit, die sie im hohen Alter noch zu Experimenten trieb und die sie auch in ihren Rollen hatte. Marianne Hoppe ist nie eine große, alte Dame geworden. Da ist etwas Handfestes und Vorwärtsdrängendes in ihr, das alles Zeremonielle ausschließt.

Bezeichnend ist, dass sie 1962 beim ersten Film der ersten deutschen Western-Serie mit dabei war, in der Karl-May-Verfilmung »Der Schatz im Silbersee« mit Lex Barker, Pierre Brice, Karin Dor und Götz George. So etwas machte ihr einfach Spaß. Überhaupt die Film- und Fernseharbeit, die sie natürlich aus finanziellen Gründen betrieb, die ihr aber auch die Möglichkeit bot, neben dem stilisierten Theaterausdruck einem Alltagsrealismus zu frönen, der gleichfalls immer noch zu ihr gehörte. Aus dem selbstbewusst-sportlichen Mädel von nebenan ist eine formidable Alte geworden, die eine Etage höher wohnt. Ob als adlige Sozialhilfeempfängerin, die einen Antrag auf Beihilfe zu den Futterkosten für ihr Reitpferd Felix diktiert,[42] oder als Wirtin einer Münchner Schwulenkneipe, in deren Vergangenheit Bisexualität und das Dagebliebensein unter den Nazis eine Rolle spielen[43] – Marianne Hoppe ist gutaussehend und gegenwartsorientiert, schlagfertig, verständnisvoll und mit sich im Reinen, aber noch immer lernfähig. Man möchte so jemanden zur Großmutter haben, kann es aber auch verstehen, wenn ein fünfzig Jahre Jüngerer ihr einen Heiratsantrag macht oder sie mit einer patenten Freundin durchbrennt wie in dem Senioren-Road-Movie »Marianne und Sophie« von 1983.

In der Arbeit war Marianne Hoppe das Neue immer lieber als das Alte. Das mag auch der Grund dafür sein, dass sie nie Schauspielunterricht gegeben hat, obwohl sie das heute bedauert. Aber sie ist ja selbst eine Suchende geblieben. Nicht zuletzt für ihre unkonventionelle Offenheit wurde ihr am 25. Mai 1975 in der Berliner Akademie der Künste der Hermine-Körner-Ring verliehen – eine Auszeichnung auf Lebenszeit, die sie nach Roma Bahn als zweite erhielt und die nicht nur künstlerisch zu ihr passt, sondern auch menschlich.

Marianne Hoppe verehrte Hermine Körner und war mit ihr befreundet. Sie hielten keinen engen Kontakt, standen sich aber dennoch sehr nahe. So war Marianne Hoppe direkt nach Kriegsende zu Fuß bis nach Potsdam-Babelsberg gelaufen, wo Hermine Körner damals wohnte, um zu erfahren, wie es ihr ging. Und Hermine Körner hatte sich gewünscht, dass Marianne Hoppe sie dereinst auf dem Totenbett sehen sollte. Als sie am 14. Dezember 1960 im Alter von zweiundachtzig Jahren gestorben war, wurde Marianne Hoppe, die zu der Zeit in Berlin lebte, umgehend benachrichtigt. Sie machte sich an jenem Wintertag um acht Uhr abends sofort auf den Weg. »Das war mir furchtbar, aber ich ging natürlich hin, ich hatte es ja versprochen. Und da lag sie dann ...«[44]

Laudator bei der Verleihung des Preises war der Regisseur und Bühnenbildner Willi Schmidt, und der lobte Marianne Hoppes »darstellerisches Ingenium mit ihrer spezifischen Begabung, einen Text auf seinen geistigen Gehalt zu prüfen und eben diese Essenz in Bühnenpräsenz zu verwandeln«, ebenso wie ihre »Liebe zum Kniffligen«. Die Begründung aber für die Überreichung nun gerade des Hermine-Körner-Ringes war »die Unbedingtheit des Anspruchs an künstlerische Qualität, die das ›Sich's-Leichtmachen‹, die öde Routine verächtlich findet«. Marianne Hoppe habe »von Hermine Körner die Verpflichtung übernommen ..., dem zeitgenössischen Theater ihre vielfältigen Talente zur Verfügung zu halten und [da werde] es ihrem Witz, ihrer märkischen Gescheitheit, aber auch ihrer Nachdenklichkeit und Melancholie an Kniffligkeit niemals mangeln.«[45]

Das Neue. Nach dem Tode Thomas Bernhards begegnete es Marianne Hoppe nicht mehr im Bereich des Dramatischen, sondern in dem der Theaterästhetik. Sie war nach Frankfurt am Main gefahren, um Edith Clevers »Penthesilea«-Monolog zu sehen. Der Regisseur Robert Wilson war aus dem gleichen Grunde da. »Und da hat er die Hoppe gesehen und konnte nicht mehr schlafen.«[46] Zunächst wehrte sie ab, dann aber ließ sie sich darauf ein, in einer Inszenierung des texanischen Bildertheatermachers Shakespeares »König Lear« zu spielen – die Titelrolle. »Das war so absurd, das erst einmal zu hören, und von Bob, der bestimmt eine Vorstellung davon haben musste, wenn er auf diese Idee kommt. Da unterwirft man sich schon gerne. Ich jedenfalls.«[47]

Die über achtzigjährige Sprechkünstlerin, die Gründgens-Schauspielerin, unter der Regie eines von der Performance Art beeinflussten Formalisten, der kein Deutsch spricht, neben seinen zahlreichen Theater- und Opernproduktionen Zeichnungen, Installationen und Videofilme macht, sein eigener Bühnenbildner und Lichtmeister ist und stets von einem Tross von Assistenten begleitet wird. Jet-Set-Theater mit der Tendenz ins Dekorative. Aber prominent, ästhetisch ein Experiment, und alles andere hatte sie schließlich bereits hinter sich. Ende März 1990 brachte Wilson am Hamburger Thalia Theater noch das Märchenpopspektakel »The Black Rider« (nach Carl Maria von Webers »Freischütz«) mit Texten von William Burroughs und Musik von Tom Waits heraus, danach begann die intensive Probenzeit für »König Lear« im Bockenheimer Depot in Frankfurt.

Robert Wilson wollte den Text nicht interpretierend sprechen lassen, sondern ihn dem Publikum »in einer abstrakt formalisierten Präsentation zeigen. Stille und Raum um den Text sollen die Wirkung verstärken.«[48] An Marianne Hoppe faszinierten ihn das Gesicht, das Alter und ihr Image: die Unsentimentale, in deren Biografie die deutsche Geschichte des zwanzigsten Jahrhunderts steckt. Ihr fielen die Proben nicht leicht. Sie fühlte sich oft allein gelassen, die Verständigungsprobleme und der Apparat, den Wilson um sich herum hatte, lenkten sie ab und ärgerten sie. Und doch traf sich sein antipsychologischer Ansatz genau mit dem, was sie selbst am Theater noch interessierte: der Text, der reine Text und nichts als das.

»Lear ist vor allem ein Zustand«,[49] sagte sie vor der Premiere, die am 26. Mai 1990 stattfand. Ein Zustand des Geworfenseins in ein rätselhaftes und irrwitziges Schicksal.

Der König, der alt geworden ist, ohne auch klug geworden zu sein, den seine Eitelkeit in das Zwischenreich des Wahnsinns treibt und der, kaum dass er wieder zu Verstand gekommen ist, alles verliert, was ihn aufgerichtet hat. Im langen roten Mantel über einem seidig fließenden Anzug, durchschritt Marianne Hoppe mit halblangem, zurückgegeltem Haar eine weite schwarze Bühnenfläche, die nur manchmal von Lichtblitzen zerteilt wurde: halb Krankenzimmer, halb Ausstellungsfläche. Sie sprach den Text aus geschlechtsloser, ortloser und zeitloser Warte mit einem Grundton des Konstatierens, fast mehr als ob sie sich nur erinnerte, einmal eine Geschichte wie diese gehört zu haben: klar, nachvollziehbar, aber ohne unmittelbare Beteiligtheit. Eine luzide Leistung – und ein von vielen als müßig empfundenes Unterfangen. Das entpersonalisierte Leid bewegte nicht, interessierte nicht, schien kaum mehr als eine Fläche zwischen anderen, auch wenn man sie gerne betrachtete.

»In diesem wundersamen Frankfurter ›Lear‹ ist mehr von *Vogue* als von Wahrheit«, schrieb Peter Iden in der *Frankfurter Rundschau*[50]. »Dieser Lear hatte keine Biografie, und so flüchtete sich Marianne Hoppe ins schauspielerische Handwerk«, urteilte Helmut Schödel in der *Zeit*[51]. Und bei Gerhard Stadelmaier in der *Frankfurter Allgemeinen Zeitung*[52] hieß es:

»Lear ist Marianne Hoppe. Sie ist die Königingroßmutter der Nacht. Sie kommt aus dem Reich, in dem jeder Satz eisig klirrt, jedes Gefühl erfriert, jede Phrase eine blitzende Koloratur ist. Scharf in der Stimme, hochfahrend in den Gebärden: eine taffe alte Lady. Ihre Weisheit ist Bosheit. Ihre Lebenserfahrung und Lebensschmerz sind derart verwandelt in absolute Nüchternheit und Klarheit, dass man der Oberfläche gleich ganz und gar zu trauen scheint: Da kann kaum viel drunter und drinnen sein. Jeder Zoll antisentimental. Eine edle kalte Maschine. Die Hoppe hält das, abzüglich einiger Drücker und Hänger, virtuos durch. Sie gibt dem Lear, was Wilson vom Lear will: Lear pur, Lears Mechanik, Lears

Choreographie, Lears Formeln, Lears Text. Aber sie gibt sie ihm nur. Sie verwandelt sich nicht in ihn. Man sieht dem Zauberhandwerk zu, nicht dem Zauber. Bob Wilsons ›Lear‹ ist der Lear ganz ohne Grund. Aber ihm fehlt das Bodenlose.«

»Was mich bei der Presse stört, besonders bei der deutschen Presse, ist, dass sie einen Theaterkünstler visuell wenig wahrnimmt«, sagt Robert Wilson. »Die Kritiker sprechen über das, was sie meinen, anstatt über das, was sie gesehen haben. Das nennt man vermutlich intellektuell.«[53] Marianne Hoppe aber erinnert sich sehr gern an diese Produktion: »Bei ›Lear‹ habe ich gar nichts spielen müssen. In den letzten Vorstellungen war ich an meine erste Frankfurter Zeit erinnert. Dieses Unverbrauchte, was ich damals hatte, kam da wieder.«[54] Die Unschuld, das Nicht-Gemachte, einfach Drauflos-Gespielte – da war es, nach fast sechzig Jahren, es war geglückt!

In Frankfurt lernte Marianne Hoppe auch Einar Schleef kennen. Wie Robert Wilson ein formbewusster Monomane und als Bildhauer, Maler, Bühnenbildner, Regisseur und Schriftsteller vielfältig begabt, arbeitet er doch mit ganz anderem Material. Illuminiert Wilson die lineare Bewegung des Einzelnen, so lässt Schleef ein Ornament aus Chören von Fackeln bescheinen. Er markiert nicht tänzelnd Oberflächen, sondern rückt mit antiker Wucht dem Wortsinn zu Leibe. Ein Gigant, gleichwohl mit Ironie begabt. Im ersten Halbjahr 1990 brachte er in Frankfurt zwei Produktionen heraus: »Neunzehnhundertachtzehn« nach Lion Feuchtwanger im Januar und Goethes »Faust« im Juni. Als er drei Jahre später im Berliner Schiller Theater wieder »Faust« inszenierte,sollte Marianne Hoppe das Gretchen und die Baucis spielen. Sie hatte bei Gerhard Ahrens, dem designierten Intendanten des Theaters ab der Spielzeit 1993/94, nach achtundfünfzig Jahren erstmals wieder einen festen Vertrag unterzeichnet und sich in Berlin eine Wohnung genommen. Es war beschwerlich geworden, ausschließlich von Bayern aus zu agieren –

und vielleicht auch etwas einsam. Benedikt Hoppe lebte nach einer Schriftsetzerlehre und einer journalistischen Ausbildung längst in München, und sie war einfach nicht mehr so mobil. Außerdem war Gerhard Ahrens ein Freund, der sie zu überzeugen verstand, was inzwischen wichtig geworden war: Man musste Marianne Hoppe immer aufs Neue überzeugen, sie stellte Entschiedenes wieder und wieder in Frage.

Im Sommer 1993 hatten die Proben zu Schleefs »Faust« bereits begonnen, Martin Wuttke als Faust und Bernhard Minetti als Philemon waren Marianne Hoppes Partner, als der Senat von Berlin über Nacht die Entscheidung fällte, das Theater zu schließen. Nach der deutsch-deutschen Wiedervereinigung hatte sich die Theaterlandschaft der einstigen Halbstadt verdoppelt, das Geld schien nicht für alle Bühnen zu reichen, und man setzte die Schere im Westen an: 1992 wurden dem Theater der Freien Volksbühne die Subventionen gestrichen, 1993 dem Schiller Theater und dem Schlossparktheater. Die neuen Staatsbühnen wurden das Deutsche Theater und die Kammerspiele, seit 1991 geleitet von Thomas Langhoff, einem Sohn des ehemaligen Intendanten Wolfgang Langhoff. Die Schleef-Produktion fiel aus, und auch eine weitere Zusammenarbeit, die Marianne Hoppe mit diesem Regisseur begann, brach vorzeitig ab: Aus den Proben zur Uraufführung von Elfriede Jelineks »Sportstück« am Burgtheater Wien im Januar 1998 stieg sie aus, weil sich Schleef kurz vor der Premiere immer noch nicht entschieden hatte, ob der große Schlussmonolog des Stückes nun von ihr oder von ihm selbst gesprochen werden sollte.

Diese gegenseitige Neugier also blieb unbefriedigt. Dafür lag nach dem Fall der Mauer – den sie mit Tränen in den Augen in Scharam vor dem Fernseher verfolgt hatte – ein ganzes Feld neuer Möglichkeiten vor ihr. Mit der Privatisierung der Staatlichen Bühnen Westberlins hatte sich das Theaterzentrum der Stadt eindeutig nach Osten verschoben. Dorthin wandte sich jetzt auch Marianne Hoppe. Sie interessierte sich für die expressive Arbeit Frank Castorfs, der zur

Spielzeit 1992/93 begonnen hatte, die Volksbühne am Rosa-Luxemburg-Platz strukturell und ästhetisch an die neunziger Jahre anzuschließen. Und sie interessierte sich für das Berliner Ensemble, wo mit Matthias Langhoff, Fritz Marquardt, Heiner Müller, Peter Palitzsch und Peter Zadek eine ost-westliche Fünferbande ihr Verhältnis zu Brecht aufzeigen wollte.

Auf einer der zahlreichen Solidaritätsveranstaltungen für den Erhalt des Schiller Theaters begegnete sie im Sommer 1993 zunächst Heiner Müller wieder, den sie schon in Frankfurt kennen gelernt hatte, weil er ursprünglich für Wilson eine »Lear«-Bearbeitung schreiben wollte. Dazu war es aber nicht gekommen. Jetzt standen sie zusammen, gingen noch in die Schillerklause, und kurze Zeit später fragte er sie, ob sie unter seiner Regie in seinem Stück »Quartett« spielen würde. Auf dem Briefroman »Gefährliche Liebschaften« von Choderlos de Laclos basierend, war dies das Endspiel einer Gesellschaft, in der die menschlichen Beziehungen vollkommen sexualisiert sind und als einziges Entwicklungspotential die Gewalt aufweisen. Sie sollte die Rolle der Merteuil übernehmen, die, dem Krebstod entgegengehend, im Gespräch mit ihrem ehemaligen Liebhaber Valmont das Wechselspiel der Begierden beschreibt, reflektiert, zuspitzt und anleitet. Als Valmont schlug Müller den rund fünfzig Jahre jüngeren Martin Wuttke vor. Diese Konstellation war reizvoll, weil sie die Möglichkeit bot, die geschlechtliche Thematik noch weiter zu abstrahieren und den gesellschaftlichen Kontext, in dem das Stück zu sehen war, durch die Person Marianne Hoppes bis in die Weimarer Republik hin abzustecken. Sie sagte zu, die Premiere war am 11. März 1994.

Wuttke mit nackter Brust und vulgärer Lasziviät oft am Rande der Szene, Hoppe im langen Kleid, schon leicht gebeugt meist auf einem Stuhl sitzend und den expliziten Text aus großer Entfernung mehr zitierend als sprechend – das war eine delikate, sich aber noch in der Balance befindliche, reine Kunstsituation. Hinterher waren die Meinungen geteilt. Die *Berliner Morgenpost* fand, dass Marianne Hoppe »ihren fiebrig überhitzten Part in wohltemperierter Manier ausspielt, und zwar in einer wunderbar noblen Dekadenz«[55], während die *Frankfurter Allgemeine Zeitung* meinte, die »majestätische Erscheinung« hätte »allenfalls durch bewundernswerte Selbstdisziplin« überzeugt, und über die Besetzung insgesamt urteilte: »Die Gegenwart der alten Reichshauptstadt, verkörpert von einer Schauspiel-Legende, damals wie heute: eine kühne Überlegung. Mehr nicht.«[56]

Hier war eine Grenze erreicht. Merkbar ging es in einigen Besprechungen nicht mehr um die aktuelle Leistung der Schauspielerin, sondern um die Art und Weise, wie Müller ihre Biografie in den Dienst genommen hatte. Als hätte Marianne Hoppe nach Ende der Nazizeit nicht fünfundvierzig Jahre lang Schritt gehalten mit fast allem, das kam, hieß es plötzlich: »Immer noch blond, immer noch schlank, immer noch schön: Marianne Hoppe (84), einer der letzten, lebenden Ufa-Stars.«[57] Und oft standen, wenn sie zu den Vorstellungen mit dem Taxi in den Hof des Berliner Ensembles fuhr, alte Damen da, hielten Zeitungen aus der Nazizeit in der Hand und hofften auf ein Autogramm.

Dieser plötzlich veränderte Blick auf Marianne Hoppe hing mit Müllers gewissermaßen gotischem Zugriff auf Geschichte zusammen. In seinen Texten werden stets Geister der Vergangenheit heraufbeschworen, und in diesem Kontext nahm man auch sie nur noch für den Schatten ihrer selbst. Gleichzeitig erwachte Mitte der neunziger Jahre ein Interesse an Frauen im Nationalsozialismus, wie Stücke über Emmy Göring oder Eva Braun zeigten. Nur dass Marianne Hoppe in diesem Feld nicht so einfach zu verorten ist. Sie war hier eine Fehlbesetzung.

Im Frühjahr 1994 war Marianne Hoppe fünfundachtzig Jahre alt geworden und stand seit sechsundsechzig Jahren auf der Bühne. Sie hätte sich zurückziehen können. Doch das konnte sie nicht. Weiter, weiter, weiter getrieben, spielte sie noch bei Frank Castorf und bei Werner Schroeter kleine

Rollen, machte Hörspiele, las nach vielen Jahren wieder einmal Brecht[58] und im Sommer 2000 überhaupt zum ersten Mal öffentlich Nietzsche[59]. Das fiel ihr alles nicht leicht, aber sie gönnte sich keine Ruhe, sondern brauchte das, wollte das. Ihr Leben ist die Kunst, ist die Vermittlung. Und sie hört auch nicht auf zu lernen, zu versuchen, weiter vorzudringen. Über die Nietzsche-Lesung in Weimar sagt Hartmut Rühl, der sie dorthin begleitete:

»Nietzsche liegt Frau Hoppe nicht. Das war in den Wochen vorher immer wieder erkennbar. Sie fand viele Gedichte einfach lächerlich und hatte eigentlich nur geschimpft. Doch dann las sie vor Publikum. Und dabei hat sie, was ich bei ihr zum ersten Mal erlebt habe, manche Dinge wiederholt. Sie las eine Seite, sagte dann wie zu sich, wobei man das übers Mikrofon natürlich hörte: ›Hm, das ist schwierig, was will er damit?‹ Und dann fing sie noch mal an. Und las manche Sätze oder Passagen erneut. Auch das letzte Gedicht las sie zunächst so, wie es wohl geübt worden war, also relativ energisch, laut, schnell, hörte dann auf, wartete so zehn Sekunden und fing an, noch einmal ganz anders zu lesen. Das war so ein Ranschleichen, sich Herantasten an Nietzsche, ganz fantastisch.«

»Ich finde das gut, Dinge zu wiederholen«, sagte sie 1993 im Fernsehgespräch mit Roger Willemsen, der sie am Ende gebeten hatte, etwas zu rezitieren, was sie dann zweimal tat. Zu Beginn dieser Sendung hatte er Marianne Hoppe vor einem Theatergarderobenspiegel platziert, an dem Fotos früherer Freunde und Bekannter klebten. Er forderte sie auf, über ihr Gesicht zu sprechen, darüber, wie sie sich sah. Es fällt einem keine zweite Schauspielerin ihrer Generation ein, die das getan hätte. Marianne Hoppe fuhr sich durchs Haar und blickte beiläufig auf ihr Spiegelbild: »Renée Sintenis sagte einmal vor vielen Jahren: ›Ein paar Falten wären gut in diesem Gesicht.‹ Jetzt habe ich sie.«

Marianne Hoppe ist die Frau, die altern konnte. Die in jeder Phase ihres Lebens zu sich stand, weil sie sich letztlich auch nicht allzu wichtig nimmt. »Es nimmt sich eben jeder zu wichtig«, sagt sie manchmal. Und: »Du glaubst zu schieben, und du wirst geschoben.« Nach der Feier zu ihrem neunzigsten Geburtstag im Berliner Ensemble sah man sie kurz im oberen Foyer auf einem Sessel sitzen und Autogramme geben. Dann war sie weg, hatte ihre eigene Party verlassen und war nach Hause gefahren, in die Markgraf-Albrecht-Straße am oberen Kurfürstendamm. Sie ging aber nicht gleich in ihre Wohnung, sondern kehrte in das Eckrestaurant gegenüber ein. Dort warteten ihre Freunde Gert Reinholm und Klaus Köhn am Stammtisch, und sie setzte sich ganz ruhig dazu.

Neugier

Petra Kohse:
Als ich Marianne Hoppe Ende 1998 kennen lernte, lief im Kino gerade »Die Truman-Show« von Peter Weir. Weil ich über Realismus sprechen wollte, erzählte ich ihr von der Hauptfigur, die ihr Leben, ohne es zu wissen und von Millionen Fernsehzuschauern beobachtet, unter Schauspielern in einem Studio verbringt. Sofort sagte Frau Hoppe zu ihrem Sohn: »Den Film müssen wir sehen, da müssen wir hingehen!« Damit war das Thema Realismus zwar dann auch vom Tisch, aber ich war so beeindruckt, dass ich das erst hinterher merkte. Auch bei den weiteren Treffen gab es fast jedes Mal diesen Moment, in dem sie aus der freundlichen Wartehaltung, mit der sie solche Situationen meistert, plötzlich in eine interessierte Wachheit sprang. Etwa wenn die Rede auf etwas Aktuelles kam, wenn ein Fremdwort fiel, das sie für erklärungsbedürftig hielt oder wenn etwas versäumt wurde. Das fordert sie sich ab: Auf dem Laufenden zu sein, nicht nachlässig zu werden, nichts einreißen zu lassen.

Am Pfingstsonntag des Jahres 1999 hielt sich Marianne Hoppe in einer Berliner Privatklinik auf. An jenem Tag wurde der Bundespräsident gewählt, was sie selbstverständlich im Fernsehen verfolgen wollte. Auf schwarzen Lederpolstern saßen wir im Aufenthaltsraum zwischen den Patienten, die nur zum Rauchen gekommen waren. Aufmerksam und leicht lächelnd, sah Marianne Hoppe auf den Bildschirm. Aber es war nicht eigentlich ein Zuschauen. Es war mehr eine Haltung, die es ihr ermöglichte, für sich allein zu sein und den Blick auch am Fernseher vorbei ins Leere schweifen zu lassen. Doch wenn sie merkte, dass sie beobachtet wurde, straffte sie sich wieder. »Schröder«, stellte sie fest, als die Kamera durch die Sitzreihen im Reichstag schwenkte und der Kanzler ins Bild kam. Den historischen Filmausschnitt von der Wahl zum ersten Bundespräsidenten im Jahr 1949 kommentierte sie nicht, obwohl sie Theodor Heuss persönlich kannte. Zu viel Geschichte ist schon an ihr vorbeigezogen. Es ist nur noch das Neue, das sie aufmerken lässt.

Anhang

Rollenverzeichnis[1]

Theater

Spielzeit 1927/28

Mörder für uns von Willi Schäferdieck (Lucie), Regie: Fritz Eckert, Premiere: 4.3.1928, Bühne der Jugend im Deutschen Theater, Berlin

Artisten von Gloryl Watters und Arthur Hopkins (Tänzerin), Regie: Max Reinhardt, Premiere: 9.6.1928, Deutsches Theater, Berlin

Der Präsident von Georg Kaiser (Elmire Blanchonnet), Regie: Victor Schwannecke, Premiere: 12.7.1928, Komödienhaus am Schiffbauerdamm, Berlin

Spielzeit 1928/29 (Deutsches Theater, Berlin)

Romeo und Julia von William Shakespeare (Page des Paris), Regie: Max Reinhardt, Premiere: 25.10.1928 (Berliner Theater)

Soeben erschienen von Edouard Bourdet (Noemie), Regie: Robert Forster-Larrinaga, Premiere: 17.1.1929 (Kammerspiele)

Die lustigen Weiber von Windsor von William Shakespeare (Anne Page), Regie: Heinz Hilpert, Premiere: 15.2.1929

Spielzeit 1929/30 (Deutsches Theater, Berlin)

Vom Teufel geholt von Knut Hamsun (1. Stubenmädchen bei Gihle), Regie: Max Reinhardt, Premiere, 11.11.1929 (Komödie)

---

[1] ohne Lesungen und Rezitationen, ohne Tourneeproduktionen, Fernsehauftritte und Hörfunkproduktionen.

Die liebe Feindin von A. P. Antoine (Das junge Mädchen, eingesprungen für Erika Mann nach etwa zwei Wochen), Regie: Gustaf Gründgens, Premiere: 11.3.1930 (Kammerspiele)

Spielzeit 1930/31 (Neues Theater, Frankfurt am Main)[2]

Die Prinzessin und der Eintänzer von Alexander Engel und Leo Keller (Prinzessin), Regie: Martin Costa, Premiere: 2.8.1930

Das Konto X von Rudolf Bernauer und Rudolf Oesterreicher, Regie: Josef Ambach, Premiere: 16.8.1930

Freudiges Ereignis von Floyd Dell und Thomas Mitchell, Premiere: 18.9.1930

Gott, König und Vaterland von Leo Lania (Jelena), Regie: - Arthur Hellmer, Premiere: 4.10.1930

Der Fratz von Barry Conners (Roxy), Regie: Lydia Busch, Premiere: 1.11.1930

Ein Sommernachtstraum von William Shakespeare (Puck), Regie: Renato Mordo, Premiere: 3.12.1930

Ist denn das so wichtig? von Rudolf Lothar, Regie: Alfred Wolf, Premiere: 13.12.1930

Das öffentliche Ärgernis von Franz Arnold, Regie: Franz Massareck, Premiere: 31.12.1930

Voruntersuchung von Max Alsberg und Otto Ernst Hesse, Regie: Arthur Hellmer, Premiere: 31.1.1931

Im Spiel der Sommerlüfte von Arthur Schnitzler (Gusti), Regie: Arthur Hellmer, Premiere, 4.4.1931

Drunter und drüber, rechts und links von Toni Impekoven und Carl Mathern (Vera), Regie: Josef Ambach, Premiere: 5.4.1931

Der Biberpelz von Gerhart Hauptmann (Tochter Wolff), Regie: Herbert Wahlen, Premiere: 18.4.1931

2 In dieser und den folgenden beiden Spielzeiten ließ sich bei einigen Produktionen die Mitwirkung Marianne Hoppes recherchieren, nicht aber der Name ihrer Rolle.

Der Brotverdiener von William Somerset Maugham (Judy Battle), Regie: Kurt Hellmer, Premiere: 23.5.1931

Die Fee von Ferenc Molnár (Lu), Regie: Kurt Reiss, Premiere: 13.6.1931

Minna von Barnhelm von Gotthold Ephraim Lessing (Franziska), Regie: Herbert Wahlen, Premiere: 19.6.1931

Spielzeit 1931/32 (Neues Theater, Frankfurt am Main)

Frühlings Erwachen von Frank Wedekind (Wendla Bergmann), Regie: Herbert Wahlen, Premiere: 8.9.1931

Der Misthaufen von Paul Alfred Dierhagen (Lotte), Regie: - Herbert Wahlen, Premiere: 12.9.1931

Pariser Platz dreizehn von Vicki Baum (Schauspielerin), Regie: Kurt Reiss, Premiere: 19.9.1931

Ist das nicht nett von Colette? von Max Bertuch, Kurt Schwabach (Gesangstexte) und Willy Rosen (Musik) (Colette), Regie: Kurt Reiss, Premiere: 3.10.1931

Kampf um Kitsch von Robert Adolf Stemmle (Ina Witt), Regie: Kurt Reiss, 11.11.1931

In jeder Ehe von Cecil Chesterton und Ralph Neale (Chill), Regie: Kurt Reiss, Premiere: 21.11.1931

Haus Danieli von Alfred Neumann (Hofdame), Regie: - Martin Costa, Premiere: 5.12.1931

Alles Schwindel von Marcellus Schiffer und Mischa Spoliansky (Musik) (Evelyne Hill), Regie: Renato Mordo, Premiere: 31.12.1931

Das große Los von Alberto Colantunoni (Ninetta), Regie: Kurt Reiss, Premiere: 27.1.1932

Etienne von Jacques Deval, Regie: Kurt Reiss, Premiere: 13.3.1932

Vor Sonnenuntergang von Gerhart Hauptmann (Inken Peters), Regie: Arthur Hellmer, Premiere: 26.3.1932

Schöne, blaue Donau von Hans Müller, Regie: Lydia Busch, Premiere: 2.4.1932

Reifeprüfung von Max Dreyer, Regie: Herbert Wahlen, Premiere: 26.4.1932

Mädchen in Uniform von Christa Winsloe (Manuela von Meinhardis), Regie: Arthur Hellmer, Premiere. 7.5.1932
Freie Bahn dem Tüchtigen von August Hinrichs (Ursula Bröker), Regie: Martin Costa, Premiere: 1.6.1932

Spielzeit 1932/33 (Münchner Kammerspiele)
Die Schule der Frauen/Die Kritik der Schule der Frauen von Molière (Agnes), Regie: Richard Révy, Premiere: 24.9.1932
Der große Bariton von Leo Dietrichstein/Fred und Hanny Hatton, Regie: Richard Révy, Premiere: 29.10.1932
Heimkehr des Olympiasiegers von Sindbad, Regie: Richard Révy, Premiere: 6.11.1932
Die Ratten von Gerhart Hauptmann (Piperkarcka), Regie: Otto Falckenberg, Premiere. 6.12.1932
Das schwedische Zündholz von Ludwig Hirschfeld (Birgitt), Regie: Julius Gellner, Premiere: 31.1.1933
Komödie der Irrungen von William Shakespeare/Hans Rothe (Adriana), Regie: Otto Falckenberg, Premiere: 15.2.1933
Fanny von Marcel Pagnol (Fanny), Regie: Richard Révy, Premiere: 24.3.1933
Des Epimenides Erwachen von Johann Wolfgang Goethe (Sprecherin) / *Preußengeist* von Paul Ernst (Frl. von Winterstein) / *Philotas* von Gotthold Ephraim Lessing, Regie: Otto Falckenberg, Premiere: 8.4.1933

Spielzeit 1934/35
Die Hummel von Frank Vosper (Loveday), Regie: Martin Costa, 15.12.1934, Neues Theater, Frankfurt am Main

Spielzeit 1935/36 (Preußische Staatstheater, Berlin)
Zwei Herren aus Verona von William Shakespeare/Hans Rothe (Julia), Regie: Lothar Müthel, Premiere: 8.9.1935 (Kleines Haus)
Die Jungfern vom Bischofsberg von Gerhart Hauptmann (Agathe), Regie: Lothar Müthel, Premiere: 15.10.1935 (Kleines Haus)

Ein idealer Gatte von Oscar Wilde (Mabel), Regie: Hans Leibelt, Premiere: 7.12.935 (Kleines Haus)
Faust I von Johann Wolfgang Goethe (Gretchen, Umbesetzung), Regie: Lothar Müthel, Wiederaufnahme: 30.12.1935 (Schauspielhaus)
Sonne für Renate von Erich Ebermayer (Renate), Regie: Paul Bildt, Premiere: 10.5.1936 (Kleines Haus)

Spielzeit 1936/37 (Preußische Staatstheater, Berlin)
Die gefesselte Phantasie von Ferdinand Raimund (Hermione), Regie: Jürgen Fehling, Premiere: 25.9.1936 (Kleines Haus)
Versprich mir nichts von Charlotte Rißmann (Monika Pratt), Regie: Wolfgang Liebeneiner, Premiere: 10.11.1936 (Kleines Haus)
Was ihr wollt von William Shakespeare (Viola), Regie: Gustaf Gründgens, Premiere: 9.6.1937 (Schauspielhaus)

Spielzeit 1937/38 (Preußische Staatstheater, Berlin)
Emilia Galotti von Gotthold Ephraim Lessing (Emilia), Regie: Gustaf Gründgens, Premiere: 29.9.1937 (Kleines Haus)
Sturz des Ministers von Eberhard Wolfgang Möller (Königin), Regie: Lothar Müthel (Premiere: 4.2.1938)
Frau Warrens Gewerbe von George Bernard Shaw (Vivie), Regie: Jürgen Fehling, Premiere: 6.3.1938 (Schauspielhaus)
Hamlet von William Shakespeare (Ophelia, Umbesetzung), Regie: Lothar Müthel, Gastspiel in Wien: 13.6.1938, Gastspiel in Kopenhagen: 19.-31.7.1938

Spielzeit 1938/39 (Preußische Staatstheater, Berlin)
Die Jungfrau von Orleans von Friedrich Schiller (Johanna), Regie: Lothar Müthel, Premiere: 14.1.1939 (Schauspielhaus)
Die Königin Isabella von Hans Rehberg (Juana), Regie: Gustaf Gründgens, Premiere: 6.4.1939 (Schauspielhaus)

Spielzeit 1939/40 (Preußische Staatstheater, Berlin)

Minna von Barnhelm von Gotthold Ephraim Lessing (Minna), Regie: Gustaf Gründgens, Premiere: 3.11.1939 (Kleines Haus)

Dantons Tod von Georg Büchner (Lucile), Regie: Gustaf Gründgens, Premiere: 9.12.1939 (Schauspielhaus)

Maß für Maß von William Shakespeare (Isabella), Regie: Lothar Müthel, Premiere: 12.1.1940 (Schauspielhaus)

Die Verschwörung des Fiesco zu Genua von Friedrich Schiller (Leonore), Regie: Karl Heinz Stroux, Premiere: 4.4.1940 (Schauspielhaus)

Spielzeit 1940/41 (Preußische Staatstheater, Berlin)

Antigone des Sophokles (Antigone), Regie: Karl Heinz Stroux, Premiere: 3.9.1940 (Schauspielhaus)

Die Journalisten von Gustav Freytag (Adelheid Runeck), Regie: Viktor de Kowa, Premiere: 31.5.1941 (Kleines Haus)

Spielzeit 1941/42 (Preußische Staatstheater, Berlin)

Turandot von Friedrich Schiller nach Carlo Gozzi (Turandot), Regie: Karl Heinz Stroux, Premiere: 20.9.1941 (Schauspielhaus)

Die lustigen Weiber von Windsor von William Shakespeare (Frau Fluth), Regie: Gustaf Gründgens, Premiere: 30.12.1941 (Schauspielhaus)

Spielzeit 1942/43 (Preußische Staatstheater, Berlin)

Der Widerspenstigen Zähmung von William Shakespeare (Katharina), 15.10.1942, Regie: Karl Heinz Stroux (Schauspielhaus)

Flucht vor der Liebe von Renate Uhl (Nadine), Regie: Helmut Käutner, Premiere: 24.2.1943 (Kleines Haus)

Spielzeit 1943/44

Johannisfeuer von Hermann Sudermann (Marikke), Regie: - Jürgen Fehling, Premiere: 6.5.1944, Preußische Staatstheater, Berlin (Schauspielhaus)

Spielzeit 1947/48

Die Fliegen von Jean-Paul Sartre (Elektra), Regie: Gustaf Gründgens, Premiere: 7.11.1947, Städtische Bühnen Düsseldorf (Neues Theater)

Spielzeit 1948/49 (Städtische Bühnen Düsseldorf, Neues Theater)

Torquato Tasso von Johann Wolfgang Goethe (Leonore von Este), Regie: Gustaf Gründgens, Premiere: 14.1.1949

Barbara Blomberg von Carl Zuckmayer (Barbara Blomberg), Regie: Hans Schalla, Premiere: 4.5.1949

Spielzeit 1949/50

Endstation Sehnsucht von Tennessee Williams (Blanche), Regie: Berthold Viertel, Premiere: 10.5.1950, Schlossparktheater, Berlin (Gastspiel in der Komödie)

Spielzeit 1950/51 (Städtische Bühnen Düsseldorf)

Anna, Königin für tausend Tage von Maxwell Anderson (Anna Boleyn), Regie: Ulrich Erfurth, Premiere: 2.11.1950 (Neues Theater)

Die Cocktail Party von T. S. Eliot (Celia Coplestone), Regie: Gustaf Gründgens, Premiere: 9.12.1950 (Opernhaus)

Spielzeit 1951/52

Maria Stuart von Friedrich Schiller (Maria Stuart), Regie: - Hermine Körner, Premiere: 11.9.1951, Deutsches Schauspielhaus, Hamburg

Ein Mädchen vom Lande von Clifford Odetts (Georgie Elgin), Regie: Boleslaw Barlog, Premiere: 9.11.1951, Staatliche Bühnen Berlin (Schlossparktheater)

Spielzeit 1952/53

Finden Sie, dass Constanze sich richtig verhält? von William Somerset Maugham (Constanze), Regie: Gerhart Metzner, Premiere: 6.8.1952, Kleine Komödie, München

Candida von George Bernard Shaw (Candida), Regie: Willi Schmidt, Premiere: 15.4.1953, Düsseldorfer Schauspielhaus

Spielzeit 1954/55

Um Lucretia von Jean Giraudoux (Lucile Blanchard), Regie: Gustaf Gründgens, Premiere: 23.10.1954, Düsseldorfer Schauspielhaus

Spielzeit 1955/56

Requiem für eine Nonne von William Faulkner (Temple Stevens), Regie: Günther Haenel, Premiere: 2.6.1956, Volkstheater Wien

Spielzeit 1956/57

Tagebuch der Anne Frank von Frances Goodrich/Albert Hackett (Edith Frank), Regie: Dietrich Haugk, Premiere: 18.10.1956, Münchner Kammerspiele

Ein Traumspiel von August Strindberg (Indras Tochter), Regie: Günther Haenel, Premiere: 2.6.1957, Volkstheater Wien

Fast ein Poet von Eugene O'Neill (Deborah Harford), Regie: Oscar Fritz Schuh, Premiere: 29.7.1957, Salzburger Festspiele (Landestheater)

Spielzeit 1957/58

An Einzeltischen von Terence Rattigan (Sybil Railton-Bell), Regie: Leonard Steckel, Premiere: 7.10.1957, Renaissancetheater, Berlin

Fast ein Poet von Eugene O'Neill (Deborah Harford), Regie: Oscar Fritz Schuh, Premiere: 15.4.1958, Freie Volksbühne, Berlin (im Theater am Kurfürstendamm)

Die Troerinnen des Euripides/Mattias Braun (Kassandra), Regie: Hans Lietzau, Premiere: 12.6.1958, Staatliche Bühnen Berlin (Schiller Theater)

Spielzeit 1959/60

Süßer Vogel Jugend von Tennessee Williams (Alexandra del Lago), Regie: Hans Lietzau, Premiere: 6.10.1959, Staatliche Bühnen Berlin (Schiller Theater)

Ein Glas Wasser von Eugène Scribe (Herzogin von Marlborough), Regie: Oscar Fritz Schuh, Premiere: 24.2.1960, Bühnen der Stadt Köln (Kammerspiele)

Spielzeit 1960/61

Egmont von Johann Wolfgang Goethe (Margarethe von Parma), Regie: Gustav Rudolf Sellner, Premiere: 18.9.1960, Staatliche Bühnen Berlin (Schiller Theater)

Totentanz von August Strindberg (Alice), Regie: Walter Henn, Premiere: 4.1.1961, Staatliche Bühnen Berlin (Schlossparktheater)

Der blaue Boll von Ernst Barlach (Frau Boll), Regie: Hans Lietzau, Premiere: 1.3.1961, Staatliche Bühnen Berlin (Schiller Theater)

Spielzeit 1961/62

Das Konzert von Hermann Bahr (Marie Heink), Regie: Gustaf Gründgens, Premiere: 9.5.1962, Deutsches Schauspielhaus, Hamburg (Theater am Besenbinderhof)

Maria Stuart von Friedrich Schiller (Elisabeth), Regie: Harry Buckwitz, Premiere: 1.7.1962 Bad Hersfelder Festspiele

Spielzeit 1962/63

Ödipus des Sophokles (Iokaste), Regie: Rudolf Noelte, Premiere: 20.10.1962, Bayerische Staatstheater, München (Residenztheater)

Hamlet von William Shakespeare (Gertrude), Regie: Gustaf Gründgens, Premiere: 14.4.1963, Deutsches Schauspielhaus, Hamburg

Spielzeit 1963/64
Der König stirbt von Eugène Ionesco (Königin Margarete), Regie: Kurt Hirschfeld, Premiere: 28.11.1963, Schauspielhaus am Pfauen, Zürich
Zwiesprache von Fritz Kortner (Julia Mehnert), Regie: Fritz Kortner, Premiere: 11.4.1964, Münchner Kammerspiele

Spielzeit 1964/65
Das Leben des Horace A. W. Tabor von Carl Zuckmayer (Augusta Tabor), Regie: Werner Düggelin, Premiere: 18.11.1964, Schauspielhaus am Pfauen, Zürich
Alle Reichtümer der Welt von Eugene O'Neill (Deborah Harford), Regie: Oscar Fritz Schuh, Premiere: 1.8.1965, Salzburger Festspiele (Landestheater), ab 3.10.1965 Übernahme in den Spielplan des Deutschen Schauspielhauses, Hamburg

Spielzeit 1965/66
Durch die Wolken von François Billetdoux (Claire Verduret-Balade), Regie: Leopold Lindtberg, Premiere: 22.10.1966, Schauspielhaus am Pfauen, Zürich

Spielzeit 1966/67
Empfindliches Gleichgewicht von Edward Albee (Agnes), Regie: August Everding, Premiere: 26.4.1967, Münchner Kammerspiele
Die Wände von Jean Genet (Mutter), Regie: Hans Lietzau, Premiere: 9.2.1968, Bayerische Staatstheater, München (Residenztheater)

Spielzeit 1968/69

Das Orchester von Jean Anouilh (Orchesterchefin) / *Die Zofen* von Jean Genet (Gnädige Frau), Regie: Hans Lietzau, Premiere: 15.6.1969, Bayerische Staatstheater, München (Residenztheater)

Spielzeit 1970/71

Hamlet von William Shakespeare (Gertrude), Regie: Karl Heinz Stroux, Premiere: 3.10.1970, Düsseldorfer Schauspielhaus

Spielzeit 1971/72

Die Physiker von Friedrich Dürrenmatt (Mathilde von Zahnd), Regie: Hermann Kutscher, Premiere: 14.10.1971, Theater in der Josefstadt, Wien

Tragödie der Rächer von Cyril Tourneur (Herzogin Gratiana), Regie: Claus Peymann, Premiere: 14.6.1972, Deutsches Schauspielhaus, Hamburg

Spielzeit 1972/73

Barbaren (Bogajewskaja, Tatjana Nikolajewna) von Maxim Gorki, Regie: Dieter Giesing, Premiere: 11.10.1972, Deutsches Schauspielhaus, Hamburg

Glückliche Tage von Samuel Beckett (Winnie), Regie: Hans Schweikart, Premiere: 17.2.1973, Deutsches Schauspielhaus, Hamburg

Spielzeit 1973/74

Die See von Edward Bond (Louise Rafi), Regie: Dieter Giesing, Premiere: 17.11.1973, Deutsches Schauspielhaus, Hamburg

Die Jagdgesellschaft von Thomas Bernhard (Generalin), Regie: Dieter Dorn, Premiere: 15.5.1974, Staatliche Bühnen Berlin (Schiller Theater)

Spielzeit 1974/75

Auf dem Chimborazo von Tankred Dorst (Dorothea Merz), Regie: Dieter Dorn, Premiere: 23.1.1975, Staatliche Bühnen Berlin (Schlossparktheater)

Spielzeit 1976/77

Eines langen Tages Reise in die Nacht von Eugene O'Neill (Mary Cavan Tyrone), Regie: Willi Schmidt, Premiere: 8.12.1976, Staatliche Bühnen Berlin (Schiller Theater)

Spielzeit 1978/79

Frau von Kauenhofen von Hartmut Lange (Karoline von Kauenhofen), Regie: Hartmut Lange, Premiere: 12.4.1979, Schauspielhaus am Pfauen, Zürich

Spielzeit 1980/81

Am Ziel von Thomas Bernhard (Die Mutter), Regie: Claus Peymann, Premiere: 18.8.1981, Salzburger Festspiele (Landestheater)

Spielzeit 1984/85

Der seidene Schuh von Paul Claudel (Dona Honoria/Schauspielerin), Regie: Hans Lietzau, 27.7.1985, Salzburger Festspiele (Landestheater)

Spielzeit 1985/86

Savannah Bay von Marguerite Duras (Madeleine), Regie: Heribert Sasse, Premiere: 15.1.1986, Staatliche Bühnen Berlin (Schiller Theater)

Spielzeit 1988/89

Heldenplatz von Thomas Bernhard (Hedwig), Regie: Claus Peymann, Premiere: 4.11.1988, Burgtheater Wien

Spielzeit 1989/90

König Lear von William Shakespeare (Lear), Regie: Robert Wilson, Premiere: 26.5.1990, Städtische Bühnen Frankfurt am Main (Bockenheimer Depot)

Spielzeit 1993/94

Quartett von Heiner Müller (Marquise de Merteuil), Regie: Heiner Müller, Premiere: 11.3.1994, Berliner Ensemble

Spielzeit 1995/96

Der Auftrag von Heiner Müller (Antoine), Regie: Frank Castorf, Premiere: 5.6.1996, Berliner Ensemble

Spielzeit 1996/97

Monsieur Verdoux nach Charles Chaplin (Mme Marie Groneille), Regie: Werner Schroeter, Premiere: 19.1.1997, Berliner Ensemble

Film

Der Judas von Tirol (Josefa), Regie: Franz Osten, Premiere: 26.8.1933 (München), 21.1.1933 (Berlin)

Heideschulmeister Uwe Karsten (Ursula Diewen), Regie: Carl-Heinz Wolff, Premiere: 3.11.1933 (Hannover), 4.11.1934 (Berlin)

Der Schimmelreiter (Elke Volkerts), Regie: Hans Deppe/ Curt Oertel, Premiere: 12.1.1934 (Hamburg), 29.1.1934 (Berlin)

Krach um Jolanthe (Anna), Regie: Carl Froelich, Premiere: 18.8.1934 (Berlin)

Schwarzer Jäger Johanna (Johanna), Regie: Johannes Meyer, Premiere: 6.9.1934 (Mainz), 19.9.1934 (Berlin)

Alles hört auf mein Kommando (Hella Bergson), Regie: Georg Zoch, Premiere: 8.1.1935 (Berlin)

Oberwachtmeister Schwenke (Maria Schönborn), Regie: Carl Froelich, Premiere: 14.1.1935 (Berlin)

Die Werft zum Grauen Hecht (Käthe Liebenow), Regie: Frank Wysbar, Premiere: 22.8.1935 (Berlin)

Anschlag auf Schweda (Regine Keßler), Regie: Karl Heinz Martin, Premiere: 5.11.1935 (Berlin)

Wenn der Hahn kräht (Marie), Regie: Carl Froelich, Premiere: 23.3.1936 (Berlin)

Eine Frau ohne Bedeutung (Hester), Regie: Hans Steinhoff, Premiere: 26.10.1936 (Berlin)

Der Herrscher (Inken Peters), Regie: Veit Harlan, Premiere: 17.3.1937 (Berlin)

Capriolen (Mabel Atkinson), Regie: Gustaf Gründgens, Premiere: 10.8.1937 (Berlin)

Gabriele eins, zwei, drei (Gabriele Brodersen), Regie: Rolf Hansen, Premiere: 10.9.1937 (Berlin)

Der Schritt vom Wege (Effi Briest), Regie: Gustaf Gründgens, Premiere: 9.2.1939 (Berlin)

Kongo-Expreß (Renate Brinkmann), Regie: Eduard von Borsody, Premiere: 15.12.1939 (Berlin)

Auf Wiedersehen Franziska! (Franziska Tiemann), Regie: - Helmut Käutner, Premiere: 24.4.1941 (München), 6.5.1941 (Berlin)

Stimme des Herzens (Felicitas), Regie: Johannes Meyer, Premiere: 27.10.1942 (Berlin)

Romanze in Moll (Madeleine), Regie: Helmut Käutner, Premiere: 25.6.1943 (Berlin)

Ich brauche dich (Julia Bach), Regie: Hans Schweikart, Premiere: 12.5.1944 (Kiel), 11.7.1944 (Berlin)

Das Leben geht weiter (Leonore Carius), 1944/1945, Regie: Wolfgang Liebeneiner, unvollendet

Das verlorene Gesicht (Johanna), Regie: Kurt Hoffmann, Premiere: 18.11.1948

Schicksal aus zweiter Hand (Irene Scholz), Regie: Wolfgang Staudte, Premiere: 6.10.1949

Nur eine Nacht, Regie: Fritz Kirchhoff, Premiere: 11.5.1950

Der Mann meines Lebens, Regie: Erich Engel, Premiere: 25.3.1954

Dreizehn alte Esel (Martha Krapp), Regie: Hans Deppe, Premiere: 31.10.1958

Die seltsame Gräfin (Mary Pinder), Regie: Josef von Báky, Premiere: 8.11.1961

Der Schatz im Silbersee (Mrs. Butler), Regie: Harald Reinl, Premiere: 14.12.1962

Die Goldsucher von Arkansas, Regie: Paul Martin, Premiere: 20.11.1964

Falsche Bewegung (Die Mutter), Regie: Wim Wenders, Premiere: 14.3.1975

Marianne und Sophie (Marianne), Regie: Rainer Söhnlein, Premiere: 12.5.1983

Francesca, Verena Rudolph, 1986

Schloss Königswald, Regie: Peter Schamoni, Premiere: 14.1.1988

Die Königin, Regie: Werner Schroeter, Premiere: 7.9.2000

Anmerkungen

Abkürzungen

Blanca – Marianne Hoppe: »Mein Pony hieß Blanca« in: Mein Elternhaus, hrsg. von Rudolf Pörtner, Düsseldorf und Wien 1984, 107-115

Einsamkeit – In der Einsamkeit bin ich glücklich – Gero von Boehm porträtiert Marianne Hoppe, SWR, 15.5.1989

Jhering 1 – Herbert Jhering: Von Reinhardt bis Brecht, erster Band, Berlin 1958

Jhering 2 – Herbert Jhering: Von Reinhardt bis Brecht, zweiter Band, Berlin 1959

Jhering 3 – Herbert Jhering: Von Reinhardt bis Brecht, dritter Band, Berlin 1961

Nähe – Aus der Nähe betrachtet: Marianne Hoppe im Gespräch mit Harald von Troschke, RIAS Berlin, 19.4.1968

Prinzessin – Marianne Hoppe: »Die Prinzessin und der Eintänzer« in: Mein erstes Engagement, hrsg. von Hans Peter Doll, Stuttgart 1988

Profile – Profile: Marianne Hoppe im Gespräch mit Richard Schneider, SFB, 22.4.1996

Stern – Marianne Schmidt: »Marianne Hoppe – Stern ohne Himmel« in: *Transatlantik* Nr. 4 (April) 1982, 78-87

Zeugen 1 und 2 – Zeugen des Jahrhunderts. Marianne Hoppe im Gespräch mit Hajo Schedlich, ZDF, 26.4.1987 und 3.5.1987

Zukunft – Erinnern für die Zukunft: Gespräche mit Marianne Hoppe, Steffi Spira und Maria Gräfin von Maltzan, ein Film von Carmen Renate Köper, WDR, 4.10.1991

»Ich bin ein Kind meiner Zeit« (Seite 15 bis 37)

1 *B.Z.*, 24.4.1999

2 vgl. Theaterlexikon international, hrsg. von Jochanan Ch. Trilse-Finkelstein und Klaus Hammer, Berlin 1995, 411

3 Blanca, 107

4 zit. nach Ilona Schrumpf: »Im vergangenen Jahr erfüllte sie sich ihren lebenslangen Traum von Alaska«, *Berliner Morgenpost*, 11.5.1971

5 Blanca, 112

6 Zeugen 2

7 Die folgende Darstellung stützt sich auch auf die Aufzeichnungen von Gustav Hoppe, die im Besitz der Familie sind.

8 Blanca, 108. Und das ist nicht das einzige doppelte Band, das Marianne Hoppes Familie zusammenhielt. Die Mutter von Wilhelm und Heinrich Küchenmeister nämlich, Rosalie, war die jüngere von den zwei Töchtern der Witwe Christine Henze, die in zweiter Ehe Georg Hoppe geheiratet hatte und mit ihm Ernst Heinrich Georg bekam. Rosalie war also die Stieftante von Gustav und die Großmutter von Grete und damit für Marianne Hoppe zugleich Stiefgroßtante und Urgroßmutter.

9 Grete war durch den Generationensprung, den die zweite Ehe der Witwe Henze bewirkt hatte, letztlich Gustavs Stiefgroßnichte.

10 Blanca, 110

11 vgl. Magazin der *Frankfurter Allgemeinen Zeitung*, 18.5.1984

12 zit. nach Stern, 80

13 Zeugen 2

14 Marianne Hoppe, zit. nach Gerd Klepzig: »Man ist nie verloren. Kristall bei Marianne Hoppe« in: *Kristall* Nr. 14, 3. Quartal 1962, 50-53

[15] Zeugen 2
[16] Blanca, 111 f.
[17] Zeugen 1
[18] Nähe
[19] Marianne Hoppe: »Nach dem Unterricht aufs Pferd«, Teil 20 der Serie »Meine Lehrjahre«, aufgezeichnet von Alexander Kühn, *Die Zeit*, 3.1.2001
[20] Marianne Hoppe im Gespräch mit der Autorin. Das gilt im Folgenden für alle Zitate, die nicht gekennzeichnet sind.
[21] Dieses und die folgenden Zitate: Blanca, 111-114
[22] zit. nach Stern, 80
[23] Blanca, 115
[24] Paul Fechter, *Deutsche Allgemeine Zeitung*, 29.11.1919, abgedruckt in: Theater für die Republik. 1917-1933 im Spiegel der Kritik, 1. Band, hrsg. von Günther Rühle, Berlin 1988, 171
[25] Zukunft
[26] Blanca, 115
[27] Königin-Luise-Stiftung 1911-1986, o.O., o.J. (Berlin 1986), 22
[28] Profile
[29] Profile
[30] Marianne Hoppe: »Marianne Hoppe« in: H. E. Weinschenk: Schauspieler erzählen, Berlin 1938, 143
[31] zit. nach Stern, 78
[32] Gitta Günther: Weimar-Chronik, III. Folge 1850-1945, Weimar 1990, 39
[33] Ferdinand Lassalle (1825-1864), Publizist und Arbeiterführer in Breslau und Berlin
[34] Zeugen 1

»Das war ja alles wie Zuckerguss« (Seite 40 bis 66)

1 zit. nach Bernard von Brentano: Wo in Europa ist Berlin? Bilder aus den zwanziger Jahren, Frankfurt am Main 1987, 77
2 aus: Erich Kästner: »Die Zeit fährt Auto«, in: Herz auf Taille, München [7]1999, 74
3 Die Darstellung orientiert sich an Jost Hermand/Frank Trommler: Die Kultur der Weimarer Republik, Frankfurt am Main 1988, 23 ff.
4 aus: Kästner, Auto ..., a.a.O., 74
5 Einsamkeit
6 Zukunft
7 Marianne Hoppe, Marianne Hoppe ..., a.a.O., 145
8 Zeugen 1
9 Max Reinhardt: »Rede zur Eröffnung der Schauspielschule des Deutschen Theaters Berlin« (1905), zit. nach ders.: Ich bin nichts als ein Theatermann, hrsg. von Hugo Fetting, Berlin 1989
10 Max Reinhardt: »Von der modernen Schauspielkunst und der Arbeit des Regisseurs mit dem Schauspieler« (1915), in: ders., Theatermann ..., a.a.O., S. 415
11 Zeugen 1
12 Einsamkeit
13 in einem Übersichtsartikel vom 9.3.1925, zit. nach Jhering 2, 100
14 Ernst Josef Aufricht: Erzähle, damit du dein Recht erweist, Frankfurt am Main, Berlin 1966, 51
15 John Galsworthy (1867-1933), englischer Schriftsteller
16 zit. nach Jhering 2, 312
17 nach den Annoncen in den Tageszeitungen zu schließen
18 *Berliner Tageblatt*, 14.7.1928
19 Profile
20 Marianne Hoppe, Marianne Hoppe ..., a.a.O., 146
21 *Berliner Börsen-Courier*, 26.10.1928, zit. nach Jhering 2, 366, vgl. auch Jhering 2, 462 ff.

[22] In ihrem autobiografischen Text »Die Prinzessin und der Eintänzer« (Prinzessin, 15) schreibt Marianne Hoppe Bonwitt. Im Berliner Adressbuch des Jahres 1929 ist im Haus Eisenacher Straße 22 aber nur ein Max Bonnwitt nachgewiesen, auf den die Wohnung offenbar lief, obwohl er nicht anwesend war – zumindest erwähnt Marianne Hoppe zwar eine Tochter, aber keinen Mann.

[23] Das Bühnenjahrbuch von 1930 nennt als Anschrift noch die Eisenacher Straße 22.

[24] am 11.6.1928, zit. nach Günter Rühle: Theater für die Republik. 1917-1933 im Spiegel der Kritik, 2. Band 1926-1933, Berlin (Ost) 1928, 874

[25] am 11.6.1928, zit. nach Rühle, Theater für die Republik ..., 2. Band, a.a.O., 877

[26] im *Börsen-Courier* am 13.7.1928, in den beiden anderen am 14.7.1928

[27] um 1929 über 600.000 Exemplare, vgl. Rühle, Theater für die Republik..., a.a.O., 2. Band, 1173

[28] *Berliner Morgenpost*, 14.7.1928

[29] zit. nach Jhering 2, 364 ff.

[30] Arthur Eloesser, *Vossische Zeitung* , 27.10.1928

[31] Curt Riess: Gustaf Gründgens, Hamburg 1965, 82

[32] Mirjam Horwitz und Erich Ziegel, die Leiter der Hamburger Kammerspiele, wo Gründgens von 1923 bis 1928 engagiert war.

[33] Zeugen 1

[34] Herbert Jhering, *Berliner Börsen-Courier*, 12.11.1929, zit. nach Jhering 2, 453

[35] »Nie wieder spazierengehen müssen unter Kontrakt«, schreibt sie in ihrer Autobiografie »Bewundert viel und viel gescholten« (München 1978, 53) mit Bezug darauf, dass sie sich in der Spielzeit 1922/23 sowohl vom Deutschen Theater als auch vom Lessing-Theater jeweils für bestimmte Rollen engagieren liess.

[36] zit. nach: Sabine Kebir: Abstieg in den Ruhm: Helene Weigel, Berlin 2000, 26

[37] gemeint sind die Schauspielstunden bei Lucie Höflich
[38] zit. nach Stern, 79
[39] Marlene Dietrich: Ich bin, Gott sei Dank, Berlinerin, Frankfurt am Main/Berlin 1990, 66
[40] *Tempo*, 19.10.1929
[41] zit. nach Jhering, Herbert/Fetting, Hugo: Ernst Busch, Berlin (Ost) 1965, 61 f.
[42] Zukunft
[43] vgl. Inge Meysel: Frei heraus – mein Leben, Weinheim, Berlin 1991, 67 sowie Maurus Pacher: Inge Meysel – die verborgenen Jahre, Frankfurt am Main, Berlin 1991, 101 ff.
[44] Herbert Jhering, *Berliner Börsen-Courier*, 12.11.1929, zit. nach Jhering 2, 454 f.
[45] Angelika Hurwicz: Die Nische des Insekts, Engelsbach/ Frankfurt am Main/München/Bremen/New York 1999, 27 f.
[46] Gustaf Gründgens und Erika Mann heirateten im Juli 1926. Ein Jahr später war ihre Ehe faktisch zerbrochen, im Januar 1929 wurden sie geschieden.
[47] Riess, Gründgens, a.a.O., 85
[48] Profile
[49] vgl. Jahresrennkalender für Deutschland 1930-31, Teil 2, Berlin 1931
[50] *Tempo*, 25.4.1930
[51] zit. nach Reinhardt, Theatermann ..., a.a.O., 470
[52] Aufricht, Erzähle ..., a.a.O., 103 f. u.123 f.

»Die Grenzen kommen später« (Seite 69 bis 87)

[1] richtig: Bonnwitt
[2] Prinzessin, 15
[3] *Frankfurter Theater Almanach* 1930/31, 69
[4] Zeugen 1

5 Die Darstellung der Verhältnisse am Neuen Theater folgt Thomas Siedhoff: Das Neue Theater in Frankfurt am Main 1911-1935, Studien zur Frankfurter Geschichte, hrsg. von Wolfgang Klötzer und Dieter Rebentisch, Band 19, Frankfurt am Main 1985.

6 Die Uraufführung fand unter der Regie von Arthur Hellmer am 29.1.1917 statt.

7 Aus einem Brief des Schauspielers und Regisseurs Martin Costa, zit. nach Siedhoff, Neues Theater ..., a.a.O., 133.

8 Siedhoff bzw. zit. nach Siedhoff, Neues Theater ..., a.a.O., 37

9 Jhering 2, 208

10 *Frankfurter Theater Almanach* 1931/32, 57

11 Berlin: 23.10.1928, Frankfurt: 26.1.1929

12 Berlin: 17.1.1929, Frankfurt: 18.5.1929

13 Berlin: 16.1.1930, Frankfurt: 7.6.1930

14 Berlin: 9.6.1928, Frankfurt: 30.3.1929

15 vgl. Siedhoff, Neues Theater ..., a.a.O., 46 f. und Jhering 1, 113: »Reinhardt hinterlässt nur Inszenierungen, keinen Stil. Er hinterlässt Schauspieler, kein Ensemble. Er hinterlässt Aufführungen, kein Theater. An ihn hat sich keine Tradition angesetzt, die Grundlage für Zukünftiges werden könnte.«

16 vgl. »Frankfurter Gesichter: Karl Luzius« in: *Frankfurter Allgemeine Zeitung*, 26.1.1980

17 Siegfried Melchinger/Rosemarie Clausen: Schauspieler, Velber b. Hannover, 1965, 114

18 In den Materialien der Stadt- und Universitätsbibliothek Frankfurt am Main befinden sich zwei Programmhefte des Kabaretts Porza, von denen eines Marianne Hoppe für die Zeit vom 25.2.1932 bis 26.3.1932 als Mitwirkende verzeichnet. Mehr lässt sich nicht mehr nachweisen.

19 Melchinger/Clausen, Schauspieler, a.a.O., 114

20 Zeugen 1

21 Erich Kästner über den Titel seiner 1928 erschienenen Gedichtsammlung anlässlich des Neudrucks 1965: »Der

Titel wurde gesucht und gefunden. ›Herz auf Taille‹, das passte zu modischen Linie, zum Bubikopf, zum kurzen Rock, zur überlangen Zigarettenspitze, zum Onestep und zum Charleston. Herz à la mode, das bedeutete Skepsis, Einschränkung des Gefühls. Scheu vor der Demaskierung, Selbstironie als Selbstschutz.« (Erich Kästner: Herz auf Taille, München, [7]1999, 7 f.)

22 Melchinger/Clausen, Schauspieler, a.a.O., 114

23 *Frankfurter Zeitung*, 4.8.1930

24 richtig: Karl Heinz Klubertanz

25 gemeint ist wohl: simulierten

26 Prinzessin, 18 f.

27 Zeugen 1

28 Nähe

29 Eine Lackfabrik auf den Namen Dreyfuss lässt sich für diese Zeit in Frankfurt nicht nachweisen. Carl Dreyfuss selbst ist im Adressbuch des Jahres 1929 vermutlich als »Dreyfuß, Carl, Dr. phil., Fabrikant« geführt.

30 zit. nach Stern, 80

31 Vier Texte erschienen am 17.11.1931 in der *Frankfurter Zeitung* unter der Überschrift »Surrealistische Lesestücke« und mit dem Pseudonym Castor Zwieback gezeichnet. Achtzehn wurden in die Gesammelten Schriften von Adorno aufgenommen (hrsg. von Rolf Tiedemann, Band 20.2., Frankfurt am Main 1986, 587 ff.), zwanzig verlegte schließlich1994 die Kölner edition fundamental.

32 zit. nach Castor Zwieback: Lesestücke, hrsg. von Karl Riha, Köln 1994, 12

33 Karl Riha: »Editorische Anmerkung« in: Castor Zwieback: Lesestücke, a.a.O., 26 u. 28

34 vgl. Adorno/Berg, Briefwechsel ..., a.a.O., 133

35 Prinzessin, 17

36 vgl. Patrik von zur Mühlen: Fluchtziel Lateinamerika. Die deutsche Emigration 1933-1945, Forschungsinstitut der Friedrich-Ebert-Stiftung, Reihe Politik und Gesellschaftsgeschichte, Band 21, hrsg. von Kurt Klotzbach, Bonn

1988, 90. Lustigerweise bezeichnet von zur Mühlen Dreyfuss hier als Mitarbeiter des »Frankfurter Sexualwissenschaftlichen Instituts«.

37 Nähe

38 vgl. Prinzessin, 17

39 *Frankfurter Zeitung*, 18.8.1930

40 *Frankfurter Zeitung*, 3.11.1930

41 Rudolf Geck über Marianne Hoppe in: »Ist denn das so wichtig?« von Rudolf Lothar, *Frankfurter Zeitung*, 15.12.1930.

42 Rudolf Geck über Marianne Hoppe in »Das öffentliche Ärgernis« von Franz Arnold, *Frankfurter Zeitung*, 2.1.1931.

43 Kaha (d.i. vermutl. K.H., d.i. Karl Holl), *Frankfurter Zeitung*, 7.4.1931

44 *Frankfurter Zeitung*, 3.1.1932

45 f.t.g., *Frankfurter Zeitung*, 4.12.1930

46 E.G.W. (d.i. Erik Graf Wartenburg), *Frankfurter Zeitung*, 30.3.1932

47 *Frankfurter Zeitung*, 15.6.1931

48 *Frankfurter Zeitung*, 29.6.1931

49 Prinzessin, 17

50 vgl. »Mariannes Weg als Künstlerin« in: *Filmwelt*, 24.6.1935

51 Prinzessin, 17

52 H. Th. Wüst: »Apolls Propagandachef« in: *Frankfurter Theater Almanach* 1930/31, 66 ff.

53 H. Th. Wüst: »Zweimal Theater« in: *Frankfurter Theater Almanach* 1931/32, 48

54 in: *Frankfurter Theater Almanach* 1932/33, 64

55 vgl. Golo Mann: Deutsche Geschichte des 19. und 20. Jahrhunderts, Frankfurt am Main 1992, 771

56 *Frankfurter Zeitung*, 8.12.1931

57 Rudolf Geck, *Frankfurter Zeitung*, 10.5.1932

58 zit. nach einem maschinenschriftlichen Pressespiegel, den Marianne Hoppe Anfang 1933 erstellt hat und der sich in

der Akte des Berlin Document Center zu ihrer Person im Berliner Bundesarchiv befindet.

59 Nähe. Vgl. auch Marianne Hoppes Bericht über ihre erste Begegnung mit dem Film in: *Licht-Bild-Bühne*, 20.1.1934.

60 vgl. »Mariannes Weg als Künstlerin« in: *Filmwelt*, 24.6.1934

61 zit. nach Stern, 80

»Ich habe meinen Kram gemacht« (Seite 90 bis 110)

1 vgl. Wolfgang Petzet: Theater. Die Münchner Kammerspiele 1911-1972, München 1973. Wenn nicht anders angegeben, orientiert sich die Darstellung an diesem Werk.

2 Regie: Wolfgang Liebeneiner, Premiere: 16.6.1932

3 vgl. den die Spielzeit ankündigenden Bericht »Vom Münchner Theater« in: *Münchner Neueste Nachrichten*, 25.9.1932

4 Petzet, Theater ..., a.a.O., 238

5 Petzet, Theater ..., a.a.O., 183

6 *Münchner Post*, 26.9.1932

7 26.9.1932

8 Petzet, Theater ..., a.a.O., 181 ff.

9 Prinzessin, 18

10 Regie: Otto Falckenberg, Premiere: 5.10.1932

11 *Frankfurter Zeitung*, 22.11.1932

12 *Münchner Neueste Nachrichten*, 8.11.1932

13 Therese Giehse: Ich habe nichts zum Sagen. Gespräche mit Monika Sperr, Berlin (Ost) 1977, 38

14 »Endlich ein deutsches Weib in diesem verjudeten Haus«, schrieb der *Völkische Beobachter*, die Nazis wollten sie zur Ehrenarierin erklären, und noch 1934 versuchte der Münchner Nazibürgermeister Karl Fiehler, sie und Kurt Horwitz aus der Emigration zurückzuholen.

15 Giehse, Ich habe nichts ..., a.a.O., 51

16 *Münchner Neueste Nachrichten*, 8.12.1932
17 *Münchner Zeitung*, 7.12.1932
18 Petzet, Theater ..., a.a.O., 244
19 Zeugen 2
20 Titelblatt vom 6.2.1933
21 Hertha Pauli, zit. nach Traugott Krischke: Ödön von Horváth. Kind seiner Zeit, Berlin 1998, 168
22 zit. nach Stern, 81
23 Bernhard Minetti: Erinnerungen eines Schauspielers, hrsg. von Günther Rühle, Stuttgart 1985, 76 f.
24 vgl. Hans Daiber: Schaufenster der Diktatur. Theater im Machtbereich Hitlers, Stuttgart 1995, 43
25 vgl. Krischke, Ödön von Horváth ..., a.a.O., 173 ff.
26 zit. nach Luise Ullrich: Komm auf die Schaukel, Luise, Frankfurt am Main/Berlin 1993, 109
27 *Münchner Neueste Nachrichten*, 17.2.1933
28 zit. nach Stern, 80
29 vgl. Krischke, Ödön von Horváth ..., a.a.O., 170
30 Wer., *Münchner Neueste Nachrichten*, 26.3.1933
31 vgl. Stern, 80
32 Regie: Francesco von Mendelsohn, Premiere in Leipzig: 18.11.1932, am Komödienhaus Berlin am 25.11.1932
33 Bernhard Diebold, *Frankfurter Zeitung*, 29.11.1932
34 Einsamkeit
35 Zukunft
36 Vermutlich bezieht sie sich auf einen Artikel, den Günther Rühle am 26.4.1991 zu ihrem offiziell 80. Geburtstag im Berliner *Tagesspiegel* veröffentlicht hatte: »In den Furchen des Glücks«. Darin heißt es: »Es gehörte zum Schicksal der Marianne Hoppe, dass sie sich in der Hitlerschen Zeit entfalten musste.«
37 Petzet, Theater ..., a.a.O., 181, 251 u. 253 ff.
38 *Münchner Neueste Nachrichten*, 10.4.1933
39 Oskar Kalbus: Vom Werden deutscher Filmkunst, Band 2: Der Tonfilm, Altona-Bahrenfeld 1935, 108

»Ich muss imprägniert gewesen sein« (Seite 117 bis 137)

1 *Illustrierter Beobachter*, 4.10.1938
2 Einsamkeit
3 Marianne Hoppe: »Ich filme«, Manuskript oder Abschrift, Archiv Hoppe
4 O. Quelle, o. Datum, Archiv Hoppe, die zeitliche Einordnung erfolgte aufgrund der Hinweise im Text.
5 *Filmwelt*, 24.6.1934
6 Dieser Brief wie auch die weiteren Dokumente aus Marianne Hoppes Schriftwechsel mit der Reichsfachschaft Film, aus denen zitiert werden wird, befinden sich in Frau Hoppes Personenakte des Berlin Document Centers im Berliner Bundesarchiv.
7 zur Kammer der Kunstschaffenden, die in den Räumen der Reichskulturkammer als demokratisches Organisationsforum eingerichtet worden war.
8 hier irrte sie sich, siehe oben
9 Zukunft
10 Zeugen 1
11 Adorno/Berg, Briefwechsel ..., a.a.O., 276/277
12 vgl., auch für die folgende Darstellung, Armgard Seegers' Interview mit Marianne Hoppe »Es war immer ein Spiel am Abgrund« in: *Berliner Morgenpost*, 16.4.1995 sowie Claus Larass: »Marianne Hoppe: Hier in der Einsamkeit bin ich glücklich« in: *Welt am Sonntag*, 26.4.1981
13 Zeugen 1
14 Einsamkeit
15 Joseph Goebbels Tagebücher, hrsg. von Ralf Georg Reuth, Band 3: 1935-1939, 893. Auch die folgenden Tagebuchzitate sind – wenn nicht anders angegeben – dieser Ausgabe entnommen. Die Auslassung markiert eine Entzifferungslücke.

[16] vgl. Deutsche im Zweiten Weltkrieg. Zeitzeugen sprechen, hrsg. von Johannes Steinhoff, Peter Pechel und Dennis Showalter, München 1989, 76

[17] *Deutscher Anzeiger*, 29.8.1980

[18] Felix Moeller: Der Filmminister. Goebbels und der Film im Dritten Reich, Berlin 1998, 16

[19] Nähe

[20] zit, nach Stern, 81; vgl. auch Zeugen 1 und *Welt am Sonntag*, 26.4.1981

[21] Deutsche im Zweiten Weltkrieg ..., a.a.O., 75 f.

[22] Andres Müry: »Die Knacksdame. Ein Gespräch mit Marianne Hoppe zu ihrem achtzigsten Geburtstag« in: *Theater heute*, April 1991, 8

[23] Nähe

[24] Einsamkeit

[25] Zukunft

[26] Kalbus, Filmkunst ..., a.a.O., 101

[27] Moeller, Filmminister..., a.a.O.,168

[28] Tagebuch vom 22.10.1936

[29] Hans-Hubert Gensert: »Die neue Kunstanschauung und ihr Ausdruck. Eine Betrachtung über Umwertung und Neubildung ästhetischer Begriffe in der Gegenwart« in: *Der deutsche Film*, Juni 1938, 323 ff.

[30] zit. nach »Neue Wertung des Kunstschaffens« in: *Berliner Morgenpost*, 28.11.1936

[31] Hermann Gressieker: »Mobilmachung für die deutsche Filmkunst« in: *Der deutsche Film*, April 1937, 284

[32] Moeller, Filmminister ..., a.a.O., 412

[33] Thingspiele waren chorische Spiele, die nationale Fragen behandelten und unter freiem Himmel gespielt wurden. Der Begriff bezog sich auf die Thing genannte Volksversammlung der Germanen.

[34] zit. nach *Film-Kurier*, 6.3.1937

[35] zit. nach Klaus Kanzog: Staatspolitisch besonders wertvoll, München 1994, 151

»Man muss doch immer eine Steigerung erstreben« (Seite 140 bis 169)

1 *Die Dame*, o. Datum, *Film-Kurier*, o. Datum, beide Archiv Hoppe, *Licht-Bild-Bühne* und *Tempo*, 7.6.1933, *Funkstunde*, 23.6.1933. Einig geworden waren sich Marianne Hoppe und die Lothar-Stark-Film GmbH bereits im April. Vielleicht wurde die Meldung, dass sie mit den Dreharbeiten begann, aus Werbegründen so formuliert, als handle es sich um eine Überraschung.

2 »Ein neuer Ufa-Star« von K.H., o. Quelle, Archiv Hoppe. Datierung nach den Hinweisen im Text.

3 C.C., *B.Z.*, 23.11.1933

4 Zitate aus Wolfgang Ertel-Breithaupt: »Wir fuhren in die Heide«, *Berliner Tageblatt*, o. Datum, vermutlich Mitte August, Archiv Hoppe

5 H.K., *Licht-Bild-Bühne*, 14.8.33

6 o. Quelle, o. Datum, Archiv Hoppe und K.M., *Deutsche Allgemeine Zeitung*, 7.11.33

7 Marianne Hoppe: »Freundschaft mit der Heide«, o. Quelle, 6.3.1934, Archiv Hoppe

8 d.i. Rosa Moersberger

9 *Greifswalder Zeitung*, 3.7.1934

10 -r., 6.11.1933

11 F–S–, *Berliner Volkszeitung*, 6.11.1933

12 R.E., *8-Uhr-Blatt*, 6.11.1933

13 HEF, *Berliner Lokalanzeiger*, 7.11.1933

14 v.D., *Völkischer Beobachter*, 7.11.1933

15 o. Quelle (anlässlich der Aufführung des Films in Göttingen), 6.3.1934, Archiv Hoppe

16 Kalbus, Vom Werden deutscher Filmkunst ..., a.a.O., 58

17 K.M., *Deutsche Allgemeine Zeitung*, 7.11.1933

18 R.E., *8-Uhr-Blatt*, 6.11.1933

19 zit. nach H. S. Linde: »Eine Viertelstunde Marianne Hoppe« in: *Westfälische Landeszeitung*, 18.3.1934

20 o. Quelle, o. Datum, Archiv Hoppe

21 o. Quelle, 16.2.1934, Archiv Hoppe

22 zit. nach Heidi Schulze-Breustedt: »Sie hat's nicht gern bequem« in: *Brigitte* ,10/1975, 134 ff

23 »Marianne Hoppe«. Begleittext zu einer ganzseitigen Porträtaufnahme in: *Der deutsche Film*, September 1936, 72

24 Moeller, Filmminister ... a.a.O., 153/54

25 W. Kark, 13.1.1934

26 Be., 30.1.1934

27 vgl. die Kritikenschau »Der Schimmelreiter« des Europa Filmverleihs, o. Ort, o. Datum, Archiv Hoppe

28 Karl Gabel, *Essener Morgenpost*, 25.2.1934

29 Ruhle, *Licht-Bild-Bühne*, 30.1.1934

30 Betz., *Der Film*, 3.2.1934

31 am 29.6.1934

32 Nähe

33 Adolf Hitler zur Eröffnung des Winterhilfswerks 1936/37, zit. in: *Der deutsche Film*, November 1936, 132

34 *Völkischer Beobachter*, 21.8.1934

35 H.T, o. Quelle (Kurier für die Prignitz), o. Datum, Archiv Hoppe

36 G.H., *Film-Kurier*, 20.8.1934

37 Tagebucheintrag vom 24.9.1934, zit. nach Moeller, Filmminister ..., a.a.O., 157

38 zit. nach H.S. Linde: »Eine Viertelstunde Marianne Hoppe« in: *Westfälische Landeszeitung*, 18.3.1934

39 *Film-Kurier*, 9.1.1935

40 L.E., o. Quelle, 16.1.1935, Archiv Hoppe

41 Chr. O. Frenzel, *Deutsche Allgemeine Zeitung*, 16.1.1935

42 vgl. die entsprechenden Artikel vom 13., 14. und 18.12.1934, o. Quellen, Archiv Hoppe

43 der Brief befindet sich ohne Adresse und nur noch teilweise leserlich in Frau Hoppes BDC-Akte.

44 o. Quelle, 18.12.1934, Archiv Hoppe

45 *Mein Magazin*, 3.8.1935

46 o. Datum, Archiv Hoppe

47 Kalbus, Vom Werden deutscher Filmkunst ..., a.a.O., 106

[48] Das muss man in diesem Fall einfach glauben, denn als einziger von Marianne Hoppes Filmen dieser Jahre ließ sich »Die Werft zum grauen Hecht« nicht beschaffen.

[49] Brm., *12-Uhr-Blatt*, 23.8.1935; G.H., *Film-Kurier*, 23.8.1935 und Felix Henseleit, o. Quelle, o. Datum, Archiv Hoppe

[50] G.H., *Film-Kurier*, 23.8.1935

»Dass man nicht so leben kann, weiß ich« (Seite 172 bis 192)

[1] Leni Wüst: »Kolumbus ist schuld!« in: *Frankfurter Theater Almanach* 1930/31, 84

[2] Leni Wüst: »Rückblick einer Garderobenfrau« in: *Frankfurter Theater Almanach* 1933/34, 70

[3] H. Th. Wüst: »Ein Nationaltheater in Frankfurt« in: *Frankfurter Theater Almanach* 1933/34, 35 f.

[4] Adolf Hitler auf der Kulturtagung des Parteitags der NSDAP in Nürnberg am 1.9.1933, abgedruckt in: *Berliner Lokal-Anzeiger*, 2.9.1922, zit. nach Joseph Wulf: Kultur im Dritten Reich. Band 3: Die Bildenden Künste, Frankfurt am Main/Berlin 1989, 64-68

[5] *Berliner Lokal Anzeiger*, 13.9.1933, zit. nach Wulf, Kultur im Dritten Reich, Band 4 ... a.a.O., 83

[6] Rudolf Huch, *Die Bühne*, 20.2.1944, zit. nach Boguslaw Drewniak: Das Theater im NS-Staat. Szenarium deutscher Zeitgeschichte 1933-1945, Düsseldorf 1983, 247

[7] Reinhardt, Theatermann ..., a.a.O., 275

[8] Drewniak, Theater im NS-Staat ..., a.a.O., 62

[9] Zahlen nach Drewniak, Theater im NS-Staat ..., a.a.O., 42 f.

[10] doppelseitige Anzeige in: *Der deutsche Film*, April 1938

[11] zit. nach Michael Dillmann: Heinz Hilpert. Leben und Werk, Berlin 1990, 85

[12] Drewniak, Theater im NS-Staat ..., a.a.O., 151 und 149

[13] Zahlen nach den Beschäftigungsnachweisen der Reichsfilmkammer (BDC-Dokumente)

[14] gemäß einer Aufstellung Gustaf Gründgens' von 1942, Archiv Hoppe

[15] C. Weichardt: »Nationaltheater im Werden« in: *Berliner Morgenpost*, 12.5.1936

[16] Kraft durch Freude war die im November 1933 gegründete Freizeitorganisation der Deutschen Arbeitsfront.

[17] Drewniak, Theater im NS-Staat ..., a.a.O., 44

[18] Jhering 3, 287 f.

[19] etwa Curt Riess: Gustaf Gründgens, Frankfurt am Main/Wien/Zürich 1967, 122

[20] etwa Peter Michalzik: Gustaf Gründgens. Der Schauspieler und die Macht. Berlin 1999, 74 f.

[21] zit. nach Michalzik, Gründgens ..., a.a.O., 73 f. Michalzik weist auch darauf hin, dass es sich bei diesem Textfragment, das verschiedentlich als der Entwurf eines Buches von Gründgens über die Berliner Staatstheater und die Nazizeit angesehen wurde, im Wesentlichen um die Ausführungen seines Anwalts Werner Schütz handelt, die dieser im Düsseldorfer Entnazifizierungsprozess des Jahres 1947 an den Berufungsausschuss schickte.

[22] Friedrich Luft: Gustaf Gründgens, Berlin ^{2}1960, 14

[23] Marcel Reich-Ranicki: Mein Leben, Stuttgart 1999, 114 f.

[24] Michalzik, Gründgens ..., a.a.O., 112 ff.

[25] Reich-Ranicki, Mein Leben, a.a.O., 119

[26] zit. nach Ralf Georg Reuth: Goebbels, München/Zürich 1990, 317

[27] zit. nach Riess, Gründgens ..., a.a.O., 140 und 141

[28] Nähe

[29] *Filmwelt*, 1.4.1934

»Man wusste, da ist Verlass« (Seite 195 bis 212)

1 Erwin H. Reinalter, *Völkischer Beobachter*, 10.9.1935
2 Erik Krünes, *Berliner Nachtausgabe*, 9.9.1935
3 *Film-Kurier*, 14.9.1935
4 B. E. Werner, *Deutsche Allgemeine Zeitung*, 9.9.1935
5 Herbert Jhering, *Berliner Tageblatt*, 9.9.1935
6 Erwin H. Reinalter, *Völkischer Beobachter*, 10.9.1935; Herbert Jhering, *Berliner Tageblatt*, 9.9.1935; R.H.D., *8-Uhr-Blatt*, 9.9.1935; Brm., *12-Uhr-Blatt*, 9.9.1935
7 *Film-Kurier*, 14.9.35; Erwin H. Reinalter, *Völkischer Beobachter*, 10.9.1935
8 B. E. Werner, *Deutsche Allgemeine Zeitung*, 9.9.1935; Otto Ernst Hesse, *B.Z.*, 9.9.1935
9 R.H.D., *8-Uhr-Blatt*, 9.9.1935; *Kurier*, 10.9.1935
10 Franz Köppen, *Börsen-Zeitung*, 9.9.1935
11 Heinz Pauck, *Berliner Volkszeitung*, 9.9.35
12 Carl Weichardt, *Berliner Morgenpost*, 10.9.35
13 Zukunft
14 Reich-Ranicki, Mein Leben, a.a.O., 118
15 »Michael Kramer«, Premiere: 14.11.1937
16 Karl H. Ruppel: Berliner Schauspiel. Dramaturgische Betrachtungen 1936 bis 1942, Berlin/Wien 1943, 246/47
17 Erik Krünes, *Berliner Nachtausgabe*, 16.10.1935
18 Carl Weichardt, *Berliner Morgenpost*, 17.10.1935
19 R.H.D., *8-Uhr-Blatt*, 17.10.1935; B. E. Werner, *Deutsche Allgemeine Zeitung*, 16.10.1935; n.k., *Frankfurter Zeitung*, 17.10.1935
20 bei den Proben zu »An Einzeltischen« von Terence Rattigan, Regie: Leonard Steckel, Premiere: 7.10.1957, Renaissancetheater Berlin
21 Ernst Schröder: Das Leben – verspielt, Frankfurt am Main 1978, 160
22 zit. nach: »Die Königin« von Werner Schroeter, Deutschland 2000
23 Zeugen 1

[24] C. W., *Berliner Morgenpost*, 9.12.1935

[25] O. H., *Deutsche Allgemeine Zeitung*, 1.1.1936

[26] *Die Koralle*, 18/1942

[27] Anna Maria Sigmund: Die Frauen der Nazis, München 2000, 85

[28] Otto Ernst Hesse, *B.Z.*, 22.1.1936

[29] Herbert Jhering, *Berliner Tageblatt*, 22.1.1936

[30] Michalzik, Gründgens ...,159 f.

[31] Waldemar Hartmann, *Völkischer Beobachter*, 3.5.1936

[32] Aus Aufzeichnungen von Gustaf Gründgens von 1946, in denen er seine Ernennung zum Staatsrat erklärte, zit. nach Dagmar Walach: Gustaf Gründgens. Aber ich habe nicht mein Gesicht, Berlin 1999, 99 ff.

[33] Riess, Gustaf Gründgens, a.a.O., 168 ff.

[34] zit. nach Stern, 82

[35] Profile

[36] zit. nach Stern, 82

[37] Einsamkeit

[38] *Berliner Morgenpost*, 16.5.1995

[39] zit. nach Moeller, Filmminister ..., a.a.O., 337

»Wir führten kein großes Haus« (Seite 215 bis 235)

[1] zit. nach Stern, 84

[2] Gret Palucca (1902-1993), Schülerin der Ausdruckstanzpionierin Mary Wigman, gründete 1925 in Dresden ihre eigene Schule.

[3] Käte Haack: In Berlin und anderswo, München/Berlin 1971, 131 f.

[4] Berta Drews: Wohin des Wegs. Erinnerungen, Frankfurt am Main/Berlin 1992, 171

[5] Im Originaltext steht hier und an den folgenden Stellen statt Hester Sylvia, was offenkundig ein Irrtum ist.

[6] Ickes., *Filmwoche*, 4.11.1936

[7] vgl. die Zitate auf der ganzseitigen Werbung in: *Der deutsche Film*, November 1936

[8] fk., *Der deutsche Film*, Dezember 1936, 182

[9] Jerzy Toeplitz: Geschichte des Films, Band 3: 1934-1939, Berlin (Ost) 1982, 280

[10] *Der deutsche Film*, November 1936, 132

[11] o. Quelle, o. Datum, Archiv Hoppe

[12] In Jürgen Fehling, Der Regisseur (1885-1968), Berlin 1978, 147 ist der 26.9.1936 angegeben.

[13] Otto Ernst Hesse, *B.Z.*, 28.9.1936, zit. nach Jürgen Fehling ..., a.a.O., 147

[14] Dr. W. Könitzer, *Völkischer Beobachter*, 12.11.1936

[15] W., *Deutsche Allgemeine Zeitung*, 11.11.1936

[16] Amy Smith: Hermine Körner, Berlin 1970, 146

[17] vgl. *Film-Kurier*, 2.2.1937 und 4.2.1937

[18] vgl. *Film-Kurier*, 20.2.1937

[19] *Filmwelt*, 4.4.1937

[20] *Film-Kurier*, 16.4.1937

[21] Maria Bard, Willy Birgel, Lil Dagover, Paul Dahlke, August Eichhorn, Walter Frank, Luise Glau, Walter Jung, Bruno Hübner, Frieda Jahn, Anne Kersten, Walther Kottenkamp, Viktor de Kowa, Ernst Leudesdorff, Friedrich Lindner, Antonia Linz, Heinrich Marlow, Harald Paulsen, Karl Randt, Hans-Hermann Schaufuß, Aribert Wäscher, Alice Verden, Gustav Waldau und Paul Wegener.

[22] *Illustrierter Beobachter*, 3.2.1938

[23] *Illustrierter Beobachter*, 10.3.1938

[24] Archiv Hoppe

[25] Archiv Hoppe

[26] Zeugen 1

[27] zit. nach *Theater heute*, September 1989, 11

[28] *Der deutsche Film*, August 1937, 89

[29] zit. nach *Theater heute*, September 1989, 11

[30] K.K., *Deutsche Filmzeitung*, 15.8.1937

[31] Dokument 65 der Akte 3595 des Bundesarchivs

»Unsere Schritte gingen ganz klar über die Bühne« (Seite 238 bis 274)

1 Carl Weichardt, *Berliner Morgenpost*, 11.6.1937
2 Erik Krünes, *Berliner Nachtausgabe*, 10.6.1937
3 Max Geisenheyner, *Frankfurter Zeitung*, 12.6.1937
4 Erik Krünes, *Berliner Nachtausgabe*, 10.6.1937
5 vom 12.6.1937
6 Paul Fechter, *Berliner Tageblatt*, 30.9.1937
7 zit. nach: Berliner Schauspiel. Dramaturgische Betrachtungen 1936 bis 1942, Berlin/Wien 1943, 99
8 Zeugen 1
9 Ruppel, Berliner Theater ..., a.a.O., 100
10 Premiere: 2.3.1937, Schauspielhaus am Gendarmenmarkt
11 Ruppel, Berliner Theater ..., a.a.O., 19
12 Paul Fechter, *Berliner Tageblatt*, 30.9.1937
13 *Danziger Neueste Nachrichten*, 21.6.1938
14 *Landeszeitung für Mecklenburg Neustrelitz*, 23.2.1938
15 ein zeitgenössisches Urteil des Literaturhistorikers Walther Linden, zit. nach Drewniak, Theater im NS-Staat ..., a.a.O., 221
16 Günther Stöve, *Völkischer Beobachter*, 6.2.1938
17 Paul Fechter, *Berliner Tageblatt*, 5.2.1938
18 Carl Weichardt, *Berliner Morgenpost*, 8.3.1938
19 Ruppel, Berliner Schauspiel ..., a.a.O., 280
20 H.R., o. Quelle, Mitte April, Archiv Hoppe, Datierung nach dem Hinweis auf die am Tag vor dem Gespräch stattgefundene Premiere von »Der siebenjährige Krieg« von Hans Rehberg unter der Regie von Gustaf Gründgens am 7.4.1938 im Schauspielhaus am Gendarmenmarkt.
21 Aufführung am 13.6.1938 im Burgtheater
22 *Berliner Morgenpost*, 21.7.1938
23 *Nationalzeitung Essen*, 26.7.1938.
24 zit. nach der Anmerkung 131 in: Goebbels, Tagebücher, Band 3, a.a.O., 1282
25 vom 17.1.1939

[26] Max Geisenheyner, *Frankfurter Zeitung*, 17.1.1939
[27] Carl Weichardt, *Berliner Morgenpost*, 17.1.1939
[28] vom 13.1.1939
[29] vgl. den Vorbericht in der *Filmwelt*, 28.10.1938
[30] Eberhard Schulz, *Frankfurter Zeitung*, 11.12.1939, zit. nach Walach, Gründgens ..., a.a.O., 59 f.
[31] Wilhelm Hackbarth, o. Quelle, o. Datum; o. Autor, o. Quelle, o. Datum, Fragment, beide Archiv Hoppe
[32] *Der deutsche Film*, Juli 1939, 44
[33] Premiere: 26.9.1934
[34] Außer der Minna und der Franziska war nur noch der Riccaut de la Marlinière neu besetzt: statt Gründgens selbst spielte ihn nun Paul Henckels.
[35] Bruno E. Werner, *Deutsche Allgemeine Zeitung*, 4.11.1939
[36] *Berliner Morgenpost*, 5.11.1939
[37] nicht, wie Felix Moeller (Filmminister ..., a.a.O., 241) schreibt, im Warschauer Ghetto, das erst im Oktober 1940 eingerichtet wurde.
[38] Ma. (d.i. Frank Maraun), *Der deutsche Film*, Januar 1940, 156 ff.
[39] Zukunft
[40] zit. nach Stern, 84
[41] Da der Film in Kiel uraufgeführt wurde, ist anzunehmen, dass zumindest Teile in Schleswig-Holstein gedreht wurden – im Studio, Außenszenen gibt es nicht.
[42] zit. nach Stern, 84 f.
[43] Richard Biedrzynski, *Völkischer Beobachter*, 14.1.1940
[44] Carl Weichardt, *Berliner Morgenpost*, 14.1.1940
[45] am 6.4.1940
[46] Biedrzynski, Schauspieler ..., a.a.O., 111
[47] Bruno E. Werner, *Deutsche Allgemeine Zeitung*, 4.9.1940
[48] Florian Kienzl, *12-Uhr-Blatt*, 5.9.1940
[49] Karl Korn, *Das Reich*, 8.9.1940
[50] Ruppel, Berliner Schauspiel ..., a.a.O., 139
[51] *Berliner Morgenpost*, 23.9.1941
[52] Richard Biedrzrynski, *Völkischer Beobachter*, 22.9.1941

[53] *Frankfurter Zeitung*, 24.9.1941

[54] Adolf Hitler auf dem Reichsparteitag 1934, zit. nach Drewniak, Der deutsche Film ..., a.a.O., 252

[55] Hansjürgen Wille, *Filmwelt*, 3.1.1941

[56] Lore Hundsdörfer, *Blatt der Hausfrau* , 21/1941, 332 f.

[57] *Erika*, Nr. 4/1941

[58] *Berliner Morgenpost*, 1.1.1942

[59] *Frankfurter Zeitung*, 12.11.1942

[60] Bernhard Eck, *Völkischer Beobachter*, 17.10.1942

[61] Max Geisenheyner, *Frankfurter Zeitung*, 12.11.1942

[62] Ludwig Emanuel Reindl, *Das Reich*, 25.10.1942

[63] *Die grüne Post, Sonntagszeitung für Stadt und Land*, 8.11.1942.

[64] zit. nach Reuth, Goebbels, a.a.O., 520

[65] zit. nach Walach, Aber ich habe nicht mein Gesicht ..., a.a.O., 111

[66] Der ehemalige Vorgesetzte in Utrecht, Siegfried Boetticher aus Hannover, in einem Leserbrief auf einen *Spiegel*-Bericht über Gründgens' Zeit beim Militär im Jahr 1949, zit. nach Michalzik, Gründgens ..., a.a.O., 170

[67] Tagebuch vom 10.1.1943, zit. nach Moeller, Filmminister ..., a.a.O., 72

[68] zit. nach Courtade/Cadars, Geschichte des Films im Dritten Reich, a.a.O., 255

[69] zit. nach Stern, 84

[70] Richard Biedrzynski, *Völkischer Beobachter*, 9.5.1944

[71] Zeugen 1

[72] zit. nach Walach, Gründgens ..., a.a.O., 125 ff.

[73] zit. nach Zeugen 2

[74] nicht um eine Zehlendorfer Hausgemeinschaft wie Hans-Christoph Blumenberg in seinem Buch über diesen Film, »Das Leben geht weiter« (Berlin 1993), schreibt. Der abgedruckte Drehbuchauszug vermerkt ausdrücklich, dass sich das Haus Klopstockstraße 48 im Hansa-Viertel befindet und damit in Tiergarten und nicht in der gleichnamigen Straße in Zehlendorf. Ansonsten stützt sich die

Darstellung in allen Punkten, die sich auf die Produktion beziehen, auf diese Quelle.

75 vgl. eine Gesprächsnotiz vom 2.9.1944, abgedruckt in: Walach, Gründgens ..., a.a.O., 122

76 Blumenberg, Leben ..., a.a.O., 101

77 Nähe

78 Nähe

Dritter Teil

»Die Hoppe macht ihr Sach« (Seite 279 bis 300)

1 Nähe

2 Volkskommissariat für Innere Angelegenheiten der UdSSR, zuständig u.a. für die politische Überwachung und die Verwaltung der Straf- und Verbannungslager, 1946 in MWD umbenannt: Ministerium für Innere Angelegenheiten.

3 vgl. Luft, Gustaf Gründgens, a.a.O., 22

4 Über diesen auf der Grundlage des vorliegenden Materials nicht aktenkundig gewordenen Empfang, an den sich Marianne Hoppe erinnert, könnte der Dienstkalender Bersarins Aufschluss geben. Er wurde von den russischen Stellen bisher jedoch nicht freigegeben.

5 von Franz und Paul von Schönthan, Regie: Egon Brosig

6 Profile

7 Nähe

8 Gustaf-Gründgens-Archiv

9 Riess, Gründgens ..., a.a.O., 258

10 Zeugen 2

11 Einsamkeit

12 zit. nach Gustaf Gründgens: Lasst mich ausschlafen. Neue Quellen zur Wirklichkeit und Legende des großen Theatermannes, hrsg. von Rolf Badenhausen, München/Wien 1982, 65

[13] zit. nach Benedikt Hoppe: »Letzte Tage in Berlin« in: *lui*, September 1989, 84 ff

[14] zit. nach Stern, 85

[15] 2. Korinther, 12

[16] »Angriff auf Schweda«, »Der Herrscher«, »Capriolen«, »Der Schritt vom Wege« und »Auf Wiedersehen, Franziska!«

[17] »After these pictures it is not exactly clear, that Marianne Hoppe was a violent Nazi, although it must be said, that she behaved pro-nazistic in different pictures.« (RKK 2701, Box 8, File 63)

[18] Marianne Hoppe: »Abschied von der Genügsamkeit«, in: Heinz Friedrich (Hg.): Mein Kopfgeld. Die Währungsreform – Rückblicke nach vier Jahrzehnten, München 1948, 66

[19] Hoppe, Abschied von der Genügsamkeit ..., a.a.O., 69

[20] Brief vom 7.12.1949, Gustaf-Gründgens-Archiv

[21] Regie: Berthold Viertel, Premiere: 23.12.1949

[22] Zukunft

[23] Zukunft

[24] zit. nach *Telegraf am Abend*, 23.8.1949

»Man muss die Kraft sichtbar machen, ehe sie gebrochen wird« (Seite 303 bis 323)

[1] deutschsprachige Erstaufführung unter der Regie von Leonard Steckel am 12.10.1944

[2] Gerhard Sanden, *Die Welt*, 8.11.1947

[3] von Rosemarie Clausen

[4] W. Pollatschek, *Frankfurter Rundschau*, 13.11.1947

[5] Rolf Trouwborst, *Rhein-Echo*, 11.11.1947

[6] Gerd Schulte, *Hannoversche Presse*, 11.11.1947

[7] Regie: Falk Harnack, Premiere: 3.5.1947, Deutsches Theater

[8] Er spielte im »Ödipus« des Sophokles (Regie: Karl Heinz Stroux, Premiere: 22.12.1946). Auch Langhoff hatte in dieser Inszenierung eine Rolle übernommen.

[9] Gustaf-Gründgens-Archiv
[10] Gerhard Schön, *Der Tagesspiegel*, 22.1.1949
[11] vom 22.1.1949
[12] *B.Z.*, 11.3.1994
[13] zit. nach Berlin. Ringen um Einheit und Wiederaufbau 1948-1951, hrsg. im Auftrage des Senats von Berlin, Berlin 1962, 444
[14] zit. nach Berlin ...1948-1951, a.a.O., 592
[15] Gustaf-Gründgens-Archiv
[16] *Telegraf*, 9.5.1950
[17] Regie: Elia Kazan, Premiere: 4.11.1947, Barrymore Theater
[18] zit. nach einer Kritikenumschau zu »Endstation Sehnsucht«, Archiv Hoppe
[19] *Der Tag*, 12.5.1950
[20] *Neue Zeitung*, 12.5.1950
[21] M.Z., *Telegraf*, 9.5.1950
[22] Berthold Viertel: »Der Reichskanzleistil« in: *Zehn Jahre Theater heute*, Sonderheft 10/1970, 26
[23] *Neue Zeitung*, 12.5.1950
[24] *Kurier*, 11.5.1950
[25] *Berliner Morgenpost*, 1.1.1961
[26] Friedrich Luft, RIAS, 11.11.1951, zit. nach Friedrich Luft: Berliner Theater 1945-1961, Hannover 1961, 150
[27] Helmut Kotschenreuther, o. Quelle, o. Datum, Archiv Hoppe
[28] Brief vom 25.5.1950, Gustaf-Gründgens-Archiv
[29] Regie: Bertolt Brecht und Erich Engel, Premiere: 8.11.1949, Berliner Ensemble im Deutschen Theater
[30] Regie: Bertolt Brecht und Caspar Neher, Premiere: 15.4.1950, Berliner Ensemble im Deutschen Theater
[31] Oscar Fritz Schuh: So war es – war es so? Notizen und Erinnerung eines Theatermanns, Berlin/Frankfurt am Main/Wien 1980, 137
[32] im Theater am Kurfürstendamm, das die Freie Volksbühne bis zum Bau ihres eigenen Hauses in der Schaperstraße gemietet hatte

[33] Hans Schwab-Felisch, *Frankfurter Allgemeine Zeitung*, 31.7.57

[34] Regie: Jürgen Goslar, SFB

[35] *Theater heute*, Jahrbuch 1966, 146

[36] Schuh, So war es – war es so? ..., a.a.O., 166

[37] zit. nach Walach, Aber ich habe nicht mein Gesicht ..., a.a.O., 173

[38] Brief vom 4.12.1952, Gustaf-Gründgens-Archiv

[39] im Rahmen der Berliner Festwochen, Premiere: 24.9.1951, Schiller Theater

[40] 20.10.1950

[41] Regie: Claus Clausen, Premiere: 24.9.1949, Hebbel Theater

[42] Regie: Günther Rennert, Premiere: 16.12.1950, Schlossparktheater

[43] *Neue Zeitung*, 26.9.1951

[44] *Ford Revue*, Februar 1957, 16

[45] *Hamburger Anzeigen und Nachrichten*, 10.5.62

[46] Regie: Lothar Müthel, Premiere: 21.1.1936, Schauspielhaus am Gendarmenmarkt

[47] zit. nach Zeugen 2

[48] zit. nach Stern, 86

[49] Eugène Ionesco: »Der König stirbt«, deutsch von Claus Bremer und Hans Rudolf Stauffacher in: Spectaculum VII. Sechs moderne Theaterstücke, Frankfurt am Main 1966, 195

»Man bräuchte einen Regisseur für das eigene Leben« (Seite 326 bis 357)

[1] Unter der Leitung von Paul Sacher hatte Marianne Hoppe die Titelrolle in Arthur Honeggers Oratorium »Johanna auf dem Scheiterhaufen« gesprochen, Gerty Herzog, die mit dem Komponisten Boris Blacher verheiratet war, ein Konzert von Paul Hindemith gespielt.

[2] Alfred Mühr: Deutschland, deine Söhne. Zeitgeschichtliche Begegnungen, München/Wien 1977, 363

[3] Benedikt Hoppe

[4] vgl. Birgit Lahann: »Königin Lear« in: *Stern*, 17.5.1990

[5] Benedikt Hoppe

[6] Georges Braque, französischer Maler (1882-1963)

[7] etwa mit dem Grünen Wagen (München), der Schauspieltruppe, der Bühne 64 (beide Zürich), der Münchner Tournee oder dem Theater auf Tournee (Berlin)

[8] Paul Barz: »Mein Gott, ich sehe Gustaf grinsen. Ein Gespräch mit Marianne Hoppe« in: *Westermanns Monatshefte*, Oktober 1982, 77

[9] Marianne Hoppe in: Willemsen – Das Fernsehgespräch, Premiere TV 1993, ORB, 31.5.1995

[10] Johann Wolfgang Goethe: Märchen. Herausgegeben und erläutert von Katharina Mommsen, Frankfurt am Main und Leipzig 1998, 202

[11] zit. nach *Welt am Sonntag*, 9.6.1968

[12] vgl. die Interpretation von Katharina Mommsen in: Goethe: Märchen ..., a.a.O., 197 ff.

[13] Marianne Hoppe: Über Rezitation – Vermittlung von Dichtung durch Lesung sowie durch freie Rede, Buchbeitrag, o. Quelle, 1983, Archiv Hoppe

[14] vgl. -ls, *Rheinische Post*, 4.5.1967

[15] zit. nach *Welt am Sonntag*, 9.6.1968

[16] Gerd Vielhaber, *Frankfurter Allgem. Zeitung*, 16./17.6. 1967

[17] O.B. im *Neuen Österreich* über ihre Darstellung von Indras Tochter in Strindbergs »Traumspiel«, 4.6.57

[18] Karin Kathrein in der österreichischen *Neuen Presse* über ihre Darstellung der Mathilde von Zahnd in Dürrenmatts »Die Physiker«, 16./17.10.1971

[19] Ilse Urbach im *Kurier* über »An Einzeltischen« von Terence Rattigan, 8.10.1957

[20] An den Münchner Kammerspielen unter der Regie August Everdings am 26.4.1967, am Akademietheater Wien unter der Regie Rudolf Steinboecks am 29.4.1967.

[21] Rolf Michaelis, *Theater heute*, Juni 1967, 20

[22] Regie: Hans Lietzau, Premiere: 27.4.1967

[23] Benjamin Henrichs, *Die Zeit*, 9.5.1974

[24] Gerd Jäger: »Komponierter Weltjammer« in: *Theater heute*, Juni 1974, 11

[25] Friedrich Luft, *Die Welt*, 17.5.1974, zit. nach Friedrich Luft: Stimme der Kritik II. Theaterereignisse seit 1965, Frankfurt am Main/Berlin/Wien 1982, 241

[26] Günther Grack, *Der Tagesspiegel*, 17.5.1974

[27] Friedrich Luft, *Die Welt*, 17.5.1974, zit. nach Luft, Stimme der Kritik II..., a.a.O.

[28] Zeugen 2

[29] Thomas Bernhard in einem Interview mit Asta Scheib, *SZ am Wochenende*, Feuilleton-Beilage der *Süddeutschen Zeitung*, 17./18.1.1987

[30] zit. nach Jutta Duhm-Heitzmann: »Wie jage ich die Welt in die Luft« in: *Stern*, 13.8.1981, 130

[31] Starke Beachtung. Bezüge. Live aus der Villa Hügel: Ein Gespräch über Thomas Bernhard, 3sat, 29.6.1991

[32] zit. nach Jutta Duhm-Heitzmann: »Wie jage ich ...«, a.a.O.

[33] Lothar Straeter, *Neue Rhein Zeitung*, 20.8.1981

[34] *Kurier* (Wien), 28.8.1981

[35] Hilde Spiel: »Schwarz vertiefte Finsternisse. ›Am Ziel‹ bei den Salzburger Festspielen uraufgeführt.«, *Frankfurter Allgemeine Zeitung*, 20.8.1981, zit. nach Sepp Dreissinger (Hrsg.): Thomas Bernhard – Porträts. Bilder & Texte, Weitra 1991, 266

[36] Claus Peymann in: Starke Beachtung ..., a.a.O.

[37] zit. nach Weltkomödie Österreich, 13 Jahre Burgtheater 1986-1999, Teil II: Chronik, hrsg. von Hermann Beil, Jutta Ferbers, Claus Peymann, Rita Thiele, Wien 1999, 98

[38] vgl. Benjamin Henrichs, *Die Zeit*, 11.11.1988

[39] C. Bernd Sucher, *Süddeutsche Zeitung*, 7.11.1988

[40] Das erste Mal war nach der Premiere von »Ritter Dene Voss« am 18.8.1986 im Salzburger Landestheater gewesen.

41 Starke Beachtung ..., a.a.O.

42 »Geschichten hinter dem Deich: Annamaria von Lilienworth«, Regie: Monika Zinnenberg, NDR 1988

43 »Bei Thea«, Regie: Dominik Graf, ZDF 1988

44 zit. nach »Die Königin«, a.a.O.

45 zit. nach einer Kopie des Manuskripts, Archiv Hoppe. In der Rede wendete sich Schmidt direkt an Marianne Hoppe, aus Gründen der Lesbarkeit wurden die entsprechenden Stellen hier in die dritte Person übertragen.

46 Gerhard Ahrens

47 zit. nach »Die Königin«, a.a.O.

48 Robert Wilson im Interview mit Gabriele Henkel, *Die Welt*, 31.3.1990

49 zit. nach Birgit Lahann: »Königin Lear« in: *Stern*, 17.5.1990

50 28.5.1990

51 1.6.1990

52 28.5.1990

53 Im Interview mit Gabriele Henkel, *Die Welt*, 31.3.1990

54 Willemsen – Das Fernsehgespräch ..., a.a.O.

55 Volker Oesterreich, 13.3.1994

56 Franz Wille, 14.3.1994

57 *Bild*, 11.3.1994

58 gemeinsam mit Friedrich-Wilhelm Junge am 7.2.2000 im Literaturforum im Brechthaus Berlin. Davor war sie zuletzt 1976 mit Brecht-Texten aufgetreten in dem literarischen Programm »Betrachten Sie die Verhältnisse dieses Planeten. Texte von Bertolt Brecht« unter der Regie von Peter Fischer im Berliner Schiller Theater (Premiere: 29.8.1976).

59 am 7.7.2000 in Weimar

Quellenverzeichnis

Gespräche mit
Marianne Hoppe (Berlin)
Benedikt Hoppe (Berlin)

sowie
Gerhard Ahrens (Berlin)
Dagmar Freifrau von Erffa (München)
Martha Fritsch (Trostberg)
Helga von Hammerstein (Berlin)
Annemarie Herald (München)
Gerty Herzog-Blacher (Berlin)
Klaus Köhn (Berlin)
Carmen Renate Köper (Frankfurt am Main)
Doris Kolesch (Berlin)
Brigitte Maria Mayer (Berlin)
Margot Miedlich (Berlin)
Marianne Müller (Dehrn/Lahn)
Gert Reinholm (Berlin)
Hartmut Rühl (Berlin)
Hajo Schedlich (Mainz)
Claudia Schoppmann (Berlin)
Hedda Schulz (Berlin)
Stephan Suschke (Berlin)
Antje Weisgerber (Rottach-Egern)
Roswitha Zehm-Hammetter (Wiesbaden)

Archive
Archiv Hoppe
Bundesarchiv Berlin
Dumont-Lindemann Museum Düsseldorf
Gustaf-Gründgens-Archiv an der Staatsbibliothek Berlin (im Aufbau)

Sammlung Unruh am Institut für Theaterwissenschaft der Freien Universität Berlin

Zeitungen und Zeitschriften
Berliner Morgenpost
Berliner Tageblatt
Deutsche Allgemeine Zeitung
Das Reich
Der deutsche Film
Der illustrierte Film-Kurier
Film-Kurier
Filmwelt
Frankfurter Zeitung
Illustrierter Beobachter
Münchner Post
Münchner Neueste Nachrichten
Theater heute
Völkischer Beobachter
... und wie im Text zitiert

Beiträge in Rundfunk, Film und Fernsehen
Aus der Nähe betrachtet: Marianne Hoppe im Gespräch mit Harald von Troschke, RIAS Berlin, 19.4.1968
In der Einsamkeit bin ich glücklich. Gero von Boehm porträtiert Marianne Hoppe, SWR, 15.5.1989
Zeugen des Jahrhunderts. Marianne Hoppe im Gespräch mit Hajo Schedlich, ZDF, 26.4. und 3.5.1987
Starke Beachtung. Bezüge. Live aus der Villa Hügel: Ein Gespräch über Thomas Bernhard, 3sat, 29.6.1991
Erinnern für die Zukunft: Gespräche mit Marianne Hoppe, Steffi Spira und Maria Gräfin von Maltzan, ein Film von Carmen Renate Köper, WDR, 4.10.1991
Willemsen – Das Fernsehgespräch. Marianne Hoppe im Gespräch mit Roger Willemsen, Premiere TV 1993, im ORB ausgestrahlt am 31.3.1995

Profile: Marianne Hoppe im Gespräch mit Richard Schneider, SFB, 22.4.1996
Die Königin. Ein Film von Werner Schroeter, Deutschland 2000

Literatur

I.

Marianne Hoppe: »Marianne Hoppe« in: Schauspieler erzählen, hrsg. von H. E. Weinschenk, Berlin 1938, 141-147
dies.: »Mein Pony hieß Blanca« in: Mein Elternhaus, hrsg. von Rudolf Pörtner, Düsseldorf und Wien 1984, 107-115
dies.: »Abschied von der Genügsamkeit« in: Mein Kopfgeld. Die Währungsreform - Rückblicke nach vier Jahrzehnten, hrsg. von Heinz Friedrich, München 1988, 66-70
dies.: »Die Prinzessin und der Eintänzer« in: Mein erstes Engagement. Theaterleute erinnern sich, hrsg. von Hans Peter Doll, München 1991, 13-18

II.

25 Jahre Theater in Berlin. Premieren 1945-1970, hrsg. im Auftrage des Senats von Berlin, Berlin 1972
Adler, Gusti: ... aber vergessen Sie nicht die chinesischen Nachtigallen, München 1983
Adorno, Theodor W.: Vermischte Schriften II, Band 20.2. der Gesammelten Schriften, hrsg. von Rolf Tiedemann, Frankfurt am Main 1986
Adorno, Theodor W. /Berg, Alban: Briefwechsel 1925-1935, hrsg. von Henri Lonitz, Frankfurt am Main 1997
Aufricht, Ernst Josef: Erzähle, damit du dein Recht erweist, Frankfurt am Main/ Berlin 1966
Barlog, Boleslaw: Theater lebenslänglich, München 1981
Berlin. Kampf um Freiheit und Selbstverwaltung 1945-1946, hrsg. im Auftrage des Senats von Berlin, Berlin 1961
Berlin. Ringen um Einheit und Wiederaufbau1948-1951, hrsg. im Auftrage des Senats von Berlin, Berlin 1962

Blumenberg, Hans-Christoph: Das Leben geht weiter, Berlin 1993
Bergner, Elisabeth: Bewundert viel und viel gescholten, München 1978
Biedrzynski, Richard: Schauspieler, Regisseure, Intendanten, Heidelberg/Berlin/ Leipzig 1944
Brentano, Bernard von: Wo in Europa ist Berlin? Bilder aus den zwanziger Jahren, Frankfurt am Main 1987
Courtade, Francis/Cadars, Pierre: Geschichte des Films im Dritten Reich, München 1975
Daiber, Hans: Schaufenster der Diktatur. Theater im Machtbereich Hitlers, Stuttgart 1995
Dietrich, Marlene: Ich bin, Gott sei Dank, Berlinerin, Frankfurt am Main/Berlin 1990
Deutsches Bühnenjahrbuch Jahrgang 1926 ff.
Dillmann, Michael: Heinz Hilpert. Leben und Werk, Berlin 1990
Dreissinger, Sepp (Hrsg.): Thomas Bernhard – Porträts. Bilder & Texte, Weitra 1991
Drewniak, Boguslaw: Das Theater im NS-Staat. Szenarium deutscher Zeitgeschichte 1933-1945, Düsseldorf 1983
ders.: Der deutsche Film 1938-1945, Düsseldorf 1987
Drews, Berta: Wohin des Wegs. Erinnerungen, Frankfurt am Main/Berlin 1992
Fehling, Jürgen. Der Regisseur (1885-1968), Berlin 1978
Frankfurter Theateralmanach, 14. Ausgabe: 1930/31 bis 17. Ausgabe: 1933/34
Gerlach, Amadeus (Hg.): Inszenierungen in Moll. Der Regisseur Rudolf Noelte, Berlin 1996
Giehse, Therese: Ich habe nichts zum Sagen. Gespräche mit Monika Sperr, Berlin (Ost) 1977
Goebbels, Joseph: Tagebücher 1924-1945, 5 Bände, hrsg. von Ralf Georg Reuth, Sonderausgabe München 1999
Goethe, Johann Wolfgang: Märchen. Herausgegeben und erläutert von Katharina Mommsen, Frankfurt am Main und Leipzig 1998

Groborz, Frank: Das Staatstheater am Gendarmenmarkt und das Deutsche Theater zur Zeit des Nationalsozialismus, Magisterarbeit am Fachbereich Kommunikationswissenschaften an der Freien Universität Berlin 1987
Gründgens, Gustaf: Lass mich ausschlafen. Neue Quellen zur Wirklichkeit und Legende des großen Theatermannes, hrsg. von Rolf Badenhausen, München/Wien 1982
Haack, Käte: In Berlin und anderswo, München/Berlin 1971
Höller, Hans: Thomas Bernhard, Reinbek b. Hamburg 1993
Hoffmann, Ludwig und Siebig, Karl: Ernst Busch, Berlin (Ost) 1987
Huesmann, Heinrich: Welttheater Reinhardt, München 1983
Hurwicz, Angelika: Die Nische des Insekts, Engelsbach/ Frankfurt am Main/München/Bremen/New York 1999
Jhering, Herbert: Käthe Dorsch, München 1944
ders.: Von Reinhardt bis Brecht, 1. Band, Berlin 1958, 2. Band, Berlin 1959, 3. Band, Berlin 1961
ders./Fetting, Hugo: Ernst Busch, Berlin 1965
Kästner, Erich: Notabene 45. Ein Tagebuch, Frankfurt am Main 1980
ders.: Herz auf Taille, München ^{7}1999
Kalbus, Oskar: Vom Werden deutscher Filmkunst: Der Tonfilm, Altona-Bahrenfeld 1935
Kanzog, Klaus: Staatspolitisch besonders wertvoll. Ein Handbuch zu 30 deutschen Spielfilmen der Jahre 1934 bis 1945, München 1994
Karsch, Walther: Wort und Spiel. Aus der Chronik eines Theaterkritikers 1945-1962, Berlin 1962
Kebir, Sabine: Abstieg in den Ruhm: Helene Weigel, Berlin 2000
Klaus, Ulrich J.: Deutsche Tonfilme. Filmlexikon der abendfüllenden deutschen und deutschsprachigen Tonfilme nach ihren deutschen Uraufführungen, 4. Jahrgang: 1933, Berlin 1992 bis 10. Jahrgang: 1939, Berlin 1999
Koberg, Roland: Aller Tage Abenteuer: Claus Peymann. Biografie. Berlin 1999

Koebner, Thomas (Hrsg.): Idole des deutschen Films. Eine Galerie von Schlüsselfiguren, München 1997
Kohse, Petra: Gleiche Stelle, gleiche Welle. Friedrich Luft und seine Zeit, Berlin 1998
Königin-Luise-Stiftung 1911-1986, o.O., o.J. (Berlin 1986)
Konzerthaus Berlin. Schauspielhaus am Gendarmenmarkt. Das Buch über gestern und heute, Berlin 1994
Krauß, Werner: Das Schauspiel meines Lebens, Stuttgart 1958
Krischke, Traugott: Ödön von Horváth. Kind seiner Zeit, Berlin 1998
Kühlken, Edda: Die Klassikerinszenierungen von Gustaf Gründgens, Reihe Deutsche Studien, hrsg. von Willi Flemming und Kurt Wagner, Band 15, Meisenheim am Glan 1972
Lühe, Irmela von der: Erika Mann, Frankfurt am Main 1996
Luft, Friedrich: Gustaf Gründgens, Berlin 1960^2
ders.: Berliner Theater 1945-1961, Hannover 1961
ders.: Friedrich Luft: Stimme der Kritik II. Theaterereignisse seit 1965, Frankfurt am Main/Berlin/Wien 1982
Mann, Golo: Deutsche Geschichte des 19. und 20. Jahrhunderts, Frankfurt am Main 1992
Mann, Klaus: Mephisto. Roman einer Karriere, Reinbek bei Hamburg 1981
Maser, Werner: Heinrich George. Mensch, aus Erde gemacht, Berlin 1998
Melchinger, Siegfried/Clausen, Rosemarie: Schauspieler, Velber bei Hannover, 1965,
Meyhöfer, Annette: »Schauspielerinnen im Dritten Reich« in: Renate Möhrmann (Hg.): Die Schauspielerin. Zur Kulturgeschichte der weiblichen Bühnenkunst, Frankfurt am Main 1989, 300 ff.
Meysel, Inge: Frei heraus – mein Leben, Weinheim/Berlin 1991
Michalzik, Peter: Gustaf Gründgens. Der Schauspieler und die Macht, Berlin1999

Minetti, Bernhard: Erinnerungen eines Schauspielers, hrsg. von Günther Rühle, Reinbek bei Hamburg 1988

Moeller, Felix: Der Filmminister. Goebbels und der Film im Dritten Reich, Berlin 1998

Mühlen, Patrik von zur: Fluchtziel Lateinamerika. Die deutsche Emigration 1933-1945, Forschungsinstitut der Friedrich-Ebert-Stiftung, Reihe Politik und Gesellschaftsgeschichte, Band 21, hrsg. von Kurt Klotzbach, Bonn 1988

Mühr, Alfred: Rund um den Gendarmenmarkt. Von Iffland bis Gründgens, Oldenburg und Hamburg 1965

ders.: Deutschland, deine Söhne, München/Wien 1977

Oschilewski, Walther G.: Zeitungen in Berlin, Berlin 1975

Owings, Alison: Eine andere Erinnerung. Frauen erzählen von ihrem Leben im Dritten Reich, Berlin 1999

Petzet, Wolfgang: Theater. Die Münchner Kammerspiele 1911-1972, München 1973

Reich-Ranicki, Marcel: Mein Leben, Stuttgart 1999

Reinhardt, Max: Ich bin nichts als ein Theatermann, hrsg. von Hugo Fetting, Berlin 1989

Reuth, Ralf Georg: Goebbels, München/Zürich 1990

Riess, Curt: Gustaf Gründgens, Hamburg 1965

Rischbieter, Henning (Hrsg.): Gründgens. Schauspieler, Regisseur, Theaterleiter, Velber bei Hannover 1963

ders. (Hrsg.): Theater im geteilten Deutschland 1945 bis 1990, Berlin 1999

Romani, Cinzia: Die Filmdivas des Dritten Reiches, München 1982

Rose, Paul: Berlins große Theaterzeit, Berlin 1969

Rühle, Günther (Hrsg.): Theater für die Republik. 1917-1933 im Spiegel der Kritik, Band 1 und 2, Berlin 1988

Ruppel, Karl H.: Berliner Schauspiel. Dramaturgische Betrachtungen 1936-1942, Berlin/Wien 1943

Schivelbusch, Wolfgang: Intellektuellendämmerung, Frankfurt am Main 1982

Schnitzler, Christian: Der politische Horváth, Frankfurt am Main/Bern/New York/Paris 1990

Schoppmann, Claudia: Zeit der Maskierung. Lebensgeschichten lesbischer Frauen im »Dritten Reich«, Frankfurt am Main 1998

Schrader, Bärbel: Die erste Spielzeit und die Kammer der Kunstschaffenden in: Ursula Heukenkamp (Hg.): Unterm Notdach. Nachkriegsliteratur in Berlin 1945-1949, Berlin 1996, 229-266

Schröder, Ernst: Das Leben – verspielt, Frankfurt am Main 1978

Schuh, Oscar Fritz: So war es – war es so? Notizen und Erinnerungen eines Theatermanns, Berlin/Frankfurt am Main/Wien 1980

Siedhoff, Thomas: Das Neue Theater in Frankfurt am Main 1911-1935, Studien zur Frankfurter Geschichte, hrsg. von Wolfgang Klötzer und Dieter Rebentisch, Band 19, Frankfurt am Main 1985

Sigmund, Anna Maria: Die Frauen der Nazis, München 2000

Smith, Amy: Hermine Körner, Berlin 1970

Söderbaum, Kristina: Nichts bleibt immer so, München 1992

Steiner, Maria: Paula Wessely. Die verdrängten Jahre, Wien 1996

Steinhoff, Johannes u.a. (Hg.): Deutsche im Zweiten Weltkrieg. Zeitzeugen sprechen, München 1989

Toeplitz, Jerzy: Geschichte des Films, Band 3: 1934-1939, Berlin 1982 und Band 4: 1939-1945, München 1983

Ullrich, Luise: Komm auf die Schaukel, Luise, Frankfurt am Main/Berlin 1993

Viertel, Salka: Das unbelehrbare Herz, Reinbek bei Hamburg 1979

Walach, Dagmar: Aber ich habe nicht mein Gesicht. Gustaf Gründgens – Eine deutsche Karriere, Berlin 1999

Weltkomödie Österreich, 13 Jahre Burgtheater 1986-1999, Teil II: Chronik, hrsg. von Hermann Beil, Jutta Ferbers, Claus Peymann, Rita Thiele, Wien 1999

Wulf, Joseph: Kultur im Dritten Reich. Band 3: Die Bildenden Künste, Band 4: Theater und Film, Frankfurt am Main/Berlin 1989

Zielinski, Siegfried: Veit Harlan. Analysen und Materialien zur Auseinandersetzung mit einem Film-Regisseur des deutschen Faschismus, Frankfurt am Main 1981
Zwieback, Castor (d.i.: Theodor W. Adorno und Carl Dreyfuss): Lesestücke, hrsg. von Karl Riha, Köln 1994

Personenregister

Danksagung

Für Auskünfte, Hinweise und Hilfestellungen sei außer den im Quellennachweis genannten auch folgenden Personen und Institutionen herzlich gedankt:

Archiv des Burgtheaters Wien
Archiv der Münchner Kammerspiele
Archiv der Salzburger Festspiele
Archiv des Schauspielhauses am Pfauen, Zürich
Bad Hersfelder Festspiele
Bibliothek des Bayerischen Staatsschauspiels
Deutsches Kabarettarchiv Mainz
Deutsches Rundfunkarchiv Frankfurt am Main
Deutsch-Russisches Museum Berlin-Karlshorst
Deutsches Theatermuseum München
Karl Dold (Berlin)
Hamburger Theatersammlung
Institut für Theaterwissenschaft der Freien Universität Berlin
Institut für Theaterwissenschaft an der Universität Wien
Bernhard Runge (Mannheim)
Stadtarchiv Bad Oeynhausen
Stadt- und Universitätsbibliothek Frankfurt am Main
Stadtarchiv Weimar
Stadtarchiv Zürich
Dagmar Walach (Berlin)
Theaterwissenschaftliche Sammlung Schloss Wahn
Transit Film
Zweites Deutsches Fernsehen (Redaktion Geschichte und Gesellschaft)

Ein Dankeschön für die Hilfe bei der Fertigstellung des Buches geht an

Thomas Aurin
Annette K. Jander
Brigitte Oberländer

sowie ganz besonders an meine Lektorin Manuela Runge für ständige Ermunterung, Unterstützung, Anregung und Kritik in allen Phasen der Entstehung.

Fotonachweis

Archiv Hoppe (Abb. 1, 2, 3, 4, 6, 7, 8, 9, 10, 13, 17, 22, 23, 24, 26, 29, 41, 46, 54); Thomas Aurin (Abb. 66); Lore Bermbach (Abb. 58); Rosemarie Clausen (Abb. 25); Daily Mail (Abb. 45); Martin Eberle (Abb. 64); Filmmuseum Berlin (Abb. 14, 15, 16, 18, 19, 20, 21, 30, 31, 32, 33, 34, 35, 40, 48); Gabor Hirsch (Abb. 12); Andreas Pohlmann (Abb. 65); Inge von Rettberg (Abb. 44); Salzburger Festspiele/Hosch (Abb. 60); Ute Schendel (Abb. 67); Liselotte Strelow (Abb. 47); Thomas Bernhard Nachlassverwaltung GmbH (Abb. 59); Ullstein (Abb. 5, 11, 28, 36, 37, 38, 50, 51, 52); Ullstein-Binder (Abb. 43); Ullstein Buhs-Remmler (Abb. 57); Ullstein-Croner (Abb. 53); Ullstein-dpa (Abb. 56, 61); Ullstein-Köster (Abb. 55); Ullstein-Pisarek (Abb. 49); Ullstein-Schwer (Abb. 39, 42); Ullstein-Walther (Abb. 27); Ullstein-AP (Abb. 62); Johannes Wasmuth/privat (Abb. 63)

Es konnten nicht alle Fotografen ermittelt werden.
Wir bitten in solchen Fällen um einen Hinweis.